KB052321

'125' 중국중점도서출판계획과제(中國重點圖書出版規劃項目)
사회학총서 책임저자 정항성(鄭杭生)

현대중국의
계층구조 분석

현대중국의
계층구조 분석

초판 1쇄 인쇄 2022년 11월 25일
초판 1쇄 발행 2022년 11월 28일
발행인 김승일(金勝一)
디자인 조경미
출판사 경지출판사
출판등록 제 2015-000026호

ISBN 979-11-90159-87-6 (03320)

판매 및 공급처 경지출판사

주소: 서울시 도봉구 도봉로117길 5-14 **Tel:** 02-2268-9410 **Fax:** 0502-989-9415
블로그: https://blog.naver.com/jojojo4

※ 이 도서의 국립중앙도서관 출판시 도서목록(CIP)은 서지정보유통지원시스템 홈페이지(http://seoji.nl.go.kr)와 국가자료공동목록시스템에서
   이용하실 수 있습니다.

'125' 중국중점도서출판계획과제(中國重點圖書出版規劃項目)
사회학총서 책임저자 정항성(鄭杭生)

현대중국의
계층구조 분석

리루루(李路路)·친광창(秦廣强) 지음
박연옥(朴連玉) 옮김 | 김승일(金勝一) 감수

경지출판사
Korea Wisdom China

contents

contents

총서

현재 총서(叢書)형식의 출판물이 적지 않고, 사회학 총서도 몇 개나 있다. 이러한 상황에서 중국인민대학출판사(中國人民大學出版社)의 위탁을 받아 사회학 총서 출판을 책임지게 되면서 본인은 스스로에게 "단순히 양적으로 총서 하나를 추가할 것인가? 아니면 질적으로 자신의 특징을 갖는 총서를 만드는데 노력할 것인가?" 하는 의문을 던졌다. 이것이 바로 이 총서가 직면해야 할 핵심 문제였다. 생각 끝에 이 총서는 적어도 다음과 같은 네 가지 측면과 관련되어야 한다고 결정하게 되었다.

첫째, 연구서로서의 총서가 되어야 한다. 이 총서에 들어갈 저작물은 반드시 연구서야 하고 탐구하려는 자세가 있는 저작물이어야 한다는 것이다. 연구성(研究性)과 탐색성(探索性)의 필수요소는 어떤 새로운 것, 즉 어떤 혁신성과 연결되어 있기 때문에 일반적인 자료적·소개적 성격이나 번역서와는 다른 것이다. 후자가 중요하지 않다는 것이 아니라 유형이 다르기 때문에 후자는 자신만의 출판 성격을 갖고 있어야 한다는 것이다.

사회학 연구는 의심할 여지없이 여러 분야와 관련된다. 이론적 연구와 경험적 연구, 질적 연구와 양적연구가 있는가 하면, 현실적 사회현상에 대한 연구도 있고, 사회학 자체에 대한 연구도 있다. 본 총서는 모든 분야에서 연구한 저작물을 환영하지만, 특히 사회학에서 요구하는 국제화와 현지화의 적절한 결합원리에 근거하여 자국의 국정에 따라 다음과 같은 몇 가지 측면에 중점을 두었다. " ① 전환기에 놓여 있는 중국사회에 대한 인식이 심화된 연구저서. ② 중국 특색을 띤 사회학 이론에 기여한 연구저서. ③ 세계 사회학의 새로운 발전과 추세를 파악한 연구저서." 등이다.

둘째, 우수한 총서여야 한다. 같은 연구저작이지만 그중에서도 우수한 저작을 더욱 중시한다는 의미이다. 이른바 우수한 저작이란 내용적으로 적어도 아래의 몇 가지 중 하나에 부합되거나 구비되어야 한다. ① 사회학 시각에서 사람들이 보편적으로 관심을 갖는 사회적 이슈와 초점 문제에 대해 설득력 있는 분석을 했거나, 분석한 결과가 시간과 역사적 시험을 이겨낼 수 있어야 한다. ② "사회의 진보발전을 추진하고, 사회문제에서 나타나는 부정적인 면을 줄일 수 있다"는 사회학의 심층적 이념을 실현하는 데 기여할 수 있어야 한다. ③ 사회학의 학문적 발전과 이론적 혁신에 도움이 되어야 한다. ④ 중국 사회학의 국제화와 현지화를 촉진토록 해야 한다. 형식적으로 내용과 일치하는 서술형식을 가져야 하되, 비교적 흥미 있게 읽을 수 있는 가독성(可讀性)을 갖추고, 심오한 내용을 알기 쉽게 표현하여 가능한 한 훌륭하면서도 통속적이어서 대중들에게 환영받는 작품이 되어야 한다.

셋째, 사회학계의 새로운 역량을 돋보이게 하는 총서여야 한다. 우수한 연구저작은 사회학계에서 지명도가 없거나 지명도가 높지 않은

'무명'의 연구자, 혹은 신생 역량, 나아가 뛰어난 신인으로서의 지명도를 높여 주고, 그들을 학계와 사회에 실질적으로 소개시킴으로써 학계에서 주목받는 연구자가 되도록 이끌어야 한다는 것이다. 이러한 의미에서 본 총서는 사회학 인재를 양성하는 효과적인 통로 가운데 하나가 될 수 있다고 본다. 새로운 역량 있는 연구자가 없거나 연구력이 부족한 학문과 학계는 희망이 없다는 것은 잘 알려져 있는 사실이다. 물론 현재 활동하고 있는 학계에서 칭송받는 연구자를 소홀히 한다는 말은 아니다. 그들은 우리의 가장 중요한 힘이고 후학을 이끌어가는 중임을 맡고 있는 분들이다. 따라서 기존의 학계 명인과 곧 출현할 학계 명인들이 본 총서를 명실상부하게 칭송받는 총서로 만들어 학계와 사회에서 더욱 큰 역할을 발휘할 수 있기를 진심으로 기대한다.

넷째, 다양한 학파의 관점과 논쟁할 수 있는 총서여야 한다. 다양한 학파들 간의 논쟁이 없는 학계는 성숙되었다고 할 수 없다. 본인은 사회학계에서 "학파가 많아야 하고, 종파(宗派)는 줄여야 한다."고 강조한 바 있다. 학파 간의 논쟁은 학술문제와 학술관점의 논쟁이기 때문에 학술적인 기준에 근거하여 서로 간에 얼굴을 붉힐 수는 있지만, 이 논쟁이 끝난 후에는 여전히 친구로서 지낼 수 있다. 그러나 종파 간의 싸움은 학술적인 기준에 근거한 것이 아니므로 같은 파끼리는 한 패가 되고 다른 파는 배척하는, "우리가 노래하는 사실을 모르는 자는 우리의 적이다"라는 '적개심'이 크게 깔려 있기 때문에, 학파 간 싸움은 연구자 간의 선을 행하고 서로 토론하며 학술발전을 촉진시키지만, 종파 간의 싸움은 사람과 악으로 대하고 서로 공격하는 관계가 되어 학술 발전을 방해한다. 본 총서가 사회학 학파의 형성을 촉진케 하고, 연구 성과를 가지고 논쟁을 펼칠 수 있는 환경을 구축하는데 적극적인 역할을 할 수 있다면 무한한 기쁨과 위안을 느낄 수 있을 것이다. 그런 점에서 본 총서는 그 어떤 학파도 차별화하지 않을 것이다.

한 마디로 말해서 우리는 본 총서가 연구 성과(成果), 우수한 저작, 새로운 명인과 학파를 배출할 수 있기를 진심으로 바라마지 않는다. 간단히 말하면, 우리는 '사출(四出, 사방에서 여러 인재와 성과가 나타나는 것)'을 중국인민대학출판사 사회학 총서를 출간하는 목표(定位)로 삼겠다는 말이다.

옛사람들은 일찍이 '상'에 목표를 두면 '중'을 얻을 수 있고, '중'에 목표를 두면 '하'를 얻을 수 있다고 말했다. 본 총서의 '사출' 목표는 '상'에 속해야 하지만, 결과는 여전히 두 가지 가능성을 지니고 있다고 하겠다. 그것은 바로 '상' 또는 '중'이다. 우리는 전자를 이루고 후자는 피할 수 있기를 바란다. 결과가 어떠한지는 독자와 시간에 의해 평가될 것이다.

본 총서는 평범하지 않은 시기에 출판되었다는 사실을 밝힐 필요가 있다.

먼저 정책과 체제적 측면에서든, 국내환경과 국제환경에서든 중국 사회학은 신중국(新中國)이 창립된 이래 가장 좋은 발전시기에 놓여 있다는 점이다. 현재 사회학의 학문적 지위는 강화되어야 할 철학사회과학(哲學社會科學)의 기본 학문 가운데 하나가 되었다. 사람들은 사회적 요소, 즉 비경제적 요소의 개혁·발전·안정에 대한 중요성을 점점 깨닫게 되었고, 비경제적 요소를 중심으로 하는 사회학도 경제적 요소를 연구대상으로 하는 경제학과 마찬가지로 모든 사람의 실제생활과 관련된 학문이며, 개혁·발전·안정을 추진하는 과학으로서 많은 문제점을 사회학적 시각에서 바라보고 해석해야 한다는 것을 느끼게 되었다. 아울러 사회학의 이론연구와 경험연구는 실제상황에 부합되는 사회정책을 제정하는 기초적인 부분임을 깨닫게 되었다. 사람들은 사회학에 대해 잘 모르거나 오해를 하고 있던 데서 점차적으로 사회학을 이해해 가고 있다. 일부 사회학의 용어(예를 들어 지역사회, 사회화, 소외계층, 사회 전환, 양성 운행 등)는 날로 보급되고 대중화되어 가고 있는데, 그 중의 일부는 정부기관에 의해 채택되고 사용되고 있다. 이는 중국 사회학의 발전을 위해 위에서 아래로의 체제 환경뿐만 아니라, 아래에서 위로의 사회 분위기도 조성해주고 있는 것이다. 치열한 경쟁을 통해 중국 사회학계는 제36회 세계 사회학대회(世界社會學大會)를 주최할 수 있는 권한을 얻게 되었다. 이번 회의의 주제는 「세계화 배경에서의 사회변천(全球化背景下的社會變遷)」 인데, 중국사회과학원(中國社會科學院) 사회학연구소에서 회의를 주관하게 되었다. 현재 구미 사회학계는 모두 중국사회의 변화, 중국 사회학의 연구에 매우 큰 관심을 갖고 있다. 의심할 여지없이 세계 사회학의 구도에서 유럽과 미국의 사회학이 강세를 띠고 있는 것에 비해 규모와 성과, 그리고 영향 등의 면에서 보면, 중국의 사회학은 여전히 약세적인 면이 있다. 그럼에도 강세를 떨치고 있는 사회학계가 이처럼 중국 사회의 연구를 주목하는 것은 현재 사회에 뿌리를 내린 중국 사회학계의 입장에서 볼 때, 무거운 압력이자 발전을 할 수 있는 강력한 동력이다. 이러한 상황에서 본 총서를 출판하는 것은 매우 시의적절하다고 생각한다. 그렇기 때문에 이와 같은 유리한 조건을 저버리지 않기를 바라는 것이다.

다음으로 세계 사회학이 자기반성과 재구성 과정에 놓여 있다는 점이다. "구식 현대성의 쇠락과 신형 현대성의 흥기(旧式現代性的衰落, 新型現代性的興起)"가 바로 그 유력한 근거이다. 이러한 구식 현대성의 쇠퇴, 신형 현대성의 흥기는 중국 사회학의 국제화에 영향을 미칠 뿐만 아니라 중국 사회학의 현지화에도 영향을 미친다고 생각한다. 이 점에 관해서 나는 몇 마디 더 첨언하고 싶다.

구식 현대성이란 자연을 정복하고 자원을 통제하는 것을 중심으로 사회와 자연이 조화롭지 못하고, 사회와 개인이 조화롭지 못하며, 사회와 자연이 이중의 대가를 치르는 현대성을 말한다. 20세기에서 21세기로의 넘어가는 과도기에서 전 세계 사회생활의 환경은 중대한 전환점에 서 있다는 여러 가지 징조를 보여주었다. 인간의 자연에 대한 역행이 점점 심각해지는 '녹색 징벌'의 결과를 초래함으로써 천인(天人)관계는 위기를 맞았고, 심지어 "인간의 자연에 대한 전쟁은 인간 자멸의 전쟁으로 발전하고 있으며", 인욕(人慾)의 자극과 자원의 부족으로 인한 자원통제권 쟁탈은 가치척도의 왜곡, 윤리준칙의 변형, 개인과 사회관계의 악화를 초래하지 않을 수 없게 되었다. 구식 현대성은 이미 뚜렷한 위기에 직면해 있다. 따라서 전 세계, 그리고 중국에서 신형의 현대성을 탐구하는 것은 필수적인 흐름의 추세가 되었다.

신형의 현대성이란 인간을 근본으로 하여 인간과 자연이 윈-윈 하고, 인간과 사회가 윈-윈 하며, 이들의 관계가 조화롭고 자연의 대가와 사회의 대가를 최소한으로 줄이는 현대성을 가리킨다. 중국사회가 전환이 가속화 되고 있는 시기에 얻은 거대한 사회적 진보와 그동안 치러온 각종 사회적 대가를 통해 우리는 긍정적인 측면과 부정적인 측면에서 신형의 현대성이 갖는 깊은 의미를 몸소 체험할 수 있었다.

두 가지 유형의 현대성과 사회학의 관계를 볼 때, 과거의 구식 현대성은 기존의 사회학을 단련시켜 주었다고 할 수 있다. 사회학이 받는 각종 영향과 상상력, 질문과 시각, 심지어 사회학의 이론적 포부와 달성할 수 있는 목표에 이르기까지 모두가 구식의 현대성에 의해 만들어졌다고 할 수 있다. 현대성이 중대한 변화가 생겼을 때, 사회가 재구성되고 사회적 개개인이 새롭게 만들어지게 되며, 따라서 개개인과 사회의 관계가 새로운 변화를 가져오게 된다. 사회학은 불가피하게 그 안에 휘말리게 되어 미리 설정된 근본적인 변화, 시야의 중대한 조정, 이론의 재구성과 재생과정을 겪게 된다.

구식의 현대성에 반응하는 것은 신형의 현대성뿐만 아니라 '포스트 모던성'도 있다. 신형의 현대성이 구식 현대성의 적극적이고 긍정적인 의미에 대한 반성이라면, '포스트 모던성'을 주장하는 '포스트 모던주의'는 일반적으로 구식의 현대성에 대한 소극적이고 부정적인 의미에 대한 반응이라고 하겠다. 그러나 '포스트 모더니즘'이 구식 현대성의 폐단을 비판하는 것은 옳지만, 그 해결방법이 폐단만 없애는 것이 아니라 현대성마저 버리고 극단으로 치달아버렸다. '포스트모더니즘'이 사회와 지식의 기초에 대한 소위 '탈구축(解構)'이라는 것은 사회의 조화를 증진시키는 데 도움이 되지 않는 것이다.

따라서 이러한 구식 현대성이 몰락하고, 신형 현대성이 발흥하는 역사적 시기에 중국의 사회학은 반드시 시대의 요구에 순응하여 세계 사회학을 재구성하려는 속도에 발맞춰서 중국의 실제와 결합하여 이론 연구에서 새로운 학리적(學理的) 공간을 개척해야 한다. 한편 중국의 신속한 전환기에서 얻은 독특한 경험의 영향을 받아 중국 사회학계의 주체성, 자각성과 민감성이 크게 향상되었고, 이는 향후의 목표를 달성하는 데 도움이 될 것이다.

본 총서가 상술한 목표를 실현하는 과정에서 응당한 촉진 역할을 발휘할 수 있기를 진심으로 바란다.

정항성
2003년 8월
치허원헌 에서

머리말

개혁개방 이후 30여 년 동안 시장구조의 거대한 변화는 사회생활의 여러 분야에 대해 총체적인 영향을 끼치게 했다. 사회의 계층화와 사회 불평등이라는 측면에서 볼 때, 자원배분과 이익분배의 구도와 결정적 메커니즘에 확연한 변화가 일어났고, 계급의 계층구조와 계층구분의 근거가 크게 바뀌었으며, 이로 인해 사회 불평등의 형태가 새로운 변화를 가져오게 되었다. 따라서 사회 불평등을 유발하는 구조적인 요인(예를 들면 체제(體制)·구역(區域)·제도(制度))과 그 작용형태가 더욱 복잡해지는 결과를 나았다. 시장구조의 변화는 우리에게 생생한 이론의 '시험장'을 제공했고, 사회의 계층화와 사회 불평등의 새로운 문제, 새로운 특징, 새로운 흐름을 분석하는 데 폭 넓은 공간을 제공해 주었다.

이 책은 중국사회 변혁의 실제를 계급분석이라는 새로운 이론적 패러다임에 기초하여 대규모 사회조사에 의한 데이터를 바탕으로 현대중국 사회계급의 계층구조와 성격, 그리고 상호 간의 영향에 대해 분석했고, 중국사회의 다양한 분야에 존재하는 불평등의 현황 및 발전변화의 추세를 제시했다.

전체적으로 이 책은 세 가지 문제에 초점을 두었다. 첫째는 계급이론과 계급구조에 대한 논의로 현대 서양과 중국의 사회학 가운데 계급이론의 패러다임과 분석방법을 검토하여 현대중국사회에 존재하는 계급의 계층구조 중에 새로운 부분인 권력/권위 계급시스템에 대해 중점적으로 제시했다. 둘째는 점차 방대해지고 있는 중산층(중산계층)에 대한 논의로서 중산층의 내부구성, 유형 및 이질성, 사회생활의 현황, 주관적 인지 및 사회정치적 기능 등을 다루었다. 셋째는 '주관적인 사회 불평등'에 대한 논의로 객관적 사회의 변천과 사회분화가 사람들의 주관적 인식 및 가치관에 어떻게 투영되었는지, 사회 불평등에 대한 민중의 인지 정도, 공평한 가치판단(공평감(公平感)), 계층관계 및 긴장정도의 감수(갈등감) 등을 다루었다.

21세기에 진입한 이후 중국사회의 변혁과 사회적 갈등의 새로운 형태에 직면하여, 국제 학술계에 1990년대 이후 제기되었던 계급분석의 패러다임에 대한 의혹과는 다소 다른 방향으로 흘러가고 있다. 중국사회의 계층화에 대한 많은 연구들 중에는 흥미로운 현상이 나타나고 있는데, 그것이 바로 계급분석 패러다임 부분이다. 계급분석은 사회 불평등과 사회모순 및 갈등을 연구하는 가장 기본적인 이론인데, 그 핵심은 사회관계의 정의에 따른 구조적 지위이고, 사회 불평등과 사회모순 및 갈등에 대한 구조적 해석이라고 하겠다. 계급분석은 연구대상, 분석의 틀, 해석논리 등에 있어 다원적이다. 연구대상은 대규모의 사회적 변천과 변혁을 다루는 거시적 측면과 개인의 태도, 행위와 인생기회(life chance)에 대한 계급의 영향을 다루는 미시적 측면을 포함하고, 분석의 틀은 '구조—의식—행위' 모형과 '구조—상황—선택' 모형을 포함하며, 해석논리는 '착취와 이익형성논리(利益形成邏

輯)', '상황논리(狀況邏輯) 또는 합리적 행동논리(理性行爲邏輯)' 및 '구조
화나 동질성 논리'를 포함한다.

이 책의 머리말과 제1장에서는 계급분석의 이론적 패러다임과 분석
논리에 대해 정리·탐구하여, 계급분석에 존재하는 오독(誤讀)과 편견
을 규명함으로서 전환기에 놓여 있는 계급분석에 명확한 개념적 도
구와 이론발전의 기초를 제공했다.

이 책에서는 계급이론에 대해 탐구하고 이를 중국사회의 특색과 현
실에 접목시켜 중국사회 계급구조의 새로운 틀인 권력/권위 계급시
스템(도식(圖式))을 제시했다. 권력/권위는 사회학 특히 사회의 계층화
연구 중에서 핵심 변인(變因)으로 중국의 전통사회에서나 현대사회
에서나 중요한 의미를 지닌다. 따라서 계층화와 계급분석 가운데 권
력/권위의 전통을 답습하는 한편 중국사회의 실제를 염두에 두고 재
산 권력관계와 직장에서의 권위관계에 기초하여, 특히 직장에서의 권
위관계에 대한 구체적이고 직접적인 측량을 토대로 육체노동과 정신
노동, 부하직원 관리, 결책(決策)권과 관리감독권, 그리고 직장에서의
자주성(自主性) 등 네 개의 업무능력 지표에 따라 사회권력 배분 및
사회권력의 구조에 반영된다는 계급구조 시스템을 구축했다.

경험적 분석에 따르면, 이 시스템은 중국사회의 현실에 대해 충분
한 해석력이 있으며, 다양한 사회적 현상(사회 구성원들의 행위, 소비
모형, 주관적 태도 등)을 해석하는데 새로운 구조적 변인을 제공했으
며, 중국의 계급구조 및 불평등문제를 이해하도록 새로운(체계적인)
시각을 마련해 주었다.

이 책의 제2장부터 제6장까지는 사상적 근원, 이론적 기초, 해석논리, 경험의 축적, 효과의 검증 등 측면에 초점을 두고 권위계급의 시스템 구축에 대해 이론적 탐구와 경험적 분석을 수행했다.

시장구조가 변화하면서 초창기에 상대적으로 고정적이었던 사회시스템은 다원적으로 발전하게 되어 "두 개의 계급(노동자계급(工人階級), 농민계급(農民階級)), 하나의 계층(지식분자계층(知識分子階層))"이라는 표현은 이제 중국사회의 현실을 반영할 수 없게 되었다. 노동자계급 내부든 농민계급 내부든 확연한 분화가 생겼기 때문이다. 도시사회에서 중산층의 성장과 확대는 사회시스템이 변화하는 과정에서 가장 주목할 만한 부분으로 관리인원, 전문기술인원, 사무직과 자영업자(自顧者, 자기 자신을 스스로 고용하는 1인 사업자)로 구성된 방대한 중산층이 부상하고 있으며, 그 내부구성과 유형, 기본적인 생존형태, 사회·정치적 기능문제 등은 최근 학계의 지속적인 이슈로 등장하고 있는 사안이다. 이러한 이유 때문에 이 책에서 중점적으로 다루게 될 내용으로 선정하였다.

'재분배는 시장'이라는 전형적(轉型的) 분석의 틀에 기초하여 다음과 같이 구성하였다. 우선 현대중국의 중산층에 대해 가장 기본적인 유형학적 분류를 수행했다. 즉 재분배 체제의 특징을 보여주는 '내원 중산층(內源中産階級)'과 시장화 체제 속에서 생겨난 '외생 중산층(外生中産階級)'으로 나눴다는 점이다. 이 책에서는 이러한 이분법과 기타 다차원적 분류법에 근거하여 중산층의 세대 간 전승, 사회생활(주거 패턴, 사교 활동, 혼인과 생활방식), 계층의식(계층분화에 대한 인지정도, 사회적 지위, 계층 구분의 근거), 정치와 소비의식 등 측면에서의 기본 상황과 차별성을 확인하고, 중산층의 사회·정치적 기능을 분석하는 다차원적 분석틀을 중점적으로 구축했다. 이 분석틀 속에서 중산층의 사회·정치적 기능은 다양성을 띤다. 중산층이 특정한 사회·정치적 기능을 어떻게 구현하느냐 하는 것은 근본적으로는 경제발전 단계, 특정 사회의 정체성, 사회질서 상황의 세 가지 기본 변수, 세 가지 기본 변수의 서로 다른 조합 방식에 달려 있다. 이 분석틀 속에서 중산층의 사회·정치적 기능을 보다 정확하게 이해할 수 있고 중국사회의 변천을 전망해 볼 수가 있다. 이 책의 제7장부터 제10장까지는 역대의 사회조사 데이터(CGSS)를 종합하여 현대중국 중산층의 내부시스템, 기본 생활상황, 주관적 인지 정도와 사회·정치적 기능 등에 대해 다루었다.

개혁개방 이후 긴장감이 넘치고 서로 모순되기도 하는 이 두 과정은 갈수록 국내외 각계의 주목을 받고 있다. 중국은 경제적으로 급속한 발전을 이루었고 인민들의 생활수준이 대폭 향상되었으나 빈부격차의 확대, 계층화의 심화, 사회갈등과 불안 요인의 증가가 병행해서 존재하고 있다. 일반 민중은 날로 상승하고 있는 사회 불평등과 불공평(不公平) 정도에 대해 불안을 호소하거나 심지어 불만을 토로하고 있다. 지니지수, 엥겔계수, 계급의 계층구조, 사회경제적 지위지수, 사회이동지표(社會流動表) 등 지표와 도구를 이용하여 현 사회의 불평등을 측정하고 분석하는 것이 객관적인 사회 불평등 연구라고 한다면, 민중의 사회 불평등에 대한 인지정도와 공평성에 대한 판단

등 의제에 대한 분석은 주관적인 사회 불평등 연구의 범주에 속하는 것으로, 이는 최근 국내외 불평등 연구에서 새로운 분석의 접근방법이라고 하겠다.

근본적으로 주관적인 사회계층화와 사회적 공평감 연구가 보여주려고 하는 것은 객관적인 사회적 변천과 사회계층화가 사람들의 주관적인 인식 및 가치관에서의 투영이라고 할 수 있으며, 객관적인 불평등 분석에 비추어 볼 때 대중들의 주관적 감지 및 가치판단을 다루어야 하기 때문에 연구결과는 보다 사실적이고 구체적이라고 하겠다.

이 책의 제11장과 제12장에서는 전환기 민중의 소득분배 격차에 대한 공평성 인지정도와 계층 간 긴장정도에 대한 인식을 다루었는데 이를 국제적으로 비교분석했다. 주관적 불평등 연구를 통해 이 책에서는 현대 중국사회의 모순과 갈등이 날로 뚜렷해지는 한편, 사회가 상대적으로 안정을 유지하고 있는 상황을 이해할 수 있는 새로운 시각을 제공하였고, 사람들의 주관적 '공평감', '갈등감'이 개혁·사회적 갈등·사회적 이슈의 변화에 따라 변화하는 추세와 특징을 보여주었다. 이 책의 마지막 부분은 사회시스템의 변천과 사회건설이 직면한 도전을 결론으로 대신했다.

결론에서는 경제발전과 체제의 전환이 어느 정도 진행된 이후 사회계층화, 이익관계의 시장화가 사회건설과 사회 관리에 미치는 영향을 다루었으며, '공개(公開)'·'참여(參與)'·'균형(平衡)' 등 세 가지 측면에서 사회 관리 체제가 혁신하여 날로 분화되는 계층구조를 통합함으로써 계층과 집단 간의 시장화 된 이익충돌과 갈등을 해결하고, 이익이나

자원 배분 관련 권리(권력)시스템을 재편하여 이익충돌과 갈등을 조
정하는 새로운 사회체제를 구축할 것을 제안했다.

서론

사회계층화 연구 및 연구 패러다임의 변화[1]

1. 연구 패러다임의 변화

  현대중국 사회의 전환은 그 주요 특징이 '계급투쟁'을 지도방침으로 간주하던 데에서 '경제건설 중심'으로 바뀌게 되었다는 것이다. 이러한 사회적 특징을 배경으로 중국의 사회시스템 연구 분야에서 1980년대 허젠장(何健章)의 중국 계급구조 연구 외에는 개념적 도구로서의 계급분석이 한때 학술계에서는 종적을 감추었었다. 사회계층화와 관련한 연구 분야에서도 계급의 차이는 가장 주목되는 사회의 차이였고, 계급의 불평등은 가장 중요한 사회의 불평등이었으며, 계급의 갈등은 가장 중요한 사회의 갈등이었다. 2000년대에 진입한 이후, 날로 격화되는 사회의 계층화와 사회의 갈등에 직면하여 중국의 사회계층화 연구 가운데 상당히 주목되는 변화는 국내 학자들이 계급분석 특히 마르크스주의 계급분석 방법으로 복귀하는 것에 대한 목소리가 높아졌다는 것이다. 이러한 목소리에 이어 쑨리핑(孫立平)·펑스정(馮仕政)은 기존의 연구들에 대한 분석을 바탕으로 계급분석과 계층연구의 차이를 비교했고, "계급분석의 시각을 도입해야만 중국의 사회 불평등구조와 그 형성 원인에 대해 보다 통찰력 있고 전망적인 분석을

---

1) 이 부분의 주요 내용은 『中國社會學年鑒(2007~2010)』, 2011, 北京, 社會科學文獻出版社에 게재됨.

할 수 있다"고 주장했다.[2] 펑스정은 그의 논문에서 계급분석과 계층연구의 존재론적 상상, 연구주제, 가치입장 및 방법론의 차이를 다루었고, 양자의 역사적 발전과 사회학에서의 전환을 비교했다. '계급분석의 복귀'를 주장하는 학계 흐름의 일부로 간주되는 펑스정의 분석은 시범적인 의미가 없지 않다. 린쫑홍(林宗弘)과 우샤오깡(吳曉剛)은 "계급을 되돌리자"는 구호를 외치며 「신 마르크스주의 계급이론」에 기초한 실증연구를 수행했다.[3]

  '계급분석의 복귀'('마르크스의 귀환'도 포함)라는 구호는 사실상 국내의 사회계층화 연구 분야 패러다임의 전환을 상징한다. 이러한 패러다임의 전환은 한편으로는 새로운 패러다임에 대한 소환(예를 들면 '계급분석 복귀'에 대한 목소리 등)을 뜻하고, 다른 한편으로는 낡은 패러다임에 대한 불만과 비판을 잘 보여주었다. 학술비평은 학문 발전의 원동력이라고 하지만 적어도 중국의 사회학 분야에서는 흔하지 않는 현상이다. 이에 장러(張樂)와 장이(張翼)는 중국의 사회계층화 연구에 대해 커다란 영향을 미친『시장전환과 사회계층화: 미국 사회학자의 중국에 대한 분석(市場轉換與社會分層: 美國社會學者分析中國)』이라는 책에서 여러 편의 논문을 통해 체계적으로 비판하고 반성했다.[4] 외국 학자들의 중국의 전환기 사회계층화에 대한 연구는 데이터의 출처(주로 표본 추출 방법과 샘플 선정)든 변수의 설정(핵심개념에 대

2) 馮仕政,「重返階級分析?－論中國社會不平等研究的範式轉換」,『社會學研究』(5), 2008.
3) 林宗弘, 吳曉剛,「中國的制度變遷階級結構轉型和收入不平等: 1978~2005」,『社會』(6), 2010.
4) 張樂, 張翼,「從結論看方法: 社會學研究的現實性維度思考關於美國社會學者對中國社會分層研究的討論」,『社會』(1), 2008.

한 정의와 개념에 대한 처리)이든 모두 문제점이 따른다는 것이다. 더구나 외국의 학자들은 서양 공업화 이론의 패러다임을 그대로 따르고 있어 "지위획득모형을 원용하거나, 핵심 변수의 설정에 있어 중국 사회의 실제상황을 간과하거나, '순환논증(循環論證)' 또는 '자체 모순에 빠지는' 결과에 이르는 등의 문제점을 안고 있다"고 했다.[5] 이에 위의 책에서는 중국에서의 패러다임 문제를 다시 생각해 보고 조작화와 현실성의 두 가지 측면에서 두 패러다임의 전환을 촉구해야 한다고 했다.[6] 물론 '비평'이라는 것은 옳은 것은 아니지만, 적어도 엄정한 비평정신은 바람직하다.

위에서 제시한 패러다임의 전환에 발맞춰 쑨리핑은 "이익집단의 형태는 중국에서 더 중요시할 필요가 있다"는 주장을 제기했다.[7] 그 이유는 중국은 현재 경제이익 경쟁시대에 진입했기 때문이라는 것이다. 왕톈푸(王天夫)와 리버바이(李博柏)는 재분배 이론이 엘리트(精英)를 중심으로 다룬다는 점을 비판하면서 '재분배'의 개념에 대해 재해석했다. 그들은 사회주의 재분배는 국가 차원의 재분배 등급체계와 지방 관료에 의한 재분배로 구분되고, 전자는 평등주의 이념을, 후자는 배타주의(區隔主義, particularistic)를 반영한 것으로 이러한 차이는 사회주의 불평등의 기본구조를 낳았다고 했다. 또한 "재분배 중심(再分配中心)과의 거리"라는 개념으로 재분배 중심과 관료정치 간의 모순과

---

5) 張樂·張翼, 앞의 논문.
6) 위의 논문.
7) 孫立平, 「利益關系形成與社會結構變遷」, 『社會』 (3), 2008.

갈등을 보여주었고 "재분배 자체는 불평등을 초래하지 않는다. 다만 재분배 과정에서 관료 및 관료정치가 사회주의 불평등을 만든다"고 밝혔다.[8]

2. 사회계층화 체계의 새로운 탐색

사회계층화 시스템(schema of stratification)이라는 것은 사회학자들이 특정한 사회의 계층구조를 연구하기 위해 만든 분류체계로 Erik Olin Wright의 다원적 착취 모델과 J.Goldthorpe의 고용관계 모델 및 H.Ganzeboom의 국제표준직업사회경제지수(ISEI)와 R.Hauser의 사회경제지수 등은 모두 사회계층화 시스템의 구체적인 예들이다. 사회계층화 시스템은 사회학자들이 사회계층화 현상을 연구하는 일종의 '도구'로 볼 수 있기 때문에 사회계층화 시스템의 구축은 사회계층화를 연구하는 기초라고 하겠다. 하지만 다수의 연구들은 경험적 분석과정에서 사회계층화 시스템의 선택이나 구축을 소홀히 하거나, 더 정확히 말하자면 사회계층화 시스템을 우선적으로 고려해야 할 위치에 두기 보다는 여러 가지 선택 가능한 독립변수 중의 하나로만 받아들이는 경향이 있다. 이 점은 전환기에 있는 중국사회에서 볼 때 결점이 유난히 뚜렷이 드러난다. 결점의 배후에 숨어 있는 기본 문제점은 중국의 사회 불평등이나 사회계층화 구조를 분석하는 과정에서 어떠한 사회적 지위지표가 가장 중요하고 가장 기본인

---

8) 王天夫·李博柏,「平等主義國家理想與區隔主義官僚體系: 一個社會分層結構的新模型」,『社會』(5), 2008.

가 하는 점이다. 앞서 논의한 패러다임의 전환은 이러한 '소홀한 태도'
에 대한 반성이라고 하겠다.

사실 루쉐이(陸學藝)가 쓴 『현대중국의 사회계층화 연구보고』를 시
작으로 사회계층화 연구 학자들은 중국의 상황에 적절한 사회계층화
시스템 구축을 중요시했다. 쑨리핑의 '분열사회'(2002), 류신(劉欣)의
'제도주의' 이론(2005, 2007), 리창(李强)의 '파편화' 이론(2005), 저우샤
오홍(周曉虹)의 '중산계급' 연구(2005) 등이 그것이다. 주목되는 것은
린쭝홍과 우샤오깡이 계급 시스템의 연구 분야에서 이뤄낸 새로운
발전이다. 두 학자는 중국의 소득 불평등을 연구하는 과정에서 제도
주의 이론, 신 마르크스주의 계급이론과 접목시켜 중국의 실정에 더
적절한 계급 분류법을 제시했다.[9] 또한 소유권의 배타성, 수익성과 생
산관계의 역방향 의존성(反向依賴性) 등 세 가지 특징에 근거하여 호
적제도(戶籍制), 단위제도(單位制), 신분제도(身份制)와 소유제도(所有制)
를 현재 중국사회에서 영향력 있는 생산성 자산(앞의 세 가지 자산은
대개 신 마르크스주의 계급분석 가운데 노동력, 조직자산과 권위/기
능자산에 해당)으로 간주하고 이 네 가지 자산을 기준으로 중국사회
의 새로운 계급시스템을 제시했다. 연구의 특징 가운데 하나는 자체
의 계급시스템, EGP시스템,[10] 십계층시스템의[11] 통계적 타당도를 비교

---

9) 林宗弘·吳曉剛, 앞의 논문.
10) Erikson, R., Goodthorpe, J. H., Portocarero, L., "Intergenerational Class Mobility in Three
   Western European Societies: Ehgland, France, and Sweden," The British Journal of
   Sociology(30), 1979, 415~441쪽.
11) 陸學藝, 『當代中國社會階層研究報告』, 2002, 北京, 社會科學文獻出版社.

했다는 점이다. 린쭝훙과 우샤오깡이 만든 계급시스템은 이론적으로 논란의 여지가 남아 있기는 하나 최근 몇 년 동안 중국의 계급구조 분석에 관한 새로운 모색이라고 할 수 있다.

새로운 점은 최근 몇 년 동안 학자들은 중국의 소수민족 지역과 외국의 사회계층화 시스템을 연구하기 시작했다는 것이다. 팡샤오링(方曉玲)과 창무라(倉木拉)의 티베트 사회계층화 시스템 연구, 천순창(陣順强)의 신세기 량산이족(凉山彝族)의 사회계층화 연구, 한젠웨이(韓建僞)의 이슬람 혁명 이후 이란 사회계층화 시스템 연구 등이 그것이다.

3. 사회계층화 시스템 및 그 변화

중국사회의 전환과정에서 사회계층화 시스템은 사회계층 이론 연구 가운데 핵심으로 간주되고 있다. 중국사회의 전환이 그 요인이라고 할 수 있으며, '시장전환'을 둘러싼 논쟁도 요인 가운데 하나일 수 있다. 중국의 개혁개방 30주년을 맞아 사회계층화 시스템의 변화 특히 사회계층화 메커니즘의 변화 관련 연구는 새로운 발전을 가져왔고, '시장전환'을 둘러싼 논쟁의 영향으로부터 벗어나 제도적 요인, 정부의 정책, 관료들의 경쟁, 이익 대결 등의 요소가 중국의 사회계층화 시스템의 형성과정을 분석하는 도구가 되었다.

리루루는 '결정적 특징'에서 '거래적 특징'으로 바꿔 중국 계급·계층 관계의 변혁을 정리했다. 그는 계급관계 시스템의 변화를 통해 중국 사회 통합의 새로운 모델을 제시하고자 했다.[12] 쑨리핑은 최근 연구에

---

12) 李路路, 「社會分層結構的變革: 從 "決定性" 到 "交易性"」, 『社會』 (3), 2008.

서 중국의 이익경쟁시대 진입과 중국의 사회시스템이 정형화(定型化) 과정에 놓여 있다는 관점을 제기했다. 쑨리핑에 따르면 경제적 이익 경쟁으로 인한 사회계층화 시스템은 정형화되기 시작했다는 것이다. 즉 계층 간의 경계가 형성되고, 계층 내부에 공감대가 형성되며, 계층 간의 유동이 줄고, 사회계층화가 다시 시작되었다는 것이다.[13]

중국에서 사회계층 구성과 메커니즘 변화 관련 연구 중, 국가(정책)의 역할이 줄곧 관심을 받아 왔다. 저우쉐광(周雪光)을 비롯한 학자들은 사건사(事件史)적 방법을 도입하여 분석했다. 이러한 연구경향은 최근 3년 간 지속적으로 연구되고 발전되어 왔다. 리창(李强)이 현대중국의 세 가지 중대 역사시기 국가정책의 사회계층화 메커니즘의 변화에 미치는 영향을 다룬 것 외에, 주쉬펑(朱旭峰)이 국가책략패턴(國家決策模式)이라는 새로운 시각에서 국가책략패턴의 전환이 사회계층화 메커니즘의 변화에 미치는 영향을 다루었다. 그에 따르면 정부 책략의 전환은 사회계층화 메커니즘의 변화를 유발하는 핵심 요소이다. 이밖에 주목할 점은 주쉬펑은 자신의 논제를 시장전환 이론 가운데 널리 존재하는 시장대체론(代替論)—권력유지론(維續論)의 논쟁과 연계하여 중국의 정책책략 패턴은 기존의 정치/행정 엘리트가 독점하던 데에서 점차 사회적 엘리트가 참여하는 방향으로 바뀌고 있다고 주장했으며, 경험적 자료에 근거하여 네 가지 유형을 제시했다.[14] 사오수롱(邵書龍)도 농민공(農民工) 자녀교육의 기회와 관련하여 중앙

13) 孫立平, 앞의 논문.
14) 朱旭峰, 「政策決策轉型與精英優勢」, 『社會學硏究』 (2), 2008.

정부와 지방정부 간, 정부와 사회 간의 정책경쟁 요소를 도입하여 분석했다.[15]

4. 사회계층화 분야의 기타 이슈

4. 1. 교육과 사회계층화

교육이라는 주제는 최근 몇 년 동안 중국의 사회계층화 연구 가운데 큰 비율을 차지하고 있다. 이 연구들의 초점은 사회계층화 시스템의 교육 공평성에 대한 영향, 성진(城鎭)교육의 불평등, 민족과 집단 간의 교육 불평등, 대학교육의 확대와 교육기회의 불평등 등 네 가지에 집중되고 있다.

사회계층화 시스템의 교육 공평성에 대한 영향은 일반적인 연구주제로 사회학자와 교육학자들이 공동으로 연구에 참여하고 있다. 종윈화(鐘云華)와 선홍(深紅)은 사회계층화 시스템이 대학교육의 시작점·과정·결과의 불공평에 미치는 영향을 연구했다. 결론은 사회계층화로 인해 이 세 가지 불평등이 증가했다는 것이다.[16] 특징적인 점은 중국의 일반 사회학 연구에서는 가정배경(부친의 직업, 교육 수준과 소득 등)에 의해 사회계층화가 교육에 미치는 영향을 연구하는 것과는 달리, 두 학자의 연구에서는 루쉐이 연구팀의 사회계층화의 틀을 도입하여 사회계층을 상층·중상층·중층·중하층·하층의 다섯 개 유

---

15) 邵書龍, 「社會分層與農民工子女教育: "兩爲主" 政策博弈的教育社會學分析」, 『教育發展研究』 (11), 2010.
16) 鍾雲華·沈紅, 「社會分層對高等教育公平影響的實證研究」, 『複旦教育論壇』 (5), 2009.

형으로 분류하여 독립변수로 삼았다는 것인데, 이는 매우 의미 있는 발전이라고 하겠다.

도시와 농촌의 격차는 교육 및 사회계층화 연구 가운데 주목되는 연구대상이다. 한편 '민족과 집단 간 차이'를 연구범위에 포함시켰다는 것도 새로운 발전이라고 하겠다. 홍옌삐(洪岩璧)는 2004년 중국 서부를 대상으로 수행된 표본추출검사 데이터에 기초하여 교육획득(敎育獲得)에서의 "민족과 집단 간 차이"와 "민족과 집단 간 불평등"을 분석했는데 연구한 바에 의하면 소수민족과 한족 간의 교육 불평등은 도시와 농촌, 계층 간의 차이로 인해 유발된다는 사실을 발견했다.[17]

교육발전과 교육기회의 불평등 역시 이 분야의 오래된 주제이다. 중국 대학교육의 '확대'와 중국사회의 전환은 이 주제에 새로운 기회를 제공했다. 이는 최근 몇 년 사이에 주목할 만한 성과를 이뤘다. 우샤오깡은 1990년과 2000년의 인구조사 표본에 근거하여 중학교교육의 확대와 교육기회의 관계를 분석했다.[18] 리춘링(李春玲)은 중국 통계국에서 2005년에 수행한 1%의 인구조사 표본추출검사 2차 데이터에 근거하여 대학교육의 확대와 교육기회의 관계를 분석했다.[19] 두 학자는 세부적인 부분에서 차이를 보이기는 하나, Ronan Raftery와 Hote가 제기한 불평등의 최대화 '유지 가설(MMI 가설)'[20]을 증명했다는 점

---

17) 洪岩璧, 「族群與敎育不平等─我國西部少數民族敎育獲得的一項實證研究」, 『社會』(2), 2010.

18) 吳曉剛, 「1990~2000年中國的經濟轉型：學校擴招和敎育不平等」, 『社會』(5), 2009.

19) 李春玲, 「高等敎育擴大與敎育機會不平等」, 『社會學研究』(3), 2010.

20) Adrian E. Raftery, Michael Hout, "Maximally Maintained Inequality: Expansion, Reform, and Opportunity in Irish Education, 1921-75," Sociology of Education(66-1), 1993, 41~62쪽.

에서 일치한다.

4. 2. 소득 불평등과 노동력시장

소득 불평등은 사회계층화 연구 중에서 가장 주목되는 문제의 하나라고 할 수 있다. 사회계층화 연구의 시각에서 볼 때 새로운 발전은 린쫑홍과 우샤오깡이 제도주의 이론, 신 마르크스주의의 계급분석과 접목시켜 만든 신 마르크스주의 성향을 띤 새로운 계급모형을 도입하여 1978-2005년 사이 중국의 소득 불평등 문제를 다룬 것이다.[21] 이 모형의 세 가지 요인 즉 단위제도·(간부)신분·소유제도가 소득에 미치는 영향의 변화를 놓고 단위제도는 소득을 먼저 상승했다가 내리게 하고, 간부신분과 소유제도는 소득을 지속적으로 상승하게 한다고 했다. 두 학자의 연구에 따르면 단위제도와 호구제도의 소득에 대한 영향력은 점차 감소하는 반면에, 자본과 간부신분은 소득을 점차 증가하게 한다고 했다.[22]

위에서 논의한 린쫑홍과 우샤오깡의 신 마르크스주의 계급모형과 달리, 리페이린(李培林)과 톈펑(田豊)은 인적자본 이론의 소득 불평등에 대한 문제를 다루었다. 이들 연구의 새로운 점은 인적자본을 지식 인적자본·기능 인적자본·경험 인적자본의 세 가지 유형으로 분류하고 이 세 유형이 직업계층 간 소득수준 및 직업계층 내 소득수준의

---

21) 林宗弘·吳曉剛, 앞의 논문.
22) 위의 논문.

차이에 대한 영향을 다루었다.[23] 최근 몇 년 동안 많은 연구들은 성별과 소득 불평등의 관계에 주목하고 있다. 왕톈푸 등은 앞에서 논의한 "재분배 중심과의 거리 개념" 및 "배타주의 관료정치의 모형"을 도입하여 1995-2003년 사이 성별에 따른 중국 도시의 소득차이에 대해 다루었다. 중국의 경우 다양한 민족과 계층에 속해 있는 여성들이 받고 있는 성차별의 정도에는 차이가 존재한다고 했다. 즉 재분배의 중심에 가까운 여성일수록 기층 관료의 자의성이 약하여 여성이 받는 성적 차별이 덜하며, 따라서 남성과 여성의 소득차이는 줄어드는 반면에, 재분배의 중심에서 멀수록 기층관료의 자의성이 강하여 여성이 받는 성적차별이 심하며, 따라서 남성과 여성의 소득격차가 커진다는 것이다.[24] 우위샤오(吳兪曉)와 우샤오깡은 2003년 중국의 사회조사 데이터와 2000년의 인구조사 데이터를 가지고 중국 도시와 농촌의 성별에 따른 직업별 차이와 소득 계층화에 대해 분석했다.[25] 앞선 두 연구는 모두 비국유(非國有)기관의 성별에 따른 소득차이가 국유(國有)기관의 소득차이에 비해 크다는 결론을 제시하고 있으나 결과에 대한 구체적인 이유는 다르게 해석하고 있다. 왕톈푸 등은 비국유기관은 재분배의 중심에서 멀기 때문에 국유기관에 비해 성차별이 심하다고 보았으나, 우위샤오(吳兪曉)와 우샤오깡(吳曉剛)은 성별에 따른 직업별 차이는 국유기관에만 존재하는 것으로 비국유기관의 소득

23) 李培林·田豐,「中國勞動力市場人力資本對社會經濟地位的影響」,『社會』(1), 2010.
24) 王天夫·賴揚恩·李博柏,「城市性別收入差異及其演變: 1995~2003」,『社會學研究』(2), 2008.
25) 吳愈曉·吳曉剛,「城鎮的職業性別隔離與收入分層」,『社會學研究』(4), 2009.

재분배와 성별에 따른 소득차이에는 영향을 미치지 않는다고 보았다. 또한 왕톈푸 등은 교육수준의 높고 낮음이 비국유기관의 여성과 남성의 소득 차이에 아무런 영향을 미치지 않는다고 본 반면, 우위샤오와 우샤오깡은 비국유기관에서 소득차이를 결정하는 주요 원인은 남녀의 인적 자본의 차이에 있다고 했다.

5. 소결론

비록 현재 중국의 사회계층화 연구는 연구수준·연구방법 그리고 연구범위에 있어 새로운 발전을 이뤘으나 확실히 알아둬야 할 것은 아직까지 문제점과 부족한 점이 존재한다는 것이다.

첫째는 현재의 사회계층화 연구 이론의 깊이가 부족하다는 것이다. 몇 년에 걸쳐 유럽과 미국의 사회계층화 이론적 패러다임은 조금씩 중국에 유입되었지만, 유감스럽게도 현재 학계에서는 서양이론에 대한 이해가 포괄적이고 충분하지 못하다. 단지 『시장전환과 사회계층화: 미국 사회학자의 중국에 대한 분석』과 『사회계층화와 유동: 외국학자들의 중국 연구가 거둔 성과(社會分層與流動：國外學者對中國研究的新進展)』가 가장 많이 인용되고 있는 문헌이다. 장러와 장이의 통계에 따르면 2002년부터 2006년 5월까지 『시장전환과 사회계층화: 미국 사회학자의 중국에 대한 분석』을 참고문헌에 넣은 중국 학술논문은 119편으로 확인되었다.[26] 이와 함께 계급분석의 패러다임이 부활하고 있지만, 서양의 사회계층화 연구 가운데 많은 계급분석의 패러

---

26) 張樂·張翼, 앞의 논문.

다임(예를 들어 J.Goldthorpe의 신 베버주의(新韋伯主義), Erik Olin Wright의 신 마르크스주의, A.S rensen의 신 이가토주의(新李嘉圖主義), D.Grusky의 신 도르간주의(新涂爾干主義), 조직 시각(예를 들어 J.Baron의 업무조직이론) 등은 별로 언급되지 않았다.

이론상의 결함과 편향으로 인해 중국의 사회계층화 분석연구는 관련된 최신의 이론에 대해 치열한 논쟁을 벌이고 있다. 예를 들면 계급과 지위집단(地位群體)의 구분, '계급의 죽음(階級死亡)'에 대한 논쟁, 계급분석의 진실주의와 명의주의(名義主義)를 둘러싼 논쟁 등은 말이 안 나올 정도로 심각하다. 이러한 사실은 계층화 연구가 깊이 있는 이론적 탐구를 떠나서 방법론적으로만 발전한다면 질적 발전을 이룰 수 없음을 다시 한 번 깨닫게 해준다.

물론 반드시 유럽과 미국의 사회계층화 이론을 따르라는 것은 아니다. 다만 그들의 이론을 참고한다면 상상력을 키우고 연구를 추진하는 데 도움이 된다는 것이다.

둘째, 현재로서는 사회계층화 연구의 범위가 포괄적이지 못하다. 최근 몇 년 동안 대부분의 연구들에서는 사회계층화 구조, 교육의 불평등, 소득의 불평등과 같은 주제에 한해 다루고 있을 뿐, 사회계층화의 건강, 직장에 대한 만족도, 생활방식, 소비방식, 사회태도에 미치는 영향 등에 대한 연구는 현저히 부족한 실정이다.

셋째, 사회계층화 현상이 다양해서인지, 이론적인 '대화'에만 집중해서인지는 모르나 소수의 연구를 제외하고는 근래의 사회계층화 연구는 중요한 이론적 주제를 둘러싸고 논쟁을 벌이는 경우가 드물다.

"닭 울고 개 짖는 소리가 들릴 정도로 가까이 살건만 늙어 죽을 때까지 한 번도 왕래하지 않는 실정"일 정도이다. 이는 학술공동체의 발생과 조직에 관련되는 문제이다. Pierre Bourdieu는 『실전과 반성―반성사회학 입문(實踐與反思―反思社會學導引)』에서 진정한 과학의 장은 연구자들이 각자 갖고 있는 이견(異議)에 대해 해법을 찾아 합의를 이루는 곳이라고 했다.[27] 이와 같이 과학에서 말하는 합의의 전제는 바로 '이견'이다. 이견이 없다면 논쟁 또한 없을 것이고, 과학에서의 합의도 존재하지 않을 것이다.

위의 간략한 서론에서 결국 말하고 싶은 것은 중국의 사회 전환기 사회계층화 연구는 반드시 이론적 혁신에 입각해야 한다는 것이다. 이 책의 주요 내용 중의 하나가 바로 계급분석의 틀 안에서 새로운 분석 패러다임을 도입하여 전환기에 놓여 있는 중국사회의 계층구조 연구를 위한 새로운 이론적 시각과 분석의 틀을 제공하는 데 있다.

---

27) [프랑스] 布迪厄, 『實踐與反思―反思社會學導引』, 1998, 北京, 中央編譯出版社.

현대 사회학에서의 계급분석:

이론적 시각과 분석 패러다임

제1장
현대 사회학에서의 계급분석:
이론적 시각과 분석 패러다임[28]

　계급분석은 사회학 이론 가운데 핵심내용으로 간주되어 왔다. 마르
크스와 베버는 계급분석의 기초를 다져 놓았다. 한때 "계급의 개념이
쇠락하고 시든 분위기에 휩싸인 것처럼 보였지만"[29] 제2차 세계대전이
끝난 뒤 1950년대부터 1970년대까지 사회시스템의 거대한 변화에 직
면하면서 현대 사회학계에서 계급이론의 부흥이 고조되었고, 수많은
사회학자들이 계급문제에 다시 관심을 가지면서 계급이론을 발전시
키거나 재구성하려 했다. 1970년대 이후 계급분석을 반대하는 목소리
가 높았으나 산업주의(工業主義) 계급이론과 탈현대주의(後現代主義) 계
급이론을 비롯한 사회학자들은 계급의 와해, 계급의 죽음을 논하면
서 계급분석에서 벗어날 것을 호소했으나 계급분석을 견지하고 발전
시키려는 학술적인 노력은 현대까지 계속되어 왔다. 본 장에서는 마
르크스와 베버 이후의 계급분석 이론의 발전상황에 대해 살펴보고
자 한다. 오늘날 사람들은 일반적으로 이러한 이론의 기원에 근거하
여 대체로 마르크스주의, 신 베버주의, 신 도르간주의와 신 이가토주

---

28) 본 장의 주요 내용은 『社會』 (5), 2012에 게재됨.
29) Giddens, A., The Class Structure of the Advanced Societies, London, Hutchinson, 1973.

의 등으로 나뉘는데, 그 중에서도 앞의 세 가지 계급이론은 완전성에서나 응용성에서나 광범위한 영향을 미치는 이론적 패러다임이라고 하겠다.

본 장에서는 계급분석 이론의 가장 중요한 몇 가지 이론적 지점(支點)에 대해 논의하고자 한다. 우선 계급이론의 핵심을 다루고자 한다. 즉 계급이론의 전제적인 가설과 핵심적인 이론에 근거하여 계급분석 이론과 비계급분석 이론의 차이점을 해석할 것이다. 그리고 위에서 언급한 세 가지 계급분석 패러다임 및 대표적인 학자를 대상으로 연구대상, 분석의 틀, 해석논리 등 세 가지 측면에서 그 차이점을 밝힐 것이다. 한편 계급구조의 틀이나 시스템(schema)에 있어서는 계급분석 과정에서 가장 중요한 이론적 지점 가운데 하나이므로 별도로 다룰 것이다. 마지막으로 중국의 사회현실과 접목시켜 계급분석 이론에 대해 요약하고 토론할 것이다. 본고의 분석에 따르면 계급이론은 공동적인 이론 핵심과 특유의 분석 패러다임을 갖고 있다. 공동적인 이론 핵심과 특유의 분석 패러다임의 결합은 Im re Lakatos의 '과학연구강령(科學硏究綱領)'에 대한 해석과 일치한다.[30] 한편 이는 계급분석 이론이 상당한 학술적 '근성'과 '경험적 사실'의 도전에 강한 생명력을 갖는 주요한 이유이기도 하다.

---

30) Im re Lakatos는 과학의 평가와 검증 대상은 단일한 명제나 이론이 아니라 하나의 이론 체계라고 했다. 그가 말하는 "과학 연구 강령" 은 '핵심' , 보호대(保護帶), 반면계시법(反面啓示法) 등 네 개 부분으로 구성된다. 그 중에서 '핵심' 은 과학 연구 강령의 기조적 이론이자 핵심으로 강인하고 불변하며 반박할 수 없다고 했다(劉放桐, 『現代西方哲學』 , 北京, 人民出版社, 1990, 800~808쪽을 참조).

제1절
계급은 사회학의 유일한 독립변수인가?

"사회학에는 독립변수가 단 하나뿐인데 그것은 바로 계급이다." 이는 1973년에 캘리포니아 대학교 버클리캠퍼스 사회학과 교수였던 Arthur Stinchcombe가 학생들에게 한 말이다. 학생들 중에는 훗날 널리 알려진 네오마르크스주의 계급분석가 Erik Olin Wright도 있었다. 물론 Erik Olin Wright는 Arthur Stinchcombe의 이 말이 "고의로 과장된 진술이다", "약간은 범상치 않다"고 생각했으나, Arthur Stinchcombe는 어떤 중요한 것을 확실히 포착했다고 생각했다. 즉 "심각하게 구조화된 불평등문제는 일반적으로(마르크스주의뿐만 아니라) 사회학의 핵심문제이고 '계급'은 바로 이 문제를 논의하는 많은 방식 가운데 하나"라는 사실이다.[31]

사회학의 핵심문제는 심각하게 구조화된 사회 불평등이라고 말한다면 논쟁의 소지가 있겠으나, 계급분석은 사회학에서 사회불평등을 분석하는 가장 중요한 이론방식이라고 말한다면 문제 삼기가 어려울 것이다. 다시 말한다면 계급은 사회학의 유일한 독립변수가 아니지만, 사회 불평등 및 해당 사회의 현상을 분석하는 데 있어 가장 중요한 독립변수 중의 하나라는 것이다. 이 명제를 적절히 이해하기 위해

---

31) Kirby Mark, "An Inteview with Erik Olin Wright," Social Science Teacher, 2001.

서는 먼저 계급분석의 핵심이 무엇인지를 알아야 할 것이다.

1. 계급분석 시각의 핵심: 사회관계를 바탕으로 하는 구조적 불평등

학자들은 일찍이 다양한 측면에서 계급분석의 시각과 비계급분석의 시각 양자의 차이를 논증하여 전자의 핵심적 특징을 제시했다. 예를 들면, 유형적인 것/연속적이고 다차원적인 것/일원적인 것, 계급적인 것/등급적인 것, 관계적인 것/등급적인 것, Ossowski의 이분법·등급·기능의 세 가지 패러다임 등이 그것이다. 필자가 보기에 이 모든 설명 중에서 가장 핵심적이고 또 계급분석의 시각을 가장 잘 보여주는 것은 계급분석의 '관계론'과 비계급분석의 '등급론/분배론' 간의 차이 또는 '유형적인 계급모형(categorical models of class)'과 '등급적인 계층화 모형(gradational models of stratification)' 간의 차이라고 본다. Reinhard Kreckel는 이러한 차이를 비교적 명확하게 밝혔다. 즉 개인·단체 또는 사회가 한 사회 또는 보편적 구조에서 차지하는(귀속되거나 성취한) 지위가 불평등한 행동이나 상호작용 권리 또는 가능성을 가지고 있고, 이로 인해 장기적으로 관련자의 생활기회에 불리하거나 유리할 때, 이를 관계의 불평등이라고 했다. 반대로 보편적으로 사용할 수 있고, 가치를 추구하는 사회재부(財富)의 획득이 지속적으로 제한되어, 이로 인해 불이익을 당하거나 관련된 개인·단체 또는 생활기회에 유리할 때[32] 이를 분배의 불평등이라고 했다.

---

32) Kreckel, Reinhard, Politische Soziologie der Sozialen Ungleichheit, Frankfurt/Main, CampusVerlag, 1992, 20쪽.

비록 마르크스와 베버는 계급의 개념에 있어 큰 차이를 보이지만, 이들은 모두 관계론적인 계급을 주장했다. Erik Olin Wright의 말처럼 "그들은 계급이라는 것을 어떤 등급순위(gradational hierarchy)에 속하는 것으로서 간단히 정의 내린 것이 아니다. 그들에게 계급 개념은 상호 간에 관계를 맺는 여러 사회 행위자들의 체계적인 상호작용에 대한 해석에서 비롯된다."[33] 마찬가지로 현대의 계급분석 이론은 분석 패러다임에서 다르지만, 관계적 존재에 대한 관심은 그들의 이론 속에 일관되게 드러난다. 예를 들면 Erik Olin Wright가 강조한 생산영역에서의 착취관계, J.Goldthorpe가 강조한 노동력시장과 생산영역에서의 권위관계와 고용관계, A.S rensen이 강조한 시장교환 과정에서의 착취관계가 그것이다. 하지만 D.Grusky는 각 계급 간의 직업 '재결권(裁決權)'에 기초한 투쟁을 강조했다. 계급분석은 이와 같이 사회관계적 시각에서 사회 불평등을 분석하는 이론이다. Erik Olin Wright의 말을 이용하여 표현한다면 "어떤 계급의 위치는 그 계급과 다른 계급의 위치를 연결하는 사회관계에 의해 정해진다."[34] 이는 이러한 관계가 계급 쌍방(또는 양측)의 생산관계이든, 고용관계이든, 착취관계이든, 지배관계이든, 이러한 관계가 노동력시장에서 발생하든, 조직내부에서 발생하든 계급은 간단한 위계질서가 아니라 일종의 관계적인 존재라는 것을 의미한다.

---

33) Wright, E. O., "The Shadowf Exploitation in Weber's Class Analysis," American Socio-logical Review(6), 2002, 832~853쪽.

34) Wright, E. O. "The Continuing Relevance of Class Analysis," Theory and Society(25), 1996, 697~716쪽.

일부 학자는 지위와 등급을 어떤 상호관계에 놓여 있는 것으로 간주할 수 있기 때문에(지위의 높고 낮음, 많고 적음) 관계론은 계급분석 시각의 핵심이 아니라 오히려 갈등주의와 기능주의야말로 계급분석의 시각과 비계급분석 시각의 본질적인 차이라고 주장했다. 이는 양적인 관계와 사회관계의 차이에 대한 오해로서, 사실 거의 모든 계급분석은 사회 불평등이 사회관계 불평등의 토대 위에서 생겼음을 강조하며, 모든 계급분석이 계급 간의 갈등을 강조하는 것은 아니다(본 장의 마지막에서 집중적인 논의가 이루어질 것임). 계급분석이 주목하는 '구조적 불평등'에 대해 좀 더 규명할 필요가 있다.

첫째, 개인의 재산·교육·기능·노동력 차이와 같은 이러한 불평등이 단순히 개인의 천성(禀賦, 선천적으로 가지고 태어남—역자 주) 차이로 결정되는 것은 아니다. 계급분석의 관점에서 볼 때 계급 불평등은 개인의 특징과 상관없이 독립적으로 존재한다는 데에서 일반적 의미에서의 사회 불평등과는 다르다.[35] 재산·교육·기능·노동력 등 개인의 천성이 계급의 차이를 반영한다고 하는 이유는 구조적 요인(생산자료 소유제, 재산제도, 권력구조 등) 및 일부 구조적 메커니즘(사회봉쇄 메커니즘, 재생산 메커니즘, 착취 메커니즘 등)이 배후에서 작용하기 때문이다. 쉽게 말하자면 "구조는 개인이 얻는 것보다 더 중요할 뿐만 아니라, 논리적으로 개인이 얻는 것보다 먼저 존재한다."고

---

35) Sørensen, Aage B., "On the Usefulness of Class Analysis in Research on Social Mobility and Socioeconomic Inequality," Acta Sociologica(2), 1991, 71~87쪽.

할 수 있는 것이다.[36]

둘째, 이러한 불평등은 경제·사회·정치제도 속에 깊이 뿌리내려 있다. 사회학 이론에서 '문화전향(文化轉向)'은 이미 하나의 흐름으로 간주되고 있지만, 계급분석에서는 문화분석으로 구조적 분석을 대체하는 것이 유행하고 있다. 또한 일부 계급 이론가들은 계급은 문화와 정치와 같은 개념이라고 간주하고 있다.[37] 계급의 문화와 기호는 갈수록 각광을 받고 있지만, 계급의 '고토(故土)'는 여전히 경제제도 속에 존재하며,[38] 사회질서·국가제도는 계급의 질서와 계급 이익의 상당 부분을 반영한다고 하겠다.[39] 생활방식이나 소비패턴도 계급의 '장역(場域)'과 '관습'의 산물에 불과하다.[40] 계급이 사회관계 구조의 표현으로 간주되기 때문에 계급구조에서 생겨나는 불평등은 일종의 안정적이고 기초적인 사회 불평등이다. 이는 사회학에서 강조하는 구조 우선의 관점 즉 '사회적으로 구조로 불리는 특징들은 가장 기본적이

---

36) Baron, James N. and Bielby, William T., "Bringing the Back in: Stratification, Segmentation, and the Organization of Work," American Sociological Review(45), 1980, 737~765쪽.

37) Wright, E. O., 앞의 논문, 697~716쪽. Devine, Fiona, "Class Analysis and the Stability of Class Relation," Sociology(32-1), 1998.

38) [독일] 韋伯, 『經濟與社會』 (하), 1997, 北京, 商務印書館商, 260쪽.

39) 계급과 국가 정권, 그리고 이데올로기의 관계에 대해 마르크스와 엥겔스는 『공산당선언』에서 "현대의 국가 정권은 전체 자산계급의 공동 사무를 관리하는 위원회에 불과하다"고 기록하고 있다 (『馬克思恩格斯選集』(제2판), 1995, 北京, 人民出版社, 274쪽.) 『독일 이데올로기(德意志意識形態)』라는 책에서는 "통치 계급의 사상은 매 시대마다 통치적 지위를 차지하는 사상이다. 이것은 바로 한 계급이 사회에서 통치적인 지위를 차지하는 물질적인 힘이자 사회에서 통치적인 지위를 차지하는 정신적 힘이라는 것이다" 라고 기록하고 있다(『馬克思恩格斯選集』(중국어1판), 제3권, 1960, 北京, 人民出版社).

40) Bourdieu, Pierre, Distinction: A Social Critique of the Judgement Taste, 1984, New York, Cambridge Univesity Press.

고 견고하며 영원불변한 것으로 간주되는데, 이는 마치 건물의 대들보와도 같지만 이들이 만들어내는 사건이나 사회적 과정은 부차적이고 표면적인 것으로 간주되는 경향이 있다.[41] 이러한 의미에서 계급분석과 이익집단 분석 간의 차이에 대해 분명히 함으로써 구조적 시각으로서의 계급성격을 부각시킬 필요가 있는 것이다. 쉽게 말하자면 이익은 사회적으로 추구할 만한 것(물질적인 것과 비물질적인 것)을 말하는데, 이익집단은 이러한 '추구'에 기초한 사회집단을 뜻한다. 이익에 대한 추구는 변화를 거듭하게 되므로 이익집단은 고정불변하지 않다는 데서 계급과는 형태적으로 다르다. D.Grusky 등 학자의 관점에 따르면 이익집단은 "공교롭게도 주어진 의제로부터 비슷한 이익을 얻을 수 있는 개인으로 이루어진 조직"이다. 따라서 그들은 '일시적인' 몇 개의 집단으로 존재할 뿐, "시종일관하게 존재하는 근본적인 사회집단은 아닌 것이다."[42] 물론 일부 계급 이론가들은 계급 역시 이익을 바탕으로 만들어진 이익집단으로 보는데, 이러한 이익집단은 일반적 의미에서의 이익집단과는 다르다. 이들은 사회관계의 분화에 기초하여 만들어진 이익집단이라는 데에서 본질적인 차이가 있다. "계급분석의 목적은 항상 중요시되는 사회계층화를 확인하기 위함이다."[43] 따라서 사회계층화에 의해 형성된 이익집단을 '계급'이라고 지칭하지 '이

41) William H. Sewell, Jr., "A Theory of Structure: Duality, Agency, and Transformation," The Ametican Journal of Sociology(98), 1992, 129쪽.
42) Grusky, David B., Kim A. Weeden, and Jesper Sorensen, "The Case for Realism in Class Analysis," Polttical Power and Social Theory(14), 2000, 291~305쪽.
43) 위의 논문, 291~305쪽.

익집단'이라고 지칭하지는 않는 것이다.

2. 계급분석은 하나의 체계적인 구조적 시각이다.

구조적 불평등에도 다양한 분석 시각이 존재한다는 것을 인정해야
한다. 예를 들어 모두가 알고 있는 '노동시장분절론(labour market
segmentation Theory)'을 대표하는 이른바 '신구조주의'는 개체 특
징이 아닌, 각종 구조적 요소의 사회 불평등(소득 불평등··빈곤·실업
등)에 미치는 지속적인 영향을 강조한다. 비록 이 이론은 1970년대에
거대한 영향력을 행사했지만 이 이론의 쇠퇴를 초래한 근본적인 원인
은 일관된 개념체계와 그에 상응하는 '과학연구강령'이 형성되지 못
했다는 것, 연구자들은 다양한 구조적 차원에서 대량의 상이한 개념
을 사용했을 뿐, 통일된 핵심개념을 형성하지 못했고 메커니즘 형성
에 근거를 제공하지 못했다는 것이다. 따라서 이 이론은 사회 불평등
의 형성과 영향을 효과적으로 보여줄 수 없다고 하겠다.

하지만 계급분석 이론은 다르다. 비록 계급이론의 전통에도 대량의
경쟁적인 분석 모형이 존재하지만(뒤에서 이와 같은 분석 모형을 집
중적으로 다루게 됨) 상호 간에 심지어 격렬한 논쟁과 비판이 존재하
지만, 핵심개념, 즉 계급은 사회관계의 분화를 바탕으로 형성된 구조
적 위치의 집합이라고 생각하는 점에서 '공감대'를 이루었다. 따라서
계급분석 이론을 위해 논리적인 출발점과 체계화·이론화의 기초를
마련해 주었고, 계급기초·계급구조·계급형성의 과정과 메커니즘·계
급관계·계급의 사회적 결과와 계급의 미래 등을 포함하는 상대적으

로 체계적이고 완전한 이론 체계를 형성했다. 계급분석이 비록 커다란 도전을 겪었지만 여전히 생명력을 유지할 수 있는 중요한 원인 중 하나는 바로 '과학연구강령'식의 이론 체계를 구현했기 때문이다. 이 '핵심'의 존재로 인해 계급분석의 시각은 다원화된 패러다임 가운데에서 자신의 가치와 관련성을 지키고 자신의 생명력을 연장할 수 있었던 것이다. 물론 계급분석은 사회 불평등 연구의 전부가 아닐 뿐더러 사회학, 더 나아가 사회분석의 전부도 아니다. 과다한 칭찬과 비방은 모두 적절하지 않다고 하겠다. "추구할 만한 연구 프로젝트를 구축하고자 하는 계급분석에 있어 중요한 인과관계를 명확히 해 두는 것만으로 충분하다. 계급은 사회현상의 가장 중요하거나 근본적인 결정적 요소라고 말할 필요가 없는 것이다."[44]

'핵심'을 공유하는 기초에서 계급분석 이론 내부에는 다양한 분석 모형이 존재한다. 아래에서 분석 대상, 분석의 틀, 해석논리 등 다양한 측면에서 앞에서 다룬 세 가지 주요 분석 모델 간의 차이에 대해 다루고자 한다.

44) Wright, E. O., 앞의 논문, 697~716쪽.

제2절
계급분석의 대상: 거시적 대상과 미시적 대상

계급분석 패러다임 간의 차이는 우선 연구대상에 대한 설정에서 표현된다. 일반적으로 계급분석의 연구대상은 두 가지 유형, 즉 거시적 차원의 현상과 미시적 차원의 현상으로 나눌 수 있다. D.Grusky 등은 계급분석의 거시적 대상과 미시적 대상을 구분할 때 계급분석의 임무는 첫째, 거시적 차원에서 전환 사건과 대규모 사회의 변천을 해석하는 것이고, 둘째, 미시적 차원에서 계급이 개인의 태도, 행위와 생활기회에 미치는 영향을 해석하는 것이다.[45] 거시적 차원의 연구는 계급이론을 바탕으로 하는 각종 역사사회학 분야의 연구이다. 예를 들어(Theda Skocpol(斯考切波))의 《국가와 사회혁명(國家和社會革命)》이 그것이다. 미시적 차원의 연구는 각종 개인 조사 데이터를 바탕으로 하는 양적 연구이다. K.A.Weeden과 D.Grusky는 "지난 25년 동안 (필자 주: 1980~2005년) 계급분석의 목표는 집단행동, 혁명과 기타 거시적 수준의 결과 변수에 대한 해석을 발전시키는 데에서 개인 차원의 생활기회, 태도와 행위의 변이를 해석하는 것으로 바뀌었다"

---

45) Grusky, David B., Kim A. Weeden, and Jesper Sorensen, 앞의 논문, 291~305쪽.

고 정리했다.[46] 그들은 심지어 "낡은 거시적 수준의 의사일정은 사실상 이미 버려졌다"고 단언했다.[47, 48]

거시적 대상과 미시적 대상에 대한 구분에 따라 계급분석에서의 세 가지 분석 패러다임에서 다루어야 할 계급의 연구대상을 다음과 같이 목록화 할 수 있다. (1) 계급구조와 계급 간의 유동에 대한 연구이다. 즉 계급구조를 구분하고 계급분화의 형성과정, 계급위치의 세대 내 및 세대 간의 분배와 재분배의 과정, 그리고 계급의 경계를 뛰어넘는 침투성 등에 대한 연구이다. (2) 계급의 형성과 계급의 행동에 대한 연구이다. 이는 거시적인 차원의 연구로 계급에 기초한 역사변천 이론을 포함할 뿐만 아니라 계급구조와 계급의식, 계급형성과 계급투쟁 간의 상호관계에 대한 연구도 포함한다. (3) 계급의 영향에 대한 연구이다. 주로 미시적인 차원의 연구이다. 즉, 계급에 의해 초래되는 개인의 생활기회와 생활선택이다. 여기에는 계급이 개인의 소득, 사회태도, 생활기회, 생활방식과 소비 실천 등에 미치는 영향이 포함된다. 이상의 세 가지 패러다임은 거시적 연구대상, 미시적 연구대상의 구분에 있어 매우 비슷하지만, Erik Olin Wright,

---

46) Weeden, K. A., Grusky, D. B., "Ara There Any Social Class at All?" The Shape of Social Inequality: Stratification and Ethnicity in Comparative Perspective, edited by David Bills, Volume22, Research in Social Stratification and Mobility, Amsterdam, Elsevier, 2005, 3~56쪽.

47) Grusky, David B., Kim A. Weeden, and Jesper Sorensen, 앞의 논문, 291~305쪽. Sørensen, Aage B., "Toward a Sounde Basis for Class Analysis," American Journal of Sociology(6), 2000, 1523~1558쪽.

48) 본 연구에서 이미 지적한 바와 같이, 서양 계급 이론이 발생한 이러한 전이된 사회 배경과 환경은 현대 중국사회와 현저히 다르다. 이는 서양 계급 이론에서 발생한 서양 현실에 대한 반영일 뿐, 중국 사회와 계급 이론을 평가하는 기준이 되어서는 안 된다.

J.Goldthorpe와 D.Grusky의 계급이론은 연구대상의 구체적인 범위와 중점적으로 다루는 부분에 있어 여전히 큰 차이를 보인다.

　J.Goldthorpe가 대표하는 신 베버주의(新韋伯主義) 패러다임은 계급의 흐름과 계급의 영향에 대한 연구에 집중되었다. 그는 계급형성과 계급행동의 문제를 실증적으로 처리해야 할 의제로 간주하고, "높은 수준의 계급형성과 계급행동은 모두 역사상의 특례이지 관례가 아니다"라고 생각하는 데 초점을 맞췄다.[49] 실제로 J.Goldthorpe는 계급분석 의사일정에서 계급형성과 계급행동의 문제를 삭제해야 한다고 강력히 주장했다. 따라서 J.Goldthorpe의 계급분석은 역사이론도, 계급착취 이론도, 계급에 기초한 집단행동 이론도, 정치행동도 없는 '환원론'으로 불릴 수 있다고 보는 학자들이 있다.[50] D.Grusky를 비롯한 신 코르간주의 패러다임은 J.Goldthorpe의 주장과 맞서고 있다. D.Grusky는 계급의 정체성과 계급행동에 대한 연구를 특히 강조했는데, 만약 계급 이론가가 계급에 대한 주관적 차원과 계급행동에 대한 문제를 간과한다면, 계급이론의 앞날을 가지고 조금도 승산이

---

49) Goldthorpe John H., On Sociology Voume One: Critique and Profram, 2007, Stanford, California, Stanford University Press.

50) Goldthorpe, J. H. and Marshall, G., "The Promising Future of Class Analysis: a Response to Recent Critiques," Sociology(3), 1994, 381~400쪽. Holton, R. and Turner, B., "Debate and PseudoDebate in Class Analysis Some Unpromising Aspects of Goldthorpe and Marshall's Defence," Socioloty(3), 1994, 799~804쪽.

없는 도박을 하는 것과 다름이 없다고 했다.[51] Erik Olin Wright는 계급분석 대상의 선택에 있어서 비교적 전통적이고 균형적이며 온화한 학원파 마르크스주의 계급 패러다임을 대표한다. 현대의 세 가지 주요 계급이론의 연구대상의 차이는 [표1-1]에서 제시한 바와 같다.

[표1-1] 3대 계급이론의 연구대상

	미시적 차원		거시적 차원	
	생활기회	사회적 태도	계급 행동	역사 변천
J.Goldthorpe	∨∨	∨∨	××	×
D.Grusky	∨∨	∨∨	∨∨	×
Erik Olin Wright	∨∨	∨∨	∨	∨

주: 강조의 정도는 '강함', '보통', '강조하지 않음' 의 순으로 각각 '∨∨', '∨', '×' 로 표기했다.

51) Grusky, David B., and Kim A. Weeden, "Decomposition without Death: A Research Agenda for the New Class Analysis," Acta Sociolotica(44-3), 2001, 203~218쪽. Grusky, David B., and Jesper B. Sorensen,, "Can Class Analysis Be Salvaged?" American Journal of Sociology(103), 1998, 1187~1234쪽. Weeden, K. A., Grusky, D. B., "Are There Any Social Class at All?" , 3~56 쪽. in The Sha pa of Social Inequality: Stratification and Ethnicity in Comparative Perspective, edited by David Bills, Volume22, Research in Social Stratification and Movility, Amstedam, Elsevier, 2005.

제3절

분석의 틀: 집단행동자와 생활조건의 종합적 신호

여러 계급분석 패러다임의 연구대상 설정에서의 차이점은 계급형성 문제를 연구해야 하는지, 계급형성과 밀접한 관계를 갖는 계급행동 문제를 연구해야 하는지에 의해 집중적으로 반영된다. 이에 의해 계급의 사회적 의미에 대한 두 가지 분석의 틀이 생겨났다.

1. '구조—의식—행동': 집단행동자로서의 계급

전통적인 계급이론 특히 마르크스 계급이론은 계급형성과 계급행동을 매우 중요한 연구 의제로 삼는다. 만약에 계급구조가 객관적으로 정의된 사회 공간이라면 계급형성은 집단적으로 조직되어 계급투쟁을 하는 사회 행동자가 형성되는 과정이다.[52] 사실 이는 고전 마르크스주의에서 다루는 '자유(自在)'계급에서 '자위(自爲)'계급으로 전환하는 문제이다. 계급투쟁과 사회변천을 연구 주제로 하는 거시적 계급사회학에서 계급형성 문제는 줄곧 핵심적인 위치를 차지하고 있다. 계급구성원이 조직되어 자신의 계급이익을 위해 계급투쟁을 해야만 그들이 진정한 계급을 형성했다고 말할 수 있기 때문이다. 거시적 계급사회학에는 일반적으로 계급을 바탕으로 하는 집단행동이론이 포

---

52) [미국] 賴特, 『階級』, 2006, 北京, 高等教育出版社.

함되어 있는데, 이러한 이론에 근거하여 "계급구조 내에서 비슷한 위치에 놓여 있는 자는 점차 공통된 의식과 계급이익을 추구하게 되고, 이렇게 형성된 의식과 계급이익은 그들이 공통된 행동으로 공공의 계급이익을 추구하도록 유도한다"고 했는데,[53] 이러한 이론적 논리는 '구조—의식—행동' 구조로 불릴 수 있다. R.E.Pahl은 그것을 일종의 '주문'[54]으로 보고 뚜렷한 결정론적 색채를 띤다고 했다.

계급이론이 부흥하는 초기에 대량의 사회학자들이 계급형성과 계급행동에 대한 문제를 재해석하였다. 예를 들어 A.Giddens의 "계급관계 구조화" 이론은 '간접구조화'와 '직접구조화'의 두 가지 측면에서 발달한 공업사회에서 계급의 형성을 논증했다. F.Parkin은 사회폐쇄라는 측면에서 계급형성과 이와 관련된 계급행동 문제를 다루었다. 그러나 사회경제가 발전함에 따라 계급의 영향은 주관적인 측면과 객관적인 측면에서 큰 변화가 생겼다. 주관적인 측면에서 계급에 대한 사람들의 주관적인 감지와 신분의 정체성이 나날이 쇠퇴하고 있다는 조사가 있다. D.Grusky가 자주 드는 예는 에이미슨(艾米森)과 웨스틴(韋斯特恩)의 1990년 호주인의 계급의식에 대한 연구이다. 그들의 연구에 따르면 모든 호주인 중 7%만이 자신이 처한 사회계급을 '매우 중요한' 신분으로 여겼다.[55] 객관적인 측면에서 계급(이익)을

53) Goldthorpe, J. H. and Marshall, G., 앞의 논문, 381~400쪽.
54) Pahl, R. E., "Is the Emperor Naked? Some Questions of the Adequcy of Sociological Theory in Urban and Regional Research, International Journal of Urban and Regional Research(4), 1989, 711~720쪽.
55) Grusky, David B., Kim A. Weeden, and Jesper Sorensen, 앞의 논문, 291~305쪽.

바탕으로 하는 계급행동과 계급투쟁이 날로 줄어들고 있다. 현재 사람들이 훨씬 많이 볼 수 있는 것은 민족(예를 들어 각양각색의 민족독립, 심지어 민족분열운동), 성별(예를 들어 여권주의운동과 동성애권익운동), 인류배려(예를 들어 서양의 '녹색당'과 환경보호주의운동), 단체이익(예를 들어 철거구 군중의 항의활동) 등을 바탕으로 하는 새로운 형식의 사회운동이다. 이 모든 것은 앞에서 언급한 탈공업주의와 탈현대주의를 비롯한 계급분석에 대한 비판과 공격의 중요한 기초가 되었다.

　이러한 이유로 서양의 계급 이론가들은 "계급이 행동을 취하지 않는 문제"에 대한 해결에 상당 부분의 노력을 기울였다. 주요 해결방안은 세 가지이다. 첫 번째는 '구조―의식―행동' 구조에서의 각종 무작위 요소를 강조하고 이러한 요소들이 계급형성과 계급행동을 '간섭하거나' '방해할 수 있다'[56]고 생각하는 것이다. 두 번째는 '허위계급의식' 개념에 도움을 구하는 것이다. 즉 노동자계급 내부에 나타난 일부 새로운 계층이 그들의 진실한 계급위치와 진실한 계급이익에 대해 '잘못된' 계급의식을 가지고 있어 노동자 계급의 단결에 해를 끼친다고 생각하는 것이다.[57] 세 번째는 계급분류도식을 재구성하여 자본주의사회의 계급구조를 정확하게 반영하자고 주장하는 것이다. 이러한 해결방안은, 시대에 뒤떨어진 계급분류도식은 자본주의 현재의

56) Dahrendorf, R., Class and Class Conflict in Industrial Society, 1959, Stanfofd: Stanfofd, Univesity Press. [미국] 賴特, 앞의 책, 116~119쪽.
57) Lockwood, D., The Black coated Worker, 1958/1989, London: Allenand Unwin.

계급구조를 정확하게 반영하지 못하기 때문에 계급구성원의 계급의 식을 정확하게 포착할 수 없다고 주장한다.[58] 20세기 40~50년대부터 80~90년대까지 계급분류도식을 재구성하려는 노력은 많은 계급이론 가들의 주요 과제가 되었다.

그러나 전체적으로 보면 "계급이 행동을 취하지 않는다"는 비판과 공격에 직면하여 계급분석 부흥운동에서 "웅대한 뜻이 축소되는 흐름"이 존재하고 있었다. 이는 점점 더 많은 계급 이론가들이 거시적인 차원에서의 계급분석을 포기하기 시작했고(대표적인 현상은 '계급에 기초한 역사이론'과 이러한 이론과 밀접한 관계를 갖는 '계급형성 문제'이다), 계급분석에서의 '구조―행동 모델'을 포기한 데 반해, 계급분석의 미시적 차원연구(예를 들어 계급이 소득수준, 사회태도 등 개인차원의 결과적 변수에 대한 영향)는 점차 지배적인 위치를 차지했음을 뜻한다. Erik Olin Wright와 J.Goldthorpe의 계급이론은 계급 분석가들의 웅대한 뜻이 축소되었다는 대표적인 예로 볼 수 있다.

웅대한 뜻을 축소한 계급 이론가들과는 달리 D.Grusky 등은 계급형성과 계급행동을 연구하지 않으면 계급 이론가들이 탈현대주의의 소위 '계급의 죽음'이라는 주장을 반박할 수 없다고 주장했다. D.Grusky 등은 주로 세 가지 측면에서 계급분석을 반대하고 계급분석가 내부의 '웅대한 뜻의 축소'에 대응했다. 첫째, 계급이익의 형성과 계급행동의 발생은 '계급 구조화'와 밀접한 관계를 갖는다. 계급

---

58) Weeden, K. A., Grusky, D. B., "The Case for a New Class Map," American Journal of Sociology(1), 2005, 141~212쪽.

구조화는 계급이익의 형성을 추진하고 계급의 단합을 도모하여 계급의 행동으로 이어지도록 한다. 현대사회의 기술변천·조직변천·직업협회의 변천 등 일련의 객관적인 사실은 계급 구조화 추세가 약해지지 않았다는 것을 보여준다.[59] 둘째, 사회학자들이 뚜렷한 계급행동을 포착하지 못한 중요한 이유는 그들이 잘못된 계급분류의 틀을 도입했기 때문이다. 거시적인 차원에서 미시적인 차원으로의 전환이 계급구조(class map)를 따라 전환한 것이 아니었던 것이다. 사회학자들은 전통적인 대 계급의 분류도식을 사용했다. 이러한 분류도식은 계급관계의 '국부적 구조화(局部結構化)' 그리고 직업 차원의 계급이익, 계급단결과 계급투쟁을 모두 뒤덮어버렸다.[60] 셋째, 계급의 집단행동은 기존의 사회혁명이나 대규모의 계급투쟁이 아니라 직업군의 차원에서 각종 판결권(jurisdiction)을 쟁탈하기 위한 폐쇄적 집단행동이라는 것이다. 마치 미국 안과의사와 시력 측정 의사가 안부교정수술이라는 업무에 대한 통제권을 둘러싸고 벌어진 싸움과 흡사하다.[61] 사실 계급집단행동을 부인하는 것과 계급집단행동을 강조하는 것 사이의 불일치는 절대적이지 않은 것으로 이는 "웅대한 뜻의 축소나 약화이지" 소실된 것은 아니다. J.Goldthorpe와 D.Grusky가 크고 작은 계급의 우열을 논할 때 J.Goldthorpe는 큰 계급 분류를 바탕으로 하는 집단적 계급의 행동은 존재하지 않는 것이 아니라, 혁명의 '동

59) Grusky, David B., and Jesper B. Sorensen,, 앞의 논문, 1187~1234쪽.
60) Grusky, David B., and Jesper B. Sorensen,, 앞의 논문, 1187~1234쪽.
61) Grusky, David B., and Kim A. Weeden, "Class Analysis and the Heavy Weight of Convention," Acta Sociolotica(3), 2002, 229~236쪽.

궁폭풍' 모델로 표현되지 않았을 뿐, 북유럽 국가의 '신 법단주의(neo corporatism)'나 '사회협력주의(social partnership)' 제도로 나타났으며, 이러한 제도의 목적은 "계급갈등을 부추기는 것이 아니라 순응하는 것이라고 했다.[62] 이는 계급집단행동에 대한 태도가 절대적이지 않다는 사실을 보여주는 대표적인 예이다.

2. '구조─상황─선택': 생활조건 종합기호로서의 계급

계급 분석가가 거시적 차원의 계급행동 문제에서 미시적 차원의 계급영향 문제로 전환할 때는 계급개념을 사용함에 있어서 역시 변화를 가져오게 된다. 구체적으로 계급의 개념이 집단 행동자에서 생활조건의 종합신호(omnibus signal of life conditions)로 바뀌게 된다는 것이다.[63]

미시적 차원에서의 계급의 영향에 대한 연구는 현재의 계급분석 문헌 가운데 비교적 큰 비중을 차지한다. D.Grusky는 심지어 이러한 분석은 어디에나 있다고까지 지적했다. "거의 모든 개인 차원의 변수에 대해 우리는 완벽한 연구문헌을 찾을 수 있고, 이 변수를 계급

---

62) Goldthorpe, J. H., "Occupational Sociology, Yes, Class Analysis, No: A Comment on Grusky and Weeden's Research Agenda," Acta Socilolgica(3), 2002, 211~217.

63) 이 개념은 K. A. Weeden과 D.Grusky가 공동으로 쓴 논문에 나온 것이다. 그 구체적인 의미에 대해 아래의 문장을 참고할 수 있다. "이 계급도식의 주요 목적은 생산 장소의 구조적 위치를 식별하는 것이다. 이는 '생활 조건'에 대한 가장 강력한 가능성 신호를 제공했다. 여기에는 개개인의 생활의 질과 특징을 정의하는 '상황(circumstance)'을 가리킨다. 우리가 통제하는 경제 흐름과 경제 자원, 제도적 친밀한 관계와 약속, 생활 방식의 유형, 그리고 의견과 태도 등 개개인의 모든 갑옷과 투구가 포함된다(Weeden and Grusky, 앞의 논문, 141~212쪽.).

에 의해 결정된 것으로 간주할 수 있다."[64] Jan.Pakulski와 워터스(沃特斯)의 총결에 따르면 이런 미시적인 차원은 정치적 선호, 생활방식의 선택, 어린이 양육실천, 신체와 정신건강의 기회, 교육기회에 대한 획득, 결혼형태, 직업의 계승, 소득 등을 포함한다.[65] K.A.Weeden과 D.Grusky는 이러한 '해석 대상'을 세 개의 주제로 분류했다. 생활기회(예를 들어 소득, 교육, 근무조건 등), 생활방식(예를 들어 소비의 실천, 제도에 대한 참여 등), 문화(예를 들어 정치적 선호, 사회적 태도 등) 등이 그것이다.[66]

미시적 차원의 계급분석은 사실상 계급을 객관적인 구조적 위치에 놓고, 계급이 계급구성원의 생활기회와 생활선택에 어떻게 영향을 미치는지를 연구하는 것이다. 집단행동의 '구조—의식—행동'이라는 구조를 설명하는 것처럼 미시적 차원의 현상을 해석할 때는 역시 계급이론가들은 대체로 비슷한 구조 즉 '구조—상황—선택'의 구조를 따르고 있다. 사회구조를 계급구조로 지정했을 뿐, 이 역시 구조주의 해석에 불과한 것이다. 따라서 미시적 차원의 연구는 '구조—상황—선택'의 구조에서 작용하는 각종 인과관계를 확인해야 한다. 구체적으로 '구조—상황—선택' 구조의 내용은 "비슷한 자원을 갖고 있으며 비슷한 구조적 위치에 놓여 있는 사람들이 비슷한 생활기회를 획득

64) Weeden, K. A., Grusky, D. B., 앞의 논문, 141~212쪽.
65) Pakulski, Jan., Waters, Malcolm, "The Reshaping and Dissolution of Social Class in Advanced Societ," Theory and Society(25-5), 1996.
66) Weeden, K. A., Grusky, David B., "The Case for a New Class Map," American Journal of Sociology(11-1), 2005.

한다"는 가능성과 약속이다. 따라서 그들은 비슷한 방식으로 행동할 것으로 예상될 수도 있는 것이다.[67]

사실 계급이론 연구에서 많은 부분은 계급이 다른 변수인 나이, 성별, 인종 등과 비교해 해석상의 특권이 있는지 없는지를 논증하는 것이다. R.Holton과 테너(特納)가 말한 것처럼 '계급이론의 미래에 대한 평가는 같은 현상을 해석하고자 하는 다른 광범위한 이론에 비해 '계급'이론의 탁월한 점이다.'[68] A.S rensen는 "유동과 획득과정에 대한 새로운 통찰을 얻었을 때 계급분석은 유용한 도구이다. 그러나 다른 이론이 제공할 수 없는 모든 부분에 대한 통찰이 아니거나, 또는 효과적인 문제와 연구절차에 계발을 주지 못했을 때 계급분석은 그렇게 유용한 개념이 아니다."라고 했다.[69] 이러한 의미에서 계급분석과 비계급분석은 분석형식에 있어 계급을 독립변수로 삼느냐? 아니면 인구통계학 변수, 교육, 도시와 농촌, 조직, 정책 등의 변수들을 독립변수로 삼느냐 하는 데에서 다를 뿐이다.

많은 계급분석을 반대하는 비판자들은 계급효과가 재생산될 때 과정을 설명할 수 없다고 생각한다. 예를 들어 R.E.Pahl은 계급개념이 더 이상 유용하지 않다고 지적했다. 왜냐하면 계급과 각종 결과 변수 간의 관련은 "대개 상당히 다른(인과) 과정을 혼합했기 때문에, 이러

67) Rose, D. and Pevalin, D. J., AResearcher's Guide to the National Statisics Socio-economic Classigication, 2003, London, Sage.

68) Holton, R. and Turner, B., 앞의 논문, 799~804.

69) Sørensen, Aage B., "On the Usefulness of Class Analysis in Research on Social Mobility and Socioeconomic Inequality," Acta Socilolgica(2), 1991, 71~87쪽.

한 과정은 분석상의 독립성을 유지해야 한다."[70] 즉, 계급을 삼라만상의 '종합' 신호로 삼는 것이 아니라, 이러한 과정을 각각 분석해야 한다는 것이다. Richard Breen과 David Rottman도 계급이론이 충분한 발전을 이루지 못했고, 계급 메커니즘이 명확하게 지정되지 않았다고 주장했다. 왜냐하면 사람들은 계급이 행동에 대한 기회와 구속을 결정할 때 사용하는 방식을 소홀히 했기 때문이다. 따라서 시계열 데이터(時系列, time series data)[71]에 기초한 양적분석 등 새로운 연구방법을 도입하여 "계급이 가지고 있는 효과가 어떻게 발생되는가?"라는 문제를 설명해야 한다.[72] 이 모든 비판은 계급과 각종 결과 변수를 연결하는 인과 메커니즘으로 향해 있다. 아래에서는 계급분석의 해석논리 문제를 다루고자 한다.

---

70) Pahl, R. E., 앞의 논문, 711~720쪽.

71) 시계열 데이터 : 일정 기간에 대해 시간의 함수로 표현되어 있는 데이터.

72) Breen, R. and Rottman, D., "Class Analysis and Class Theoty," Sociology(29), 1995, 453~473. Devine, Fiona,, "Class Analysis and the Stability of Class Relations," Sociology(32-1), 1998.

제4절
계급분석 중의 다양한 해석논리

　본고에서 말하는 해석논리는 사회현상에 대한 해석의 기초가 되
는 잠재적인 행동이론이다. 이러한 행동이론은 행동자가 직면한 제
약, 행동자의 동기와 의향, 그리고 그들이 따르는 행동절차를 상세하
게 설명해야 한다. 이는 사실상 사회학이 최근 몇 년 동안 강조해 온
인과해석 중의 '해석 메커니즘(mechanism of explanation)'이나 '행
동 서술(action-narratives)'이다. J.Goldthorpe의 말처럼 사회과정
에서의 인과관계는 양적분석 자체에서 구축될 수 없고 '논리적으로
행동 서술에 의존한다.'[73] 따라서 연구자들은 독립변수로 종속 변수를
해석할 때 행동이론의 측면에서 논리적으로 독립변수의 작용과정을
설명해야 한다. 이렇게 해야만 연구자들이 내놓은 특정한 사회현상
에 대한 해석이 설득력이 있다. 사회학 연구자들이 경험적 현상에 대
한 간단한 묘사와 변수 간의 상호관계에 대한 간단한 설명에 만족하
고 메커니즘의 측면에서 독립변수와 종속변수 간의 인과관계를 해석
하지 않는다면 이러한 연구는 이른바 '변수 사회학'이 될 것이다.[74] 따

---

73) Goldthorpe, J. H., "Class Analysis and the Reorientation of Class Theory: The Case of
　　Persisting Differentials in Educational Attainment," The British Journal of Sociology(3), 1996,
　　481~505쪽.
74) [미국] 赫斯特洛姆, 『解析社會: 分析社會學原理』, 2010, 南京, 南京大學出版社.

라서 Erik Olin Wright, J.Goldthorpe, D.Grusky는 논리적 문제를 해석하는 것을 매우 중시하고, 해석논리에서의 차이점이 심지어 연구대상의 차이에 비해 더욱 명확하다.

1. 독립변수와 종속변수로서의 계급

세 가지 패러다임의 해석논리를 분석하려면 우선 독립변수로서의 계급과 종속변수로서의 계급을 구분해야 한다. 왜냐하면 이 두 가지 개념이 사회학 나아가 사회과학연구 중의 기본적인 해석논리와 연관되기 때문이다.

계급적 위치는 일종의 사회 구조로서 결정하는 주체(determining)이자 결정되는 대상(be determined)이다. 즉 계급은 결정되는 사회적 위치이자(남을) 결정하는 사회구조라는 말이다. 따라서 분석적으로 보면 계급은 독립변수이자 종속변수이다. 그러나 실제로 독립변수와 종속변수의 구분은 꽤 복잡한 문제이다. 예를 들어 우리가 계급으로 거시적인 차원에서의 집단행동과 사회변천을 해석할 때 계급은 하나의 독립변수이다. 그러나 우리가 계급을 집단행동자로 삼을 때 계급은 또 하나의 종속변수이다. 즉, 이때 계급은 결정되는 대상이라는 것이다. 우리는 계급의 흐름, 계급의 형성, 계급행동의 각종 영향요소에 대해 분석해야 한다. 마찬가지로 우리가 계급을 생활조건의 종합신호로 삼아 미시적인 차원에서의 개인생활기회와 사회태도를 해석할 때 계급은 하나의 독립변수이다. 그러나 생활조건의 종합신호로서의 계급개념은 하나의 종속변수로 볼 수 있다. 예를 들어

D.Grusky 등은 계급을 종속변수로 하는 네 가지 전통적인 상황, 즉 계급 재생산과 유동, 계급을 바탕으로 하는 선택적 교배, 계급에 기초한 우정과 네트워크 유대, 그리고 계급이나 직업의 분할을 예로 들었다. 그들은 "강렬한 생활조건 신호를 제공할 수 있는 계급도식이 이러한 연구의 전통을 가장 잘 만족시킬 수 있다"고 생각하는 것이다.[75] 독립변수와 종속변수의 구분은 계급이론의 구체적인 해석논리와 밀접한 연관이 있다. 이는 해석논리에서의 설명항(explananans), 피설명항(explanandum)과 관련이 있기 때문이다. 즉 독립변수와 종속변수의 구분으로 인해 계급이 해석논리에서의 지위가 달라진다는 것이다. 그러나 위에서 밝힌 바와 같이, 계급을 독립변수로 삼든 종속변수로 삼든 해석논리를 제공할 때 반드시 특정한 행동이론을 기초로 해야 한다.

2. 세 가지 패러다임의 해석논리

서로 다른 이론적 연원과 연구대상, 분석 틀의 차이를 바탕으로 세 가지 해석논리가 형성되었다.

Erik Olin Wright의 해석논리는 전형적인 구조주의적 색채를 띠고 있는데, 우리는 이를 "착취와 이익형성의 논리"라고 정의할 수 있다. 이 논리는 두 가지 기본 가설을 포함한다. 첫째, 계급관계는 대항적인 사회적 관계이다. 둘째, 계급관계에서 대항성의 근원은 각 계급 간에 존재하는 착취와 피착취관계에 있다. 이러한 착취(단순히 압박

---

75) Weeden, K. A., Grusky, D. B., 앞의 논문, 3~56쪽.

하는 것이 아니라)는 착취계급의 물질적 복지와 피착취계급의 물질적 생산 사이에 인과관계가 존재하고, 전자는 후자에 대한 박탈에 의존한다는 것을 의미한다.[76] 더 나아가 착취의 객관적인 존재로 인해 착취계급과 피착취계급은 각각 노동의 열매를 착취하고, 노동의 열매를 지키는 두 가지 객관적인 이익을 형성했다. Erik Olin Wright는 계급이익의 형성이 모든 계급태도와 계급행동의 기초라고 생각한다.

Erik Olin Wright의 착취 메커니즘에 대한 강조는 그가 마르크스주의자라고 자칭할 수 있는 근본적인 기초이다. 그러나 그는 이익 메커니즘에 대한 설명과 계급행동에 대한 해석에서 게임이론(博弈論, Game Theory)과 프리 라이더 이론(搭便車理論, Free rider theory)을 사용하여 그의 계급이론으로 하여금 '합리적으로 마르크스주의를 선택하는' 색채를 띠게 했다. 이 점은 그가 마르크스주의를 합리적으로 선택한 대표적 인물인 Jon Elster(埃爾斯特), 특히 John Roemer(羅默) 와의 개인적인 교류와 학술적 참고에서 그 실마리를 찾을 수 있다.

J.Goldthorpe 역시 합리적 선택(행동)이론(rational choice theory)에 몰두하지만 Erik Olin Wright의 착취나 이익 메커니즘과는 달리 J.Goldthorpe의 해석논리는 '상황논리(logic of thesituation)'를 강조한다. '상황논리'는 과학철학자 Karl Popper(波普爾)이 제기한 것으로 각종 정치역사사건은 제왕장상(帝王將相)이 결정하는 것도 아니고,

---

76) [미국] 賴特, 『後工業社會中的階級』, 2004, 沈陽: 遼寧教育出版社, 12~14쪽. [미국] 賴特, 『階級』, 앞의 책, 39, 68-93쪽

소위 '역사(歷史規律)'에 의해 결정되는 것도 아닌 것으로, 사건 중의 개인이 처한 상황에 따라 취하는 '필수'의 반응에 의해 결정된다는 논리이다.[77] '상황논리'를 바탕으로 철학자와 사회학자들은 합리적 행동이론의 변체를 발전시켰다. 이러한 합리적 행동이론에 따라 특정한 (이미 발생한) 행동에 대한 구체적인 해석을 구상할 때 합리성은 처음부터 가정되었다. 즉 분석자는 반드시 먼저 자신이 처한 상황에 따라 적절하거나 충분하게 행동한다고 가정해야 그 주의력이 '상황'에 집중될 수 있다는 것이다.[78] 다시 말하면 이러한 합리적 행동이론에서 분석자가 해야 할 일은 역사사건에 대한 '합리적 재구성(rational reconstruction)'이다.

Erik Olin Wright와 달리 J.Goldthorpe는 계급관계가 대항적이라고 가정하지 않았다. 반대로 그는 계급을 특정한 구속과 기회가 따르는 위치의 집합(位置集合)으로 간주했다. Erik Olin Wright와 다른 또 한 가지는, J.Goldthorpe는 계급분석의 임무는 역사상 "존재하지 않는 어떤 생성적 과정(즉 계급형성과 계급와해)"을 해석하는 것이 아니라, 계급관계의 안정성을 해석하는 것이라고 주장한 것이다. 특히 계급과 관련된 생활기회와 사회행동 모델이 보여준 지속적인 통계의 규칙성을 해석한다는 것이다.[79] J.Goldthorpe는 계급분석이 해야 할 일은 "물질적 성공을 얻는 비슷한 기회를 포함하여 왜 같은 무

---

77) [미국] 波普爾, 『歷史決定論的貧困』, 2009, 上海, 上海人民出版社, 116~120쪽.

78) Goldthorpe, J. H., On Sociology Volume One: Critique and Program, 앞의 책.

79) Goldthorpe, J. H., "Class Analysis and the Reorientation of Class Theory: The Case of Persisting Differentials in Educational Attainment," 앞의 논문, 481-505쪽.

리에 있는 사람들이 많은 공통된 속성을 갖는지"에 대해 설명하는 것이라고 했다.[80] 즉 생활기회의 계급적 변이를 설명한다는 것이다. 다른 하나는 사람들이 어떠한 방식으로 자신의 자원을 사용하여 선택권을 행사하느냐에 대해 해석하는 것이다. J.Goldthorpe는 서로 다른 계급위치에 처해 있는 사회 행동자의 행동은 모두 "그들의 계급상황에 대한 상당히 합리적인 응답으로 간주될 수 있다고 했다."[81] 선택의 도입은 개인행동에 대한 분석에 불확실한 요소를 첨가했지만, 비슷한 상황에서 똑같은 선택을 하기 때문에 사람들의 선택은 통계적인 규칙성을 보인다고 하겠다.

D.Grusky 등은 J.Goldthorpe의 계급개념은 지나치게 명의주의적이며, 해석논리가 너무 빈약하다고 하면서 강하게 비판했다. D.Grusky는 먼저, J.Goldthorpe가 구축한 계급은 "한 무더기의 구속과 기회의 집합에 지나지 않는다"고 했다.[82] 이러한 계급은 계급문화도 계급단결도 계급행동도 없을 뿐만 아니라, 계급의 경계도 명확하게 구분할 수 없다. 한마디로 이러한 계급은 구조화 정도에서든, 동질성 정도에서든 매우 약하기 때문에 J.Goldthorpe의 이와 같은 명의주의는 사실상 '변수 중심'의 방법을 적용한 것이라 할 수 있다. 이러한 방법에 의해 내려진 계급의 개념은 '조건의 집합'일 뿐이지, '계급'이라

---

80) Breen, R. and Rottman, D., 앞의 논문, 453~473.
81) Goldthorpe, J. H., 앞의 논문, 211~217. Chan, Tak Wing and John H. Goldthorpe, "Class and Status: The Conceptual Distinction and its Emipitical Relevance," 앞의 논문. Devine, Fiona,, 앞의 논문.
82) Grusky, David B., and Kim A. Weeden, 앞의 논문, 229~236쪽.

고 할 수 없는 것이다.[83] 또한 직업의 세분화를 바탕으로 구축한 계급 도식이 아니므로 J.Goldthorpe는 다양한 메커니즘을 발견하지 못하고 한정되어 있는 상황논리와 합리적 행동이론에만 의거했던 것이다. D.Grusky는 "합리적 행동에 대한 해석은 (J.Goldthorpe 등) '대계급 이론가'가 내놓을 수 있는 최강의 카드일 수도 있지만, '제도화 계급 유형 이론가(즉 D.Grusky 본인)'가 이용할 수 있는 동질적 유도 메커니즘과 비교할 때 훨씬 허약하다"고 비꼬기도 했다.[84]

J.Goldthorpe가 계급의 경제적 의미만 강조하고 계급문화를 참조하는 것을 피하는 것과는 달리 D.Grusky 등은 계급이 '경제문화의 복합체'라고 강조하고, 계급의 경제적 의미와 문화적 의미는 계급개념의 두 측면으로 그 중에 어느 하나가 빠져도 안 된다고 주장했다. 다른 한편으로 J.Goldthorpe가 계급의 집단행동과 계급의 동질성에 대해 무관심했던 것과는 달리, D.Grusky 등은 계급 동질성의 각종 표현과 계급 동질성을 형성하는 각종 메커니즘을 탐색하는 데 주력해 왔다. 그들은 여러 논문에서 신분의 정체성, 계급의식(階級意識), 사회 폐쇄(社會封閉), 직업의 하위문화(職業亞文化), 집단행동 등 계급의 동질성 현상을 장황하게 다루었다. 이들의 주장을 반대하는 일부 학자들은 D.Grusky 등이 계급 동질성의 각종 표현과 계급 동질성을 유발하는 각종 메커니즘을 명확하게 구분하지 못했다고 보았다.[85] 그러나

83) 위의 논문, 229~236쪽.

84) Weeden, K. A., Grusky, D. B., 앞의 논문, 141~212쪽.

85) Grusky, David B., and Jesper B. Sorensen,, 앞의 논문, 1187~1234쪽. Grusky, David B., Kim A. Weeden, and Jesper Sorensen, 앞의 논문, 291~305쪽.

최근의 논문에서 D.Grusky 등 학자들은 메커니즘 문제를 명확하게 제기했고, 기존에 다루었던 각종 메커니즘을 세 가지로 요약했다. 첫째는 배치(配置) 메커니즘으로 노동력시장에서의 노동력의 공급과 선택 메커니즘을 가리킨다. 둘째는 사회조절 메커니즘으로 여기에는 기능교육·사회폐쇄·이익형성·학습의 보편화 등 네 가지 서브 메커니즘이 포함된다. 셋째는 조건의 제도화 메커니즘으로 같은 직업 내 작업조건의 동일화 추세를 가리킨다.[86] D.Grusky 등은 상술한 세 가지 메커니즘의 역할을 통해 동질성을 갖는 각 계급이 직업의 세부적인 차원으로 나타나게 되며(즉 '동질화'), 일종의 경제적 현상으로서의 계급이 진실한 사회의 복합체(즉 '구조화')로 전환될 수 있다고 주장했다. 이로써 D.Grusky의 해석논리는 '구조화 논리' 또는 '동질성 논리'라고 불릴 수 있게 되었다.

학자들마다 해석논리가 다른 이유는 그들이 사회행동(계급행동)의 동인(動因)에 대한 파악에 있어 의견 차이가 존재하기 때문이다. Erik Olin Wright는 계급행동은 "반드시 계급구성원의 일종의 연합행동(집단행동)이며, 대항적인 계급이익, 이러한 이익에 대한 명확한 파악(즉 계급의식)이 존재해야만 계급의 조직(계급형성)과 계급투쟁이 형성될 수 있다"고 주장했다. D.Grusky는 단순히 이익으로 모든 것을 해석하는 것에 만족하지 않았다. 그는 배치, 사회조정 등의 메커니즘을 통해 특정한 계급내부 구성원의 기질적 성향·품위·문화 등은 모두 동질화될 것이고, 각 계급 간에는 이질화될 것이며, 그때 비로

---

86) Weeden, K. A., Grusky, D. B., 앞의 논문, 141~212쪽.

소 계급내부의 행동과 각 계급 간의 상호작용(즉 원시적인 의미에서의 계급행동)이 적절하게 해석될 수 있다고 생각했다. J.Goldthorpe의 논리는 분명히 그들과는 달랐다. J.Goldthorpe는 먼저 계급행동이 필연적으로 나타나거나 반드시 연구해야 하는 부분이라고 생각하지 않았다. 그 다음으로 계급행동이 조직적이고 집단적이라고 생각하지 않았다.

그가 강조한 계급행동의 '통계적 규칙성'은 통계적으로 같은 계급에 있는 구성원들이 유사한 행동이나 행동경향을 갖고 있음을 발견할 수 있다는 것만 인정했다. J.Goldthorpe는 공동의 이익, 동질적인 계급문화 등의 개념을 빌릴 필요 없이 상황논리와 합리적 행동만으로 이러한 통계적 규칙성을 비교적 충분히 해석할 수 있다고 했다. 여기서 매우 중요하지만 자세히 다룰 수 없는 계급도식에 대해 간략하게 소개할 필요가 있다. 즉 계급의 해석논리와 계급도식 구축 양자 간의 관계에 대한 것이다. 사회계층화 도식(계급도식)은 사회학자들이 계급현상을 연구하는 '기본적인 도구'이자 계급문제를 연구하는 기초이다. 연구자들이 채택한 해석논리는 계급도식의 구축과 선택을 어느 정도 결정한다.

Weeden(薇登)과 D.Grusky가 지적한 바와 같이 "계급분석의 목표가 대립하는 이익이 어떻게 계급적 대항을 일으킬 수 있는지를 이해하는 것이라면, 계급이익을 정의할 수 있는 관건적인 변수(예를 들어 재산소유권, 권위관계)를 둘러싸고 계급구도를 구축하는 것"은 가능할 것이다. 그러나 "계급분석의 목표가 차별화된 생활조건을 이해하는 것"이라면, 계급분류도식에서 가능한 한 각종 중요한 차이를 포착하여 '사회구조의 지리도(地理圖)'를 완전하게 묘사해야 할 것이다.[87]

---

87) 위의 논문, 141~212쪽.

제5절

소결론 및 토론

현대의 계급분석 이론은 전환기에 있는 중국사회를 분석하는 데 중요한 참고적인 의미가 있다고 하겠다.

1. 전환기의 중요한 개념도구로서의 계급분석

사회전환의 관건적인 시기에 있는 중국사회는 이미 커다란 변혁을 겪어왔고 이는 지금도 지속되고 있다. 국내의 사회구조 변혁, 사회 불평등과 사회모순 및 갈등에 관한 연구 분야에서 최근 10년 동안 사람들의 주목을 끌었고 '분석 패러다임의 전환'이라고 부르는 현상이 나타났는데, 계급분석의 시각이 특히 강조되고 응용되었다는 것이다. 국내에서 계급분석으로 복귀하자는 목소리가 커지는 가운데 연구자들은 현대중국사회의 불평등이나 사회계층화 연구에서 계급분석의 중요성을 다양한 측면에서 다루었고, 급격한 변천을 겪고 있는 중국사회와 날로 심해지는 사회의 긴장과 사회갈등을 계급분석의 의미를 돋보이게 하는 현실적 전제로 삼고 있다.

일부 학자들은 "누가 무엇을 얻었는가?"와 같은 표층구조에 비해 "어떻게 얻었는가?"는 사회의 심층구조를 더욱 밝힐 수 있고, 계급분석은 사회의 심층구조를 분석하는 유력한 도구라고 주장했다.[88] 또한 일부 학자들은 계급분석의 내재적 논리는 사회갈등이기 때문에 사회기능을 강조하는 '계층'에 비해 '계급'은 사회갈등을 해석하는 가장 적절한 개념적 도구 중의 하나라고 주장했다.[89] 또한 기본적인 사회안배(社會安排)와 사회구조의 변화를 겪고 있는 중국사회를 이해하려면, '계급'은 거시적 사회구조의 변화를 보여줄 수 있는 더 적절한 개념이라고 주장하는 견해도 있다.[90] 쑨리핑은 사회구조가 정형화되어 가는 현실에 직면하여 다섯 가지 측면에서 계층분석과 비교했을 경우 계급분석이 갖는 장점을 증명했다.[91]

이러한 이론 분석 패러다임의 전환은 계급분석 이론의 '핵심' 및 해당 이론시스템이 갖는 특정 의미와 생명력을 다시 한 번 시사했다. 물론 경쟁적인 분석 패러다임도 존재한다. 예를 들어 국내 학자들에 의한 사회구조의 파편화와 계급화에 대한 논쟁이 바로 그 근거가 된다. 이러한 이유로 중국의 계급분석 이론에 있어 그 생명력은 현실에 대한 인식에 달려 있을 뿐만 아니라, 이론체계의 구축에 의해 결정된다고 하겠다.

2. 다원적 분석 패러다임과 해석논리

이는 간단하지만 종종 소홀히 여겨졌던 인식이다.

---

88) 仇立平, 「回到馬克思：對中國社會分層硏究的反思」, 『社會』(4), 2006.
89) 馮仕政, 앞의 논문.
90) 沈原, 「社會轉型與工人階級的再形成」, 『社會學硏究』(2), 2006.
91) 孫立平, 「警惕上層寡頭化下層民粹化」, 『中國與世界觀察』(3), 2006.

최근 몇 년 동안 중국 내에서 계급문제를 연구하는 많은 사회학자들이 계급(또는 집단)행동과 이와 관련된 계급(또는 사회)갈등 문제를 논의하고 있다. 그리고 국내에서 현재 "계급분석으로 돌아가라"는 외침의 원초적인 동기는 계급(집단)행동의 문제를 해석하고 분석하기 위한 것이다. 경쟁적인 분석 패러다임도 사회행동 문제에 주목하게 된다. 예를 들어 사회학 분석에서 사회계급을 이익집단으로 대체할 것을 호소한 쑨리핑은 "일반적인 의미에서 이익집단은 보다 현실적인 행동주체"라며 "사람들은 보통 현실생활에서 계급이나 계층이 행동하는 것을 직접적으로 보지 못하고, 사람들에게 보여 지는 현실적 행동자는 주로 이익집단"이라고 했다.[92] 이러한 행동·모순과 갈등에 대한 관심은 격변과 갈등이 심해진 중국의 사회 현실에서 비롯되었다고 하겠다. 한편 반드시 알아두어야 할 것은 계급행동과 모순 및 갈등에 주목하는 것은 계급분석에서 매우 중요한 부분이지만 전부는 아니라는 것이다. 우리는 생활조건과 사회기회의 분배에 관한 연구(예를 들어 지위 획득, 소득, 교육, 취업, 소비, 태도, 가치관 등)에서 독립변수로서의 계급을 거의 발견할 수 없다. 이는 계급분석 이론의 결함이라고 지적하지 않을 수 없다.

3. 계급도식의 구축

거시적 차원이든, 미시적 차원이든, 계급행동을 강조하든, 생활조건의 종합신호를 강조하든, 계급분석에는 다음의 두 가지 전제조건이

---

92) 孫立平, 「利益關系形成與社會結構變遷」, 앞의 논문.

따른다. 그 현실적 전제는 현실세계에서 비교적 높은 수준의 '계급형성(Erik Olin Wright의 이론에 따라)'이나 계급의 경계를 정의하는 '기호 과정(Pierre Bourdieu의 이론에 따라)'이 존재한다는 것이다. 그 이론적 전제는 반드시 기본 계급관계를 포착할 수 있는 효과적인 계급도식을 발전시켜야 한다는 것이다.

최근 몇 년 동안 국내 일부 학자들은 계급분류도식의 역할을 점차적으로 중시하고 몇 가지 분류구조를 제시했다. 예를 들어 루쉐이,[93] 류신,[94] 정항성과 리루루,[95] 그리고 린쭝홍과 우샤오깡[96] 등이 있다. 이러한 연구는 매우 긍정적인 노력으로 평가할 만하다. 그러나 중국 사회의 급변으로 인해 계급분석 이론은 전환기에 놓여 있기 때문에, 이러한 분류도식의 구축 논리, 효과 검증과 해당 해석논리 등에 있어 아직도 풀어가야 할 문제들이 많다. 한편, 중국의 현실사회에서 계급형성 정도에 대한 논쟁은 이론적으로 계급도식의 구축에 달려 있다고 하겠다.

---

93) 陸學藝, 앞의 책.
94) 劉欣, 「當前中國社會階層分化的制度基礎」, 『社會學研究』 (5), 2005. 劉欣, 「中國城市的階層結構與中產階層的定位」, 『社會學研究』 (6), 2007.
95) 鄭杭生·李路路, 『當代中國城市社會結構: 現狀與趨勢』, 2004, 北京, 中國人民大學出版社.
96) 林宗弘·吳曉剛, 앞의 논문.

'경제적 결정'에서 '권위적 지배'로:

계급분석의 이론적 전향

제2장

'경제적 결정'에서 '권위적 지배'로:
계급분석의 이론적 전향[97]

　어느 시기 그 어떤 형태의 사회에서든지 사회구성원들은 권력 그리
고 가치의 자원(資源) 기회에 대한 점유상(占有)의 차이로 인해 사회적
으로 서로 다른 위치에 놓이게 된다. 그러나 계급의 계층구조는 바로
이러한 구성원 간의 상대적인 위치의 분포형태와 기본적인 관계이다.
계급의 계층구조는 사회 불평등 형태의 구조적 근원으로서 미시적인
개체로서의 사회구성원의 물질적 이익, 생활기회에 대해 근본적인 영
향을 줄 뿐만 아니라 사회구조의 다른 측면 심지어 사회의 운행과 변
천에 있어서 중요한 구조적 요소라고 하겠다. 한 사회 계급의 계층구
조에 대해 연구를 전개하는 중요한 의미와 가치는 이미 무수한 사회
학자들이 공감하는 부분이고, 또한 증명되었기 때문에 이에 대해 해
석할 필요는 없다.
　구체적으로 다루기에 앞서 독자들이 쉽게 읽어 내려갈 수 있도록
계급분석의 일부 기본적인 문제에 대해 설명을 추가할 필요는 있다
고 본다.
　첫째, 계급분석은 사회 불평등의 상황을 고찰하는 수많은 도구와

---

97) 주요 내용은 『중국인민대학학보(中國人民大學學報)』 (6), 2013에 게재됨.

방법 중의 하나이지만, 나름의 특징과 중요성을 지니고 있다. 먼저 계급의 계층구조는 수많은 유형의 사회구조 가운데 하나일 뿐 전부는 아니다. 도시와 농촌구조·지역구조·소유제구조·산업구조·직업구조 등은 모두 개인의 사회적 지위와 생활기회를 제약하는 거시적인 구조요소이다. 그 다음으로 사회구성원 개체의 귀속적(天賦性) 요인(예를 들어 성별, 인종, 나이, 출신)과 성취적(自治性)적 요인(예를 들어 교육, 당원) 등은 개체 간의 경제와 사회 불평등에 중요한 영향을 미친다. 계급구조나 계급의 위치는 다른 거시적이고 미시적인 요인과 비교할 때, 모두 사회 불평등을 야기하는 요인으로 이는 양자의 공통점이라고 하겠다. 그러나 계급구조 자체도 독특한 점이 있다. 바로 이러한 독특성으로 인해 계급분석은 일정한 해석상의 우선권을 갖는다. 다른 거시적 요인의 영향과 제약은 종적으로 분할시키거나 내부적 차이에서 나타나는 것인데 반해, 계급의 계층구조는 횡단면의 절단선처럼 각각의 구조적 요소를 관통하는, 사회구성원의 지위를 구분하는 기본적인 분할선이다. 도시와 농촌의 내부, 서로 다른 소유제 단위의 내부, 서로 다른 산업과 직업 내부에서는 모두 동일한 계급의 기준에 따라 서로 다른 계급의 위치를 구분할 수 있고, 계급의 내재적 작용 메커니즘과 논리는 각각의 거시적 구조 요인 중에서 기본적으로 유사하다. 미시적 개체 요인과 비교할 때, 계급적 위치의 장점은 구조적 사회의 위치라는 점과, '비어 있는 공간'으로서 이러한 위치를 차지하는 개인과 상관없이 별도로 존재한다는 데 있다.[98] 구조

---

98) Sørensen, Aage B., 앞의 논문, 71~87쪽.

적 위치에 따라 사람의 특징이나 의지에 의해 결정되지 않는 특정한 권리, 의무, 책임이 주어지는데, 이 위치에 놓여 있는 구성원은 어느 누구든지 해당 사회에서의 역할을 수행해야 하며, 그에 따른 사회적 지위나 물질적 이익을 누리게 된다. 따라서 계급적 위치는 다른 개체적 특징 요소가 갖출 수 없는 객관성, 안정성 등의 장점을 갖게 된다.

둘째, 본 연구는 서양 계급이론의 발전이론과 변천의 논리적 문제를 다루면서 중국의 경험에 기초한 계급모델을 구축했다. 현재의 사회 계급구조에 대한 묘사에 집중하여 왜 이를 기준으로 노동력시장과 생산조직에 위치한 구조적 위치를 식별하는지에 대해 이론적으로 해석했으며, 계급구조 구성원의 생활기회 등 결과적인 사회형식에 대한 영향에 대해서도 고찰했다.

셋째, 본 연구는 '약소계급(弱階級)'의 의미에서 계급의 개념을 도입하여 객관적인 계급의 위치가 계급구성원의 물질적 이익, 생활기회 특히 구성원의 경제적 보장, 업무의 안정성과 직업의 발전전망에 영향을 미치는 제약과 기회를 강조했다. 계급구조와 계급의식·계급행동, 심지어 역사변천 간의 필연적인 인과관계를 강조한다고 주장하지 않았다. '강한 계급(强階級)'과 '약소계급'은 해석력과 이론적 풍격에 있어 확연히 다른 특징을 보이고 그 배후에는 지지자와 추종자가 적지 않다. 본 연구에서 후자를 선택한 것은 한편으로는 독립변수로서의 계급에 대해 지나치게 복잡하게 해석하고 싶지 않았기 때문이고, 다른 한편으로는 계급위치와 계급의식·계급행동은 확실하지 않은 관계에 놓여 있으며, 양자의 통일은 특정한 구체적인 역사와 사회적 조건이 주어졌을 때에 비로소 이루어질 수 있다는 베버의 주장을 더욱 찬성하기 때문이다. 또는 한 걸음 물러서서 말하자면, 양자 간에 내재적인 관련 모델이 존재한다는 주장을 받아들여도 양자를 별도로 분석하고, 경험적 연구에서 양자를 서로 다른 현상으로 처리해야 한다고 생각한다.[99]

넷째, 본 연구는 이데올로기 차원의 계급의제와 관련이 없다. 10년 동안의 '문화대혁명' 시기에 중국은 일방적으로 "계급투쟁을 강령으로 한다"고 주장했고, 계급과 '극좌(極左)'의 정치실천을 연결시켜 경제발전과 사람들의 생활에 지대한 부정적인 영향을 주었다. 이로 인해 개혁개방 초기 상당기간 학술계에서는 '계급'의 변화(色變)에 대해 언급했다. 본 장에서 전개된 계급분석은 독립적이고 객관적인 사회학 연구로 사회의 기본구조 상황에 대한 묘사와 계급위치와 생활기회 등 사회 의제 간의 관계 모델에 대한 논술이다. 계급분석을 전개하는 것은 계급의 정체성과 계급역량의 구조적 원천을 찾아야 한다는 것을 의미하지 않으며, 더욱이 계급의 정체성을 바탕으로 하는 집단행동과 계급투쟁을 해야 한다는 것을 의미하지 않는다. 계급연구는 사회구조와 불평등 상황을 인식하는 데 독특한 분석시각과 해석논리를 제공할 수 있다. 일부 계급연구는 사회현실과 관련된 비판적 반성도 제공하는데, 이는 사회 갈등을 해결하고 사회의 조화를 증진시키는 데 큰 도움이 된다. 반대로 계급연구를 억압하거나 제한하는 것은 특정한 계급구조가 존재하지 않는다는 것을 의미하지 않으며, 계급구

99) [영국] 克朗普頓, 『階級與分層』, 2011, 上海, 複旦大學出版社, 108쪽.

성원 간의 이익충돌, 갈등과 대립 등 문제가 자체적으로 사라지거나 나타나지 않는다는 것을 의미하지도 않는다.

학자마다 다양한 각도에서 계급연구의 이론적 변화를 제시할 수 있다. 그 중에서 중요한 변화궤적 중의 하나가 사회학 고전시기에 '시장 상황(경제상황)'을 중시하던 것에서 현대사회의 '업무상황(권위 상황)'을 중시하는 것으로 바뀐 것이라고 본다. 이러한 전환은 권위 요소 (특히 조직 권위)에서 출발하여 계급도식을 구축하는 데 사상적 영감과 이론적 기초를 제공해 주었다고 하겠다.

Thomas Samuel Kuhn이 말한 바와 같이 "하나의 패러다임이 혁명을 통해 다른 패러다임으로 이행되는 것은 성숙한 과학의 통상적인 발전형태이다".[100] 과학적 연구에서 이론적 패러다임의 교체나 Kuhn이 주장하는 '과학적 혁명'의 발생은 대부분이 기존의 패러다임이 적용범위와 해석력에서 쇠퇴되는 것에서 비롯된다. 이러한 결과를 초래하는 원인에는 다음과 같은 몇 가지가 있다. 첫째, 시대의 변천과 사회발전으로 인해 기존의 패러다임이 고려하지 못하거나 해석할 수 없는 새로운 사물, 새로운 현상이 나타난 것이다. 둘째, 기존의 이론모델 자체의 내재적 논리에 빈틈이나 결함이 존재하기 때문에 보완과 반성이 시급하다. 셋째, 기존의 이론모델은 정확성(예를 들어 양적으로 나타나는 경우), 간결성 또는 예술성에 있어서 표현이 완벽하지 않아 더욱 향상되고 수정될 부분이 있다.

---

100) [영국] 托馬斯·庫恩, 『科學革命的結構』, 2003, 上海, 北京大學出版社, 11쪽.

제1절
경험적 배경과 이론적 곤경

 20세기 중엽 이후 서양의 자본주의는 거대한 발전을 가져왔고 사회 구조 형태에도 커다란 변화가 일어났다. 역사의 수레바퀴는 마르크스가 그의 고전 저서에서 미리 설정한 방향에 따라 나아가지 않았다. 반대로 마르크스가 예언한 자본주의 사회는 날로 분열되어 서로 대립하는 두 계급이 그 내부에서 모두 분화되었다. 자본과 자산계급의 측면에서 주식회사의 출현이 가져온 기업 소유권과 통제권의 분리현상은 새로운 관리자 집단을 만들었다. 자본가가 직접 맡았던 기업의 생산과정에 대한 감독과 관리의 직책은 위탁대리의 방식을 통해 그러한 관리자 집단으로 넘어갔다. 다른 한편으로 주식제의 출현이 가져온 자본주의 소유제 형태의 변화로 인해 회사와 기업은 더 이상 어떤 개체가 소유하지 않고, 소유자·관리자 심지어 일반 직원들은 다원화된 자본 주체 중의 일원이 될 수 있게 되었다. 마르크스가 지적한 계급관계의 다른 한쪽에 있는 노동자 계급은 기술의 진보와 노동 분업의 심화정도에 따라 적어도 전문 기술자, 반 숙련자와 비숙련공 등 몇 가지 단체로 나뉘게 되었다. 방대한 중산층(middleclass)은 자본의 분해와 노동의 분해에 따라 날로 부상하고 있다.[101] 그리고 사

---

101) Dahrendorf, R., 앞의 책, 41~57쪽.

장, 관료, 전문기술자, 사무실 직원의 수가 많이 증가하고, 노동력 인구의 비율이 안정적으로 증가하고 있다.

이와 함께 제2차 세계대전 이후의 자본주의 사회는 구조형태에 또 하나의 현저한 변화가 일어났는데, 이러한 변화는 조직의 규모화와 이성화 정도가 깊어지고, 대량의 공공조직이 나타났다는 것에서 집중적으로 표현된다. 생산력이 발전함에 따라 2차 산업이 국민경제에서 차지하는 비중이 점차적으로 줄어들고 서비스업을 주체로 하는 3차 산업의 발전이 신속해졌다. 이로써 생산 분야의 조직이 급격히 줄어들었고, 상업무역·마케팅·자문·물류를 비롯한 교환, 분배형 시장 조직과 병원·학교·정부기구·비영리 조직을 비롯한 사회 공공조직이 대량으로 등장하게 되었다. 이러한 조직들은 대량의 관리자·기술자·사무원을 받아들였다. 또한 조직내부의 관료화(科層化)와 이성화 정도가 깊어지고 있다. 조직구조가 종적 등급에서 등급의 수가 증가하고, 권위 사슬이 끊임없이 뻗어 명확하게 분화되었다. 횡적으로는 노동기술의 분업과 세분화(subdivision)에 따라 각 기능부서의 분업이 명확해지고 기능이 서로 보완되었다. 기존의 조직유형에 비해 현대사회의 각종 생산성 조직과 공공성 조직은 분업이 복잡하고, 임무가 명확하며, 효율적으로 돌아가는 대형기계와도 같다. 바로 조직과 작업하는 장소에서 생산기술이 응용되고 보급되며, 생산 자료와 노동력 자원이 배치되고, 권력이나 권위가 조직되고 실천될 수 있다. 개체는 점차적으로 '사회인(社會人)'에서 '조직인(組織人)'으로 바뀌게 되었고, 조직이 개체의 생활기회와 물질적 이익획득에 영향을 주거나 영향을 주는 역할이 점차 뚜렷해지고 무거워졌다.

한 마디로 자본 분야의 소유권과 관리권의 분리, 노동력의 기술 분화, 중산층의 부상과 조직의 관료화·이성화의 발전 등 사회현실은 전통적 계급이론에 충격과 도전을 던져주었고, 현대 계급분석가의 이론적 연구와 확대의 중요한 경험적 배경이 되었다고 하겠다.

먼저 중산층의 부상은 마르크스 계급이론의 슬픈 근원이 되었다.[102] 기존의 '이분 계급구조'라는 이론적 틀 안에 중산층을 어떻게 배치하고, 전통적인 이분 이론의 틀을 어떻게 돌파하여, 모든 집단을 포함할 수 있는 새로운 계급체계를 구축하겠는가 하는 것이 마르크스주의 계급분석이 직면한 중요한 시대적 과제가 되었다. 베버주의 전통에 있어 중산층은 골치 아픈 존재가 아니었다. 베버는 시장교환에서의 능력과 표현이 사회구성원들의 계급적 위치와 생활기회를 결정한다고 보았기에, 중산층은 존재적 공간이 있다고 생각했던 것이다. 그러나 문제가 되는 것은 한편으로 베버가 이른바 '직업 계급'에 대해 명확하고 깊이 있게 다루지 않았고, 서로 다른 직업계급 그리고 직업계급과 유산계급의 관계에 대해 간단하게 묘사했을 뿐이다. 다른 한편으로는 "시장상황이 계급상황과 같다"고 해도 고전시기에 비해 현대 자본주의 시장상황의 형태·구성, 특히 그 역할이 발휘되는 공간·논리도 모두 바뀌었다는 것이다. 새로운 정세, 새로운 요소에 대한 대응은 베버주의 계급분석 패러다임이 발전할 수 있는 내재적 힘의 하나라고 하겠다.

---

102) [미국] 賴特, 『階級分析方法』, 2011, 上海, 復旦大學出版社, 101쪽.

그 다음으로 사회조직 분야의 변혁은 동시에 마르크스와 베버의 계급이론에 영향을 주었다. 한편으로 비생산적 조직과 생산 분야에서 뻗어난 조직이 대량으로 나타나면서 마르크스의 생산자료가 차지하는 계급 결정 논리에 적용상의 어려움이 따르게 되었다. 즉 날로 증가하는 대량의 '비생산적 활동'과 '비 직접 생산자'는 사회에서 갈수록 중요한 지위를 얻게 되었고, 물질생산에 중요한 영향을 미치게 된다는 것이다. 다른 한편으로는 베버의 전통에 있어 사회의 조직화 정도가 깊어지면서 자원의 시장화 배치에 영향을 주는 구조적 요소가 날로 확대되어 구성원이 시장에 들어와 교환하는 자원과 그 시장 수익 간의 필연적인 대응관계가 점차 취약해지게 된다는 점이다. 구성원이 가진 시장자원이 기대하는 시장수익을 얻으려면 반드시 사회조직이라는 중간 부분을 거쳐야 하므로, 베버의 시장상황이 생활기회를 결정하는 논리도 적용상의 난제에 직면하게 되었던 것이다.

마지막으로 현대적 직장의 조직구성은 실질적으로 관료화 구조를 특징으로 하는 권위관계 체계이다. 직장의 조직구성은 권위의 분화·자원과 기회분배가 실제 발생하는 분야로 여기에서 계급의 구조적 위치를 더욱 명확하게 정의할 수 있고, 중간 작용 시스템과 관련되는 완벽한 이론적 해석이 가능하다. 이에 비해 마르크스와 베버의 경제 분야라는 사회 전체적인 차원이나 추상적인 관계에서 전개한 계급분석은 계급의 위치와 자원획득 간의 확실한 관계를 명확하게 설명하기는 어렵다. 직장의 조직구성에서 분화된 권위관계의 서로 다른 위치에 있는 직원들은 현저한 차이를 보이는 지배와 복종의 역할을 실천할 뿐만 아니라, 권위적인 지위와 역할에 수반되는 일련의 불균등한 생활기회를 누린다. 이미 얻은 물질적 재산과 시장자원에 비해 직장의 조직구성 내부에서 얻은 직위는 임금과 더 직접적으로 연결되며 안정적이고 보장적이다. 마르크스주의 전통에 있어 생산장소(공장)의 특징은 계급관계와 계급형성에 직접적인 영향을 주었고 통치 또는 지배관계는 '점유관계'의 새로운 관계를 만들었다.[103] 그러나 베버주의 전통에 있어 '시장상황'은 갈수록 직장의 조직구성 상황에 의해 결정된다.[104] 따라서 현대사회에서 직장의 조직구성은 자원의 전환과 분배의 관건적인 부분이 되었고 이로 인해 전개되는 계급분석은 사회적 현실에 더욱 가까우며 보다 구체적으로 사회 과정을 분석하도록 하게 한다.

103) Wright, E. O., "The Biography of a Concept: Contradictory Class Locations in John Holmwood," eds., Social Stratification, Volume III, 1985, Lodon: Edward Elgar Publishing Limited, 46~48, 80~81쪽.
104) Goldthorpe, J. H., "On the Serbice Class, Its Formation and Future," In Giddens, A. and MacKenzie, G. (Eds), Social Class and the Division of Labour: Essays in Honour of Ilya Neustadt, 1982, Cambridge: University Press.

제2절
수도동귀(殊途同歸)[105]의 전향 경로:
'경제적 결정'에서 '권위적 지배'로

    계급분석 패러다임의 전향이라는 핵심 의제를 자세히 논증하기에 앞서 일부 기본 개념과 문제에 대해 설명하고자 한다.

    첫째, '생산자료 소유권'과 '착취', '시장상황'과 '생활기회'는 마르크스와 베버 계급사상의 핵심 표지로서 양자 간의 관건적인 차이점을 대표하지만, 특히 지적해야 할 것은 고전시대 계급분석의 창조자인 이들은 모두 경제 분야에서 물질적 자원, 생활기회의 불평등 분배 문제를 고찰하고, 경제적 관계에서 계급의 위치를 정의했다. 구체적으로 말하면 모두 경제자산(예를 들어 마르크스의 생산성 자산, 베버의 화물점유와 이윤 창출의 기회)이 구성원에 대한 결정적인 의미라는 출발점에서 계급을 정의한 것이다. 다만 마르크스는 경제생산 분야에서 생산성 자산(주로 생산자료 소유권)을 둘러싸고 생기는 착취와 생산 자료가 개인의 계급적 지위에 대해 결정적 의미를 차지하는지의 여부를 보았다. 이에 반해 베버는 시장교환에서 화물이 차지하는 이익과 이익을 얻게 됨으로 하여 생기는 구성원들의 생활기회의 분화와 차이를 보았다.

---

105) 수도동귀 : 다른 길을 통해갔으나 목적지는 같이 도달하는 것.

지나치게 요약했다고 생각할 수도 있겠으나, "경제자산의 점유로 인해 공통된 물질적 이익과 생활기회를 누린다"는 점에서 베버와 마르크스의 계급사상은 하나로 통일될 수 있으며 '경제결정'은 양자가 공동으로 갖는 표지로 볼 수 있다고 하겠다.

둘째, 본 장에서 논증하고자 하는 이러한 분석 패러다임의 전환은 "고전시대의 경제결정론을 철저히 버리고 권위적 지배로 대신한다"는 뜻이 아니라 다음과 같은 의미를 가리킨다. 현대사회에서 재산소유권과 시장지위의 측면에서만 계급을 정의하는 것은 분명히 성립되기 어렵다. 대량의 사회경제 활동인구는 경제 분야 밖에서 직업활동에 종사하고, 사회자원 배분의 실제과정은 일반적인 경제시장 분야가 아닌 구체적인 직장의 조직구성 내부에서 전개된다. 따라서 직장의 조직구성에서 권위적 지위의 분화와 구성원의 생활기회에 대한 영향은 여러 학파가 주장하는 계급분석에 있어 공동으로 인정하고 중요시하는 통상적인 요소가 되었다. 따라서 부분적으로(예를 들어 Erik Olin Wright와 J.Goldthorpe에서) 또는 완전하게(예를 들어 Ralf Dahrendorf에서) 계급적 위치의 확립과 구분에 적용되고 있다. 이는 이론적 핵심의 전환 또는 패러다임의 전환이라고 하겠다.

셋째, 본 장에서 가리키는 '전향'은 이론적 전향도 포함하고, 연구차원과 분석시각의 전환도 포함한다. 전자는 전 사회적인 요인을 중시하는 데서 조직적인 요인을 중시하는 데로, 즉 '일반 사회'의 시각에서 '조직'의 시각으로 전환하는 것을 말한다. 후자는 '경제적 결정'에서 조직의 권위로 전환하는 것을 가리킨다. '경제적 결정(시장상황)'

의 계급관은 '일반 사회'의 차원(시장 분야의 자원과 권력, 생산 분야의 생산자료 소유권)에서 불평등 문제를 고찰하는 데에 반해, 신 베버주의와 신 마르크스주의자들은 "직장의 권위적 상황"에 대해 관심을 갖고 조직적 차원에서 계급을 주시하기 때문이라고 하겠다.

넷째, 마르크스와 베버의 계급분석이 여전히 경제생산 분야와 시장교환 분야 간의 엄격한 구분에 얽매여 있다면, 후세의 신 마르크스주의자와 신 베버주의자들은 양자의 경계에 대해 구분하기가 어려워질 것이다. 그들의 계급분석은 이미 상당 부분에서 교차·융합의 추세를 보이고 있다.[106] 즉 양자는 직장 조직구성의 권위관계에서 계급적 위치의 새로운 관계를 찾는다는 데에서 일치한다. 현대의 계급분석은 이론적 해석논리에 있어 여전히 차이가 있지만, 지표 선정, 계급 모형, 효과 검증 등 형식적인 의제에서는 이미 매우 가까워졌다고 하겠다. 따라서 아래에서 언급하게 되는 신 마르크스주의자와 신 베버주의자는 두 가지 연구 패러다임의 전통에 따라 구분한 것이지 더 이상 엄밀하게 구분된 생산 분야와 시장 분야를   대표하는 것은 아니라고 하겠다.

---

106) F.Parkin과 Erik Olin Wright는 각각 신 베버주의와 신 마르크스주의를 대표하는 인물로서, 전자
(1979)가 "모든 신 마르크스주의자들에게 부르면 걸어 나올 것 같은 마르크스주의자가 있는 것 같
다" 고 조롱조로 지적하자, 후자는 "모든 좌파 베버주의자들에게 이리저리 숨어 있는 마르크스주
의자가 있는 것 같다" 고 맞받았다는 치열한 싸움은 두 계급 유파가 서로 융합되었다는 증거로 간
주할 수 있다고 하겠다(미국 賴特, 『後工業社會中的階級』, 앞의 책, 35쪽).

1. 베버주의 전통 및 이론적 전향

(1) 베버: 계급상황은 시장상황과 일치한다.

계급연구의 이론적 전통이 시장 분야에서 출발하여 계급을 정의하는 고전적인 논술은 베버에서 기원되었다. 그는 처음으로 "시장상황(marketsituation)'의 개념을 제기하고 '계급상황은 시장상황과 일치한다"는 관점을 내놓았다. 베버의 계급에 대한 명확한 정의는 다음과 같다.

"계급은 확정적인 의미의 공동체가 아니라, 단지 특정한 공동체 행위의 가능성과 일상적인 기초일 뿐이다. 다음의 상황에서 우리가 말하고자 하는 것은 하나의 '계급'이다. ① 다수의 사람들에게 특정한 이유가 되는 생활기회의 요소가 공통적인 경우, ② 이러한 요소가 경제의 화물을 통해서만 이익을 점유하고 이익을 얻는 것으로 표현되는 경우, ③ 이러한 요소가 상품과 노동력시장에서 드러나는 경우."[107]

"계급의 개념에 있어서 시장에서의 이러한 기회는 개인의 운명을 나타내는 공통된 조건의 메커니즘"이다. '계급상황'은 그러한 의미에서 결국 '시장상황'이다."[108]

구체적으로, 재산의 소유상황과 시장에 제공할 수 있는 서비스 유형에 따라 베버는 자본주의의 네 가지 주요 사회계급을 "유산자와 교육을 받아 특권을 가진 계급, 산업이 없는 지식인과 훈련된 전문가,

---

107) [독일] 韋伯, 앞의 책, 246쪽.
108) 위의 책, 248쪽.

소자산계급, 노동력을 가진 노동자계급" 등으로 구분했다.[109]

베버의 계급에 대한 논술은 내용이 많지 않고 분산적이다. 그러나 자본주의 시장에서 개인의 위치와 생활기회 분배의 불평등을 연결시킨 베버의 이 사상은 후세 사람들에게 큰 계발을 주었고, 사회계층화 분야에서 영향이 깊은 "베버에 기반한 계급분석의 전통"을 탄생시켰다.[110] 신 베버주의자들이 베버사상을 발전시킨 부분을 정리하면 아래의 몇 가지 기본 논리를 포함한다.

첫째, 개체의 생활기회(또는 계급적 지위)가 시장에 가져와 교환하는 자원에 의해 결정되는 이상, 동일하거나 유사한 자원을 가진 개체를 한데 모아 시장자원(또는 시장능력)에 기초한 계급을 형성할 수 있다. 그러나 시장관계에 처한 위치에 의해 초래된 시장이익의 다양성과 충돌에 의해 시장의 자원/능력과 계급형성 사이에 등가관계가 성립되지 않을 수도 있다. 이러한 경우 양자가 소통할 수 있는 교량적 시스템이 필요한데, 직간접적인 구조화 시스템이 계급형성의 중간과정을 만들게 된다. 이러한 논리적 사고방식은 A.Giddens의 사상에 전형적으로 나타난다.

둘째, 사람들이 자원과 물품을 교환하는 시장은 모든 구성원에게 개방적이고 기회가 균등한 것이 아니다. 일부 사회집단은 자원과 기회의 획득을 특정한 자격을 가진 구성원에게만 부여하여 자신의 이

---

109) 위의 책, 336~337쪽.
110) Wright, E. O., "The Shadow of Exploitation in Weber's Class Analysis," American Sociolotical Review(6), 2002, 832~853쪽.

익을 극대화하는 목표를 달성한다. 이는 사회의 폐쇄나 고화(固化)를 유발시키고 계급구조와 사회구조를 탄생시켰다. F.Parkin의 가장 큰 공헌은 그가 베버로부터 계급형성 시스템을 설명하는 사회폐쇄이론을 발전시켰다는 데 있다.

셋째, 사회구성원이 시장에 가져온 자원은 그들의 생활기회를 결정하는 데 중요한 의미를 갖지만, 더욱 중요한 것은 이러한 자원들이 시장에서 교환되고 최종적으로 그 가치를 실현하는 데 있다. D.Lockwood가 개척한 사고방식은 '시장결과'의 측면에서 베버의 '시장상황'을 재해석하는 것이다. 즉 경제적 보수의 출처와 많고 적음, 직업 승진의 전망, 취업의 안정성과 보장성 등 지표에서 출발하여 구성원의 계급적 위치를 고찰하여 이를 구성원의 직무수행 상황(직장 조직구성 내의 사회관계와 권위관계)과 지위 상황(사회적 명성)에 대한 고찰 기준에 포함시킨다는 것이다.

넷째, 이 주장이 나타나게 된 이유는 제3조와 기본적으로 유사하지만 제시된 대응전략은 크게 다르다. 그들은 현실사회에서 사회구성원이 시장에 가져온 자원과 얻는 보수 사이에 필연적이고 결정적인 인과관계가 존재하지 않는다고 생각한다. 시장능력과 시장자원에 비해 개체가 시장관계에서 처한 구조적 위치는 개체의 기회와 운명에 있어 더욱 직접적이고 근본적인 의미를 갖는다는 것이다. J.Goldthorpe 등의 이론적 노력은 개체의 생활기회를 구속하고 또한 개체가 차지하는 위치와 상관없이 별도로 존재하는 구조적 위치를 찾는 데 있다. 물론 J.Goldthorpe가 내놓은 계급도식의 구축은 D.Lockwood의 계급사상을 많이 따랐다. 특히 EGP도식이 등장한 초기에 그의 대표적 이론이나 이론적 기초는 D.Lockwood의 주장을 완전히 답습한 것이다. 후기에 여러 차례의 진화를 거쳐 '상황'이론의 설법은 점차 약화되었고 J.Goldthorpe의 실제 조작화 과정은 D.Lockwood의 사상과 아무런 관련이 없게 되었다.

(2) 신 베버주의 이론의 발전

서로 다른 경로를 통해 베버의 계급사상을 발전시키는 과정에서 신 베버주의자들은 현대 자본주의 경제사회의 발전과 사회구조 형태의 변천에 나타난 새로운 변화, 새로운 특징 예를 들어 중산층의 부상, 사회조직의 규모화, 이성화, 그리고 사람들의 생활기회를 결정하는 내재적인 메커니즘의 변화에 대해 주목했을 뿐만 아니라, 사회구성원의 조직권위 상황(직무수행 상황)이 보여주는 결정과 구속의 의미는 더 많은 관심을 받게 되었다. 아래에서 A.Giddens, D.Lockwood, J.Goldthorpe의 계급사상 중 상술한 내용들에 대한 논증을 찾아보도록 하겠다.

A.Giddens는 베버에게서 시장능력(market capacities) 이라는 개념을 발전시켜 계급에 대해 정의를 내렸다. 그에 따르면 "세 종류의 시장능력이 존재하는데 계급이 형성되는 데 있어 모두 중요한 의미를 갖는다. 이들은 바로 생산자료 형식의 재산에 대한 소유권, 교육이나 기술 자격, 그리고 체력을 차지하는 노동력이다. 이러한 능력에 따라 자본주의사회의 기본적인 3대 계급체계의 기초인 '상류층', '중산층',

그리고 '사회적 하층' 또는 '노동자계급'이 탄생했다."[111] 했다. 그러나 A.Giddens는 개체가 가진 시장능력이 그 계급적 위치를 직접 결정한다고 생각하지는 않았다. 시장상황이 복잡하고 무궁무진하기 때문에 그러한 시장능력에서 출발하여 계급을 정의하는 경우 무궁무진한 계급이 나타난다는 것이다. 따라서 A.Giddens는 이러한 시장관계에서 구조화된 형식으로 존재하는 계급을 판별하기 위해 노력해야 한다고 주장했다.[112] 그는 또 확정된 시장능력과 계급형성 사이에 계급관계의 구조화 과정이 있다고 보았다. 그 과정에서 서로 다른 시장능력은 무궁무진한 서로 엇갈리는 이익의 복합체를 만들어 낼 수 있으므로 계급의 유형은 유한한 것이라고 했다.

사회 유동기회의 분포형태는 A.Giddens가 소위 말하는 간접 구조화이다. 직접 구조화에는 세 가지 형태가 있는데 그것은 바로 생산성 기업에서의 노동분업, 기업의 권위관계, 분배적 성격을 띠는 집단이 그것이다. 그 중 앞의 두 가지는 모두 조직내부의 사회적 관계와 계급적 위치 간 관계와 관련이 있다. A.Giddens에 따르면 권위관계의 분화는 노동분업으로 하여금 계급관계에 더 큰 구조적 영향을 끼치게 하고, 권위자체의 지배와 복종시스템도 조직내부에서의 지위의 분화를 유발할 수 있다고 했다. A.Giddens가 말한 바와 같이, "기업의 권위구조는 현대사회의 공업생산에서 초 기술적 관계의 불가분의 일부로 보지 말고, 또한 Ralf Dahrendorf가 주장하는 독립된 '계

---

111) Giddens, A, 앞의 책, 107쪽.
112) 위의 책, 107쪽.

급체계'로 간주할 것이 아니라, 계급관계의 구조화를 추진하는 요소로 여겨야 한다."는 것이다. 한편 다른 측면에서 볼 때 D.Lockwood의 방식도 받아들일 수는 있다. 즉 "권위를 화이트칼라와 블루칼라를 구분 짓는 계급분화의 요인으로 간주해야 한다"는 것이다. 왜냐하면 "자본주의사회에서 공업기업의 권위적 구조는 기본적으로 관리부서 내부의 등급체계이 때문에, 육체노동자들에게 있어 관리부서는 지시를 내리고 명령을 하는 집단이고, 이에 반해 육체노동자들은 그러한 등급의 일부가 아니라는 것이다."[113] D.Lockwood는 새로운 계급적 위치를 측정하는 방법은 우선 마르크스주의 계급이론이 현대사회에서 직면한 곤경에서 비롯된다고 했다. 마르크스는 노동자계급이 반드시 자유계급에서 자위계급(自爲階級, 자기의 역사적인 입장이나 사명을 의식하고 행동하는 각성된 프롤레타리아 계급—역자 주)으로 발전하여 계급적 지위와 계급적 의식의 통일을 이룰 것이라고 예언한 바가 있다. 그러나 1950년대에 부상한 중산층이 비록 노동자계급과 함께 피고용자의 위치에 놓여 있었으나, 계급의 정체성과 계급행동에 있어 후자와는 많이 달랐다. 이러한 문제를 어떻게 해석할 것인가 하는 것이 당시 계급연구의 이슈가 되기도 했다. 당시 학계에서는 중산층이 보여주는 것은 '거짓(또는 잘못된) 계급의식(false consciousness)'이며 노동자계급과 일치하는 의식과 행동이야말로 그들이 당연히 보여주어야 하는 것이라는 주장이 유행했다. 이러한 상황에서 D.Lockwood는 엄밀한 실증적 연구를 통해 중산층의 일부

---

113) 위의 책, 183쪽.

대표적인 구성원인 사무직 종사자의 구체적인 계급상황을 조사하여 상술한 논쟁에 대응하려고 시도했다. 그 결과 '거짓된 계급의식'은 존재하지 않는다는 사실을 발견했다. 중산층의 계급상황을 자세히 고찰하여 노동자 계급과 비교할 때, 양자의 계급적 처지가 전혀 다르기에 중산층이 보여주는 계급의식은 그들이 처해 있는 계급적 지위와 일치한다는 것이다. 이러한 문제에 대한 잘못된 판단은 그들이 일괄적으로 생산수단이 없는 피고용자로서의 '계급적 위치'의 개념을 적용했기 때문이라고 하겠다.

사무직 종사자에 대한 연구에서 D.Lockwood는 계급적 위치를 다시 정의했는데 여기에는 세 가지 요소인 시장상황, 직무수행 상황과 계급적 위치를 포함한다.[114] 그 중 시장상황은 베버의 시장상황을 개념적으로 발전시키고 구체화한 것이고, 계급적 위치는 베버가 주장하는 '명성'과 '영예'의 개념에 대한 조작화라고 하겠다. D.Lockwood 연구의 혁신성은 그가 직무수행 상황(직장 조직구성의 권위관계에서 처해 있는 위치)을 계급적 위치를 정의하는 표준적인 의미와 가치로 제시한 데 있다.

직무수행 상황에 대해 D.Lockwood는 현대 조직규모의 급속한 증가와 이에 수반되는 조직의 합리화와 기계화는 조직의 기준과 절차의 확립과 기능의 전문화와 구체화로 표현되고 관리자와 감독자 역시 조직에서 분화되고 배로 증가했다고 지적했다. 또한 "직원들은 상당 부분 부서별로 배정되어 관리감독자와 함께 작은 근무집단을 구

---

114) Lockwood, D., 앞의 책, 15~16쪽.

성했고, 회사의 권위체계와 지위등급에 따라 직원들이 분리(분화)되었다"고 덧붙였다.[115]

사무직 종사자와 육체노동자는 직무수행에 있어 뚜렷한 차이를 보인다. 직장내부의 횡적인 부서의 분할과 종적인 권위등급의 분화가 직원과 관리감독자 간의 친밀함과 사적인 관계를 철저히 차단하지 않았다면, 사무직 종사자와 노동자·관리자와 노동자 간의 장벽은 명확하고 점차 두꺼워지게 된다. 그 이유는 서로 다른 권위관계에 놓여 있기 때문이다.

또한 "사무직 종사자와 관리자의 업무상의 협력과는 달리, 사무직 종사자와 육체노동자 사이에는 사회적인 장벽이 있다. 이 두 집단의 완전한 분리는 산업조직의 가장 뚜렷한 특징일지도 모른다. '사무실(office)'과 '공장(works)'이 이와 같이 명확하게 구분되어 있는 사실로부터 육체노동자의 입장에서 '관리(management)'업무는 최저 계급인 일상 사무직 종사자에게서 끝난다고 할 수 있다. 사무직 종사자가 권위관계에 놓여 있지 않을 수도 있고, 상부에서 파견한 관리자의 명령은 사무실 종사자가 아닌 사장이 전달한 것이더라도 사무실 종사자는 관리적 권위와 연결되어 있기 때문이다."[116]

J.Goldthorpe 등이 제시한 EGP도식은 학계에서 인정받은 현대 신베버주의 계급도식의 전형이다. 이 도식의 경험적 조작화는 지난 20여 년 동안 실질적인 변화가 일어나지 않았다. 직업과 고용위치는 시

---

115) 위의 책, 79~80쪽.
116) 위의 책, 81쪽.

종 구성원이 계급도식에서 차지하는 위치를 정의하는 두 가지 핵심 지표였지만, 그 이론적 기초는 여러 차례 바뀌었다. 개체의 '상황'론에서 '서비스계급'이론, 그리고 고용관계 이론에 이르기까지, 마지막으로 합리적 행동/선택 이론을 참고하여 고용관계의 분화에 이론적 해석을 찾고자 하였다.

J.Goldthorpe 초기의 계급사상은 D.Lockwood의 영향을 많이 받았다. 그가 1980년대 초에 제기한 계급도식은 시장상황과 직무수행 상황을 이론적 기초로 하여, 계급은 비슷한 시장상황과 직무수행 상황이 비슷한 집단으로 구성된다고 했다. J.Goldthorpe는 D.Lockwood의 시장상황에 대한 정의를 완전히 복제하고 직무수행 상황의 의미를 확대했다. J.Goldthorpe는 '직무수행 상황'은 구성원이 조직내부의 권위체계에서 위치와 생산과정에서의 통제권을 포함할 뿐만 아니라, D.Lockwood가 언급하지 않은 구성원 자신의 업무와 역할에 대한 자율적인 통제 정도도 포함한다고 보았다.[117]

J.Goldthorpe의 계급사상은 몇 차례의 변천을 겪었지만 직무수행 상황에 대한 중시는 A.Giddens, D.Lockwood보다 더 컸다. 직무수행 상황이 A.Giddens, D.Lockwood에서 계급적 위치를 정의할 때 고려하는 요소 가운데 하나라고 한다면, J.Goldthorpe의 계급사상에서는 '직무수행 상황'이 점차 이론 중심의 위치로 이동했다고 하겠다.

우선 가장 중요한 점은 J.Goldthorpe는 시장상황에 비해 직무수

---

117) Goldthorpe, J. H., Llewellyn C., Payne, C., Social Mobility and Class Structure in Modern Britain, 1980/1987, Oxford: Clarendon Press.

행 상황이 그의 이론적 구상에서 더욱 중요한 위치를 차지하고 있다고 명확히 제기한 것이다. 1982년의 중요한 문헌에서 그는 "서비스계급의 직무수행 상황에 있어서의 일치성 즉 어느 정도의 자주성과 역할을 완성하는 과정에서 결정을 내릴 권리는 그 시장위치(상황)의 일치성이 발생하는 기초이고, 이는 더욱 기본적인 수준에 기반을 둔 것으로 간주되어야 한다"고 지적했다.[118] 그 이유는 다음과 같다. "조직의 대외적인 업무를 고려하고 대응하기 위해서 고용자와 고용조직은 권위관계를 정해주고 전문지식·기능을 유치하는 문제에 직면해야 한다. 직원들의 직무수행이 조직의 목표·이익·가치와 일치하도록 하기 위해서는 그들에게 일정한 권위나 특정한 전문적인 직책을 부여하고 권위를 행사하며 결정을 내릴 수 있는 범위를 한정하여 그 범위 내에서 행동하도록 해야 한다. 예를 들면 선택·판단을 하는 과정에서 반드시 신뢰관계가 전제되어야 한다는 것이다. 따라서 고용자가 내려준 권력을 실천하고 있는 피고용자와 그렇지 못한 피고용자들은 고용자와의 관계에 있어 현저한 차이가 있다. 이때 고용자가 그들에게 제공하는 보수는 일에 대한 직접적인 보답 외에, 피고용자가 이행한 책임에 대한 '보상'과 '고려'에서이다. 이 논리에 따르면 '보수는 피고용자의 관리 권한의 크고 작음과 관련이 있다'고 할 수 있다.[119] 따라서 서비스계급은 시장상황에서 다른 계급의 '우월성'에 비해 그 내재적인 조직의 권위체계에서 중요한 위치를 차지하는 외재적인 표징이 많다고

---

118) Goldthorpe, J. H., "On the Service Class, Its Formation and Future," 앞의 책.
119) 위의 책.

하겠다. 그 다음으로 주요 이론이 몇 차례 변경되었음에도 불구하고, 직업과 고용지위는 EGP도식 가운데 경험적 조작화의 두 가지 중요한 지표이다. 그 중에서 "직함은 시장상황에 대한 평가 지표이고, 고용지위는 직무수행 상황에 대한 평가 지표이다."[120] 고용지위에 대한 지표(대고용주, 소고용주, 자영업자(自雇傭), 관리자, 감독자, 일반피고용자)의 사용은 다양한 직업의 계급도식에서의 분포를 바꿔놓았다. 왜냐하면 조직내부에서의 고용지위는 고용관계 분화의 최종 구현 또는 결과이기 때문이다. 근본적으로 고용지위라는 변수는 피고용자가 계급도식에서 상층인 '서비스계급', 하층인 '노동계약계급', 중층인 '혼합계약계급' 가운데 어느 층에 놓이는지를 결정한다고 하겠다.

2. 마르크스주의 전통과 이론적 전향

마르크스의 계급이론은 현대자본주의 사회에서 현실적인 도전에 부딪혔다. 재산 소유권과 통제권의 분리에 따른 지배단체(經理群體)와 생산력의 발전·노동기술 분업의 심화로 인한 대량의 전문기술자를 비롯한 중산층의 부상은 사회가 서로 대립하는 두 계급으로 분열되어 자산계급과 무산계급이 파산될 것이라는 마르크스의 고전적인 예언이 현실화되게 했다. D.Lockwood는 "아래의 사실보다 마르크스주의 이론가들을 더 난감하게 하는 일은 없다. 제1차 세계대전 이후 노동자 계급의 항쟁이 고조에 이르렀을 때부터 발달한 자본주의 사회

---

120) Marshall, G., "John Goldthorpe and class analsis," In Jon Clark, Dr Phil. ed., John Goldthorpe: Consensus and Controversy, 1990, The Falmer Press, 55쪽.

에서 혁명과 유사한 무산계급의 어떤 것도 생산한 적이 없다"고 솔직하게 지적했다.[121] 자본주의 사회의 계급도식에 대한 마르크스의 논술과 경험적 결과가 단절된 문제점을 보완하는 작업에 대량의 신 마르크스주의자들이 투입되었는데, 비교적 대표적인 주장으로는 '양극분화론', '신소자산계급론', '신계급론', '중간 계층론' 등이 있다. 물론 마르크스주의를 발전시킨 가장 유명한 학자들은 Ralf Dahrendorf, Blau, Erik Olin Wright이다.

　Ralf Dahrendorf는 권위관계의 측면에서 마르크스의 계급이론을 발전시키는 데 주력했다. 이에 Erik Olin Wright는 "권위적인 측면에서 계급을 조작화 하는 데 있어 Ralf Dahrendorf의 이론을 능가할 사람이 없다"고 평가하기도 했다.[122] Ralf Dahrendorf는 권위를 경제적 소유권의 종속적인 개념으로 본 마르크스의 관점은 좁은 의미에서의 해석이라고 보았다. 그는 넓은 의미에서의 권위관념을 주장했는데, 즉 지배와 복종의 관계가 확립된 전제에서 권위는 생산방식의 소유권보다 일반적이고 중요한 의미를 갖는 사회적 관계이기 때문에 재산 소유권은 특수한 권위로 간주될 수 있다고 했다. 권위를 넓은 의미에서 해석할 때, 모든 강제적 집단에서 지배적인 위치에 있는 계급과 복종적인 위치에 있는 계급을 쉽게 분별할 수 있는데, 그 중에 전자는 권위를 행사하고 후자는 권위계급의 지시를 따라야 한다. 좀 더 구체적으로 말하자면, Ralf Dahrendorf는 강제적 집단에서 분배

---

121) Lockwood, Solidarity and Schism, 1992, Oxfofd: Clarendon Press, 166쪽.
122) Wright, E. O., Class Structure and Income Determination, 1979, New York: Academic Press.

하고 행사하는 권위를 갈등집단의 구조적 결정변수로 간주했다는 것이다. 즉 "사회구조가 강제적이라는 가설 아래, 권력이나 권위관계가 이익의 충돌을 가져오게 되고, 이러한 이익은 유한한 사회조직 내부 및 전체사회의 조직화되고 적대적인 집단을 탄생시킨다."는 것이다.[123] Blau는 Ralf Dahrendorf의 권위 이분법을 비판했으나, 권위로써 계급을 구분하는 논리적 사고방식을 부정하지는 않았다. Blau의 이론적 구상에서 행정권위와 경제 권력의 분화로부터 다양한 계급도식이 나올 수 있으나 이러한 계급의 위치는 점진적으로 차이를 드러낸다. 예를 들면 현대사회의 권력구조는 하층·중층·상층으로 구성되고……그 행정권위와 경제권력(양적인 것에 한함)은 점차적으로 달라진다.[124] 비록 Ralf Dahrendorf의 권위의 의미를 발전시킨 것과 계급 구분에서의 응용은 매우 계발적이나 권력계급에 대한 이분법, 계급 관계의 극화와 갈등에 관한 주장은 받아들여지기 어렵다고 하겠다. 또한 Ralf Dahrendorf든 Blau든 권위에 기초한 계급도식은 이론적 구상에만 머물렀을 뿐 구체적인 경험적 조작화 과정으로 옮기지는 못했다(실제로 상당히 어렵다).

Erik Olin Wright의 마르크스주의 계급이론에 대한 복구작업은 신 마르크스주의자들 가운데 가장 영향력이 있고 효과가 있는 것으로 알려져 있다. Erik Olin Wright의 계급도식은 전기와 후기의 두

123) Dahrendorf, R., Life Chances: Approaches to Social and Political Theory, 1979, Chicago: University of Chicago Press, 165쪽.
124) [미국] 布勞, 『不平等和異質性』, 1991, 北京, 中國社會科學出版社, 329쪽.

가지 판본이 있다. 전기에는 '모순계급의 위치'라는 개념으로 중산층의 출현으로 인한 마르크스주의의 곤경에 대해 해석했다. 그에 따르면 모순적 위치가 모순되는 이유는 고유적·대립적인 이익을 공유하기 때문이다. 즉 관리자는 자본가와 노동자라는 모순된 위치를 차지하고, 기술전문인원은 반 자율적 피고용자의 신분으로 노동자 계급과 소자산계급 사이라는 모순된 위치를 차지하며, 소규모 고용자는 자본가와 소자산계급 사이라는 모순된 위치를 차지한다는 것이다. '모순계급의 위치' 이론은 Erik Olin Wright에 의해 버려졌다. 그 이유는 '지배'의 개념으로 계급을 정의하고, '착취'라는 마르크스 계급개념의 핵심 요소를 버렸기 때문이다. '지배'라는 개념은 본질적으로 보면 참여자가 어떠한 독특한 이익을 갖는 것을 의미하는 것은 아니고, 착취는 본질적으로 일련의 독립된 물질적 이익을 의미한다고 보았던 것이다.[125]

　Erik Olin Wright는 두 번째 판본인 다원적 착취계급론에서 착취를 계급분석의 핵심으로 간주하는 마르크스주의 전통을 회복했다. 그는 Romer(羅默)의 생산성 자산·착취·계급 간의 관계에 대한 견해를 참고하여 서로 다른 착취체제는 서로 다른 형식의 자산에 따라 결정되는 것으로 보고, 특정 계급적 위치는 그 자산에 대한 재산 권리에 기초한 사회생산관계에 의해 결정된다고 했다.[126] 이에 따라 생산수단자산·기술/자격증자산과 조직자산은 착취를 초래하는 3대 원

125) [미국] 賴特, 『階級』, 앞의 책, 57-58쪽.
126) 위의 책, 76쪽.

천이자 계급분류의 기준이 되었다. Erik Olin Wright가 기술/자격 증자산을 계급분류의 기준에 넣은 것이 인적자본의 중요성에 대한 대응이라면, 조직자산의 추가는 현대사회의 '조직화'와 조직적 권위의 중요성이라는 사회적 현실에 대한 이론적 대응이라고 하겠다. Erik Olin Wright의 경험적 조작과정에서 조직자산은 개체 조직에서의 결정권과 감독권에 의해 평가된다. 이는 신 베버주의자인 J.Goldthorpe가 계급도식에서 고찰한 직무수행 상황과 대체적으로 일치한다. Erik Olin Wright의 조직자산에 대한 논술은 본 연구가 논증하고자 하는 "계급연구가 시장상황을 중요시하는 것에서 직무수행 상황을 중요시하는 이론으로 전환하는 것"에 대한 튼튼한 기초가 된다고 하겠다. 또한 Erik Olin Wright의 조직자산에 대한 조작화 사고방식도 본 연구의 권위적 계급도식의 구축에 중요한 참고적 의미를 갖는다.

지금까지의 논의를 통해, 마르크스 유파와 베버 유파의 발전과 변천과정에서 관심의 초점이 '경제적 결정'에서 '직무수행 상황'으로 전환하는 사실을 발견할 수가 있다. [그림2-1]은 이 사실을 잘 보여준다. 권위적 상황, 특히 조직적 권위(직무수행 상황)는 갈수록 계급분석가들의 관심과 주목을 받게 되었다. 이는 시대의 변천과 함께 사회구조에 중대한 변화가 일어났다는 것에 대한 반증이자, 계급연구 자체의 이론적 논리가 발전한 결과라고 하겠다. 계급이론 관련 문헌에 대한 분석에서 얻은 '전향'의 논점은 권위적 요소에서 출발하여 새로운 계급도식을 구축하는 데 도움을 주었다. 특히 조직의 권위적 지표를 이용하여 피고용자 집단의 계급적 위치를 정의함으로써 사상적 영감과 이론적 준비를 제공했다.

[그림2-1] '경제결정'에서 '권위적 지배'로 바뀌는 경로

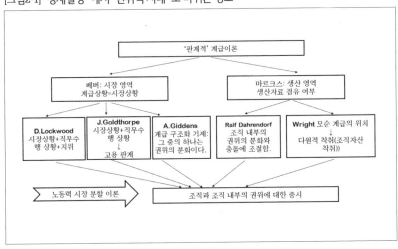

제3절

'조직'의 소환 :

노동력시장 이론의 부흥과 시사점

　1960년대 말과 70년대에 미국을 대표하는 서양 사회과학 학계는 전통이론과 관념에 대해 비판·반성하는 광범위한 사상운동을 전개했다. 이 운동의 발발은 당시 경제침체로 인한 경제발전의 제자리걸음, 심각한 실업·빈곤 문제, 여러 사회운동(반전운동, 여성해방운동, 반인종 격리운동, 민권운동)의 반복 등 사회적 현실과 밀접한 관련이 있다. 그 목표는 기존의 공업화·현대화·사회 불평등 등 의제에 대한 인식을 반성하는 것이었다. 당시 지속적으로 나타나는 빈곤과 소득 불평등·실업·취업차별화와 교육훈련 계획의 실패 등 현실적 문제에 직면하여 전통적인 고전경제학이론과 인적자본이론은 만족스러운 해답을 주지 못했다. 사회 불평등과 관련하여 사회학적으로 주로 개인의 특징에 대한 연구에 집중되고 상술한 사회문제에 대응할 힘이 없었다. 예를 들어 당시 사회계층화 이동 관련 연구에서 성행했던 Blau의 '지위획득' 모형은 개인의 직업성과나 사회적 지위는 주로 자신의 교육수준, 부모의 직업과 교육정도 등 '순수한' 개체적 특징에 달려 있다고 주장했다. 공업화 과정에서 나타나는 사회 불평등은 어디까지 개체에 의한 것으로 보고, 어디까지 개체가 아닌 다른 요소에 의한 것으로 보아야 하는가? 이 문제에 대해 명확한 해답을 주기가 어렵다면 "사회 불평등은 지위획득에 영향을 미치는 개체적 차원의 요소에 주목해야 한다"는 주장은 당연하거나 자명한 것이라고 하기 어렵다. 사회적 현실에서 얻은 기본적인 판단은 이와 정반대이다. "개인의 차원에 한정된 과정은 특정한 거시적인 차원에 따라 분류해야 한다."[127] 즉 개체 차원이 아닌, 개체의 생활기회와 사회적 지위에 영향을 미치는 등 불평등한 다른 요소는 경험적 연구에서 간단하게 언급하거나 간과해서는 안 된다는 것이다.

이러한 배경에서 사회 불평등에 대한 학계의 상황은 다음과 같다. 즉 "개인의 특징만 중시하고 사회적 관계(생산관계 포함), 제도적 요소와 역사적 요소 등 거시적 변수의 이론적 전통을 간과했다."는 것이다.[128] 따라서 외부성(外部性)·제도적·구조적 요소가 사회 불평등 현상의 형성과정에서 미치는 영향을 강조하는 방향으로 전환하게 되었다. 이로써 계층화 연구에서 '신구조주의'라고 불리는 이론적 전통을 확립하게 되었다. 사회계층화·조직사회학·노동경제학·직업사회학과 공업사회학 분야에서는 노동력시장 과정이라는 사회분배의 핵심 시스템[129]를 둘러싸고 격렬한 토론을 전개했다.

노동시장분절론 내부에는 많은 분석가들이 노동력시장의 '분할'의 위치를 어디에 두어야 하는지에 대해 합의를 이루지 못해 군웅축록

---

127) Baron, James N. and Bielby, William T., 앞의 논문, 737~765쪽.
128) 李路路·孫志祥, 『透視不平等國外社會階層理論』, 2002, 北京, 社會科學文獻出版社, 2쪽.
129) Kalleberg, A. L., S rensen, A. B., "The Sociology of Labor Markets," American Sociological Review(5), 1979, 351~379쪽.

(群雄逐鹿)의 형국을 이루고 있는 상황이다. 어떤 학자들은 분석대상을 업계와 큰 산업부문에 한정하고 있는데, 예를 들면 M.J.Piore 등이 제기한 이원 노동시장이론, 콜(科爾), M.J.Piore 등이 제기한 내/외부 노동시장이론 등이 그것이다. 또 어떤 학자들은 회사와 기업에 한정하고 있는데, 예를 들면 스토젤버그(斯托澤爾伯格)는 '사장의 소환'을, J.Baron은 '기업의 소환'을 호소했다. 이밖에 직업(occupation)에 한정하는 경우도 있고(여러 가지) 일(job)에 초점을 맞추는 경우도 있다. J.Baron은 개인의 행동에서부터 모든 사회시스템과 관련되는([표 2-1]을 참조), 직업과 불평등에 관한 연구에서 언급한 조직적 유형을 총화했다. 그에 따르면 사회조직의 유형에 따라 분석내용을 달리해야 하는데, 상술한 분석은 다음과 같은 두 가지 문제에서 중요한 잘못을 범했다. 첫째, 사회조직과 분석내용 간에 연관성이 명확하지 않은 경우가 많다. 예를 들어 M.J.Piore의 내외 노동시장이론에서 우선적인 직무는 항상 핵심회사와 관건적인 산업에 분포되어 있고 그 다음 순서는 이와 반대이다. 산업부문·회사·노동력시장은 한데 얽혀 있기 때문에, 직무에 대한 배정이 특정 사회조직에서 어떠한 형태로 구축되었는지 명확하지가 않다. 둘째, 대부분의 분석가들이 구조와 획득 간의 관계가 직장의 조직구성과 밀접하게 연결되어 있음을 인정하지만, 직장의 조직구성과 불평등의 '거시적' 차원·'미시적' 차원을 연결해주는 기업은 현대 계층화 연구에서 빠져 있기 때문에 구체적인 그 조직구조와 조직과정(organizational structure and process)에 대해 명확하게 논술되지 않았다.

[표2-1] 사회조직 차원과 분석단위

사회조직 차원	분석단위
사회	경제
제도	부문(시장, 산업)
조직	기업
역할	직무
개체	노동자

J.Baron은 '기업의 소환'이라는 합리적인 주장을 제기했다. 그 이유는 직무수행에 영향을 주는 미시적·거시적인 힘이 모두 기업이라는 조직을 배경으로 작용하기 때문이다. 기업 내에서 노동력이 가격이 매겨지고 배치되며, 생산기술이 배정되고 실시되며, 권력이 조직되고 집행된다. 사회경제의 흐름도 경제적 조직내부와 조직 사이에서 이루어진다. 사회와 제도적 영향은 기업이 직면한 조직적 구속을 통해 직무수행과 노동자에게 영향을 미친다. 반대로 직장에서 취한 행동도 그들의 거시적 환경에 영향을 미친다. 따라서 개인이 얻은 구조적 영향에 대한 연구나 직업 특징과 산업 특징 간의 변화관계에 대한 연구보다, 조직 차원에 뿌리를 둔 실증적 연구가 보다 포괄적으로 현재의 직업구조에 대한 논쟁을 다룰 수 있다고 하겠다. 더욱이 J.Baron은 중산층인 '기업'을 소환할 때, "기업 내에서 직무가 실제로 어떻게 배정되는가?"라는 문제에 주의를 기울여야 한다고 지적했다. 특히 기업내부 권력의 분포와 직장의 조직구성과 계층화의 각종 경쟁

이론의 핵심인 '분배' 문제에 주목해야 한다고 했다.[130] 노동시장 분절론의 쟁점이 다양한 측면과 주제에 집중되어 있으나, 전체적으로 볼 때 공통되는 부분도 더러 있다. 즉 거시적인 사회 전체적 차원과 미시적인 개체적 차원의 시각을 중관(中觀)적인 시각인 '조직적' 차원에서 외부의 구조적 요소가 개체의 지위·보수·승진 등 각종 생활기회의 불평등에 어떻게 영향을 미치는가에 대해 분석했다는 것이다. 특히 J.Baron은 각 연구 차원과 분석단위 간의 대응관계를 규명한 후에 분할과 계층화 연구를 기업 등 직장의 조직구성과 연결시키고 기업내부의 구조와 조직과정을 중점적으로 분석함으로써 직장의 조직구성과 지위획득의 구체적인 모형을 구축할 것을 호소했다. '신구조주의' 유파의 대두는 이론적 초점(외부 구조적 요소를 중시함)과 연구 차원(조직적 차원)의 전환을 의미한다. 이러한 전환은 위에서 논증하고자 하는 계급연구의 전환과 일치한다. 이는 조직적 시각에서 계급을 구성하는 데에 직접적이고 강력한 증거를 제공했고, 상상력을 지닌 경험적 조작화 과정은 계급도식을 구축하는 데 많은 시사점을 주었다고 하겠다.

---

130) Baron, James N. and Bielby, William T., 앞의 논문, 737~765쪽.

제4절
소결론 및 토론

　본 장은 계급이론에 대한 기초적인 연구로 고전사회학 시기부터 현대사회에 이르기까지의 계급이론의 발전과 변천에 대해 통시적(通時的)으로 분석했다. 시대적 변천에 따른 중산층의 급속한 부상과 사회자원 분배상의 조직화 시스템 등 문제는 마르크스와 베버의 계급이론에 영향을 미쳤다. 전자가 주장하는 생산자료 소유권의 계급결정론과 후자가 주장하는 시장능력이 생활기회를 결정한다는 논리는 모두 적용상의 난제에 부딪혔기 때문에, 조정과 재구성이 시급하다. 후세의 계급분석가들은 이러한 곤경에 대해 이론적으로 깊이 수정하고 복구 작업을 수행했다. '조직적 차원'이 아닌 '일반사회' 차원에서 새로운 모색을 시도했고 계급적 위치를 확정하는 요소를 기존의 '시장경제지위((Market Economy Status)'에서 '조직권위지위'로 바꾼 데서 그러한 노력이 잘 드러난다.

　양자의 발전사에서 내재적인 이치나 논리는 모두 명확하게 구별할 수 있다. 베버의 계급도식에 존재하는 조작화와 실현문제에 대해 D.Lockwood의 '시장결과 측정론', J.Goldthorpe의 '구조적 위치론(영문 보충)', A.Giddens의 '계급 구조화론' 등은 일정한 의미에서 조직적 권위(직무수행 상황)에 대한 고찰범위에 포함시켰다. 이러한 경향은 넓은 의미의 마르크스주의 전통에서 더 뚜렷하게 나타난다. Ralf Dahrendorf는 권위관계로 계급의 위치를 정의했고 Blau는 권력구조의 등급서열을 제시했으며, Erik Olin Wright는 경험적으로 조직의 권위를 직접 측정하는 방법을 제시하여 계급의 위치를 정의했다. 또한 20세기 후반에 생겨난 노동력시장 사회학의 조직과 계층화 관계에 대한 논술도 본 연구에서 제기한 이론 전환 문제를 뒷받침하고 증거를 제공했다고 하겠다.

본 장에서 다룬 계급이론의 전환 문제는 중국의 계급분석, 나아가 더 큰 사회계층화 연구를 추진하는 데 있어서 참고적 의미가 있고 시사하는 바가 크다고 하겠다.

첫째, 학리적인 측면에서 볼 때, 조직의 권위적인 측면에서 사회 불평등에 대한 연구를 전개하는 것은 일반적인 사회적 차원이나 추상적인 관계에서 불평등 형태와 자원을 연구하는 것에 비해 사회적 진실에 더 가깝고 사회과정을 보다 구체적으로 분석할 수 있다.

둘째, 역사적으로 보거나 현대사회에서든 중국사회는 전형적인 '권력사회'이다. 국민들은 권력을 숭상하고 추구한다. 권력은 중요하고 희소한 자원의 배치, 관건적인 이익분배 과정에서 지배적인 역할을 하기 때문에 중국사회 계급구조의 형성과 구축에 중요한 영향을 미친다. 행정권력 뿐만 아니라 다른 계약적 고용관계 조직에서도 권력구조와 권위적 관계망이 뚜렷하게 구분된다. 따라서 권력, 특히 조직적 권위라는 시각에서 전개되는 분석은 이른바 권력사회에 대한 연구를 추진하는 데 도움이 될 것이다.

셋째, '단위제(單位制)' 색채가 여전히 짙은 현대사회에서 대다수 구성원에게 실제적인 자원과 기회의 분배과정은 기본적으로 조직과 직무수행 상황의 차원에서 발생한다. 직장(工作組織)은 여전히 구성원들이 자원과 기회를 얻고 합법적인 신분과 사회적 지위를 확립하는 중요한 장소이다. 계급구성원의 위치를 확정하는 지표나 요소가 직장의 조직구성에 달려 있는 것은 현대 중국사회에서 여전히 적용된다.

넷째, 뒷부분의 실증적 연구는 사회 권력구조나 권위관계에 놓여 있는 다양한 구성원들이 권위적 지위나 권위자원과 일치하는, 서로간에 현저하게 다른 생활기회와 주관적인 의식을 공유하고 있음을 보여준다. 권위자원을 많이 차지하느냐 적게 차지하느냐 하는 문제는 구성원이 사회경제자원, 생활기회를 획득함에 있어서 구속적인 효력을 발휘하게 되었고 이는 주관적인 지위에 대한 인식, 생활만족도와 생활방식에서 나타난다고 하겠다.

권위관계의 분화와 계급에 대한 정의

제3장
권위관계의 분화와 계급에 대한 정의

2장에서는 사회학 고전시기에 경제상황을 중시하던 데에서 권위적 요소를 중요시하게 된 계급분석의 이론적 전향에 대해 다루었다. 조직적 권위는 현대 계급 분석가들의 계급모형에서 발전되고 중요시되고 있다. 사실 베버가 권력에 대해 정의를 내리고 권력의 세 가지 유래(기초)를 분석한 이후, 권력은 계급연구를 포함한 사회계층화 연구에서 중요한 위치를 차지하게 되었다. 그러나 베버 본인을 비롯한 많은 분석가들은 사회권력이나 권위의 구조적 특징을 경험적 실천의 측면에서 다루지 않았다. 베버는 그가 구분한 세 개의 공동체 내부의 권력분배 형태는 모두 권력의 기초에 대한 탐구로 볼 수 있다고 했으나, 권력/권위 자체는 그의 이론체계에서 직접적인 조작적 변수가 되지 않았다. A.B.S rensen이 지적한 바와 같이 "계층화와 관련한 경험적 연구에서 권력은 자주 사용되는 변수가 되지 않았다. 우리에게는 권력분배 가설을 검증하는 일치된 측정 방법이 없었고, 계층화 연구에서 사회권력의 구조적 특징을 경험적으로 다룬 연구자도 드물었다.……베버에게 계급이나 지위에 대한 연구는 권력의 기초에 대한 연구이며, 계급이나 지위는 타인의 행동에 영향을 주는 요소로 간주되었다. 그러나 계층화 연구에서 이러한 식으로 문제를 제기하는 경우는 드물다."[131] 본 장에서는 먼저 계층화와 계급 전통에서의 권력·권위 연구에 여전히 존재하는 문제점을 정리하고자 한다. 그리고 권위의 직접적인 측정(재산권과 조직권위)에서 출발하여 권위의 계급도식을 구축하는 이론적 원칙을 제시하고, 권위계급과 J.Goldthorpe·Erik Olin Wright의 계급도식 간의 관계에 대해 다룰 것이다. 이어 권위관계의 분화와 피고용자 집단의 계급적 위치에 대해 이론적·논리적인 해석을 수행할 것이다. 마지막으로 계급적 위치와 계급적 결과·중국의 권위 상황 등 다른 관련 의제에 대해서도 다룰 것이다.

---

131) [미국] 索倫森, 『分層硏究中的基本槪念：階級,地位和權力』([미국] 格倫斯基, 『社會分層』, 2005, 北京, 華夏出版社, 251쪽).

제1절
권위 관련 연구 중에 존재하는 문제

비록 사회계층화와 계급연구에서 권력(권위)의 요소가 중요하게 여겨지고, 전술한 바와 같이 중대한 이론적 전환과 함께 성과를 거두었지만, 실증적 분석에서는 적어도 다음과 같은 부족함이 상존한다.

첫째, 조직의 권위에 대한 측정이 빠져 있다. 권력과 권위 측정의 어려움에서인지 상당수의 실증적 연구는 권위에 대한 직접적인 측정을 피하고 다른 차원에서의 분석으로 권력(권위) 분석을 대체했다. 예를 들면 권위를 직업적 지위나 사회경제적 요소로 대체하는 David L. Featherman, Frank L.Jones와 R.Hauser는 "미국의 사회유동과 불평등에 대한 80여 년간의 연구를 수행했음에도 불구하고 연구자들은 왜 권력과 경제의 불평등에 대한 연구를 포기하고 직업적 지위에 대한 측정으로 주의력을 돌렸을까?"라고 질문을 던졌을 때, "권력을 자원에 대한 통제로 간주한다면, 직업이동으로 나타나는 사회불평등에 대한 유동 연구는 계층화 과정과 관련이 있을 뿐만 아니라, 지위 권력·경제 권력과 정치(권위)적 권력에 대한 정보도 간접적으로 제공할 수 있다"고 답했다.[132]

---

132) Featherman, Jones and Hauser, "Assumption of Social Mobility Research in the U. S.: The Case of Occupational Status, Social Science Research(4), 1975, 329~360.

J.Goldthorpe는 초기에 정책결정권과 직무자율성이 시장상황에 비해 더 기본적인 수준에 있다고 강조했지만, 그 후에 이루어진 서비스계급에 대한 분석에서 고용관계에 대한 분석으로 조직권위에 대한 분석을 대체했다.[133]

둘째, 권위와 사회계층화 간의 관계에 대한 연구에서 권위는 주로 독립변수로 간주된다. 연구자들은 권위관계가 다른 결과적 변수 즉 주로 소득과 다른 변수(교육, 직업에 대한 만족도, 선거 등)에 대한 영향 등에 어떻게 영향을 미치는지에 관심을 갖는다. 이러한 연구에서 조직권위는 체계적으로 해석된 계급적 위치가 아니라, 흔히 중요한 사회적 변수로서 분석과정에 직접 도입된다. 대부분의 연구들에서 완전한 계급도식이나 틀이 존재하지 않는다.

셋째, Erik Olin Wright는 권위의 위치와 관계를 측정하는 창의적인 개념적 도구를 설계했고, 자신의 연구에서 이 도구를 사용하여 계급의 행렬(矩陣)을 구축했다.[134] 그러나 Erik Olin Wright의 계급이론에서 '착취'와 '통제(권위에 대한 통제)'는 어디까지나 모순되는 관계에 놓여 있다. 따라서 Erik Olin Wright가 전문기술자의 계급적 위치를 해석할 때, 기술자산을 사용하여 전문인원이 전체 착취체계에

133) Goldthorpe, J. H., "On the Service Class, Its Formation and Future, In Giddens, A. and MacKenzie, G. (Eds), Social Class and the Division of Labour: Essays in Honour in Honour of Ilya Neustadt, 1982, Cambridge: Cambrige University Press. Erikson, R. and Goldthorpe, J. H., The Constant Flux. A Study of Class Mobility in Industrial Societies, 1992, Oxford: Clarendon Press, 37쪽.

134) Wright, E. O., Classes, 1985, London: New Left Books, 88쪽.

서의 위치를 해석할 수밖에 없었던 것이다.[135] 그 결과 그의 계급분석은 계급분석의 기본원칙인 엄격한 계급적 위치이론에서 이탈하게 되었다. 즉 계급적 위치는 일부 '비어 있는 공간'이고, 계급적 특징은 우선 또는 기본적으로 이러한 객관적인 계급의 특징이라고 하겠다. 그러나 기술자산은 특정 위치에 놓여 있는 개체의 개인적인 특징이지, 동일한 기술을 갖고 있다고 해서 모든 사람이 같은 위치를 얻을 수 있는 것은 아니다. 따라서 이는 위치 이론에 어긋나는 것이다.[136] Erik Olin Wright는 이론적으로 기술자산과 직업적 특징을 일치시키려고 애썼지만, 직무수행 상황은 어디까지나 기술자산을 통해 간접적으로 드러나게 되어 있다.

넷째, 권위의 작용시스템에 대한 설명이 부족하다. 비록 A.Giddens, D.Lockwood, Ralf Dahrendorf, Erik Olin Wright 등에서 직무수행 상황이나 조직권위가 계급의 위치를 정의하는 중요한 지표와 측면으로 간주되었으나, "계급은 왜 권위관계를 둘러싸고 구성되어야 하는가?"에 대해 해석할 수 있도록 직무수행 상황(권의)과 자원 점유 간의 관계를 체계적인 이론으로 발전시키지는 못했다. 물론 그 이유는 권위를 계급의 위치를 정의하는 지표 중 하나 또는 중요한 지표 중 하나로만 여겼기 때문일 수 있다. 본 장에서는 권위적 지배의 전통을 그대로 받아들일 것이다. 또한 권위의 지표에 대한 측정에 기초하여 계급도식을 구축할 것이다. 따라서 본 연구의 전체적인 이론적

135) 위의 책, 87쪽.
136) Sørensen, Aage B., 앞의 논문, 71~87쪽.

틀은 다음과 같다. 권위적 요소, 특히 조직의 권위적 요소의 시스템, 즉 권위적 지위와 자원 점유 사이를 연결해주는 이론에 대해 명확하게 밝힐 것이다. 이 이론적 목표에 대해서는 제2절에서 다루게 된다.

제2절
권위의 계급도식 구축의 이론적 원칙

권력이나 권위적 요소를 직접 측정하고 이를 계급도식을 구축하는 핵심 좌표로 삼는다면, 기존의 실증적 분석에서 존재했던 권력 연구의 부족함을 어느 정도는 보완할 수 있을 것이다. 권위 변수에 대한 측정을 바탕으로 계급도식을 추구하는 것은 계급을 연구하는 역사에서 새로운 시도이다.

권력(power)과 권위(authority)는 사회과학 가운데 중요한 개념이지만, 각자가 안고 있는 바와 양자 간의 관계에 있어서는 많은 이견(異見)이 따른다. 베버가 이 두 개념에 대해 정의를 내린 후, 후세의 다수 학자들은 베버의 정의를 그대로 사용해왔다. 베버는 권력에 대해 다음과 같이 보았다. "권력은 특정 사회관계 속에서 자신의 의지를 관철하는 모든 기회를 의미한다. 그 기회가 무엇에 기초하여 만들어진 것이든 상관없다. 한편 권위(herrschaft, 통치)는 흔히 "표시할 수 있는 일부 사람들 중에서 명령이 복종의 기회를 얻는 것이다."[137] Ralf Dahrendorf에 따르면 양자 간의 중요한 차이점은 "권력은 기본적으로 개인의 인격과 연결되고, 권위는 항상 사회적 위치 그리고 역할과 연결된다. 권력은 일종의 사실관계일 뿐이고, 권위는 지배와

---

137) [독일] 韋伯, 『經濟與社會』 (상), 1997, 北京, 商務印書館, 81쪽.

복종에 관한 합법적인 관계이다. 즉, 권위는 합법화된 권력으로 표현할 수 있다."[138]

본 연구에서는 '권력'에 비해 '권위'라는 단어를 선호한다. '권위'를 핵심 요소로 계급도식의 구축에 포함시켰다. 그 이유는 다음과 같다. 첫째, '권위'는 사회적 역할, 사회적 위치와 더욱 직접적으로 연결되어 있어 개인적인 특징을 멀리할 수 있다. 이는 계급이 구조적인 위치라는 원칙과 일치한다. 둘째, 권위관계는 권력관계에 비해 더 많은 합법적인 기초를 포함하고, 주체와 객체를 포함한 지배와 복종은 합법적인 권위관계를 이루고 있다. 권위의 개념은 계급 가운데 '관계'라는 개념과 더 가깝다. 이로부터 볼 때, 일방적인 권력관계는 상호적인 측면에서 부족하다고 하겠다. 물론 본 연구에서는 이 두 개념에 대해 엄격히 구분하거나 사용상의 우열에 대해 논하지는 않을 것이다. 양자 간에 존재하는 공통점이 그 차이점에 비해 적지 않기 때문이다. "타인의 행동에 영향을 미치는 원천"이라는 점에서 양자를 서로 대체하여 사용할 수 있다고 본다.

본 연구에서는 일종의 사회적 위치이자 그러한 위치에 놓여 있는 존재로서의 권위는 본 연구에서 구축하게 되는 계급도식의 핵심 지표이다. 좀 더 구체적으로 말하자면, 재산권과 조직적 권위라는 두 차원에서 권위(권력) 지표를 사용할 것이다. 베버에 따르면 양자는 공통된 권력적 기반을 갖고 있다. 이는 본 연구에서 이 계급도식을 '권

---

138) Dahrendorf, R., Class and Class Conflict in Industrial Society, 1959, Stanfofd, Stanfofd, Univesity Press, 165~166쪽.

위적 계급도식'이라고 지칭하는 이유라고 하겠다.

1. 재산소유권

재산소유권은 권력관계의 일종으로 마르크스의 시각에서 볼 때 이 권력을 가진 자산계급은 노동자계급에 대해 착취를 실시할 능력이 있다. 따라서 마르크스는 생산 자료의 소유권을 갖는지의 여부를 계급적 지위를 결정하는 가장 중요한 요소로 보았다. 시장의 이러한 기회는 개인의 운명을 보여주는 중요한 시기에도 베버는 "'재산을 점유한 것'과 '재산이 없는 것'은 모든 계급상황의 기본적인 범주"라고 생각했다.[139] 그 이유는 "물건을 점유하고 지배하는 것……이 자체가 무산자가 모든 고가치 물품을 쟁취하기 위한 경쟁에 참여하는 것을 배제한 것이다.……무산자는 자연스럽게 또는 자신의 노동으로 생산한 물건을 가지고 자신의 노동수익을 제공할 수밖에 없기 때문이다."[140] 이로부터 재산소유권은 사회집단 간의 생활기회의 분화를 유발하게 되고 이에 따라 계급적 위치가 결정된다는 것을 알 수 있다.

계급의 분류에 있어서 국내외에서 유행하는 계급도식에서 가장 우선적이고 기본적으로 다루는 것은 소유자(고용자)·자영업자와 피고용자의 계급적 위치를 구분하는 것이다.[141] 이들은 고용지위에서 차이

---

139) [독일] 韋伯, 『經濟與社會』 (하), 1997, 北京, 商務印書館商, 248쪽.
140) 위의 책, 247~248쪽.
141) 국외의 Erik Olin Wright의 신 마르크스주의 계급도식, 신 베버주의 EGP도식은 모두 세 집단을 구분했고 이에 기반하여 각각의 계급적 위치를 분석했다. 또한 국내의 '십대계층론(十大階層論)', '린·우의 '중국판' 신 마르크스주의 계급 구성'에서 역시 이 세 집단을 명확히 구분했다.

를 보인다. 즉 소유권 계급(고용자)은 경제적 소유권을 갖고 있으며, 타인의 노동력을 구매할 능력이 있는 사람이다. 이러한 집단의 규모는 서양이든 중국이든 모두 매우 작다. 자영업자는 타인의 노동력을 사지 않지만 자신의 노동력을 팔지도 않는 사람들이다. 이 집단의 비율 역시 일반적으로 높지 않다. 한편 사회경제활동 인구의 대부분을 차지하는 것은 무소유권 피고용자 집단이다. 고용자나 고용조직에 노동력을 팔기만 하는 사람들의 비율은 일반적으로 80%에서 90% 사이로 안정적인 비율을 유지하고 있다. J.Goldthorpe가 지적한 바와 같이 "이 세 부류의 집단이 왜 존재하는지는 특별한 문제가 되지 않는다."[142] 다만 무소유권의 위치에 놓여 있는 거대한 피고용자 집단을 적절하고 또한 각자에게 어울리는 계급적 위치에 배치하고 이를 합리적으로 해석하는 것이 난제이다. 대부분의 계급 분석가들은 이러한 집단의 계급적 위치를 적절하게 정의하는데 연구의 중점을 두었다. 본 연구에서도 피고용자 집단이 분석의 핵심이다. 그리고 다른 부류의 권력·권위의 표현형태인 조직의 권위지표를 이 집단에 대한 계급적 위치를 확정하는 데에 응용할 것이다.

2. 조직의 권위

피고용자가 직장의 권위관계에서 처한 위치를 설명하고(즉 조직의 권위 변수를 직접 측정하는 것) 이를 핵심 지표로 하여 피고용자 집

---

142) Goldthorpe John H., On Sociology Voume One: Critique and Profram, 2007, Stanford, California, Stanford University Press, 103쪽.

단의 위치에 대해 정의를 내리는 것이 본 장에서 이론적으로 새롭게 접근할 수 있는 관건이라고 하겠다. 기존의 연구들은 조직의 권위를 피고용자 집단의 직업적 특징으로 간주하여 결과적 변수(다른 행위의식 등)에 대한 해석 범위에 포함시켰다. 즉 계급적 위치를 구분하는 지표로 삼지 않았다는 것이다. Erik Olin Wright가 권위의 조작화를 시도했으나, 권위와 교육기능을 혼용하면서 후자에 집중하여 다루었다. 뒤에서 자세히 지적한 바와 같이 교육기능은 권위관계를 파괴하게 된다.

Ralf Dahrendorf도 이러한 방향으로 노력하려고 시도한 바가 있다. 그는 넓은 의미의 권위 개념을 사용하여 모든 강제적인 협력집단에서 지배적인 집단과 복종적인 집단을 구분했다. 그리고 전자는 권위를 행사하고 후자는 권위에 복종한다고 했다. 그리고 강제적 협력집단에서 분배하고 행사하는 권위를 갈등집단의 구조적 결정변수로 보았다. Ralf Dahrendorf의 사상은 참고적인 의미가 있고, 시사하는 바가 크나 권위에 대한 이분법, 계급구조에 대한 극화(極化), 권위갈등 결정론은 편파적이어서 전반적으로 받아들이기 어렵다고 하겠다. 직장의 조직권위는 완벽한 사회관계적 구조를 갖춘 것으로 보인다. 분화된 권위관계의 특정 위치에 놓여 있는 피고용자들은 전혀 다른 지배와 복종의 역할을 실천하고 있을 뿐만 아니라 권위적인 지위와 역할에 수반되는 일련의 불균등한 생활기회를 누리고 있다. 권위관계와 자원 점유 간의 관계에 대해서는 아래에서 체계적으로 소개하고자 한다. 종합적으로 말하자면, 조직의 권위지표를 사용하면 사회 권력의 분배와 사회 권력구조의 상황을 보여주는 계급도식을 그려낼 수 있고, 이로 인해 구분된 계급위치는 일련의 결과적인 사회적 의제와 연결될 수 있다는 것이다.

조직권위의 조작화 과정에 대해 본 연구에서는 조직의 사무와 타인에 대한 지배권과 자신의 업무 내용 및 사무에 대한 통제권 두 가지 측면에서 평가할 것이다. 전자는 일종의 관리적 권위라고 할 수 있는데, 조직의 사무(인사, 재무, 생산경영관리, 상벌 등)에서의 결정권과 부하들의 직무수행(맡은 임무, 업무 추진 상황, 절차 방법과 집행 상황)에 대한 관리 감독권을 포함한다. 후자는 일종의 직무자율권으로 직원들이 업무 내용, 진도 배정, 업무량과 업무 강도 등 자신의 직무에 대한 통제권이다. 이 두 개의 지표를 직접 측정하면 직원들이 직장의 권위관계에서 처한 지위나 권위자원의 점유상황을 비교적 포괄적으로 보여줄 수 있을 것이다.

제3절
조직에서의 권위분화와 피고용자
집단의 계급적 위치[143]

　계급은 일련의 구조적 위치이다. 피고용자 계급에 있어 이 구조적 위치는 노동력시장과 직장에서의 권위관계(직무수행 상황)에 의해 결정된다. 이러한 권위관계를 바탕으로 피고용자의 계급유형을 구분하는 계급도식이 뚜렷하게 그려질 수 있다. 피고용자 계급의 분류기준을 조직의 권위(직무수행 상황)에 맞추려면 조직의 권위와 자원점유 간의 관계에 관한 체계적인 이론으로 "왜 피고용자 계급의 위치는 직무수행 상황(권위관계)을 둘러싸고 구성되어야 하는가?"라는 질문에 대답해야 한다. 이와 관련하여 본 연구에서는 다음과 같은 해석 모델을 제시한다. 직무수행 상황은 D.Lockwood, J.Goldthorpe가 주장하는 "시장상황(시장결과에 의한 보수)을 결정하고 따라서 태도·행위 등 일련의 결과 변수와 관련이 있을 수 있다"는 점이다. ([그림3-1]을 참조).

---

143) 본 절의 주요 내용은 『사회과학전선(社會科學戰線)』 (11), 2013에 게재됨.

[그림3-1] 직무수행 상황의 해석논리

이 부분에서는 상술한 논리구성의 앞부분에 대해 주로 다룰 것이다. 그 이유는 "직무수행 상황이 피고용자의 계급적 위치를 결정하는 핵심 요소이기 때문이다." 구체적으로 아래와 같은 서로 연관성이 있는 세 개의 문제에 대한 해석을 통해 앞의 논점에 대한 근거를 찾아보고자 한다.

첫째, 피고용자 집단의 계급적 지위에 대한 구분은 왜 노동력시장과 직장의 조직구성 내부에서 이루어져야 하는가? 둘째, 노동력시장과 직장권위 등급의 분화는 어떻게 나타났고, 왜 이러한 분화된 권위관계가 직장 조직구성의 구조적 지위를 결정하는가? 셋째, 서로 다른 권위에 놓여 있는 피고용자들의 봉급(고용 상태)은 어떻게 계산되는가?

위의 몇 가지 문제에 대해 만족스러운 대답이나 해석을 할 수 있다면, "조직의 권위가 피고용자 계급의 위치를 결정한다"는 논점에 대해 이론적으로 충분하고 명확하게 설명할 수 있다. 첫 번째 문제에 대해 합리적인 답을 제시하는 것은 어려운 일이 아니다. 사회의 강한 조직화는 피고용자의 계급적 위치를 제약하는 요소를 직장의 조직구성 내부에서 찾도록 한다. 또한 현대의 유명한 계급분석에서 역시 노동력시장과 직장의 조직구성 내부에서 계급과 관련되는 구조적 위치를 찾았다. 그 다음의 두 문제에 대한 답은 신제도주의 경제학에서의 거래비용(Transaction cost)이론에 기초해야 한다. 직장 권위의 등급 분화는 고용자와 피고용자 간의 거래 속성에 의해 결정되는 조직적 권한 부여(賦權, 지배구조(治理結構) 생성)의 결과로 이해할 수 있다. 바로 이러한 권위관계가 조직의 구조적 위치를 결정한다. 서로 다른 권위에 놓여 있는 피고용자들이 다양한 봉급을 받게 되는 것은 거래비용의 경제학에서의 지배구조와 노동 보수의 대등관계로 해석할 수 있다. 거래비용의 경제학적 해석의 주요 논리 특히 조직 관리구조의 생성과 노동보수의 대응문제에 대한 해석은 본 연구에 참고적인 의미가 있다고 하겠다. 이 분석논리에 관하여 아래에서 체계적으로 다룰 것이다.

1. 사회의 조직화와 조직 내부의 등급 분화

(1) 사회의 조직화와 그 의미

위에서 제시한 첫 번째 문제는 특별한 어려움이 따르지 않는다.

우선 고도로 조직화된 사회적 현실이 피고용자 계급의 지위를 제약하는 요소를 직장의 조직구성 내부에서 찾도록 만들었다. 현대사회에서 조직은 사회 생산·분배·교환이 이루어지고 진행되는 장소이고, 사회자원의 배치와 물질적 이익분배의 중간 매개체이다. 조직구성 내부에서 기술이 보급되고 응용되며, 생산자료·노동력 자원이 배치되고 전환된다. 그리고 권력과 권위가 실천되고 전개되며, 이익이 분배되고 조절된다([그림3-2]를 참조). 이는 생산 분야의 조직이든, 시장 분야의 조직이든, 사회 공공조직이든 마찬가지라고 하겠다. 스카이스(斯凱思)가 말한 바와 같이, 대부분의 사회경제활동 참여자들에게 그들의 사회구성원으로서의 신분이 아닌 직장과 직위가 그들의 신분을 결정짓는 핵심적인 요소가 된다.[144]

[그림3-2] 사회의 조직화

그 다음으로 계급분석의 역사로부터 볼 때, 현대의 유명한 계급 분석가(예를 들어 J.Goldthorpe, Erik Olin Wright 등)들은 노동력시장과 직장의 조직구성 내부에서 계급을 정의하는 구조적인 위치를 찾았다. 그 이유는 고전시기의 계급이론은 고도로 조직화된 사회에 직면하여 해석력이 갈수록 부족해졌기 때문이다.

베버가 제기한 "시장자원—시장수익—생활기회"의 계급해석 모형은 고전시기 계급이론의 중요한 일극(一極)이다.[145] 그러나 현대 조직화 사

144) [영국] 理查德·斯凱思, 『階級』, 2005, 長春, 吉林人民出版社, 30쪽.
145) [독일] 韋伯, 앞의 책, 248쪽.

회에서 시장자원과 생활기회 간에 존재하는 필연적인 대응관계에 변화가 생겨 이 모형의 해석력은 점차 약해지고 있다. 근본적인 원인은 구성원이 소유한 시장자원이 기대하는 시장수익을 얻으려면 반드시 사회조직이라는 중간단계를 거쳐야 하는 데 있다. 이해하기 쉽게 말하면, 피고용자들은 자신이 갖추고 있는 관리재능·전문기능 또는 노동력을 이용하여 직장의 조직구성 내부에서 일정한 직위를 얻어야만 기대하는 보수를 순조롭게 받을 수 있다. 수중에 장악한 시장자원에 비해 직장의 조직구성에서 얻은 직위는 봉급과 더욱 직접적으로 연결되어 있다는 것이다.

D.Lockwood는 베버의 계급사상을 발전시켜 '시장결과(경제적 보수상황, 권위적 지위와 명성)'의 측면에서 '시장상황'을 측정하고 이를 통해 계급의 위치를 확정하자고 주장했다.[146] 기본적인 논리에서 볼 때 그가 주목하는 것은 직장의 조직구성 내부의 여러 요소가 작용한 이후의 단계이다. 이러한 주장에도 단점이 있다. 첫째, 시장결과 측면에서의 측정은 결과의 수량적 차이가 보여주는 바에 대해 설명하기 어렵다. 즉, 이러한 측정은 성격상의 규정성(規定性)을 갖지 않는다는 것이다. 둘째, 시장결과에 의해 구축된 계급도식은 인과적인 해석을 제공하여 계급도식이 왜 그렇게 구축되어야 하는지를 설명하기 어렵다.

종합해서 말하면, 고도로 조직화된 사회적 현실은 피고용자 계급의 지위를 결정하는 요소를 직장의 조직구성 내부에서 찾도록 만들었다. 상위권에 놓이든, 하위권에 놓이든 문제가 따르는 것은 마찬가

---

146) Lockwood, D., 앞의 책, 15쪽.

지이다. 이는 J.Goldthorpe와 Erik Olin Wright 등 계급 분석가들이 직장의 조직구성 내부에서 피고용자 집단의 계급적 위치를 찾고자 한 중요한 이유이기도 하다.

(2) 권위등급의 분화

조직 내 권위관계의 분화(등급제)가 왜 나타나는지, 즉 고용자나 조직이 피고용자에게 권리를 부여하는 문제에 대해 기존의 해석적 관점을 귀납하면 다음과 같은 몇 가지가 있다. ①기능론적 해석: 등급제를 노동분업의 결과로 간주하고 조직 내의 직무는 서로 조화되는 구체적인 과정으로 세분화된다. 피고용자들은 자신이 갖고 있는 기술과 맡은 직책에 따라 서로 구분되고 이들은 전체 임무의 완성에 있어 없어서는 안 된다. ②효율론적 해석: 서로 다른 위치에서 구축된 권위관계(통치와 종속의 체계)는 생산과정의 효과적인 운영을 확보하고 조직 전체의 효율을 향상시켜 경쟁이 치열한 외부환경에 적응할 수 있다. ③급진적 경제학자(마르크스주의 정치경제학 포함)는 등급제를 자본가들이 노동자를 착취하고 통치하는 일종의 조직수단과 전략으로 간주한다. 예를 들어 Magrin(馬格林) 등은 "등급제가 생기는 것은 자본가들이 노동자를 통치할 권리를 갖도록 하기 위한 것"이라며 "(그것의) 목적은 착취를 실현하기 위한 '분할 통치'이지, 효율을 높이기 위한 것이 아니다"라고 지적했다.[147] ④직업 만족도에 대한 해석은 피고용자에게 일정한 결정을 내릴 권한이나 어느 정도의 직무자율성

---

147) [미국] 威廉姆森, 『資本主義經濟制度』, 2010, 北京, 商務印書館, 294-295쪽.

을 부여하면 직원의 적극성과 직업만족도를 향상시키는 데 도움이 된다는 것이다.

위의 여러 가지 해석이 다르고 심지어 대립되는 것처럼 보이는 중요한 이유 중의 하나는 그들의 출발점이나 가치적 입장이 다르기 때문이다. 비교적 중성적인 시각에서 볼 때, 조직 내 등급제와 권위관계의 형성은 바로 조직의 관리 전략이라고 하겠다. 고용계약은 피고용자의 직무수행에 대한 기본적인 요구와 의무를 확립했을 뿐, 피고용자가 직무수행 과정에서 해야 할 노력의 정도를 효과적으로 구속할 수 없으며, 피고용자의 모든 행동이 조직의(최대화) 이익에 대한 고려에서 비롯되어야 한다고 규정할 수 없다. 이러한 상황에서 고용자는 피고용자들에게 권리(일정한 범위 내에서 결정·선택·판단 등)를 부여하는 형식으로 신뢰의 신호를 전달하고, 피고용자들과 신뢰와 도덕적 함의를 포함하는 관계를 맺어, 최종적으로 피고용자들로부터 조직에 대한 '도덕적 충성'을 얻어, 그들로 하여금 조직의 이익과 목표를 실현하기 위해 적극적으로 노력하도록 해야 한다.

권위의 분화는 일종의 경험과 사실로서 존재하고 착취하거나 통치하거나 효율을 높이는 기능을 수행하고 있다. 설계되었든, 점차적으로 진화되었든, 고용자가 권한을 부여하는 것과 등급제의 형성은 모두 고용자가 조직 내, 외부환경에 대응하기 위한 관리전략이다. 즉 일부 사람들에게 권력(관리권력, 전문권력)을 부여하는 것은 계약의 공백을 보완하는 필수조건이라고 할 수 있다. 또한 조직의 이익을 극대화하기 위함이라고 할 수 있다. 물론 고용자가 피고용자에게 부여하는 권리는 범위와 정도에 차이가 있다. 아래에서는 조직 내 권위분화의 원인과 권위분화가 피고용자가 누리는 보수의 종류·봉급과 어떻게 관련되는지 구체적으로 설명할 것이다.

2. 거래 속성·지배구조(조직적 권한의 부여)와 고용계약[148]

조직 내의 권위분화는 고용자가 피고용자에게 권리를 부여한 결과이다. 왜 일부 피고용자는 경영·결정·관리를 포함한 최대한의 권력을 얻고 일부 피고용자는 타인을 관리하고 통제할 권한이 전혀 없고, 심지어 자신의 업무 내용·방법·진도에 대해 그 어떤 자율성도 없이 고용자나 대리인의 명령을 집행할 수밖에 없는지, 고용자의 다양한 통제전략(피고용자 권의 등급의 분화), 즉 조직내부 지배구조의 구성에 대해 본 연구에서는 신제도주의 경제학에서의 거래비용이론을 도입하여 설명하고자 한다.

거래비용이론의 핵심적인 해석시스템은 다양한 거래 속성을 분석

---

148) J.Goldthorpe의 최근 이론 구상에서 그는 신제도주의 경제학에서의 거래비용이론을 참고하여 합리적 선택의 측면에서 거래 속성과 고용관계 분화 간의 관련성을 해석했다. 본 연구는 J.Goldthorpe의 영향을 받았지만, 전체적으로 보면 그와 다르다. 본 연구에서는 조직 내부의 권위관계의 분화를 둘러싸고 전개했다. 이러한 구상의 근원은 조직 내부의 거래 속성으로 거슬러 올라갈 수 있고, 그 결과는 봉급 수준을 결정하게 된다. J.Goldthorpe의 초기 사상에서 그는 직무 수행 상황(조직 권위)이 '시장상황(시장 결과)'을 제약한다는 관점을 어느 정도 보여주었으나, 후기의 이론에서 계급적 위치를 결정하는 초점을 고용관계로 완전히 돌렸다. '시장상황'과 '직무 수행 상황'은 분화된 고용관계의 내용과 구현으로 간주되었고 양자 간에는 전혀 관련되지 않았다(Goldthorpe, J. H. and Marshall, G., "The Promising Future of Class Analysis: a Response to Recent Critiques," Sociology(3), 1994, 381-400쪽.Goldthorpe, J. H., "Rent Class Conflict, and Class Structure: A Commentry on Sørensen," American Journal of Sociology(6), 2000, 1572-1582. Goldthorpe John H., On Sociology Voume Two: Illustration and Retrospect, 2007, California: Stanford University Press..

하여 이러한 거래와 일치하는 거래비용을 최소화하는 지배구조를 해석하는 것이다. 이해하기 쉽게 말하면 "거래비용을 절약하려면 모든 노동의 지배구조는 노동거래의 구체적인 속성에 부합되거나 일치해야 한다"는 것이다.[149] 거래비용이론은 효익의 최대화를 위해 시장 메커니즘을 선택하느냐 기업 메커니즘을 선택하느냐 하는 문제에서 가장 먼저 적용되었다. 그 후 John Williamson, Menard 등의 노력으로 거래비용이론은 조직내부의 구조, 특히 조직 내 고용계약(employmentcontr-act)이나 용역계약(laborcontract)에 대한 분석으로 확대되었다. 그들은 노동조직의 내부구조를 이해하는 관건은 여전히 노사 쌍방의 거래 속성에 있다고 보았던 것이다.

계약은 불완전하다. 계약은 실현될 수 없거나 내용적으로 완벽할 수 없다는 것이다. 이는 거래비용경제학의 기본적인 전제적 가설이다. 공식적인 조직에 있어 계약의 불완전성이 가져오는 위험에 대응하여 어떻게 조직의 효익을 최대화할 것인가 하는 문제는 그들이 직면하고 해결해야 할 중요한 임무이다. 거래비용이론에 따르면 그 중요한 대응전략은 거래 속성(인력자산의 다양성)에 따라 그에 상응하는 용역 지배구조를 만드는 것이다. 이는 긍정적으로 본 것이고, 부정적으로 분석하면 계약 리스크를 초래하는 요소를 찾아내고 불리한 요소를 억제하는 측면에서 대응전략을 세우게 된다. John Williamson에 따르면 거래 시 고찰하는 속성 또는 계약 배후 위험의 근원은 주

---

149) [미국] 威廉姆森, 앞의 책, 335쪽.

로 두 가지가 있다. 그는 고전적인 거래 속성(인력자산특수성[150]과 생산력 측정의 난이도[151])과 그에 대응하는 조직내부의 지배구조 모형을 제시했다.

'지배구조'라는 단어는 거래비용이론의 핵심 개념으로 다양한 차원과 범위에 응용할 수 있다. 이 부분의 주제를 고려하여 본 연구에서는 "조직의 내부 통제, 권력의 권형(權衡)과 격려 시스템"이라는 의미에서 이 개념을 사용한다. 일반적으로 고용자가 어떠한 전략을 통해 직원들을 관리하고 통제하는가, 즉 조직의 이익을 실현하기 위해 열심히 일하도록 하는가를 말한다.

앞에서 밝힌 바와 같이, 이 부분의 이론적 목표는 피고용자 집단 간의 권위관계가 어떻게 분화되었는지 설명하는 데 있다. 즉, 권위의 분화는 고용자가 피고용자에게 권한을 부여한 결과로 왜 피고용자의 일부는 경영관리를 포함한 최대한의 권력을 얻었는지, 또 일부는 사람들을 관리하고 통제할 권한이 전혀 없을 뿐만 아니라, 자신의 업무 내용·방법·진도에 대해 그 어떤 자율성도 없고, 고용자나 대리인의 명령만 엄격히 집행해야 하는지에 대해 설명하는 데 있다. 고용자의 이러한 다양한 통제전략(피고용자의 권위 등급의 분화), 즉 조직 내부 지배구조의 출현에 대해 거래비용이론은 많은 시사점을 주었다.

---

150) 자산특수성(assetspecificity)은 거래비용이론의 핵심 개념으로 피고용자들이 가지고 있는 직무수행을 위한 전문지식·기능 등 인력자산을 다른 용도(예를 들어 다른 조직으로 이전)로 전환시켜 초래한 손실을 가리킨다.

151) 생산력 측정의 난이도는 피고용자들이 참여하는 직업의 수량과 직무수행 상황을 측정하는 난이도를 가리키며 업무 관계의 분할 여부라고 할 수 있다. 분할은 인적자본의 생산력을 측정하기 쉽다는 것을 의미하고 분할할 수 없는 것은 생산력을 측정하기 어렵다는 것을 의미한다.

(1) 거래 속성과 지배구조

거래 속성이라는 원천에서 조직내부의 지배구조를 이해해야 한다. 즉, 피고용자의 인력 자산특수성과 생산력 측정의 난이도 두 가지 지표에서 출발하여 피고용자 계급 내부에서 고용자가 부여한 권력의 차이, 즉 피고용자 권위 지위의 분화와 조직내부 권위구조의 형성을 이해해야 한다는 것이다. John Williamson과 Menard는 조직 내부의 거래 속성은 인력자산의 다양성을 통해 표현되는 것으로 이는 주로 두 가지 관건적인 요소에 달려 있다고 했다.[152] 피고용자의 인력자산이 소속 조직에서 갖는 자산특수성의 정도(높고 낮음)와 피고용자 인력자산의 생산성을 측정하기 어려운 정도(난이도)이다. 두 요소가 교차하여 상이한 네 가지 유형의 거래상황을 형성하는데 이는 고용자가 피고용자에게 어느 정도의 권한을 얼마나 부여하는지를 결정한다([그림3-3]을 참조).

---

152) Williamson, O. E., "The Economics of Organization: The Transaction Cost Approach," American Journal of Sociology(3), 1981, 548~577쪽.

[그림3-3] 거래 속성과 지배구조(조직 권위)

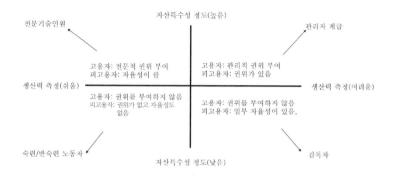

우측 위쪽 상한: 거래상황이 가장 복잡하고 고용자의 입장에서 볼 때 잠재적인 위험이 가장 크다. 고용자와 피고용자 간에는 심각한 정보 비대칭이 존재한다. 한편, 피고용자는 비교적 높은 자산특수성을 띤 인력자산을 갖고 있으며, 이 집단에 대해 생산력 측정을 하는 것이 쉽지 않다. 어떻게 하면 그들로 하여금 조직에 대한 최대한의 '도덕적 충성'을 유지하고 조직의 이익을 위해 적극적으로 노력하도록 할 수 있을까? 합리적인 지배구조는 고용자가 권력을 부여하고 양도하는 것이다. 피고용자에게 결정을 내릴 수 있는 가장 큰 권한을 부여하는 것이다. 예를 들어 그들에게 경영관리·인사·재무 등 중요한 분야의 직위를 위임하는 것이다. 따라서 고용자와 피고용자 사이에는 뚜렷한 등급의 차이가 없고, 양자가 한 덩어리가 될 수 있다. 바로 이런 의미에서 John Williamson은 이러한 거래 속성의 하위 지배구조를 '친밀형 단체'라고 지칭한 것이다. 실제로 이러한 기래 속성과 지배

구조와 대응하는 것은 행정조직과 기업의 관리자이다.

　좌측 아래쪽 상한: 오른쪽 상한선의 상황과 반대로 이러한 거래 속성은 상대적으로 간단하고 고용주에게 거래 리스크가 적다. 왜냐하면 피고용자는 조직에 전속해 있는 인력자산이 없고 업무도 분할할 수 있기에 측정하기 쉽다. "노동자는 고용자를 바꿀 수 있고 자신의 생산성 손실을 걱정할 필요가 없다. 조직의 입장에서 역시 교체할 노동자를 찾지 못할까 봐 걱정하지 않는다."[153] "고용자는 균질화(均質化) 된 노동력 집단에서 그들이 필요로 하는 노동자를 고용할 수 있다."[154] John Williamson은 이러한 지배구조를 '기업의 내부시장'이라고 정의하고 "전문적인 지배구조를 설계하여 이러한 관계를 유지할 필요가 없다"고 지적했다.[155] 이로부터 알 수 있듯이 고용자는 어떠한 관리권과 직무 자율권을 부여할 필요가 없으며, 업무를 맡기고 계량화된 요구사항을 명시하면 된다. 실제로 일반적인 체력능력과 간단한 지식수준을 가진 노동력은 조직에서 흔히 이러한 위치에 처하게 된다. 이는 그들이 이익을 가져올 수 있는 인력자산이 부족하고, 종사하는 노동이 쉽게 측정되고 분해되는 등의 요소들이 공동으로 작용한 결과라고 하겠다.

　좌측 위쪽 상한: 이 상한은 조직에 있어 없어서는 안 될 인력자산(지식·기능)이 있고, 이 자본이 다른 고용조직으로 옮겨지면 이 조직

153) [미국] 威廉姆森, 앞의 책, 340쪽.
154) Goldthorpe John H., On Sociology Voume One: Critique and Profram, 2007, California, Stanford University Press, 112쪽.
155) [미국] 威廉姆森, 앞의 책, 340쪽.

은 큰 손실을 입게 된다. 그러나 피고용자들의 직무는 분배할 수 있고 생산성은 측정할 수 있다. 따라서 합리적인 지배구조는 그들에게 인력자산의 효용을 최대한 발휘할 수 있는 직무자율성을 부여하는 한편, 너무 많은 관리 권한은 부여할 필요가 없다. 실제로 전문기술자와 고용조직 간의 관계는 대체로 이 상한에 속한다. 여기서 설명해야 할 점은 그들의 조직전속자산은 전문지식과 기능에 있다. 그러나 첫 번째 상한에서 피고용자들의 조직전속자산은 관리재능이다. 이 두 개의 전속자산은 다른 분야에 속하는 것으로 간주해야 하는 이유는 자산의 생산력을 측정(또는 직무를 분해)할 때의 난이도가 다르기 때문이다. 관리재능의 생산력은 상대적으로 측정하기 어렵고, 이에 반해 전문지식 관련 직무는 세분화할 수 있으며 자본의 생산력은 측정할 수 있다.

우측 아래쪽 상한: 여기에서는 자산특수성 문제가 존재하지 않는다. 즉 피고용자는 전문지식·기능과 관리재능 등 인력자산을 갖고 있지 않으나, 그들을 감독하는 데 있어 어려움이 따른다. 합리적인 지배구조는 그들에게 어느 정도의 직무자율성을 부여하는 것이다. 그러나 관리권을 부여할 필요는 없다. 실제로 회사 직원· 일반 행정직 등 피고용자 집단은 대부분 이와 같이 일정한 자율권을 부여받고 많은 사무에서 상부 관리자의 지배와 통제를 받는다.

(2) 거래 속성·지배구조와 노동보수

John Williamson이 조직내부의 거래 속성과 지배구조의 대응관계를 논증한 이후, Menard는 거래 속성·지배구조와 노동보수 간의 대응관계를 제시했다. 그는 "모든 거래 속성은 조직내부의 특정 지배구조와 대응하고, 각각의 지배구조는 그에 대응하는 노동보수가 존재한다"고 했다.[156] 이로써 '거래 속성—지배구조—노동보수'의 구성이 형성되었고, 이 이론은 앞에서 언급한 세 번째 문제에 대한 답이라고 하겠다.

거래 속성은 고용자가 피고용자에 따라 어떠한 관리전략을 적용하는지를 결정한다. 피고용자의 입장에서 말하자면, 거래 속성은 고용자가 부여한 권위를 행사할 때, 자신이 맡게 되는 역할과 권위체계(구조)에서의 위치로 이해할 수 있다. 조직 내부의 지배구조가 확립되면 고용자는 이를 근거로 모든 피고용자에게 권위적인 지위에 대응하는 보수를 제공하게 된다. 분명한 것은 중요한 권위적인 역할을 실천하는 피고용자(행정직원과 관리자, 전문직 직원)는 일반 직원에 비해 훨씬 높은 보수를 받는다는 것이다. 왜냐하면 그들에게 지급되는 보수는 "직무수행에 대한 보답만이 아니라, 특정 (관리) 책임을 지는 것에 대한 '보상'과 '고려'를 의미하기 때문이다."[157] 또한 고용자와 중요한 권위적인 역할을 실천하는 피고용자 간의 관계는 장기적이고 안정적이며 양자의 교환은 구체적이지 않고 더 많은 신뢰와 도덕적인 것을 포함한다. 권위의 지배를 받는 피고용자들은 짧은 시간 안에 일정

---

156) 樊志宏·張衛東「交易費用經濟學: 對於正式組織內部特征研究的最新進展」, 『企業導報』(10), 1999.

157) Goldthorpe, J. H., "On the Service Class, Its Formation and Future," 앞의 책.

한 노동을 공급하고 임금을 보상 받아야 한다. 각각의 피고용자 계급의 노동 보수 차이는 경제소득이라는 기본적인 형식(예를 들어 임금과 임금의 차이)에서 뚜렷하게 나타나고 승진 기회, 직업의 안정성과 보장성 등에서도 나타난다.

위의 종합적인 분석은 최종적으로 '거래 속성—조직의 권위 부여 (지배구조 생성)—노동보수'의 구조를 이루었다. 차별화된 (현저하든 잠재적이든 간에) 보수체계가 피고용자 집단에서 형성되면서 피고용자의 보수수준은 분명히 그들이 결정하는 권한과 밀접한 관계를 갖는다. 이러한 의미에서 우리는 피고용자들의 직무수행 상황이 그들이 얻을 수 있는 '시장상황'을 결정한다고 할 수 있다.[158] 이에 대해 J.Goldthorpe는 이론의 초기 단계에서 찬성하고 인정했다. 그는 "고용 조직 내에서 권위관계에 끼어들게 된 직접적인 결과는 그들이 고용조건에 부합할 수 있다는 것이다. 즉, 다양한 권위관계에 있는 직원들에 대해 서로 다른 보수 수준과 종류가 대응되게 할 수 있다는 것이다"고 명확히 지적했다.[159]

'거래 속성—조직의 권위 부여(지배구조 생성)—노동보수' 구성의 구체적인 대응관계는 [표3-1]에 제시한 바와 같다.

---

158) 여기에서 말하는 '시장상황'은 D.Lockwood와 J.Goldthorpe가 주장하는 시장결과로서의 '상황'을 뜻한다. 예를 들면 소득의 공급과 많고 적음·승진기회·직업의 안정성과 보장성 등이 그것이다.

159) Goldthorpe, J. H., "On the Service Class, Its Formation and Future," In Giddens, A. and MacKenzie, G. (Eds), Social Class and the Division of Labour: Essays in Honour of Ilya Neustadt, 1982, Cambridge, University Press.

[표3-1] 거래 속성·지배구조와 노동보수

거래 속성(자산특수성 정도, 생산력 측정 난이도)	지배구조(권위관계)	노동 보수(시장상황)
(높음, 어려움)	관리적 권위 부여	장기계약제·연봉제·직업이 안정적이고 평생 보장이 있음
(높음, 쉬움)	전문적 권위 부여	장기계약제·성과급제도(績效工資 - 직책을 위주로, 요구하는 기술수준, 책임범위, 노동강도 등에 의해 급여기준을 확정하고 실제의 노동성과에 의해 노동보수를 지급하는 제도 - 역자 주)·직칭제도(職稱制度)와 관리직 중 하나를 선택함·보장이 있음
(낮음, 어려움)	일정한 직무자율성 부여	중기계약제·고정급·승진기회가 한정적임·일부에 한해 보장이 있음
(낮음, 쉬움)	권위가 없음	단기계약제 또는 단기간 여러 번 계약함·성과급 또는 시간급·극히 일부에 한해 보장이 있음

　설명해야 할 것은, 본 연구에서 거래비용 경제학 이론을 빌려 구성한 권위관계의 분화와 그에 대응하는 노동보수 형식은 모두 이상적인 해석 모형일 뿐이고, 실제로 피고용자들의 인력자산 전속성과 생산력 측정 난이도 이 두 지표 자체가 정확한 경험적 조작화가 어렵다. 양자를 엄밀한 의미에서 구분하는 것도 경험적인 고려에서 나온 것이 아니라 이론적·실용적인 목적에서 비롯된 것이다. 실제로 이 두 지표는 위에서부터 아래에 이르기까지의 연속성을 띤 등급이 매겨져 있다. 이렇게 구성된 경험적 모형은 보다 현실에 가깝겠으나, 상당히 복잡할 것이다. 물론 경험적 현상이 복잡한 것은 이상적인 모형 자체가 갖는 간결성과 이론적 가치를 부정할 수 없다. 조직 내의 지배구조, 즉 권위관계의 분화는 원천적으로 피고용자들의 인력자산의 유형과 고용자의 대응전략에 기인해야 한다. 이 기본적인 해석논리는

일반 조직 내에서 정확한 것이고, 또한 적용되고 있는 것은 틀림없다. 경험 속에는 이 네 가지 대표적인 형식과 다른 '중간 형식'의 지배 구조와 그에 대응하는 보수 형식이 많이 존재하나 그러한 형식의 형성이나 진화는 조직내부의 거래 속성이라는 기본원칙의 제약을 받게 된다.

제4절

J.Goldthorpe·Erik Olin Wright 계급도식과의 연관성

J.Goldthorpe와 Erik Olin Wright의 계급도식은 현대 계급분석에서 가장 대표적이다. 어떤 학자들은 심지어 과거 20여 년의 경험적 연구사상 지배적 지위를 차지했다고 했다.[160] 권위계급도식은 기존의 연구와 관련이 있으나 그와는 다른 연구 방향을 제시했다. 여기에서 권위계급도식과 J.Goldthorpe, Erik Olin Wright가 주장한 도식 간의 관계와 차이에 대해 명확히 설명하고 기존의 도식과 경쟁적인 대화를 전개할 필요가 있다.

요약해서 말하면 이 세 가지는 모두 노동력시장과 직장의 조직구성에서 계급의 구조적 위치를 찾으려 했고 관계적인 계급체계를 발전시켰다. 이는 대체로 삼자 간에 존재하는 공통점이다. 물론 일부 관건적인 의제에서는 현저한 차이를 보인다.

1. J.Goldthorpe의 계급도식과의 관련성

J.Goldthorpe와 일치하고 권위계급도식 역시 고용자가 다양한 거래 속성에 대응하는 전략에서 출발하여 계급도식의 해석 시스템에 대해 설명하고자 했다. J.Goldthorpe에 의하면, 피고용자의 계급적 위

---

160) Tahlin, M., "Class Clues," European Sociological Review(5), 2007, 557~572쪽.

치는 그들 자신과 고용자와의 고용관계에 의해 결정된다. 이러한 관계에서의 문제점은 피고용자 계급 간의 계급관계가 식별하기 어려워지거나 무의식적으로 무시될 수 있다는 것이다. 피고용자 계급 간의 관계를 되찾으려면, 고용자라는 중개인의 도움을 빌려 그들 간의 관계를 구축해야 한다. 이러한 상황에서 "계급적 위치는 다른 계급과의 관계 가운데 정의된다"는 관계론적 평가기준이 뚜렷하게 드러나지 않게 된다. 권위관계론도 먼저 피고용자와 고용자 간의 관계로부터 시작한다. 고용자는 피고용자 그리고 그들의 인력자산 특수성에 대응하는 권위적인 지위를 부여함으로써 조직의 다양한 위치에 있는 피고용자들이 완전한 권위관계 체계를 구성하게 된다. 피고용자의 계급적 위치는 당연히 그들과 고용자의 관계에서 이해할 수 있지만, 더욱 중요한 것은 그들의 계급적 위치는 다른 피고용자와의 관계에서 정의할 수 있다는 것이다. 왜냐하면 그들 역시 지배―복종의 구성에서 동일한 입장에 놓여 있기 때문이다.

J.Goldthorpe의 계급이론에 존재하는 또 하나의 문제점은 그의 이론적 기초와 조작화가 모두 대응되는 것이 아니라는 것이다. 그의 계급이론에서 가장 기초적인 사상은 계급의 위치는 고용관계에 의해 정의되고 조작화에 있어 계급의 위치는 직업과 고용지위 두 변수가 교차하여 형성된다는 것이다. J.Goldthorpe는 이에 대해 "직업과 고용지위에 대한 조작화로서 계급도식은 고용관계의 차이를 확실히 포착했다"고 했다.[161] 이에 계급적 위치가 고용관계에 의해 정의된 이상,

161) Goldthorpe John H., *On Sociology Voume One: Critique and Profram*, 앞의 책, 102쪽.

고용관계를 직접 조작화하고 이를 통해 계급적 위치를 확정하면 되지 않느냐 하는 의문을 던질 수 있다. 고용지위는 바로 고용관계를 조작화하는 합리적인 지표이거나 고용상황(소득의 많고 적음과 공급처, 승진, 직업의 안정성과 보장성, 권위와 자율성)을 직접 측정하는 것이라고 할 수 있다. 한마디로 말해서 직업과 고용지위라는 두 지표에 의해 확립된 계급적 위치가 고용관계의 분화와 어떻게 일치하는지 이는 이 도식이론과 조작화가 직면하게 되는 큰 문제이다.

2. Erik Olin Wright 계급도식과의 관련성

Erik Olin Wright는 권위적인 위치와 관계를 측정하는 창의적인 개념 도구를 설계했고 이를 다원적 자산 착취의 계급행렬을 구축하는 데 적용했다. 그는 권위적 지위(즉 조직자산)를 사용하는 동시에 기술/자격증 자산도 추가하여 최종적으로 피고용자의 계급적 위치를 확립하였다. 기술/자격증 변수를 이용한 Erik Olin Wright의 방법은 여러 학자들(신 마르크스주의자, 신 베버주의자를 포함)의 질의를 받았다. 이유는 주로 다음과 같은 두 가지이다. 하나는 이 지표는 베버주의가 사용한 수많은 시장자원 중의 하나이다. 이 지표를 사용하는 것은 마르크스주의 전통을 위배하고 베버주의에 접근했다는 것을 뜻한다. 두 번째 이유는 더욱 충분한 것 같다. 구조적인 위치의 계급에 대해 개체적 특징으로 간주되는 변수에 의해 정의를 내려서는 안된다는 것이다. 즉 교육기능은 구조적인 변수가 아니라 개인의 속성에 가깝기 때문이다.

한 걸음 물러서서 말하자면, 착취성 자산이 요구하는 바에 부합한다고 인정하더라도, 즉 자격증 소유자와 그렇지 않은 자 사이에 착취적인 자산이전(轉移)이 존재한다고 해도 권위적 지위와 교육기능을 교차하여 피고용자의 계급적 위치를 확정한다면 피고용자 간의 완전했던 권위관계를 파괴하게 된다. 이로 인해 피고용자 계급 간의 계급관계가 복잡해지고, 상호 간의 관계는 정확하게 평가할 수 없게 된다. 다원적 자산착취의 틀에서 착취자와 피 착취자 간의 관계는 일일이 대응되기 어렵고, 중간적인 착취시스템은 더더욱 확실하게 파악하기 어렵다. 교육기능이라는 변수를 추가하면 권위관계의 분화에 의해 정의된 계급도식으로 하여금 간결성이 떨어지고 일관성을 잃어버리게 할 수 있다.

제5절

기타 의제

1. 계급의 위치와 계급의 결과[162]

본 절에서는 계급도식의 의미와 가치, 즉 계급도식이 일련의 결과적 변수의 변이에 대해 어느 범위에서 어느 정도 해석할 수 있는지에 대해 다룰 것이다. 계급구조와 사회결과(outcome) 간의 관계문제는 흔히 하나의 경험적 문제로 간주된다. 변수 간에 통계적으로 관련이 있는 경우 계급구조와 사회결과 간에는 결정과 결정되는 인과관계 모형이 존재한다고 볼 수 있다. 전자가 중간 과정인 후자에 어떻게 영향을 미쳤는지는 계급 분석가들에게 흔히 소홀히 여겨진다. 양자 간의 통계적 관련성을 검증하는 것보다는 인과시스템에 대한 분석이 자세히 설명되어야 할 문제이다.[163]

우선 계급적 위치가 해석할 수 있는 사회적 결과에는 어떠한 것들이 있는가? 바꿔서 말하면 어떠한 개개의 사회적 결과의 근원이 계급적 위치에 기인해야 하는가 하는 문제이다. R.Breen 등은 세 개

---

162) 계급적 위치를 확정하는 것과 계급적 위치와 일련의 결과적 변수(예를 들어 생활기회에 대한 구속, 계급의식, 계급행동 등)의 관계는 전혀 다른 것으로, 계급도식을 구축하는 자체는 이러한 결과를 포함하지 않으며, 이는 별도로 다루어야 하는 두 가지 문제라는 것을 알고 있다.

163) 계급연구를 포함한 사회학은 자연과학과 달리, 자연과학에서는 흔히 '법칙이 발견되는 것이 연구의 종결이다.' 이에 반해 사회학에서는 '이는 단지 시작일 뿐이다. (왜냐하면) 우리는 왜 그런지 알고 싶기 때문이다.' [영국] 布魯斯, 『社會學意識』, 2010, 南京, 譯林出版社, 11쪽.

의 계급 결과를 제시했다.[164] ① 무의식적이거나 대체적으로 모르는 결과. 예를 들어 발병률과 사망률에 존재하는 계급 차이가 그 예이다. ② 의식이 있고 자발적이나 계급의식 영향으로 인한 행위와 태도가 아니다. 즉, 계급구성원이 비슷한 방식으로 행동할 수 있지만, 반드시 동일한 계급적 위치에서 나온 공통된 의식을 요구하지 않는다. 예를 들어 선거투표 행위가 그 예이다. ③ 명확한 계급의식과 행위는 행동자가 자신이 처한 계급의 위치와 결과 간의 관련에 대해 비교적 명확하게 알고 있을 때에 한해서 계급의식이 드러나게 된다. R.Breen이 귀납한 이 세 가지 계급의 결과는 변수를 해석하는 계급도식이라는 측면에서 그 이론적 요구와 기대가 모두 다르다. 즉 이론적으로 지향하는 바가 점차 확대되는 경향을 보인다. 계급연구에서는 다양한 주장을 펼칠 수 있도록, 이론적으로 지향하는 바가 다양한 계급도식이 공존하도록 허용한다. 또한 특정 계급이론의 우열에 대한 평가도 이론적 지향의 크고 작음에 근거하지 않고 계발적인 측면에서의 표현과 이론적 기초가 해석 범위와 얼마나 잘 부합하는가 하는 것에 주목한다. 본 연구에서 제시한 권위적 계급도식은 '진실(眞實)', '실재(實在)'가 아니라 '명의(名義)'로 간주되어야 한다. 즉, 일정한 기준에 따라 사람들을 계급도식의 특정한 위치에 배치해야 한다는 것이다. 이 계급도식은 그 목적이 사회문화의 형태로 존재하는 집합체를 식별하고 특히 구성원들이 의식하고 이 구성원들에게 의미 있는 사회집단으로서 존재하는 계급을 식별하는 것이 아니라는 것이다.

---

164) Breen, R. and Rottman, D., 앞의 논문, 453~473쪽.

둘째, 계급의 위치가 계급의 결과에 어떻게 작용하고 그 중간 과정은 어떠한가? 많은 학자들은 양자 사이에 직접 등호를 그릴 것이다. 이러한 예측은 당연하고 의심할 여지가 없다. 본 연구에서는 완벽한 계급이론은 '소비자'가 왜 그가 정의한 계급위치가 경험적 분석에서 가장 중요한 해석요소가 되어야 하는지(될 만한지)에 대해 충분한 이유를 제공할 수 있어야 한다고 생각한다. R.Breen은 이러한 중간 메커니즘을 제시한 바가 있다. 즉 계급적 위치의 사회적 결과에 대한 해석과정을 두 단계로 분해했다.[165] 먼저 계급적 위치와 보수 분배 간의 인과 모델을 밝히고 그 다음에 분화된 보수와 서로 다른 사회적 결과를 연결시키는 것이다. 즉, 계급의 위치는 계급구성원의 선택과 행동의 근원이 되는 물질조건의 기초를 결정하는 이 중간 과정을 통해 결과적 변수에 영향을 미친다는 것이다. J.Goldthorpe는 '교육이 얻은 계급 차이성의 지속적인 존재'라는 글에서 계급의 위치와 계급의 결과 사이에 합리적 행동에 기반한 미시적인 기초를 추가하고자 했다.[166]

본 연구에서는 앞에서 논의한 두 학자의 관점을 종합하여 "계급적 위치—물질적 보수—합리적 행동/선택—계급적 결과(행위, 태도)"라는 해석 메커니즘을 제시하고자 한다. 뒤에서 다루게 되는 합리적 행동이론(RAT)에 포함시키는 데 필요하다. 일반적으로 개체가 취한 행

---

165) Breen, R. and Rottman, D,. 앞의 논문, 453~473쪽.
166) Goldthorpe, J. H,. "Class Analysis and the Reorientation of Class Theory: The Case of Persisting Differentials in Educational Attainment," 앞의 논문, 481-505쪽

동과 특정 사물에 대한 태도는 모두 그들이 처한 상황에 대한 인식과 선택에 기인해야 한다. 계급적 위치는 바로 이 선택의 근원인 물질적 기초를 결정한다. 이때 완벽한 '합리적' 기준에 부합하는 합리적 행동이론을 적용하여 분석할 필요는 없다. 이 과정은 대체로 다음과 같이 요약할 수 있다. 행동자는 명확한 목표를 갖고 자신이 갖고 있는 자원과 현실적 한계(계급적 위치가 결정하는 물질적 조건에서 오는)를 이해하고 가능한 원가와 수익을 평가한 후에 목표를 실현하는 데 필요한 도구와 경로를 명확히 알게 되며, 이를 바탕으로 합리적인 선택을 하여 행동에 옮긴다.

계급적 위치와 결과적 변수 간의 관련을 위해 충분한 해석시스템을 제공하는 것은 쉬운 일이 아니다. 상당 부분에 있어 미시적인 차원에서의 탐색과 축적에 의존하거나 연구 설계, 연구방법에 있어서 새로운 사고방식을 개척할 것을 요구할 것이다. 이는 어렵지만 매우 필요한 작업이다. 독립변수인 계급은 그 응용범위와 해석력에 있어 경계가 존재할 것이다. 또한 그 경계 안에서 "계급이 결과적 변수의 변이에 대해 얼마나 해석했는지?"와 "왜 그러한지?" 등 문제에 대해 가능한 한 합리적으로 설명하도록 노력해야 한다.

2. 중국 사회에서의 '직무수행 상황'

물론 본 장에서 다룬 권위관계의 분화, 피고용자의 직무수행 상황이 시장상황을 결정한다는 논의는 시장이라는 이상적인 배경에서 이루어진 것이다. 이에 비해 현대중국사회와 이상적인 상황 사이에는 거리가 상당히 멀다. 본 연구에서는 일반적인 의미에서 중국사회의 특수성을 갖는다고 여겨지는 요소들이 위에서 논의한 이론에 미치는 영향을 충분히 고려할 것이다(예를 들어 어떠한 요소가 본 연구의 이론에 도전적인지, 어떠한 요소가 실질적인 영향을 미치지 않았는지). 이러한 문제들에 대한 평가를 바탕으로 조정이 필요한 부분에서 조작적으로 바꿔보고자 한다.

현대중국사회에서 위에서 논의한 직무수행 상황에 대한 해석논리 구성에 영향을 미칠 수 있는 요소는 다음과 같다.

첫째, 조직의 차이이다. 위에서는 다만 일반적인 의미에서 조직 내 권위관계의 분화와 피고용자 집단의 계급적 위치 결정 간의 관련성에 대해 논의했다. 현실사회에서 서양의 발달한 자본주의 사회든, 중국과 같은 사회주의 국가든 서로 다른 조직 속성(조직의 유형, 조직의 소유제 성격, 조직의 규모) 내부의 권위관계나 권위적 위치는 유사성을 갖지만 완전히 일치할 수는 없다. Ralf Dahrendorf의 권위계급론은 이 문제를 간과했는데 이는 Erik Olin Wright가 그의 이론체계를 공격하게 된 중요한 근거이다. Erik Olin Wright는 다음과 같이 지적했다. "Ralf Dahrendorf는 계급은 어떠한 강제적인 조직에서의 권위관계에 의해 결정되는 것으로 보았고, 계급 내의 권위에 대해, 모든 조직은 개념적으로 동일한 것으로 보았다."[167] 이 논리에 따르면 서로 다른 조직 내의 권위관계가 계급적 위치를 확정하는 과정에서 맡은 역할은 그 중요성에서 다소 차이가 있다. 이러한 차이는 권위의

---

167) Wright, E. O., *Class Structure and Income Determination*, 앞의 책, 13쪽.

성격이나 계량화된 가중치 등에 의해 표현될 수 있다.

둘째, 행정 권력과 직무수행 상황이다. 행정 권력은 중요하고 희소한 자원의 배치, 관건적인 이익 분배 과정에서 지배자의 역할을 하기 때문에, 중국사회 계급의 계층구조의 형성과 구성에 매우 중요한 영향을 미친다. 비록 중국사회는 지난 30여 년 동안 재분배경제체제에서 시장경제체제로의 전환 과정을 거쳤지만 "중국의 시장과 제도의 전환은 근본적으로 보면 국가가 주도하고 권력 우위 집단이 시장화를 추진하는 과정에서 자원과 권력을 재배치했다. 그들은 상당한 주도권을 장악하고 있다."[168] 따라서 중국사회의 계급의 계층구조를 구분하려면 반드시 행정 권력의 요소가 계급 위치 결정과정에서의 역할을 직시하여 처리해야 한다고 하겠다. 여기에서 두 가지 문제에 직면하게 되는데, 하나는 행정 권력과 직무수행 상황의 관계 문제이고, 다른 하나는 관료집단의 계급적 위치를 어떻게 보고 처리하는가 하는 문제이다.

셋째, 불완전한 고용관계이다. 서양의 사유재산권 주도하의 충분한 시장경제체제와 달리 현대의 중국은 여전히 공유제가 주도적인 지위를 차지하는 사회주의 국가이다. 따라서 본 장의 제3절에서 제시한 "거래 속성—지배구조—노동보수" 구성과 관련한 계약적 고용관계 구조는 중국의 문제를 해석할 때 적용상의 난제에 직면하게 될 것이다. 먼저, 중국사회에서 당정기관에 취직한 피고용자의 규모와 비율은 모

---

168) 李路路, 「制度轉型與分層結構的變遷-階層相對關系模式的 "雙重再生産"」, 『中國社會科學』 (6), 2002.

두 서양사회에 비해 높다. 이와 같이 접근 체제가 엄격한 내부 노동력시장에 취직한 피고용자의 고용관계는 완벽하게 행정적인 성격을 띤다. 그 다음으로 국유기업의 고용관계는 일반적으로 행정적 성격과 계약적 성격을 두루 갖고 있으며, 위탁인은 명목상 국가 또는 전체 국민에 속하고, 대리인은 일반적으로 행정적 지시와 명령을 통해 선발된다. 즉 이 두 조직에서 고용관계의 특수성은 다음과 같은 몇 가지 측면에 나타난다. ①고용자는 개체가 아니다. ②고용자와 피고용자 간에 형성된 고용관계는 행정적 성격과 계약적 성격을 두루 갖고 있다. ③조직 내의 지배구조의 형성은 복잡한 거래 속성에 전부 기인할 수는 없다. 그럼에도 불구하고 불완전한 고용관계의 존재는 "직무수행 상황이 시장상황을 결정한다"는 논리에 어떠한 실질적인 위협이 되지는 않는다. 권위관계의 분화와 권위관계와 노동보수 간의 긴밀한 대응관계는 위에서 논의한 조직 유형에서 여전히 완전하게 드러난다.[169]

넷째, 직무수행 상황과 단위제이다. 개혁개방 이전에 '국가—단위—개인'의 종적인 관계는 국가가 사회를 통제하고 관리하는 조직화 과정으로, 이는 사회자원의 조절과 분배에 중요한 제도적 보장을 제공했다.[170] 위에서 논의한 "종적 구조와 타 단위의 횡적 연결 체계는

---

169) 계층화의 원인을 해석하기 위해 거래원가속성까지 헤아릴 수는 없지만 말이다.
170) 국내 학계는 '단위제'의 시각에서 중국의 도시사회기층조직구조와 질서 유지·사회 불평등의 조직적 기초 등 문제를 다룬 연구가 매우 많고 성과도 많이 거두었다. 여기서 일일이 설명하지 않겠다.

거시적 차원의 단위사회체제를 구성한다."[171] 구체적으로 말하자면 '단위제'와 대응하는 '신분제', '행정제'는 '국가의 차별화된 사회자원분배 제도체계'[172]를 구성한다고 하겠다. 개체의 자원과 사회적 지위는 그들이 처한 단위라는 조직에 의해 결정되고, 조직 이외에는 자유적인 공간이 거의 없다. 당시의 사회상황은 직무수행 상황, 즉 직장 조직 구성 내부의 권위관계의 분화에서 출발하여 구성원의 계급도식에서의 위치를 정하기에 매우 적절한 사회적 유형이라고 하겠다.

개혁개방 이후 시장화의 강력한 추진 아래, 전통적인 단위체제가 느슨해지고 심지어 일부 분야에서 점차 와해되었다. 체제 밖의 시장 성격을 띤 조직·사회 조직이 대량으로 출현했고 개체가 자원을 얻는 경로가 갈수록 많아졌다. 단위의 개체에 대한 단위의 결정적인 영향력이 떨어졌다. 공유체제 외에 나타난 새로운 상황에 비해 체제의 내부에는 전형적인 단위제도와 유형단위제도가 존재하고 '단위제' 시기의 전통과 사고는 아직도 많은 조직 내부에서 지속되고 있었다. 지금까지 이데올로기와 정치통제의 의미에서 단위제는 점차 사라졌다고 할 수 있지만, 일종의 이익공동체로서의 조직형태는 여전히 중요한 기능을 발휘하고 있는 것으로 약화되지 않을 뿐만 아니라 오히려 강화되었다.[173] 즉 본 연구에서 이 주제를 다시 제기하는 이유는 '단위

---

171) 田毅鵬,『中國社會後單位時代來臨?單位制度消解後的困局』, 1998, 北京, 中國社會出版社, 221쪽.
172) 李路路, 「中國非均衡的結轉型」 (袁方) 등,『社會學家的眼光中國社會結轉型』, 1998, 北京, 中國社會出版社, 221쪽.
173) 田毅鵬, "中國社會後單位時代來臨?單位制度消解後的困局",『社會科學報』, 2010년 8월 26일.

제' 시대든 '탈 단위제' 시대든, 직장의 조직구성은 구성원이 자원과 기회를 얻고 합법적인 신분과 사회적 지위를 확립하는 중요한 장소이며, 계급구성원의 위치를 결정하는 지표나 요소가 직장의 조직구성에 존재한다는 원칙은 시공간의 변화에 따라 변화하지 않는 것으로 현대중국사회에서 여전히 적용 가능하다는 것을 설명하는 데 있다.

만약에 '단위제'가 중국의 도시사회의 특수한 제도적 요소로서 직무수행 상황에서 출발하여 계급도식을 구축하는 데 유력한 근거를 제공한다면 앞의 세 가지 요소는 다음과 같은 문제에 직면하게 되고 그 문제를 해결해야 할 것이다. 하나는 국가 공권력이 계급의 위치 확정에 미치는 영향을 어떻게 처리할 것인가? 이러한 영향은 행정기구·국유기업과 비영리기관이 다른 유형의 조직과 보이는 차이에서 나타난다. 또한 행정 권력이 다른 분야 내 권위관계에 미친 영향, 관료집단의 계급적 위치의 확정에서도 나타난다.

이와 관련하여 본 장에서 취한 방법은 행정 권력을 직장의 조직구성 내 권위관계의 한 형태로 간주하는 것이다. 권위관계의 분화라는 점에서 행정기관과 비영리기관, 국가가 통제하는 시장 기업은 다른 소유제 성격의 조직과 공통적이다. 본 연구에서는 양적으로 행정 권력의 가중치를 확대하는 것을 주장하지 않는다. 왜냐하면 그렇게 하면 다음과 같은 결과를 초래할 수 있기 때문이다. 첫째, 가중치 확대에 참고할 만한 명확한 기준과 효과적인 근거가 없기 때문에 가중치의 크기와 관련된 논쟁에 빠질 수 있다. 둘째, 더욱 근본적인 것은 행정 권력의 가중치를 확대하는 것은 해석논리의 통일성과 간결성을 파괴할 것이다. 권위관계의 분화는 각각의 조직유형에 관련되는 것으로, 흔히 말하는 직장 조직구성 내 권위관계에 의해 계급을 정의하는 이 근본적인 원칙을 견지하면 논리의 일관성과 통일을 유지할 수 있다. 특히 권위관계에 전념하고 다른 부차적인 제도적인 요소를 소홀히 하면 계급도식의 선명한 특색을 유지할 수 있다. 따라서 조작화에 있어 서로 다른 소유제 성격을 띤 조직을 동일시할 수 있고, 관료집단을 특수한 계급 위치에 두지 않고 그 자체의 조직의 권위 상황에 따라 계급 위치를 엄격하게 확정하게 된다.

조직 내 권위관계의 분화는 어느 조직에나 공동으로 존재하는 현상이기 때문에 조직 간의 소유제 차이를 간과한다면 다양한 규모의 조직에서의 권위관계를 등가적인 관계로 보기 어렵다. 그 이유는 타인(일반적으로 부하)에 대한 지배와 관리권을 갖는지의 여부가 개체가 권위적인 위치에 놓여 있는지를 보여주는 관건적인 요소이기 때문이다. 관리와 지령을 받는 대상의 규모나 수량이 많을수록 권위 자원의 양이 풍부하고 권위가 높다는 것을 의미한다. 이는 성진 대부분의 취업 인구를 받아들인 기업이라는 조직에 있어 특히 그러하다. 어떤 정부기관의 중고위층 간부와 어떤 대형기업의 임원들이 같은 권위를 갖는다고 생각할 수는 있어도 양자가 몇 십 명의 소규모 기업의 고위급 관리자와 동일한 계급적 위치를 갖는다고 보기는 어렵다. 이러한 의미에서 Ralf Dahrendorf가서 간과했던 권위관계의 조직 간의 차이 문제는 충분히 중요시되어야 한다고 하겠으나, 본 연구에 따르면 그러한 차이는 조직의 소유제 차이에 나타나는 것이 아니라, 조직의 규모, 또한 기업의 규모와 관련된다. 조작화 과정에 있어서는 모든 유형의 조직(즉 모든 피고용자 샘플)이 내부의 권위관계에 따라 계급적 위치를 엄격하게 구분한 다음, 소규모의 기업 조직 내 피고용자의 권위를 적당히 낮춰야 한다.

권위계급체계의 구인타당도와
준거관련 타당도 검사

제4장

권위계급체계의 구인타당도와

준거관련 타당도 검사

　본 장은 기존의 권력(권위)연구 전통과 거둔 성과를 계승하는 한편, 권위의 계급도식 구축의 실제 조작화 과정을 다룰 것이다. 제1절에서 먼저 재산권을 바탕으로 고용자, 피고용자, 자영업자 등 고용지위를 구분하고 조직에서의 권위에 초점을 맞춰 방대한 피고용자 집단의 계급적 위치를 확정하는데 중심을 두며, 조작화 과정에서의 기본원칙과 지표 선택, 계량화 등에 대해서도 자세히 설명할 것이다. 제2절은 권위의 계급도식에서의 피고용자 계급의 준거관련 타당도(criterion-related validity)에 대해 실증적인 측면에서 고찰할 것이다.

제1절

권위계급체계 구축의 경험적 조작화

본 절에서 사용한 데이터는 2006년 중국종합사회조사(CGSS2006)에서 나온 것이다. 2006년도 조사의 기본 주제는 사회계층화와 계층의 분화인데, 설문지는 고용지위 외에 직무수행 상황에 대한 세부적인 질문도 포함되어 있어, 응답자의 직무수행 상황에 관한 자료를 대량으로 수집할 수 있었다. 이는 본 절의 분석에 충분한 데이터를 제공했다.

1. 고용지위의 분화

계급/계층분석의 이론적 전통에서 재산(생산자료)을 바탕으로 형성된 사회관계는 가장 기본적인 사회관계이자 권력지위와 권력관계의 가장 중요한 기초 가운데 하나로 일반적으로 '기본고용지위' 또는 '기본고용관계'라고 지칭한다. 연구자가 그 어떠한 이론적 모형에서 분석을 하든지 대부분이 그러하다. 그 조작화 과정은 고용자, 피고용자, 자영업자의 세 가지로 구분된다. 이는 현대사회의 기본적인 계급적 위치를 구성한다([표4–1]을 참조).

이 3대 기본집단의 경계 확정에 있어서 본 연구에서는 자신이 사장이고 1명 이상의 피고용자를 고용하는 경우 고용자 계급으로 본다.

고정적인 고용자가 있거나 또는 없는 피고용자, 가족기업에서 일하는 구성원은 모두 피고용자 계급으로 본다. 그리고 자신의 경영, 매매 또는 기업을 위해 일하고 다른 사람을 고용하지 않는 경우 자영업자 계급으로 본다.

[[표4-1]] 고용지위 지표의 조작화

설문자: QCla. 아래의 상황 중 어느 것이 당신의 현재 직장(또는 마지막으로 선택한 직장)과 비슷합니까?	합병 이후
다른 사람에게 고용됨(고정적인 고용자가 있는 피고용자)	피고용자
임시 피고용자·임시공(고정적인 고용자가 없는 피고용자)	
가족기업에서 일하거나 도우면서 월급을 받지 않는 경우	
가족기업에서 일하거나 도우면서 월급을 받는 경우	
혼자 일하면서 피고용자를 두지 않은 경우	자영업자
본인의 경영·장사 또는 본인이 운영하는 기업을 위해 일하고 피고용자를 두지 않은 경우	
본인이 사장이고 1-7명의 피고용자를 둔 경우	고용자
본인이 사장이고 8명 이상의 피고용자를 둔 경우	

상술한 3대 기본 유형 중, 현대 분석가들의 관심과 중점은 대부분 피고용자 집단에 집중되어 있다. 왜냐하면 이 집단은 통상적으로 활동인구의 85%~90%를 차지하기 때문이다.[174] 이론적으로 직무수행 상황과 조직의 권위로 방향을 바꿨다는 것은 관심의 대상이 특정한 직장조직에 고용된 피고용자 계층의 분화로 바뀌었다는 것이다. 기존

---

174) Goldthorpe John H., *On Sociology Voume One: Critique and Profram*, 앞의 책, 103쪽.

의 주요 이론이 각각 재산·조직의 자산과 기능 자산의 착취·고용관계의 분화 또는 피고용자 집단의 직업적 판결권을 강조했다면, 본 장은 조직에서의 권위와 권위관계의 시각에서 피고용자 집단의 계층분화를 밝힐 것이다.

2. 피고용자 집단의 계급적 위치의 확정

조직에서의 권위구조와 권위관계는 그 조직에서의 직무수행 상황에 의해 결정된다. 본 장에서는 네 가지 측면에서 직무수행 상황을 분석하여 피고용자들의 권위와 그들 간의 권위관계, 즉 육체노동과 정신노동, 부하직원을 두는지의 여부, 조직에서의 인사·생산경영관리·재무 등 중대한 사항에 대한 결정권과 부하에 대한 관리·감독권, 자신의 업무에 대한 통제권에 대해 살펴볼 것이다

첫째, 육체노동과 정신노동의 지표는 설문지에 제시한 문항에 따라 구분된다(CGSS2006설문지 c9−c11 참조). 이 지표는 종합적인 지표에 속하고 직무수행 상황의 기본적인 차이를 의미한다. 육체노동과 정신노동은 노동력의 사용형식과 직무수행 환경의 차이를 보여줄 뿐만 아니라, 피고용자들이 조직에서 차지하는 지위·보수형식·직업생애·조직에서의 책임 등 다양한 측면에서의 차이를 보여준다. 이는 기본적으로 J.Goldthorpe의 서비스업에 종사하는 계급에 대한 구분과 유사하다.[175]

둘째, 부하직원을 두는지의 여부는 권력의 직접적인 체현이다.

---

175) Goldthorpe, J. H., "On the Serbice Class, Its Formation and Future," 앞의 책.

셋째, 의사결정권은 조직의 인사·재무·생산경영관리·상벌 등 중대한 사무에서의 결정권을 가리키며, 부하직원의 직무수행에 대한 관리·감독권은 부하직원의 업무·진도·절차와 방법 그리고 직무수행 상황을 관리하고 감독하는 권력을 가리킨다. CGSS2006설문지에는 두 개의 척도가 있는데 각각 응답자의 의사결정권과 관리·감독권을 측정한다. 각각의 척도는 네 개의 제목으로 구성되었고, 각 제목 아래 세 개의 선택사항은 권위의 크기가 다르다는 것을 의미한다. 통계에 따르면 네 개 조직에서의 의사결정권 득점 간의 알파값은 0.885이고, 네 개 의사결정권이 부하직원의 직무수행에 대한 관리·감독권 득점 간의 알파값은 0.883이다. 이는 네 개의 의사결정권과 각각의 부하직원의 직무수행에 대한 관리·감독권 내부에 비교적 높은 상관관계가 존재한다는 것을 보여준다. 관리·감독권에 비해 본 연구에서는 정책결정권에 가중치를 더 많이 두었는데 그 이유는 정책결정권의 각 사항은 조직의 생존발전 등 전반적·진로적인 문제와 관련되기 때문이다. 관리·감독권은 주로 부하직원의 직무내용에 대한 관리와 감독과 관련되는 것으로 일상적이고 미세한 권력에 속한다.

넷째, 본인의 직무수행에 대한 통제권은 바로 피고용자가 본인의 직무에 대한 통제 정도로 '직무자율성'이라고도 부른다. Erik Olin Wright는 이러한 직무자율성을 노동과정에 대한 최소한의 통제, 즉 "자신이 무엇을 생산하고 어떻게 생산하는지에 대한 통제로 여기에는 다른 사람이 무엇을 생산하고 어떻게 생산하는지에 대한 통제는 포

함되지 않는다"라고 했다.[176] 설문지에는 응답자가 본인의 직무내용·
진도안배·직무의 양(量)과 강도에 대한 자율성을 측정하는 척도를 제
시하고 있으며, 각각의 제목 아래 세 개의 선택사항은 자율성 정도의
차이를 의미한다. 통계에 따르면 세 개의 직무자율성의 득점 간의 알
파값은 0.924에 달하는데 이는 세 개의 제목이 상관관계가 매우 높으
며, 직무자율성을 측정함에 있어서의 높은 일치성을 보여준다.

　위의 네 가지 지표를 사용하면 조직 내의 권위체계를 구축할 수 있
다. 먼저 정신노동에 종사하고 부하직원을 두며 조직의 인사·생산경
영관리·상벌·재무 등 중대한 사항에 대해 일정한 의사결정권과 부
하직원에 대한 관리·감독권을 갖는 피고용자는 이 권위체계의 상층
에 놓인다. 그리고 육체노동에 종사하고 의사결정권과 부하직원에 대
한 관리·감독권을 갖지 않으나 직무자율성을 갖는 피고용자는 두 번
째 등급에 놓인다. 육체노동에 종사하고 의사결정권을 갖지 않으나
부하에 대한 관리·감독권을 갖는 피고용자는 세 번째 등급이다. 육
체노동에 종사하고 부하직원에 대한 관리·감독권을 갖지 않으며, 일
정한 직무자율성을 갖는 피고용자들만이 이 권위체계의 최하층에 있
다. 이를 바탕으로 모든 권위등급의 내부는 권위의 크기에 따라 보다
세부적인 구분을 할 수 있고, 최종적으로 권위계급체계를 구축할 수

---

176) Wright, E. O., *Classes*, 앞의 책, 48쪽.

있다.[177]

이를 바탕으로 본 연구에서는 권위계급체계를 약간 조정했다. 첫째, 응답자의 조직내부에서의 관리 위치에 근거하여 권위계층에 대한 분류를 조정했다. 즉 부하직원이 없지만 조직에서 일정한 관리위치 (비교적 낮은 계층·중층·고위층)에 있는 피고용자를 해당 권위계층 으로 이동시켰다. 이는 Erik Olin Wright의 분류합병 과정 가운데 '형식적인 등급'을 참조하여 조정한 것이다.[178] 둘째, 조직 규모에 근거 하여 100명 미만의 사영/집단기업에서 일하는 최고 권위에 놓여 있는 피고용자의 등급을 한 단계 낮추어 중하급으로 이동시켰다.

이로써 고용자 계급[179]과 자영업자 계급을 추가한 이후 직무수행 상 황과 조직의 권위를 바탕으로 계급체계(이후 '권위계급체계'로 지칭) 가 구축되었다([표4-1]을 참조).

---

177) 모든 권위 등급에서 권위의 크기에 따라 세분화하는 방법은 라이트가 조직자산을 이용하여 세 개의 등급으로 구분하는(관리자·감독자와 무관리권자) 조작화 과정을 참고했다(Wright, E. O., "The Biography of a Concept: Contradictory Class Locations in John Holmwood," eds., Social Stratification, Volume III, 1985, Lodon: Edward Elgar Publishing Limited, 304~313쪽. 구 체적으로 말하면 1등급 내부에서 네 가지 의사결정권 중 모두 최고의 권한을 갖는 피고용자 그리 고 그 다음 순위의 의사결정권을 갖되 네 개의 감독권 중 모두 최고의 권한을 갖는 피고용자를 최 고 권위자로, 나머지는 모두 중하급 권위자로 한다. 2등급과 4등급의 무 관리권 피고용자에 대한 세분화는 그들이 세 가지 직무자율성에 대한 득점에 따라 각각 두 등급으로 세분화된다.
178) 지면의 한계로 조작화 과정을 자세히 제시할 수 없다. 관심 있는 독자는 작가와 직접 연락하여 관 련 정보를 얻을 수 있다.
179) 조직 내 피고용자의 수에 따라 고용자 계급을 세분화했다. 즉 8명 이상의 피고용자를 고용하는 고 용자는 대고용자, 피고용자 수가 1-7명인 고용자는 소고용자가 된다.

[표4-1] 권위계급분류체계

생산자료점유

	소유자	피고용자		
		정신노동자	육체노동자	
고용자 계급: 대고용자 소고용자		I. 정신노동에 종사하는 관리자: 계급4: 정신노동에 종사하는 고권위 피고용자 계급5: 정신노동에 종사하는 중하급 피고용자	III. 육체노동에 종사하는 현장 감독: 계급8: 감독의 권위가 있음.	관리권자
자영업자		II. 정신노동에 종사하는 무관리권자: 계급6: 높은 자율성을 갖는 정신노동에 종사하는 피고용자 계급7: 중하급 자율성을 갖는 정신노동에 종사하는 피고용자	IV. 육체노동에 종사하는 무관리권자: 계급9: 높은 자율성을 갖는 육체노동에 종사하는 피고용자 계급10: 중하급 자율성을 갖는 육체노동에 종사하는 피고용자	무관리권자

이 체계에서의 각 유형과 샘플 중의 각 유형의 자세한 비율은 [표 4-2]에 제시되어 있는 바와 같다.

[표4-2] 권위계급체계의 유형과 비율

권위계급체계				주파수	%
고용자		1. 대고용자		27	0.5
		2. 소고용자		160	3.0
자영업자		3. 자영업자		381	7.2
피고용자	정신노동자	I	4. 고권위 정신노동자(고위층 관리인원 등)	188	3.6
			5. 중하급 정신노동자(중하층 관리인원)	262	5.0
			6. 자율성이 높은 정신노동자(고위층 전문인원)	793	15.0
		II	7. 중하급 자율성을 갖는 정신노동자(중하급 전문기술자)	1046	19.8
	육체노동자	III	8. 현장 감독(監工) 권위를 갖는 피고용자	561	10.6
		IV	9. 자율성이 높은 육체노동자(기술노동자)	681	12.9
			10. 중하급 자율성을 갖는 육체노동자(비숙련노동자)	1181	22.4
합계				5280	100.0

제2절
준거관련 타당도 검사

중요한 개념에 대한 효과적이고 신뢰도 높은 측정 수단의 발전은 성공적인 과학의 주요 특징이다. 사회계급은 사회학의 핵심 개념 중의 하나이기 때문에 사회계급에 대한 효과적인 측정과 검증은 사회학이 실증을 바탕으로 하는 사회과학으로 발전하는 필수적인 절차가 된다. 효과평가에서 가장 흔히 사용하는 것은 구인타당도(construct validity)와 준거관련 타당도 두 가지인데, 그 중에서 전자는 사회과학에서 선호하는 방법이다. 선거·건강·교육 획득·심리기능 등 사회적 현상으로 사회계급을 측정하고 예측하는 성과(구인타당도 검사)는 매우 많다. 그러나 아직까지 계급도식의 준거관련 타당도를 직접 검증한 연구는 드물다. 이러한 검증이 부족하면 계층화 연구는 기대하는 신뢰도를 확보할 수 없고, 표준화수준에 이를 수 없다. 반면에 계층화 연구가 이러한 상태, 즉 잘못된 지정(指定)과 임의적인 성격을 띤 측정을 특징으로 하는 연구 분야에 머무를 것이다.[180]

준거관련 타당도는 '준거타당도'라고도 한다. 이는 흔히 하나의(대체성) 결과나 특징에 대한 측정에 의존하거나 한다. 이러한 결과나 특

---

180) Evans, G., "Testing the validity of the Goldthorpe class schema," European Sociological Review(3), 1992, 211~232쪽.

징은 간접적인 수단을 통해 지시하고자 하는 그 개념을 직접적(또는 가능한 직접적)으로 보여준다.[181] 이 부분에서는 권위계급체계에서의 피고용자 계급의 준거관련 타당도를 검증할 것이다. 다른 계급과 계층의 개념과 마찬가지로 권위계급체계는 사회계급의 개념을 대신 이해하기 위함일 뿐, 계급 개념의 일부로서 식별되어야 할 특징을 직접 지시하지 않는다. 권위는 사회 지배—복종관계를 반영하는 개념으로서 추상적이고 예측하기 어려운 것이다. 권위계급체계를 위한 측정 표준의 대용변수(proxy variable)를 찾음으로써 이 체계가 일반 계층화 지표(예를 들어 직업·교육·당원신분 등) 간의 내재적 관계를 파악할 수 있고, 이를 통해 권위계급 변수에 적합한 대안적 경험과 구축 경로를 찾아 현재 이 체계의 다소 복잡한 조작화 절차를 간소화할 수 있다.[182] 다른 한편으로, 권위계급체계와 대용변수 간의 관계를 반영하는 가장 적절한 데이터를 얻은 이후, 이 체계와 Erik Olin Wright의 신 마르크스주의 도식·J.Goldthorpe의 신 베버주의 EGP 도식의 근사(fitting) 수치를 비교하여 현대 중국사회구조에서의 적용성과 해석력을 평가할 수 있다.

여기서 설명해야 할 것은 각각의 계급구조와 계층구조의 가장 핵심적인 분류사상과 지도원칙은 방대한 피고용자 집단의 계급과 계층

---

181) 위의 논문, 211~232쪽.
182) 적절한 구상은 다음과 같다. 비슷한 사회적 위치 A, 사회적 위치 B와 사회적 위치 C를 가진 개인은 비슷한 권위·지배 구조를 갖게 되고 따라서 유사한 계급적 위치를 갖는다. 권위계급의 대안적 경험을 찾고, 경로를 구축하는 노력은 이 체계를 더욱 넓은 범위에서 응용하고 보급하는 목적에서 비롯된 것으로 후속 연구는 진행 중에 있다.

적 위치를 확정하는 데에서 나타난다. 재산소유자와 자영업자는 고용관계에서 처한 위치 때문에 '천연적'으로 그 계급과 계층이 정해진다. 따라서 이 부분의 권위계급체계의 대용변수의 선택·최상의 적합도(goodness of fit) 모형 확정, 그리고 세 개의 계급구조와 계층구조에 대한 해석력 비교는 모두 피고용자 집단을 대상으로 수집한 데이터를 토대로 한다.

준거관련 타당도 검사는 두 가지 측면에서 수행할 것이다. 우선, 관련 정도에 따라 권위계급 관련 핵심 지표를 선택하여 적합도 검증을 수행한 다음 계급과 이러한 지표 간의 최상의 적합도를 찾아내고 이 모형을 기초로 권위계급·Erik Olin Wright와 J.Goldthorpe 3자와 이러한 지표 간의 상관관계를 비교할 것이다. 그리고 계급의 변수와 외형적 지표 간의 대응관계를 살펴보고 그 상관관계를 제시할 것이다. 이는 잠재계층 분석(latent class analysis)을 통해 이루어질 수 있다.

1. 대용변수·모형의 적합도와 타당도 비교

(1) 측정표준인 대용변수(代用變數, proxy variable)의 선택

측정표준인 대용변수(이후 '대용변수'로 약칭함)의 선택에 있어 본 연구에서는 외국의 계급연구 이론과 중국의 사회적 현실을 모두 고려했다. 현대사회에서 직업은 개체에 붙이는 매우 중요한 태그 중 하나이다. J.Goldthorpe의 EGP도식에서 직업은 계급분류의 중요한 참고적 지표이다. 신도르간주의의 대표적 인물인 D.Grusky가 주장하는 바에 따르면 계급은 노동 분업의 기능성 위치를 둘러싸고 구성된 직업의 집합체이며, 직업은 계급을 직접 정의하며, 교육수준과 경력은 인적자본의 가장 중요한 상징으로 Erik Olin Wright는 기술/자격증을 다원화된 착취의 시스템으로 간주했다. 또한 소유제와 조직유형이 하나의 변수로 합병되는데, 이는 단위의 등급, 당원신분과 마찬가지로 현대중국사회의 제도적 특색을 보여준다([표4-3]을 참조).

[표4-3] 예비 대용변수와 그 해석

변수	유형
직업(O)	관리인원(행정관리인원·기업의 책임자)/육체노동자(노동자·농민·일부 봉사자)/기타(사무원·전문기술인원)
소유제와 조직의 유형(T)	당정기관/공공기관/국유·집체기업(國有集體企業)/사영기업(私營企業)
교육 수준(E)	전문대학 이하/전문대학 이상
경력(X)	첫 직장을 시작으로 4등급 분류 체계
단위의 등급(R)	중앙 및 성부급(省部級)/지시급(地市級)/구현급(區縣級) 및 현급 이하
당원신분(P)	중공당원/비당원
조직의 규모(S)	소규모 조직/100명 이상 규모 조직

주: 조직의 규모는 하나의 매우 중요한 대용변수이지만 숫자가 적어 제외시켰음.

관련 연구를 바탕으로 우선 직업이 계급과 관련도가 가장 높은 변수라고 가정했다. 특정 계급과 직업 그리고 조직의 유형·교육의 정도·경력·단위등급·당원신분을 세 개의 변수로 설정하여 로그 선형 모형(Logarithmic linear model)을 구축한 다음(모형의 적합도는 [표4-4]를 참조). 동질성 연합 모형(homogeneous association model)과 조건부 독립 모형(conditional independence model)의 적합도를 비교함으로써 직업에 비해 이러한 변수 가운데 어느 것이 계급과 관련성이 높은지 확인할 수 있다. 얻은 데이터는 본 연구에서 가정한 바와 일치했다. 즉 다른 몇 가지 변수에 비해 직업이 계급과의 관련도가 가장 높은 것으로 나타났다.

[표4-4] 직업과 기타 변수의 모형 적합도 비교

모형	자유도(df)	편차(G²)	모형	자유도(df)	편차(G²)
(CO, CT, OT)	36	114.9	(CO, CX, OX)	36	52.8
(CO, OT)	54	463.5	(CO, OX)	54	231.2
(CT, TO)	48	1,600	(CX, XO)	48	1,400
(CO, CE, OE)	12	31.2	(CO, CP, OP)	12	19.6
(CO, OE)	18	157.4	(CO, OP)	18	228
(CE, EO)	24	1,280	(CP, PO)	24	1,300
(CO, CR, OR)	24	50.3			
(CO, OR)	36	186.5			
(CR, RO)	36	1,600			

계속해서 나머지 변수 가운데 관련도가 높은 대용변수를 찾았다. 특정 계급과 조직의 유형 외에, 교육 정도·경력·단위 등급·당원신분 등 변수를 추가하여 새로운 로그 선형 모형을 구축하여 이러한 변수 가운데 조직의 유형보다 계급과 관련성이 더 높은 것을 찾았다. 그 결과 교육수준과 당원신분이 조직의 유형보다 계급과의 관련도가 높은 것으로 나타났고 단위 등급과 경력은 낮은 것으로 나타났다. 마지막으로 계급·교육수준·당원신분의 세 변수로 이루어진 모형과 계급·단위등급·경력의 세 변수로 이루어진 모형을 구축하여 교육수준

—당원신분, 단위등급—경력 두 쌍의 변수의 순위를 매겼다. 데이터에 의하면 교육수준은 당원신분보다 앞섰고, 단위등급은 경력보다 앞선 것으로 나타났다. 이렇게 계급과 대응하는 대용변수를 계급과의 관련도가 높은 것에서 낮은 것으로 순위를 매기면 다음과 같다. 직업(O)〉교육수준(E)〉당원신분(P)〉조직의 유형(T)〉단위등급(R)〉경력(X)

[표4-5] 로그 선형 모형의 적합도 비교

모형(C, O, E, P, T)	자유도	편차	p
네 단계 교호작용항 (COEP, COET, COPT, CEPT)	42	37.2	0.538
네 단계 교호작용항에서 하나를 제외한 최상의 적합도 모형 (COET, COPT, CEPT, OEP)	54	45.1	0.704
네 단계 교호작용항에서 두 개를 제외한 최상의 적합도 모형 (COET, CEPT, COP, OEP, OPT)	90	90.2	0.563
네 단계 교호작용항에서 세 개를 제외한 최상의 적합도 모형 (CEPT, COE, COP, OEP, COT, OET, OPT)	126	141.6	0.274
네 단계 교호작용항을 모두 제외한 것 (CEP, CPT, EPT, CET, COE, COP, OEP, COT, OET, OPT)	144	163.7	0.179
세 단계 교호작용항(COE, COP, COT, CEP, CET, CPT)	161	198.1	0.052
세 단계 교호작용항에서 하나를 제외한 것(COE, COT, CEP, CET, CPT, OP)	173	207.4	0.051
세 단계 교호작용항에서 두 개를 제외한 것(COT, CEP, CET, CPT, OE, OP)	185	223.4	0.039
세 단계 교호작용항에서 세 개를 제외한 것(COT, CEP, CET, OE, OP, PT)	203	248.1	0.020
세 단계 교호작용항에서 네 개를 제외한 것 (COT, CET, CP, OE, OP, EP, PT)☆최상의 적합도를 보이는 모형	209	263.5	0.012
세 단계 교호작용항에서 다섯 개를 제외한 것(COT, CE, OE, CP, EP, ET, PT)	227	292.7	0.000

(2) 최상의 적합도를 보이는 모형을 선별

직업, 교육수준, 당원신분, 조직의 유형은 권위계급체계와 관련도가 비교적 높은 네 가지 대용변수이다. 다음의 목표는 이러한 변수의 조합에서 최상의 적합도를 보이는 모형을 확정하는 것이다. 본 연구에서 채택한 방법은 모형의 편차(G)에 기반한 우도비 검정(likelihood ratio)이다. 이러한 방법은 경쟁적인 내포 모형(Nested Model)의 선택에서 흔히 사용되는 방법이다.[183] 최상의 적합도를 보이는 모형을 선별하는 과정은 다음과 같다([표 4-5]를 참조).

먼저 계급 변수와 관련되는 네 단계의 교호작용항과 각각 하나, 두 개, 세 개 항을 제외한 네 단계 교호작용항의 최상의 적합도를 계산하여 후자의 세 가지 경우에서 가장 높은 적합도를 보이는 하나를 각각 선정했다. 그리고 절약성(parsimony)을 기준으로 배열하여 뚜렷한 차이가 있는지를 비교했다. 분석결과에 의하면 모형 간의 적합도 차이는 크지 않았다. 모형의 절약성을 고려하여 본 연구에서는 세 개의 네 단계 교호작용항(CEPT, COE, COP, OEP, COT, OET, OPT)을 제외시켰다. 위의 모형 중에는 복잡한 네 단계 교호작용항이 하나 발견되어 이 모형과 세 단계 교호작용 항(CEP, CPT, EPT, CET, COE, COP, OEP, COT, OET, OPT) 사이에 뚜렷한 차이를 보이는지를 살펴보았는데 양자 간에는 큰 차이가 없었다. 따라서 세 단계 교호작용항에서 최상의 적합도를 보이는 하나는 선정할 수 있었다. 위에서와 같은 방법으로 네 개를 제외한 세 단계 교호작용항(COT, CET, CP, OE,

183) [미국] 丹尼爾·鮑威斯, 謝宇, 『分類數據分析的統計方法』, 2009, 北京, 社會科學文獻出版社.

OP, EP, PT)이 최종적으로 선정되었다. 이 모형은 세 개를 제외한 세 단계 교호작용항과 큰 차이를 보이지 않았으나, 다섯 개를 제외한 세 단계 교호작용항과 뚜렷한 차이를 보였다. 이는 절약성의 원칙에 부합하고 가장 큰 적합도를 보였다.

최상의 적합도를 보이는 모형(COT, CET, CP, OE, OP, EP, PT)으로부터 권위계급의 위치는 직업·조직의 유형, 교육수준·조직의 유형과 관련이 있다는 것을 알 수 있다. 이 모형의 고단계 교효작용항으로부터 볼 때, 직업이 같은 개체뿐만 아니라 교육수준이 동일한 개체 역시 다른 조직의 유형에 소속되어 있어 계급적 위치가 다름을 알 수 있다.

(3) 권위계급체계와 Erik Olin Wright·J.Goldthorpe의 계급도식의 비교
① Erik Olin Wright 계급도식의 조작화 과정

조작화의 측면에서 볼 때 Erik Olin Wright의 다원적 착취계급도식의 근거는 생산자료 자산·기술/자격증 자산과 조직자산이다. 자산계급·소고용자와 소자산계급은 생산자료자산을 보유한 3개의 계급이고, 나머지 9개의 피고용자 계급은 세 등급의 조직자산과 기술/자격증자산이 교차하여 형성된다. 데이터의 제약을 받기 때문에 본 연구는 Erik Olin Wright의 계급도식을 그대로 복제할 수 없고, 그의 분류사상과 원칙을 최대한 반영할 수밖에 없다. 구체적인 조작화 과정은 다음과 같다.

첫째, CGSS2006 설문지의 결정권·감독권 변수를 Erik Olin

Wright의 조직자산을 평가하는 지표로 하고 권위의 유무와 크기에 따라 높은 권위·낮은 권위·무 권위의 세 가지로 구분하여 Erik Olin Wright 관리자·감독자와 무권자와 대응이 되도록 한다. 이를 바탕으로 라이트의 '형식적 등급' 변수(즉 방문자의 관리구조에서의 위치)를 이용하여 조직자산을 미세하게 조정한다.[184] 둘째, CGSS2006 설문지의 교육 수준과 기술직칭(技術職稱) 변수를 사용하여 Erik Olin Wright의 기술/자격증 자산을 구축한다. 우선 교육 수준을 전문대학 및 이상·고등학교 또는 중학교·중학교 및 이하의 세 가지로 구분하여 Erik Olin Wright가 기술/자격증 지표에 따라 구분한 전문가·반자격증자·무자격증자와 대응이 되도록 한다. 이를 바탕으로 기술직칭 변수 사용하여 고등학교 및 이하 학력이지만 고기술 직칭을 가진 사람은 전문가로, 중학교 및 이하 학력이지만 하급 또는 중급 기술 직칭을 가진 사람은 반자격증자로, 고등학교 학력이지만 기술 직칭이 없는 사람은 무자격증자로 조정한다. 마지막으로 세 등급 유형의 조직자산 변수와 기술/자격증 자산 변수를 교차하여 전문가 관리자, 전문가 감독자, 비관리자 전문가, 반자격증 관리자, 반자격증 감독자, 반자격증 노동자, 무자격증 관리자, 무자격증 감독자, 무산계급 등 9개 등급의 피고용자 계급을 도출할 수 있다.

② EGP 계급도식의 조작화 과정

    J.Goldthorpe의 EGP도식은 직업과 고용지위에 의해 정의된다.

---

184) Wright, E. O., *Classes*, 앞의 책, 312쪽.

H.B.Ganzeboom과 D.J.Treiman이 제공한 전환 절차에 따라 직업·자영업자 여부와 부하직원 수 이 세 변수를 결합하여 중국 데이터에 기반한 EGP도식을 구축할 수 있다. 본 연구에서는 CGSS2006의 직업 인코딩을 국제표준 직업 인코딩으로 전환하여 분류했다(ISCO88). 자영업자의 판단기준은 본 연구에서 제시한 계급분류 과정과 일치하는 것으로 "자신을 위해 경영·매매하거나, 기업을 위해 일하고 다른 사람을 고용하지 않는다"를 선택한 응답자를 자영업자로 간주한다. 부하직원 수는 설문지 중의 "QC17. 몇 명의 부하직원을 두고 있습니까?"라는 질문을 통해 확인했다.

한편 큰 고용자와 작은 고용자, 그리고 자영업자 집단을 제외시킨 이후 IV(자영업자)가 없어지고 7개의 선택항에서 6개의 선택항으로 바뀌게 된다.[185] 권위계급체계와 Erik Olin Wright 계급도식의 유형과 숫자적으로 일치성을 유지하여 모형의 적합도 비교에 토대가 될 수 있도록 본 연구에서는 농민을 EGP도식의 제7계급에서 분리시켜 별도로 하나의 계급을 구성했다. 이로써 농민집단은 자영업자 제거로 인한 공백을 메우고 조정된 EGP도식 역시 7개 계급 즉 I 고급 서비스 인원, II 하위 서비스 인원, III 일반 정신노동자, IV 감독자, V 숙련된 일꾼, VI 비숙련 또는 반숙련 노동자, VII 농민을 구성하게 되었다.

[표4-6]은 세 가지 계급체계의 유형과 규모를 보여주고 있다.

---

185) 대고용자와 소고용자는 서비스 계급I, 서비스 계급II에 분포되어 있으며, 숫자적으로 비교적 적다. 양자를 제외시키게 되면 더 이상 이들의 영향을 받지 않게 된다.

[표4-6] 세 가지 계급체계에서의 피고용자 계급의 분포(N=4 517)

권위계급체계		Erik Olin Wright의 계급도식		J.Goldthorpe의 EGP도식	
권위가 높은 정신노동자	4.8	전문가 관리자	3.3	고급 서비스 인원	10.9
중하위 권위를 갖는 정신노동자	8.7	전문가 감독자	5.0	하급 서비스 인원	21.1
높은 자율성을 갖는 정신노동자	11.5	비관리자 전문가	13.7	정규 정신노동자	24.2
중하급 자율성을 갖는 정신노동자	14.7	반/무자격중 관리자	4.3	감독자	2.6
권위가 있는 감독자	9.7	반/무자격중 감독자	9.7	숙련 노동자	20.7
높은 자율성을 갖는 육체노동자	13.9	반자격중 노동자	13.2	비/반숙련 노동자	19.8
중하급 자율성을 갖는 육체노동자	36.6	무산계급	50.9	농민	0.8
합계	99.9	합계	100.1	합계	100.1

③ 권위계급과 Erik Olin Wright·J.Goldthorpe 계급분류체계의 비교

　이 부분에서는 위에서 선별한 최상의 적합도를 보이는 모형(COT, CET, CP, OE, OP, EP, PT)을 바탕으로 권위계급체계·다원적 착취계급도식과 EGP의 적합도를 살펴봄으로써 이러한 도식의 중국 사회구조 상황에 대한 해석력을 비교하고자 한다. 본 연구에서는 포아송회귀분석(Poisson regression)[186]을 사용했다. 이 방법은 관측 빈도와 각 영향 요소 간의 관계를 고찰하고 위에서 제시한 세 가지 계급/계층체계의 데이터 적합도 정도를 비교하는 데에 기초를 제공할 수 있다. 여기서 두 가지 상황에 대해 설명해둘 필요가 있다. 첫째, 포아송회귀분석 변수에서 우리는 기존 모형에서 계급의 계층변수와 무관한

---

186) 포아송회귀분석은 특정 공간과 시간 내 총수를 관측하는 데에 적용되는 가장 자연스러운 표본 추출 모형이다(미국 丹尼爾·鮑威斯, 謝宇, 앞의 책).

교호작용항인 OE, OP, EP, PT 등을 삭제했다. 둘째, 기술/자격증과 직업은 각각 Erik Olin Wright와 J.Goldthorpe가 계급의 계층 위치를 정의할 때 사용한 변수이기 때문에 권위계급체계(C)와 Erik Olin Wright의 다원적 착취계급도식(W)·권위계급체계와 EGP도식(G로 표시)의 적합도를 비교할 때 교육정도(E)와 직업(O)의 두 변수를 제외시켰다. [표4-7]과 [표4-8]은 각 계급체계 모형의 적합도를 제시한 것이다.

[4-7] 권위계급체계와 라이트의 계급도식의 모형 적합도 비교

모형	관측 수	자유도	AIC	BIC
(COT, CO, CT, CP, OT, C, O, P, T)	168	91	1 154.43	1 438.71
(WOT, WO, WT, WP, OT, C, O, P, T)	168	91	1 154.93	1 439.22

[4-8] 권위계급체계와 EPG도식의 모형 적합도 비교

모형	관측 수	자유도	AIC	BIC
(CET, CE, CT, CP, ET, E, P, T)	112	63	892.30	1 063.56
(GET, GE, GT, GP, ET, E, P, T)	112	63	908.15	1 079.42

BIC(Beyesian Information Criterion, 베이지안 정보지수) 통계량은 여러 모형의 데이터 적합도를 비교하는 데에 흔히 사용하는 지

표이다.[187] 기본 논리는 관측 데이터의 특정 모형에 대한 절대편차 (absolute deviation)를 찾아내는 것이 아니라 비교 모형 간의 상대적 합리성에 있다. 여러 모형을 비교할 때 BIC값이 작을수록 적합도가 높고, 다른 모형에 비해 합리적일 수 있다. 데이터를 보면 권위계급모형의 BIC값은 Erik Olin Wright 모형의 BIC값보다 0.5 적은데, 이는 전자가 관측 데이터에 대한 적합도가 후자에 비해 좋은 편이라는 뜻이다. 그러나 두 모형 간의 차이가 매우 작기 때문에 무시할 수 있다. 권위계급모형의 BIC값은 EGP 계급 모형의 BIC값보다 16이 적은데 이는 권위계급모형이 관측 데이터에 대한 적합도가 후자에 비해 좋은 편이라는 뜻이다.

이상에서 살펴본 바와 같이 권위계급모형의 적합도는 Erik Olin Wright·J.Goldthorpe의 계급 모형과 기본적으로 비슷하거나 약간 우위라고 하겠다. 직무수행 상황에 기반한 권위계급체계는 교육정도·직업·고용지위 등의 지표를 고려하지 않은 상황에서 Erik Olin Wright와 EGP계급도식 못지않은 모형 적합도를 보였다. 이는 권위계급체계(피고용자 부분)가 중국의 사회구조 형태에 대해 충분한 해석력과 적용성을 갖는 것으로, 조직 권위(직무수행 상황) 지표에 착안하여 현대중국의 사회구조 형태의 실질과 핵심을 파악할 수 있음을

---

187) 편차 G^2 (likelihood ratio statistic)는 모형과 관측 데이터 간의 편차를 탐지하는 데 흔히 사용된다. 샘플의 규모가 비교적 클 경우 복잡한 모형을 측정하는데 더 효과적이다(적어도 거절하기 어렵다). 그러나 많은 해석항을 넣어서 커진 적합도가 기존의 모형을 변화시켰는지 여부에 대해서는 확인하기 어렵다. BIC 통계량(BIC=G^2-df*logn)은 더 큰 샘플 상황에서의 G^2를 징벌함으로써 데이터에 대해 적합도가 높은 간략한 모형을 감별한다(미국) 丹尼爾·鮑威斯, 謝宇, 앞의 책).

뜻한다. 앞으로 사회구조와 불평등 문제에 대한 이론적 탐구와 경험적 연구에서 직무수행 상황에 더 많은 관심을 기울여야 할 것이다.

2. 계급과 관련 변수의 대응관계

이 부분에서는 계급의 변수와 외현(外顯) 지표 간의 대응관계를 직접 고찰하여 그들 간의 관련 정도가 어떠한지를 밝힐 것이다. 구체적으로 잠재집단분석(latent class analysis)의 통계기술을 사용하여 수행할 것이다. 잠재집단분석은 대용변수(관측 값, observation variable)의 연합 분포 확률의 특징 값에서 공통된 특징을 가진 집단의 집합 그리고 각 집합의 확률(probability)과 각 대용변수가 각 집합에서의 조건부확률(Conditional probability)을 찾아낼 수 있다.[188] 따라서 일반적으로 잠재적 모형은 흔히 조건부 모형이라고 불린다. 본 연구에서 사용된 대용변수는 네 개다. 즉 피고용자의 계급적 지위(C, 7분류), 교육정도(E, 3분류)와 조직의 유형(T, 6분류), 직업(O, 7분류) 등이다. 본 연구에서는 이 네 변수 뒤에 숨겨진 잠재적 변수(분류 변수)를 X로 가정한다. 이로써 조건제약이 없는 잠재적 모형의 기본형식은 다음과 같다.

$$\pi_{xceto} = \pi_x \pi_{c|x} \pi_{e|x} \pi_{t|x} \pi_{o|x}$$

---

188) 잠재집단분석의 구체적인 원리와 모형에 대해서는 더 이상 설명하지 않겠다(자세한 논의는 Vermunt, J. K., LEM: A General Program for the Analysis of Categorical Data (Study Manual), 1997.을 참고 바람).

그 중에서 πx는 잠재집단의 확률 즉 잠재적 변수들이 나타나는 확률이고 네 개의 조건부확률 $\pi_{e|x}$, $\pi_{e|x}$, $\pi_{o|x}$는 조건부 응답확률(response probability)이다. 물론 대용변수가 독립적으로 존재하는 가정 하에 위의 잠재집단의 모형을 아래의 로그 선형모형(Logarithmic linear model)으로 나타낼 수 있다.

$$\log m_{xcto} = u + u\frac{X}{x} + u\frac{C}{c} + u\frac{T}{t} + u\frac{O}{o} + u\frac{XC}{xc} + u\frac{XE}{xe} + u\frac{XT}{xt} + u\frac{XO}{xo}$$

이는 잠재집단 모형의 두 가지 표현형태이다. 그 어떤 관측 값(C·E·T·O)이든 그것의 잠재집단 모형 X에서의 조건부확률은 로그 선형모형의 포화 모형을 추정하여 얻을 수 있다. 즉 조건부확률을 로그 선형모형의 함수로 간주한다는 것이다. 계급 변수(C)를 예로, 특정 집단이 잠재집단에서의 조건부확률은 아래와 같은 공식에 의해 얻어낼 수 있다.

$$\pi_{c|x} = \frac{\exp(u\frac{C}{c} + u\frac{XC}{xc})}{\Sigma_c \exp(u\frac{C}{c} + u\frac{XC}{xc})}$$

구체적인 조작화 전략에 있어 우선 여러 대용변수의 특징과 분포에서 숨어 있는 잠재집단을 찾아내고 모형 적합도에 의해 가장 적절한 잠재집단의 수를 확정하고 각각의 함의에 대해 정의한다. 본 연구에

서 먼저 잠재집단의 수량을 확정했다. [표4-9]는 다양한 유형의 잠재
집단 모형의 적합도 지표를 제시한 것이다. BIC값과 우도비카이제곱
통계량(likelihood ratio, chi-square measure)이 보여주는 정보는
기본적으로 일치했다. 세 개의 잠재집단의 모형 적합도 효과가 가장
높았다. 따라서 본 연구에서는 네 개의 관측 값 가운데 3개의 잠재집
단의 확률을 중심으로 분석할 것이다. 이로써 네 개 관측 값 간의 대
응관계를 살펴보고자 한다.

[표4-9] 잠재집단분석의 모형 적합도 검증 결과(N=4 102)

		BIC	AIC	G^2	df	p	x^2	df	p
M1:	Null model	77 824.3	76 335.8	8 537.5	862	0.000	1 358.6	862	0.000
M2:	2-class model	56 327.5	54 365.6	4 261.8	842	0.018	9 032.1	842	0.000
M3:	3-class model	42 938.7	42 398.4	3 012.9	822	1.000	7 682.3	822	0.000
M4:	4-class model	42 938.7	41 569.4	3 123.2	802	1.000	6 017.9	802	0.000
M5:	5-class model	43 251.6	43 027.9	2 986.4	782	1.000	5 486.2	782	0.000

분석결과가 보여주는 바와 같이 잠재집단의 모형 1, 2, 3 이 피고용
자 샘플 중에서 차지하는 비율[189]이 각각 10.0%, 33.4%, 56.6%이다([표
4-10]을 참조). 잠재집단1에서 피고용자 계급은 직장에서 관리적 권
위를 갖는 피고용자로 구성되었다. 그 중에서 권위가 높은 피고용자

---

189) 잠재집단분석표에서 숫자의 통계적 의미는 관측값이 특정 잠재집단에서의 응답률은 논의의 편의
와 독자의 이해를 돕기 위해 백분율로 표기했음을 밝힌다. 이러한 표기 방법은 실질적인 의미를
벗어나지 않는다.

와 중하위 권위를 갖는 피고용자의 비율은 각각 42.7%, 41.0%이고 양자는 전체 피고용자의 80% 이상을 차지했다. 부하직원이 육체노동자인 현장 감독 중에 권위가 있는 자의 비율은 15.6%였다. 이와 같은 권위 있는 피고용자에 대응하는 직업 유형은 주로 기업의 책임자나 주관자(35.3%), 당정기관 책임자(21.1%)와 사무원(22.4%)이다. 대응하는 조직의 유형은 주로 국유기업(36.4%), 비영리부문(事業單位)과 사회단체(23.6%)와 당정기관(14.9%)이고 그 외에 집체기업(集體企業), 사유기업(私有企業)과 외자기업 등 기업조직도 더러 있는데 이들의 비율은 각각 10% 정도를 차지한다. 교육정도에서 절반 가까이(44.7%)가 전문대학 이상의 학력이다. 잠재집단2에서 피고용자 계급은 주로 관리적 권위가 없는 정신노동자로 구성되었다. 그 중에서 높은 자율성을 갖는 정신노동자의 비율은 37.3%, 중하급 자율성을 갖는 정신노동자의 비율은 47.0%로 양자는 전체 피고용자의 85% 정도를 차지한다. 이들에 대응하는 직업은 주로 전문기술자와 사무원 두 종류에 집중되고 (비율은 각각 50.6%와 46.2%)에 달한다. 권위가 없는 정신노동자는 기본적으로 이 두 직업에 집중되어 있다고 할 수 있다. 조직의 유형에 있어 정신노동자는 주로 비영리부문(35.0%), 국유기업(25.6%)과 기타 조직(16.1%)에 집중되고 물론 그 밖의 조직에도 더러 존재한다. 교육정도에서 전문대학 및 그 이상의 학력이 가장 높은 것으로 40%에 가깝다. 중학교 및 그 이하의 학력은 24.7%, 고등학교와 중등전문학교 학력은 35.5% 를 차지한다. 세 개의 잠재집단은 특정 조직에 집중되어 있지 않았다. 이는 일부 사무원들의 교육 정도가 낮아 전체적인 교육정도에 영향을 미쳤을 것으로 예상된다.

  잠재집단3에서 피고용자 계급은 주로 관리권이 없는 정신노동자로 구성되었다. 그 중에서 중하급 자율성을 갖는 정신노동자의 비율은 65.0%, 22.2%를 차지하고 높은 자율성을 갖는 정신노동자의 비율을 차지하며, 양자는 전체 피고용자의 90% 정도를 차지한다. 그들은 주로 노동자(70.4%)와 상업, 서비스업 종사자(28.7%)로 대부분이 이 두 직업에 대응한다. 조직의 유형에서 비교적 높은 비율을 차지한 것은 국유기업(42.4%), 기타 조직(22.3%)과 집체기업(15.8%)이다. 교육정도에 있어 이 부류 집단의 학력은 보편적으로 높지 않다. 중학교 및 그 이하 학력은 60.9%, 33.7%에 달하고 고등학교, 중등전문학교 학력을 차지했다. 즉, 90%의 육체노동자의 교육정도는 전문대학 이하 학력이고, 교육정도는 보편적으로 높지 않다고 할 수 있다.

  전체적으로 보면 본 연구에서는 조직의 권위지표로 구분된 피고용자 계급의 위치를 사용하여 직업·교육 정도와 조직의 유형 등 피고용자의 사회경제적 지위와 신분을 명확하게 표시하는 상용 변수와 잘 대응한다. 당정기관·국유기업 및 기타 기업조직에서 책임자·주관자·고위급 관리인원 등 직업에 종사하고 양호한 교육정도를 갖는 집단은 본 연구의 체계에서 관리적 권위가 있는 피고용자 계급을 구성한다. 당정기관·기업에서의 전문기술자·사무원은 관리권이 없지만 자율성 정도에 따라 다른 정신노동자 계급을 구성한다. 기업에서 학력이 높지 않은 노동자·상업 서비스업 종사자들은 관리권이 없는 육체노동자 계급을 구성한다.

[표4-10] 계급과 교육 정도·조직의 유형·직업의 잠재집단분석표

		잠재집단 1	잠재집단 2	잠재집단 3
잠재집단이 전체 모형에서의 비율		0.100	0.334	0.566
계급	권위가 높은 정신노동자	0.427	0.000	0.002
	중하위 권위를 갖는 정신노동자	0.410	0.105	0.014
	높은 자율성을 갖는 정신노동자	0.000	0.373	0.000
	중하급 자율성을 갖는 정신노동자	0.007	0.470	0.000
	권위가 있는 현장 감독	0.156	0.053	0.112
	높은 자율성을 갖는 육체노동자	0.000	0.000	0.222
	중하급 자율성을 갖는 육체노동자	0.000	0.000	0.650
교육 정도	중학교 및 그 이하	0.204	0.247	0.609
	고등학교, 중등전문학교	0.349	0.355	0.337
	전문대학 및 그 이상	0.447	0.397	0.054
조직의 유형	당정기관	0.149	0.056	0.008
	국유기업 또는 국유지분 우위기업(國有控股企業)	0.364	0.256	0.424
	집체 또는 집체소유제기업(集體控股企業)	0.083	0.084	0.158
	사유기업, 홍콩·마카오·대만 지역의 외자기업	0.098	0.092	0.055
	비영리부문, 사회단체	0.236	0.350	0.131
	기타 조직	0.070	0.161	0.223
직업	당정기관 책임자	0.211	0.007	0.000
	기업의 책임자나 주관자	0.353	0.008	0.000
	전문기술자	0.106	0.506	0.000
	사무원	0.224	0.462	0.000
	상업, 서비스업 종사자	0.033	0.018	0.287
	노동자	0.070	0.000	0.704
	농민	0.002	0.000	0.009

지금까지의 논의를 통해 알 수 있듯이, 조직의 권위나 직무수행 상황의 지표는 간단명료하거나 특정한 상용 지표와 일치하기 어렵지만, 이를 반영하는 정보는 위에서 제시한 변수들과 대체적으로 대응된다. 즉, 직무수행 상황으로 구분된 피고용자 계급은 대체적으로 대용변수로 조합된 집단에 의해 외현 화 되거나 구체화될 수 있다. 그리고 직무수행 상황의 등급 차이도 이 몇 가지 상용계층화 지표에 따른 조합체에 의해 일정한 순서에 대응한다. 예를 들어 위에서 논의한 세 잠재집단은 각각 직무수행 상황의 세 등급에 대응한다. 따라서 세 개의 대용변수의 조합형태도 기본적으로 순서대로 분화된다. 이러한 의미에서 보면 직업, 교육 정도, 당원신분 등 뚜렷한 신분적 특징은 본질적으로 권위적 지위와 권위관계의 어떤 외재적인 표지이고 권위야말로 배후에서 기초적이고 결정적인 작용을 하는 핵심 요소라고 할 수 있다.

제 **5** 장

권위계급체계의 구인타당도 검사

제5장
권위계급체계의 구인타당도 검사

구인타당도란 성숙한 이론이 묘사하거나 예상한 것처럼 일정한 결과를 예측할 수 있는 측정 도구의 기능을 가리키며, 흔히 이론적 타당도 또는 경험적 타당도라고도 지칭한다.

구인타당도검사는 반드시 완비된 이론적 기초 위에서 이루어져야 한다. 이 이론은 검증이 필요한 개념(독립변수)과 그 타당도를 평가하는 개념(종속변수로) 간의 관계에 대해 뚜렷하고 명확하게 논술해야 하며, 실증적 결과와 이론이 미리 설정한 결과를 비교하여 구인타당도의 우열을 평가하게 된다. 예를 들어 계급과 소득은 전통적인 계급 연구에서 밀접한 관계를 갖는 것으로 여겨지고 심지어 전자가 후자를 결정하는 관계로 간주되기도 한다. 따라서 양호한 구인타당도를 보이는 계급의 개념은 소득의 변이에 대해 비교적 높은 수준의 해석을 할 수 있어야 한다. 즉, 실증적으로 양자 간에 존재하는 관련성을 발견할 수 있어야 한다. 이러한 연관성이 강할수록 계급 개념의 구인타당도가 높다는 것을 설명한다.

반대로 이론적 설정과 실증적 결과가 아주 큰 차이를 보이는 경우, 계급과 소득 사이의 관계는 매우 보통이거나 심지어 아무런 관련이 없다고 할 수 있다. 이러한 경우 Evans, G와 Mills의 주장에 따라,

다음과 같은 개념의 유효성을 의심하는 상황에 직면하게 된다.[190] 첫째, 이론이 잘못된 것이다. 즉, 계급과 해당 변수는 사람들이 생각하는 그러한 방식으로 대응하지 않는다는 것이다. 둘째, 예측된 변수는 측정에 있어 그 자체에 문제가 있을 수 있다. 셋째, 이 계급도식은 계급에 대한 효과적인 측정이 아닐 수도 있다.

우리는 기존의 연구에서 발견한 것과 이론적 기술에서 이미 증명된 계급의 개념과 밀접한 관련이 있는 종속변수를 도입하고, 이러한 종속변수를 효과적으로 측정하여 권위계급체계의 구인타당도를 객관적이고 사실적으로 평가할 수 있도록 노력할 것이다. 이 부분에서 사용한 데이터는 2006년도 중국종합사회조사(도시)에 근거한 것이다. 해석해야 할 종속변수는 사회경제 상황·고용상황·주관적 계층 지위(主觀階層地位)·생활방식 등 사회생활의 네 가지 측면이다.

아래에서 권위계급체계가 이론적으로 예상한 것과 비교할 때 경험적 현상의 변이를 얼마나 효과적으로 해석하고 예측할 수 있는지를 검증할 것이다.

---

190) Evans, G., "Testing the validity of the Goldthorpe class schma," European Sociological Review(8), 1992. Evans, G., "Identifying Class Structure: A Latent Class Analysis of the Criterion-Related and Construct Validity of the Goldthorpe Class Schema," European Sociological Review(1), 1998.

제1절
계급과 사회경제 상황

개념이나 측정 도구의 구인타당도검사는 먼저 검증이 필요한 개념과 그 타당도를 평가하는 개념 간의 관계를 명확하게 설명할 수 있는 이론적 해석이 필요하다. 이 부분과 아래의 세 부분에서 사용하게 되는 기본 방법은 먼저 뚜렷한 관련성이나 인과관계를 갖는 이론과 논점에 대해 기술한 다음, 실증적 데이터를 통해 해당 계급 그리고 해석이 필요한 경험적 현상(종속변수) 간의 관계를 살펴봄으로써, 계급 개념의 구인타당도를 검사하는 것이다.

"계급에 대해 효과적으로 분류할수록 구성원이 사회경제자원 배분에 있어서의 불평등을 정확하게 포착하고 보여줄 수 있다."[191] Blau와 Duncan은 일찍이 사회경제 상황의 불평등은 소득과 교육정도라는 두 가지 지표를 통해 평가할 수 있다고 했다.[192] 이외에 본 연구에서는 주택상황도 평가지표에 포함시켰다. 소득·교육정도·주택상황 등 세 가지 측면에서 사회경제 상황의 변이에 대한 계급개념의 해석력을 살펴보았다.

191) 林宗弘·吳曉剛,「中國的制度變遷階級結構轉型和收入不平等」,『社會』(6), 2010.
192) Blau, Peter M. and Duncan, Otis D., The American Occupational Structure, 1967, New York: Free Press, .

어떤 요소가 사람들의 소득을 결정하는가? 이에 경제학에서의 인적자본이론과 사회학에서의 지위획득이론은 각각 다른 측면에서 해석했다. 그러나 신 마르크스주의의 대표 인물인 Erik Olin Wright의 입장에서 볼 때, 소득은 근본적으로 계급관계구조에서의 위치에 의해 결정되는 것이지 인적자본·교육정도·시장능력 등 개인적인 특징에 의해 결정되는 것이 아니라고 주장한다. Erik Olin Wright는 계급구조가 소득을 결정하는 두 가지 메커니즘을 귀납했다. 첫째, 계급관계의 위치는 개체가 소득 흐름(stream of income)을 얻는 방식을 결정한다. 둘째, 개체의 계급구조에서의 위치는 개체적 특징이 소득의 많고 적음에 영향 주는 방식을 결정한다.[193] 베버주의 전통에서 소득 등 생활기회에 대한 계급의 영향은 더욱 당연하게 여겨진다. 그들에게 계급은 상품과 노동시장 조건에서 동일한 생활기회를 공유하는 구성원으로 구성되고 구성원이 처한 계급 위치는 그들의 생활기회와 경제이익에 대해 강력한 영향력을 끼치기 때문이다.

교육 불평등 역시 계급적 지위와 계층적 지위의 영향과 제약을 받는다. 교육 불평등 이론의 중요한 가설 중 하나인 "최대한으로 유지되는 불평등(maximally maintained inequality, MMI) 가설"은 교육 확장의 성과는 상류층과 우월적 지위 집단에게 속한다고 주장한다. 이 가설에 따르면 이러한 불평등은 상류층의 자녀가 특정 교

---

193) Wright, E. O., Class Structure and Income Determination, 1979, New York: Academic Press, 57-78쪽.

육정도에서 포화 수준에 이를 때까지 지속될 것이다.[194] 뒤이어 나타나게 되는 "효과적으로 유지되는 불평등(Effectively Maintained Inequality, EMI) 가설"은 교육이 확장되거나 교육 자원이 풍부해도 상류층이 양질의 교육자원을 독점하고 하위층은 가치가 낮은 교육기회와 자원만 얻는 현상이 나타날 수 있다고 주장한다.[195]

주택(주거) 상황은 본질적으로도 하나의 계층분화 현상으로 주택 재산권·면적의 크기와 거주 품질 등은 대부분 소득·직업과 계층에 의해 결정된다.[196] 1990년대 중후반부터 중국 도시에서 주택 분배 화폐화 정책과 시장화 정책을 전면적으로 실시한 이후 주택의 불평등은 사회경제 불평등의 중요한 현상이 되었다. 거주공간의 차이, 주택 자원의 점유와 주택 지역의 분포는 이미 계층분화 낙인이 깊이 찍혔고, 이러한 분화는 계층 간 뿐이 아니라 세대 간에도 나타난다.

1. 소득·교육과 주택의 계급차이

[표5-1]은 계급구성원의 소득·교육정도·주택의 차이를 제시하고 있다. 평균 연소득에서 생산자료 소유권을 가진 고용자의 소득이 가장 높고, 모든 고용자 가운데 권위 있는 고용자(권위 높은 피고용자, 중하위 권위를 갖는 피고용자, 권위 있는 현장감독을 포함)의 연간

---

194) Adrian E. Raftery, Michael Hout, 앞의 논문, 41~62쪽.

195) Lucas, S. R., "Effectively. Maintained Inequality: Education Transitions, Track Mobility, and Social Background Effects," The American Journal of Sociology(6), 2001, 1642-1690쪽.

196) Logan, John R. & David Moloch, Urban Fortunes: Political Economy of Place, 1987, Berkeley: University of California Press.

소득이 무권위 피고용자보다 높다. 권위계급의 내부에서 소득은 권위의 하락에 따라 점차 감소한다. 무권위 계급의 내부에서는 자율성이 높을수록 소득이 높고 정신노동자의 소득이 육체노동자의 소득에 비해 높다. 피고용자의 교육정도에서 나타난 전체적인 추세는 교육을 받은 시간이 권위의 하락에 따라 짧아진다는 것이다. 그 중에 예외적인 경우는 현장감독 계급의 교육을 받은 평균시간이 무권위 정신노동자(자율성이 높은 정신노동자, 중하급 자율성을 갖는 정신노동자)에 비해 낮다는 것이다. 이는 이 계급의 구성원은 다수가 전문기술자인 것과 관련이 있다. 주택의 시가에서도 소득과 교육이 일치하는 추세를 보였다. 종합해서 말하면 서로 다른 지위에 처한 계급구성원은 사회경제자원의 점유에 있어 뚜렷한 차이와 분화를 보이고 있으며, 계급구성원의 사회경제 상황은 그 권위자원의 많고 적음에 달려 있다.

[표5-1] 각 계급의 연간 소득·교육 받은 시간·주택의 시가의 평균치 비교

	연간 소득			교육 받은 시간			주택의 시가		
	평균치 (위안)	SD	순서	평균치 (연간)	SD	순서	평균치 (위안)	SD	순서
대고용자	31 468.0	20 894.8	1	11.1	2.9	5	270 909.1	618 976.1	1
소고용자	29 501.4	33 272.9	2	10.1	2.9	6	170 988.7	168 586.5	6
자영업자	12 845.6	39 530.5	8	7.9	3.4	10	102 501.7	93 653.5	10
권위가 높은 피고용자	23 972.8	23 339.1	3	12.4	3.2	1	227 851.7	202 938.9	2
중하위 권위를 갖는 피고용자	21 087.5	20 628.8	4	12.3	3.2	2	223 442.1	224 692.2	3
자율성이 높은 정신노동자	16 076.3	15 543.3	5	12.2	3.6	3	203 531.9	218 381.5	4
중하급 자율성을 갖는 정신노동자	13 075.4	10 444.0	7	11.6	3.3	4	176 028.8	194 061.4	5
권위가 있는 현장 감독	13 324.4	25 014.7	6	10.0	3.3	7	170 937.5	239 851.7	7
자율성이 높은 육체노동자	10 678.9	10 622.9	9	9.0	3.8	8	164 081.0	158 800.2	8
중하급 자율성을 갖는 육체노동자	9 238.73	8 689.1	10	8.8	3.3	9	142 214.8	151 360.9	9
합계	13 510.1	19 095.0		9.9	3.7		161 949.7	193 744.3	

[그림5-1]에서는 각각의 피고용자의 2005년도 총 개인소득을 제시한 것이다. 보다 간결하고 명확하게 보여주기 위해 기존의 7개 피고용자 계급을 4개로 합쳤다. 비교적 뚜렷한 것은 권위가 낮은 무권위 육체노동자의 경사율이 비교적 크고 상승 속도가 빠르다는 것이다. 이와 뚜렷하게 비교되는 것은 비교적 높은 권위를 갖는 관리자 계급의 라인이 비교적 완만하고, 현장감독과 무권위 정신노동자 두 집단은 가운데 놓여 있다는 것이다. 이로써 권위 있는 피고용자의 연간 소득

이 무권위 피고용자에 비해 훨씬 높다는 것을 알 수 있다. 예를 들어 권위 있는 피고용자 중 30%만이 연간 소득이 1만 위안 이하이고, 현장감독 및 무권위 정신노동자 중 50% 정도가 연간 소득이 1만 위안 이하이며, 무권위 정신노동자 중 이 비율은 70%에 달한다. 2만 위안에 달하는 계급은 권위 있는 피고용자(70%), 현장 감독 및 무권위 정신노동자(80%)이다. 무권위 육체노동자 중 90%가 연간 소득이 2만 위안 이하이다.

[그림5-1] 각 계급의 2005년도 소득 누적비율 분포

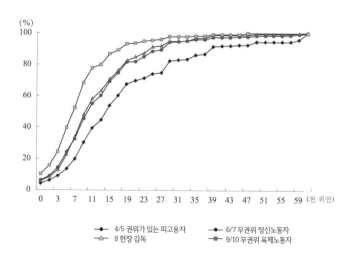

마찬가지로 본 연구에서는 주택 면적의 누적비율을 통해 각 계급의 주택상황에서의 차이와 분화를 살펴보겠다. [그림5-2]에서 제시하는 바와 같이 주택 면적의 분화수준은 연소득에 비해 낮으나, 권위 있

는 피고용자와 무권위 피고용자 사이에 현저한 차이가 있다는 점에서
는 실질적인 변화가 없다. 관리자 계급의 주택조건이 가장 좋고 무권
위 육체노동자가 가장 나쁘며 현장감독 및 무권위 정신노동자가 중간
이다. 60㎡의 주택면적을 예로 들면 권위 있는 피고용자 중 47%만이
주택면적이 60㎡ 이하이고, 현장감독과 권위 없는 정신노동자의 누적
비율은 60%이며, 70%에 가까운 권위 없는 육체노동자의 주택면적이
60㎡ 이하이다.

[그림5-2] 각 계급구성원의 주택 면적 누적비율 분포

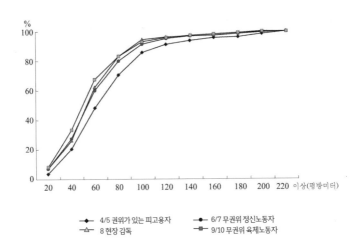

2. 기타 계급도식과의 비교

이 부분에서는 독립변수로서의 계급이 종속변수인 사회경제 상황
(소득·교육·주택)에 대한 해석력과 예측력을 분석하는 데 중점을

두었다. 권위계급체계의 구인타당도에 대해 검증을 했을 뿐만 아니라 이를 국내외 학계에서 논의되는 일부 계급도식과도 비교했다. 국제적으로 비교적 유행하는 계급도식은 두 가지가 있는데 Erik Olin Wright의 신 마르크스주의 계급도식과 J.Goldthorpe를 비롯한 신 베버주의 계급도식(EGP도식)이 그것이다. 국내의 계급과 계층 분류의 기준은 최근 몇 년 동안 출현한 중국사회과학원 루쉐이 교수가 제시한 10기준,[197] 복단대학교 류신 교수가 제시한 5기준,[198] 린쫑홍·우샤오린(이후 '린·우'로 대신함)가 제시한 중국판 신 마르크스주의 기준 [199]이 있다. 각 계급도식의 분류 근거/기준은 [표5-2]에서 제시한 바와 같고, CGSS2006 도시 데이터에 근거하여 정리된 각 계급도식의 분류와 수량 비례 등 정보는 [그림5-3], [그림5-4], [그림5-5], [그림5-6], [그림 5-7]에서 제시한 바와 같다.

[표5-2] 각 계급도식의 분류 근거

계급도식	기본근거
직무수행 상황 계급도식	직무수행 상황(권위관계)
EGP도식	직업+고용 지위
신 마르크스주의 계급도식(라이트)	생산자료자산·조직자산·기술/자격증
10대 계층체계	조직자원·경제자원·문화자원
신 마르크스주의 계급도식(린·우)	호적·단위제도·간부신분·사유재산권(私有財産權)
5대 계층 체계	공권력·자산통제권과 기술자본

---

197) 陸學藝, 앞의 책.
198) 劉欣, 앞의 논문.
199) 林宗弘·吳曉剛, 「中國的制度變遷階級結構轉型和收入不平等: 1973-2005」, 『社會』(6), 2010.

[그림5-3] EGP도식

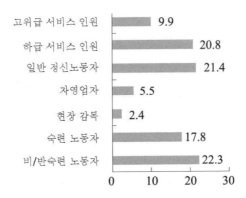

[그림5-4] 라이트의 신 마르크스주의 계급도식

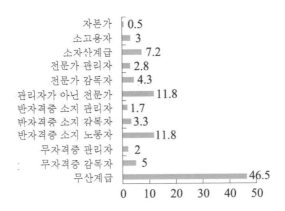

[그림5-5] 10대 계층 체계

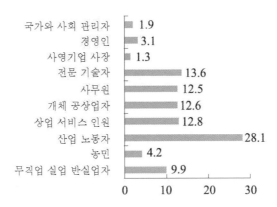

[그림5-6] 린·우의 신 마르크스주의 계급도식

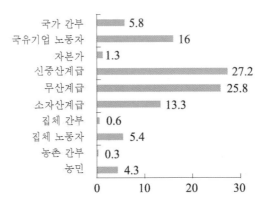

[그림5-7] 5대 계층 체계

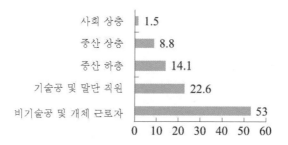

위에서 제시한 권위계급도식이 다른 계급도식에 비해 뚜렷하게 다른 점은 권위계급도식은 분류 기준상의 '일차원성'을 견지하고 권위관계(구체적으로 권위자원의 많고 적음 또는 권위관계의 위치로 표현됨)는 어디까지나 피고용자 집단을 구분하는 유일한 기준이다. 기타 여러 계급도식의 분류기준은 모두 '다차원적'이다. 예를 들어 Erik Olin Wright는 피고용자 집단을 구분할 때 조직자산과 기술/자격증자산을 종합적으로 고찰했고, EGP도식은 직업과 고용 지위(employment status) 두 가지 지표를 사용했으며, 10대 계층체계는 사회구성원의 조직·경제·문화 등 세 가지 자원을 동시에 고찰했고, 린·우는 호적·단위제도·간부신분·사유재산권 등 여러 가지 지표를 종합적으로 사용했으며, 5대 계층체계는 공권력·자산통제권과 기술자본을 동시에 고찰했다. 이에 반해 '일차원적' 기준을 적용하는 권위계급도식은 응답자 정보와 자료가 비교적 적다. 그러나 실제 조사에서 다양한 경험적 현상에 대해 효과적으로 해석할 수 있다면 이러한 기준은 간결하고 개괄적인 방법이고 현재 중국 사회구조의 실질을 파악하여 '간략하면서도' '간단하지 않은' 이론적 목표를 달성했다고 할 수 있겠다.

[표5-3]은 각 계급도식의 로그를 취한 연소득·교육 받은 시간·주택 시가의 분산(variance)에 대한 해석을 제시한 것이다. 이 세 가지 사회경제 상황지표에 대해 권위계급체계는 각각 10.9%, 19%, 3.9%의 분산으로 종속변수의 변이에 대해 효과적으로 설명하고 있다. 권위계급체계의 연소득 분산은 라이트의 계급분류체계와 10대 계급 체계보다 낮고, 린·우의 중국판 신 마르크스주의 계급도식과 일치하며, 5대 계급과 EGP도식보다는 약간 높다. 그리고 교육 받은 시간에 대한 분산은 5대 계급 체계와 EGP도식[200]에 비해 약간 높으며, 주택 시가 분산은 Erik Olin Wright의 계급체계 다음으로 높다.

---

200) Erik Olin Wright의 계급도식은 다른 계급도식에 비해 교육 받은 시간에 대해 훨씬 높은 해석력을 가지고 있다는 점은 놀라운 일이 아니다. 라이트의 기술/자격증 자본은 계급을 정의하는 중요한 차원이기 때문이다.

[표5-3] 소득·교육과 주택 가격의 분산 분석표

	로그를 취한 연소득			교육 받은 시간			주택 시가		
	급간 분산	df	R^2	급간 분산	df	R^2	급간 분산	df	R^2
권위계급	372,342	9	0.112	14 039,411	9	0.190	280,004	9	0.043
EGP도식	325,261	6	0.098	13 754,032	6	0.186	157,652	6	0.024
Erik Olin Wright계급	545,215	11	0.164	26 326,228	11	0.356	296,413	11	0.046
10대 계층	534,895	9	0.161	16 448,257	9	0.223	231,308	9	0.036
린·우의 계급	363,945	9	0.109	15 610,841	9	0.211	212,706	9	0.033
5대 계층	347,276	4	0.104	13 641,885	4	0.185	175,986	4	0.027
총 분산	3 324,485	-	-	73 890,252	-	-	6 511,721	-	-

[표5-4]는 로그를 취한 연소득을 종속변수로 하여 시행한 회귀분석이다. 인구학적 특징(성별), 인적자본(교육 받은 시간·이력·이력 분산), 소유제 및 조직의 유형(공유 및 조직 유형), 정치적 신분(당원 여부), 지역(동부, 중부, 서부 및 성진 등급) 등 변수를 통제하고 권위계급이라는 변수를 취한 이후, 종속변수 변이 비율(R^2)은 25.6%에서 29.9%로 상승했다. 이는 소득의 변이에 대해 권위계급이 다른 변수에서 얻을 수 없는 정보를 많이 파악했음을 보여준다. 또한 회귀계수를 보면 상술한 변수를 통제한 다음 권위계급이 소득에 미치는 영향은 통계적으로 유의미하고, 대고용자의 소득이 가장 높으며, 권위 있는 피고용사의 소득이 무권위 피고용자에 비해 높고, 각 조직의 내부를 권위의 크기와 직무자율성의 높고 낮음에 따라 규칙적인 증감세를 보인다. 이는 앞에서 평균치를 통해 얻은 결과와 일치한다.

[표5-4] 로그를 취한 연소득의 선형 회귀분석표

	기준이 되는 모형	분석 모형
여성 [a]	-0.32 8 ***	-0.306***
교육 받은 시간	0.0688 ***	0.0595 ***
중공당원 [b]	0.104 **	0.027 0
이력(근무 연한)	-0.003 53	-0.005 70
이력 분산	-0.000 004 66	-0.000 019 4
소유제 및 조직의 유형[c]		
비영리 부문·사회단체	-0.017 6	-0.031 1
국유기업	-0.178 **	-0.101
비국유기업	-0.069 4	-0.096 6
지역의 유형[d]		
동부의 구와 현	-0.003 96	-0.036 6
중부의 구와 현	-0.475 ***	-0.472 ***
서부의 구와 현	-0.438 ***	-0.461 ***
권위계급		
소고용자		-0.017 0
자영업자		-0.593***
권위가 높은 피고용자		-0.490 **
중하위 권위를 갖는 피고용자		-0.517 ***
자율성이 높은 정신노동자		-0.723 ***
중하급 자율성을 갖는 정신노동자		-0.781***
부하직원이 육체노동자인 권위 있는 피고용자		-0.623***
자율성이 높은 육체노동자		-0.774 ***
중하급 자율성을 갖는 육체 노동자		-0.902 ***
절편(Intercept)	9.084***	9.913 ***
샘플 수	4 329	4 329
조정 후의 R^2	25.6%	29.9%

* p<0.05,** p<0.01,*** p<0.001.

주: 참고항: a=남성, b=비중공당원, c=당정기관, d=성소재지 및 직할시, e=대고용자

구체적으로 본 연구에서는 각 계급과 계층의 변수에 기준 모형을 추가한 이후 업그레이드 된 모형의 해석력(R^2)을 비교했다. [표5-5]에서 제시한 바와 같이 권위계급체계의 상승폭은 10대 계급체계와 Erik Olin Wright의 계급도식에 비해 낮고, 린·우의 중국판 신 마르크스주의 계급도식, 5대 계급 체계와 EGP도식에 비해서는 훨씬 높다. 이는 '일차원성'의 권위계급체계가 해석력에서 '다차원성'의 계급도식에 비해 못할 바가 없음을 보여준다.

[표5-5] 소득 회귀모형 R^2 의 변화상황(%)

	R^2 (기준이 되는 모형)	R^2 (계급 변수 추가 후)	상승폭
권위계급	25.6	30.1	4.5
신 베버주의(골드소프)	25.6	27.3	1.7
신 마르크스주의(라이트)	25.6	30.5	4.9
10대 계층(루쉐이)	25.6	32.6	7.0
신 마르크스주의(린·우)	25.6	28.3	2.7
5대 계층(류신)	25.6	27.9	2.3

제2절
계급과 고용상황

신 베버주의자들은 고용지위나 고용상황[201]은 계급의 위치를 구분하는 중요한 근거로 계급구성원은 고용상황에서 뚜렷한 분화를 보인다고 여긴다. D.Lockwood는 계급의 지위를 세 가지 측면(시장상황·직무수행상황과 지위상황)으로 나눴는데 그 중에서 시장상황 조사는 계급구성원의 고용상황이나 고용조건에 대한 조사라고 하겠다. J.Goldthorpe는 개체의 고용관계에 의해 계급의 위치를 구분했다. 즉 EGP도식에서 각각의 피고용자 집단은 고용상황지표인 임금의 형태·수당·근무 시간에 대한 통제권·직무안전·승진기회 등에서 뚜렷하게 구분된다는 것이다. 이는 그 후에 이루어진 실증적 연구를 통해 증명되었다.[202] 이들은 준거타당도와 관련시켜 각 계급의 고용상황에

---

201) Evans는 1992년에 발표한 글에서 고용 조건은 근무 시간·임금(소득·안정성) 등을 가리키고, 직무 전망으로 승진 기회를 가리키며, 마지막으로 직업 특정이나 직무 특정(occupational or job characteristics)는 고용 조건·전망·자주권·감독 및 임금을 통칭한다고 했다(Evans, G., "Testing the Validity of the Goldthorpe Class Schema," 앞의 논문.) 1998년에 발표한 글에서 Evans와 Mills는 직무 속성(jobattributes)으로 상술한 각종 조건을 지칭했다(Evans, G., Mills, C., "Identifying Class Structure: A Latent Class Analysis of the Criterion-Related and Construct Validity of the Goldthorpe Class Schema," *European Sociology Review*, 1998). 본 장에서는 '고용상황'이라는 단어로 피고용자 계급의 근무 시간·승진 전망·임금결정과 안정성·직업 보장 상황을 지칭하겠다.

202) Evans, G., "Testing the validity of the Goldthorpe class schema," 앞의 논문, 211~232쪽.

서의 체계적인 차이점을 계급도식이 양호한 준거타당도가 있다는 증거로 삼았다. 본 연구에서는 구인타당도와 관련시켜 권위계급체계가 피고용자의 고용상황의 분화에 대해 얼마나 정확하게 예측하느냐를 살펴볼 것이다.

1. 고용상황의 계급적 차이

본 절에서는 잠재집단분석기술을 사용하여 연구목표를 실현하고자 한다. 잠재집단분석의 원리와 모형에 대해서는 이미 앞에서 설명한 바가 있다. 그 중에서 가장 중요한 점은 이 모형은 대용변수의 연합 분포 확률의 특징 값에서 공통된 특징을 갖는 집단의 집합을 찾아낼 수 있고, 각 집합의 확률과 각 대용변수의 각 집합에서의 조건부 확률도 그 중에서 얻어낼 수 있다는 것이다. 본 절에서 사용하게 되는 잠재집단분석은 앞서 논의된 것과 다소 다르다. 본 절에서는 주로 대용변수(고용상황 지표)의 특징과 분포에서 적당한 잠재집단의 수량과 함의를 확정한 후, 소득 잠재집단 변수와 피고용자의 계급 위치에 대한 교호작용 분석을 수행하여 여러 고용상황에 해당되는 각각의 잠재집단의 피고용자의 계급 위치에서의 분포 상황을 살펴볼 것이다. 이러한 분포가 차이성과 구조적인 특징을 보인다면 권위계급이 계급구성원의 고용상황을 잘 구분할 수 있음을 의미한다. 즉, 이 계급개념은 비교적 높은 구인타당도가 있다는 것이다. 반대의 경우 그 구인타당도는 떨어진다고 하겠다.

여기에서 대용변수인 고용상황 지표는 모두 5개이다. 근무 시간·승진기회·직업보장성·임금결정과 임금 안정성이다. 이 5개 지표는 10개의 관련 변수를 포함하고 모든 변수의 기본 빈도는 [표5-6]에서 제시한 바와 같다.

[표5-6] 고용상황 변수(대용변수)의 기본 통계적 해석

지표	유형	백분율(%)
근무 시간		
출퇴근 시간 배정	고정시간이 없이 근무 수요에 따라 정함	10.2%
	기본시간은 있지만 자유로 조정 가능	27.2%
	정해진 시간에 출퇴근	62.5%
승진 기회		
지난 3년간 기술 등급 또는 직무 승진	있음	11.0%
	없음	89.0%
지난 3년간 임금등급 승진 여부	있음	28.5%
	없음	71.5%
앞으로 몇 년 동안 발탁되거나 승진할 기회	있음	14.4%
	없음	85.6%
직업의 보장성		
기본 의료보험	있음	56.3%
	없음	43.7%
기본 노후보험	있음	59.8%
	없음	40.2%
실업보험	있음	33.0%
	없음	67.0%
주택 또는 주택수당	있음	34.2%
	없음	65.8%
임금결정		
월급은 어떻게 결정하는가	전적으로 작업량이나 실적에 달려 있음	39.0%
	작업량 또는 실적을 일부 참고	18.0%
	작업량이나 실적과는 기본적으로 무관함	43.0%

임금의 안정성		
월급은 안정적인가	기본적으로 안정적임	80.4%
	소폭의 변동이 있음	12.9%
N=3861	파동이 비교적 큼	6.7%

해당 잠재집단 모형의 기본 수식은 아래와 같다.

$$\pi_{xe_1e_2e_3e_4\cdots e_{10}} = \pi_x \pi_{e_1|x} \pi_{e_2|x} \pi_{e_3|x} \pi_{e_4|x} \cdots \pi_{e_{10}|x}$$

π_x는 각각의 잠재집단의 확률이고 $\pi_{e|x}$는 고용상황에 해당되는 각각의 집단이 해당 잠재집단에서의 조건부 확률이다. 구체적인 모형 함수 계산법은 앞에서 설명한 바가 있으므로 약한다. 여기에서는 우선 잠재집단의 수량을 확정한다. [표5-7]에서 제시한 것은 각 잠재집단의 모형 적합도 지표이다. BIC값과 우도비카이제곱 통계량은 일치하고 네 개의 잠재집단의 모형 적합도가 가장 높다. 따라서 본 연구에서는 이 4개의 잠재집단 모형에서 고용상황을 분석할 것이다.

[표5-7] 잠재집단분석 모형 적합도 검증 결과

		BIC	AIC	G^2	df	p	x^2	df	p
M1:	Null model	50 553.2	50 471.9	9 086.4	3 426	0.000	33 259.1	3 426	0.000
M2:	2-class model	45 092.0	44 923.0	3 373.9	3 401	0.018	9 297.9	3 401	0.000
M3:	3-class model	44 245.1	43 988.5	2 754.5	3 403	1.000	5 906.9	3 403	0.000
M4:	4-class model	43 937.4	43 593.2	2 312.3	3 388	1.000	3 869.7	3 388	0.000
M5:	5-class model	43 957.2	43 957.2	2 378.4	3 374	1.000	3 891.3	3 374	0.000

[표5-8]은 잠재집단의 고용상황에 대한 잠재집단분석 결과이다. 네 개의 잠재집단의 확률은 각각 10.7%, 45.3%, 8.2%, 35.8%로 각 잠재집단에서의 대용변수의 조건부 확률로부터 볼 때, 이 네 개의 잠재집단의 함의를 어렵지 않게 도출할 수 있다. 표에서 제시한 바와 같이 잠재집단1의 고용상황이 가장 이상적이고, 근무 시간은 기본적으로 정해져 있고 승진 기회와 사회적 보장이 있으며 임금이 안정적이다. 잠재집단4의 고용상황은 상대적으로 못한 편이다. 즉 근무시간이 정해져 있지 않고 승진기회와 사회적 보장이 없으며 임금은 기본적으로 안정적이나 다른 집단에 비해 안정성이 없다. 잠재집단2가 차지하는 비중은 비교적 큰데 고용상황 역시 양호한 편이다. 단점은 승진기회가 없다는 것이다. 잠재집단3의 주요 단점은 사회적 보장이 없다는 것이다. 종합적으로 말하자면 고용상황은 잠재집단1에서 뒤로 가면서 점차 낮아진다.

[표5-8] 고용상황 변수의 잠재집단분석표

잠재집단의 확률		잠재집단1 10.7	잠재집단2 45.3	잠재집단3 8.2	잠재집단4 35.8
근무 시간					
출퇴근 시간 배정	고정시간이 없이 근무수요에 따라 정함	0.050	0.057	0.124	0.162
	기본시간은 있지만 자유로 조정 가능	0.294	0.221	0.425	0.272
	정해진 시간에 출퇴근	0.656	0.722	0.451	0.566
승진 기회					
지난 3년간 기술 등급 또는 직무 승진	있음	0.588	0.016	0.589	0.009
	없음	0.412	0.984	0.411	0.991
지난 3년간 임금등급 승진 여부	있음	0.912	0.219	0.889	0.094
	없음	0.088	0.781	0.111	0.906
앞으로 몇 년 동안 발탁되거나 승진할 기회	있음	0.526	0.060	0.561	0.067
	없음	0.474	0.940	0.439	0.933
직업의 보장성					
기본 의료보험	있음	0.992	0.943	0.345	0.071
	없음	0.008	0.057	0.655	0.929
기본 노후보험	있음	0.990	0.963	0.295	0.145
	없음	0.010	0.037	0.705	0.855
실업보험	있음	0.801	0.557	0.052	0.009
	없음	0.199	0.443	0.948	0.991
주택 또는 주택수당	있음	0.767	0.552	0.259	0.014
	없음	0.233	0.448	0.741	0.986
임금결정					
월급은 어떻게 결정하는가	전적으로 작업량이나 실적에 달려 있음	0.285	0.328	0.417	0.479
	작업량 또는 실적을 일부 참고	0.337	0.155	0.302	0.146
	작업량이나 실적과는 기본적으로 무관함	0.378	0.517	0.281	0.375

임금의 안정성					
월급은 안정적인가	기본적으로 안정적임	0.838	0.873	0.722	0.733
	소폭의 변동이 있음	0.129	0.089	0.230	0.166
	파동이 비교적 큼	0.033	0.038	0.048	0.101

[표5-9] 첫 부분에서는 각 피고용자 집단이 네 개의 잠재집단의 수량 비율을 제시한 것으로 피고용자 계급이 고용상황에 있어 뚜렷하게 분화되어 있음을 알 수 있다. 권위가 높은 피고용자·중하위 권위를 갖는 피고용자 중 1/4에 가까운 구성원이 고용상황이 가장 좋은 잠재집단1에 분포되어 있고, 자율성이 높은 정신노동자와 권위 있는 현장 감독 중 이 비율은 각각 16.6%와 14.3%를 차지하며, 자율성이 높은 육체노동자와 중하위 자율성을 갖는 육체노동자 중 이 비율은 3% 정도로 크게 감소했다. 잠재집단2의 고용상황은 비교적 좋다. 단점은 승진기회가 부족하기 때문에 관리권이 있는 정신노동자가 잠재집단1과 잠재집단2에 분포되어 있는 비율이 모두 80%에 가깝다. 잠재집단3은 사회적 보장이 없는 것을 특징으로 하는데 이 집단에 속해 있는 계급의 비율은 모두 비교적 낮다. 고용상황이 가장 나쁜 잠재집단4에서 관리권이 있는 정신노동자의 비율은 15% 안팎으로 모두 높지 않으나 권위가 없는 정신노동자의 비율은 30% 이상으로 높아졌고, 권위가 없는 육체노동자의 비율은 모두 절반 이상으로 가장 높다. 예외적인 것은 자율성이 높은 육체노동자와 중하급 자율성을 갖는 육체노동자 중, 전자의 고용상황이 후자에 비해 약간 떨어진다는 것이다. 이는 전자의 많은 피고용자들이 직무자율성이 높은 사영기업

에 취업하고, 후자의 경우 제약을 많이 받는 국유/집단기업에 취업한 것과 관련이 있을 수 있다.

[표5-9] 각 잠재집단의 여러 계급에서의 분포상황(%)

	잠재집단1: 고용상황이 가장 좋음 10.7	잠재집단2: 고용상황이 괜찮음 45.3	잠재집단3: 고용상황이 보통임 8.2	잠재집단4: 고용상황이 떨어짐 35.8
권위계급체계 [a]				
권위 높은 피고용자(부하직원이 정신노동자)	24.7	55.1	8.2	12.1
중하위 권위를 갖는 정신노동자 (부하직원이 정신노동자)	23.3	51.7	9.9	15.1
높은 자율성을 갖는 정신노동자	16.6	43.1	8.1	32.2
중하급 자율성을 갖는 정신노동자	10.6	48.2	6.3	34.9
권위 있는 현장 감독	14.3	46.9	15.0	23.7
높은 자율성을 갖는 육체노동자	4.4	37.7	4.5	53.4
중하급 자율성을 갖는 육체노동자	3.5	43.7	2.6	50.2
EGP圖式 [b]				
고위급 서비스 인원	23.5	49.1	15.1	12.4
하급 서비사 인원	13.9	51.2	7.5	27.5
일반 정신노동자	6.3	42.4	6.9	44.3
현장 감독	14.6	48.5	8.3	28.6
숙련 노동자	6.2	49.5	3.7	40.6
비/반숙련공	5.1	41.0	3.0	51.0
라이트 계급도식 [c]				
전문가 관리자	26.2	52.4	14.3	7.1
전문가 감독자	35.3	38.2	15.9	10.6
관리자가 아닌 전문가	18.7	50.6	9.1	21.7
반자격증 소지 관리자	13.0	46.8	15.6	24.7
반자격증 소지 감독자	13.4	56.1	9.6	21.0

반자격증 소지 노동자	6.7	51.1	5.1	37.1
무자격증 관리자	9.4	44.7	11.8	34.1
무자격증 감독자	5.5	50.8	11.0	32.6
무산계급	2.0	40.7	2.6	54.7
10대 계층체계 d				
국가와 사회 관리자	16.9	54.2	13.3	15.7
경영인	24.5	42.4	21.6	11.5
전문 기술자	18.3	46.0	11.5	24.3
사무원	10.1	54.2	4.8	30.8
상업 서비스 인원	4.2	31.1	7.5	57.3
산업 노동자	6.4	52.9	3.4	37.4
린과 우의 계급도식ᵉ				
국가 간부	18.4	56.3	10.3	14.9
국유기업 노동자	7.3	62.2	2.2	28.3
신중산계급	13.4	47.7	8.6	30.4
무산계급(비기술공)	4.2	32.7	6.2	56.9
집체 간부	14.8	37.0	29.6	18.5
집체 노동자	2.3	43.0	2.3	52.3
5대 계층체계ᶠ				
사회 상층	12.5	47.5	12.5	27.5
중산 상층	26.9	49.5	11.9	11.9
중산 하층	14.2	47.1	12.0	26.7
기술공 및 말단 직원	9.6	51.0	4.8	34.6
비기술공	3.0	40.4	4.0	52.7

주: a: 대고용자·소고용자·자영업자 등 세 개의 피고용자가 삭제됨. b: 자영업자와 농민이 제외되었고 고위급 서비스 인원에 소유자 계급이 포함되지 않음. c: 대고용자·소고용자·자영업자 등 세 개의 피고용자가 삭제됨. d: 사영기업 사장·개체 공상업자·농민·무직업 실업자 반실업자 등 네 계급이 삭제됨. e: 자본가·소자산계급(자영업자)·농촌 간부·농민 등 네 계급이 삭제됨. f: 사회 상층에는 자본가·기업체 사장이 포함되고 기존의 제5위 계층인 '비기술공 및 개체 노동자' 중에 개체 노동자는 포함되지 않음.

전체적으로 볼 때 피고용자 집단은 고용상황에 있어 분화가 비교적 뚜렷한데 기본적인 규칙은 권위 있는 피고용자의 고용상황이 권위 없는 피고용자에 비해 좋고, 권위 있는 피고용자 내부와 무권위 피고용자 내부에서는 권위가 낮아지면서 고용상황도 점차 못해진다는 것이다. 예를 들면 제4장에서 논의한 바와 같이, 고용 조직 또는 고용자와 피고용자의 거래 속성(인적자본의 조직전속자산과 생산력의 측정 가능성)은 피고용자에게 다양한 권력 범위와 정도를 부여하고 등급분화가 뚜렷한 권위관계체계가 조직내부의 지배구조를 구성한다. 더 구체적으로 말하자면 피고용자의 지위와 일치하는 원칙에 따라 고용자와 고용조직은 피고용자에게 다양한 고용조건을 부여한다. 이는 구체적으로 보수·사회적 보장 등 물질적인 측면에서 나타날 뿐만 아니라 무형의 승진 기회·직업의 안정성·신뢰 등 사회적 의미로 나타나기도 한다.

2. 기타 계급도식과의 비교

EGP도식에서 고위급 서비스 인원의 고용상황은 다른 계급에 비해, 서비스 계급 가운데 두 부류의 정신노동자의 고용상황은 육체노동자에 비해 상당히 좋은 편이다. 그러나 중간 계층인 몇 개의 계급 간의 고용상황의 분화는 뚜렷하지 않고 하급 서비스 인원과 현장 감독의 고용상황은 기본적으로 일치한다. 직무수행 상황의 측면에서 볼 때 하급 서비스 인원과 현장감독 역시 고용자에게 일정한 권한을 부여 받았기 때문에 양자는 조직 권위관계에서 처한 위치가 비교적 가깝다. 따라서 하급 서비스 인원 중 상당 부분은 중하위 권위 피고용자·자율성이 높은 정신노동자 계급에 포함시킬 수 있고, 현장감독 계급에도 포함시킬 수 있다. 이밖에 일반 정신노동자와 숙련 기술공 간에도 비교적 높은 일치성을 보이고 있다.

Erik Olin Wright의 신 마르크스주의 계급도식에서 피고용자 계급은 고용상황의 분화가 비교적 뚜렷하다. 대체적으로 두 가지로 설명할 수 있다. 하나는 '전문가─반자격증─무자격증' 세 부류의 피고용자 간의 분화이다. 다른 하나는 '관리자─감독자─비관리자'로 표현된다. 가로(기술/자격증) 세로(조직권위) 두 변수가 교차하여 형성된 분할표(contingency table)나 행렬로 Erik Olin Wright 피고용자 계급도식을 나타낸다면 좌상(左上)에서 우하(右下) 방향을 따라 고용조건이 순차적으로 떨어진다고 할 수 있다. 그러나 Erik Olin Wright 계급도식에 존재하는 문제점 중 하나는 기술/자격증 변수가 일정한 상황에서 조직의 권위에 따라 구분된 피고용자의 고용조건의 등급 분화가 뚜렷하지 않고 심지어 상식에 어긋난다는 것이다. 예를 들어 전문가 피고용자 중의 전문가 관리자 가운데 고용조건이 가장 좋은 비율이 전문가 감독자보다 오히려 낮지만, 고용상황이 가장 좋은 잠재집단1과 2를 비교하면 상황은 반대된다. 반자격증 소지 피고용자와 무자격증 피고용자 중, 감독자의 고용상황은 오히려 관리자에 비해 약간 낮다. 제3장 4절에서 논의한 바와 같이, Erik Olin Wright는 조직의 권위 분화에 교육기능 변수(인적자본 변수)를 추가하여 피고용자 계급 간의 관계를 복잡하게 만들었다. 이는 오히려 권위관계 분화로 정의된 계급도식의 간결성과 일관성을 설명하는 데 부정적으로 작용할 수 있다.

10대 계층체계는 소유자와 실업자를 제외한 이후 6개의 고용계층이 남았다. 전체적으로 보면 상층 관리자·전문 기술자·중간의 사무원과 하층 육체노동자 간에 고용조건에서 뚜렷한 분화를 보인다. 그러나 국가와 사회 관리자·경영인과 전문 기술자 세 계층 간의 분화가 뚜렷하지 않고 기본적으로 일치하는 경향을 보인다. 더 구체적으로 말하자면 10대 계층체계는 직업분류를 바탕으로 만들어졌다고 하겠다. 고용조건에서 어느 정도의 차이를 보이지만 이러한 차이의 근원이 어디에 있는지, 즉 이러한 계급과 계층에 부여된 결과적 차이를 합리적이고 일관성 있게 해석할 수 없다.

린·우 두 학자는 중국의 경험을 바탕으로 신 마르크스주의의 계급도식을 제시했다. 고용상황의 분화에 있어 이 도식은 '국유—집체—사유(私有, 단위 소유제 속성)'와 '간부—민중'의 두 차원에서 분화가 뚜렷하고 서로 간의 차이를 명확하게 확인할 수 있다. 그러나 다음과 같은 몇 가지 문제점이 따른다. 첫째, 비교적 뚜렷한 문제점은 무산계급(비기술공)과 집단소유제에 소속되어 있는 노동자의 고용상황에서의 차이가 거의 나타나지 않고 지위가 거의 비슷하다는 것이다. 둘째, 신중산층과 무산계급은 전체 샘플에서 반수 이상(각각 1/4 정도를 차지함)을 차지하는데, 이들을 피고용자로 취급할 경우 두 계급의 비율은 거의 2/3에 달한다. 이 두 방대한 계급내부는 뚜렷이 분화되어 있다. 적당한 기준과 방법을 취해 중간계급과 무산계급의 위치를 정확하게 구분하는 것은 신 마르크스주의자와 신 베버주의자가 노력하는 방향이다. 이러한 의미에서 이 두 집단 내부의 이질성을 간과하거나 소홀히 하는 것 자체가 석연치 못하다고 하겠다. 셋째, 린·우 두 학자는 이 계급도식을 구축할 때 4대 지표인 호적·단위제도·간부 신분·사유재산권을 사용했다. 네 개의 지표가 서로 얽혀 계급 집단 간의 관계를 이해함에 있어 곤혹스럽거나 심지어 어렵게 만든다.

류신 교수는 공권력·자산통제권과 기술자본 세 개의 변수를 이용하여 수직으로 분포된 계층 분류체계를 구축했다. 그러나 고용상황이라는 경험적 데이터는 이 도식이 피고용자의 고용상황을 구분하는 데 매우 한계가 있음을 보여준다. 첫째, 중산 상층에 있는 피고용자 집단의 고용조건이 다른 계층에 비해 상당히 좋다. 둘째, 사회 상층 피고용자의 고용조건은 중산 상층과 비교할 때 절대적인 하위권에 있을 뿐만 아니라 중산 하층과 비교해도 그들보다 못하다. 셋째, 5대 계층 중 상위 4개의 계층을 보면 중산 상층이 우위인 외에 다른 세 계층 간의 차이성은 뚜렷하지 않다. 물론 상위 4개의 계층은 마지막 순위인 비 기술공에 비해 여전히 우위이다. 마지막으로 위에서 여러 번 언급한 바와 같이 이러한 등급식 계층구조는 계층 간 상호 관계의 측면에서 계층구성원의 처지에 대한 차이에 대해 명확한 해석과 설명을 할 수는 없다.

제3절
계급과 주관적 평가 및 인지

1. 계급과 주관적 지위의식

　사회적 지위의식은 사회구조에서 처한 위치에 대한 주관적인 인식
이고, 계급 정체성은 개인이 경제자원에 대한 점유와 타인의 노동지
배에 대한 주관적인 반영이다.[203] 마르크스는 계급의 정체성과 계급의
식(class consciousness)은 개체의 계급상황에 의해 결정되고 '자유
계급'에서 '자위 계급'으로 전환하는 과정에서 계급의식의 각성과 계
급적 입장의 형성은 결정적 작용을 한다고 했다. 베버주의 전통은 주
로 계층의식(strata consciousness)을 다루고 계층의식은 물질적 경
제이익의 제약을 받을 뿐만 아니라 권력·문화 등 자원과 요소의 영
향을 받는다고 주장한다.[204]

　계층적 지위의식은 계층의식이나 계급의식의 중요한 부분이다. 서
로 다른 계층 구성원의 계층의식은 적어도 계층에 대한 인지(계층분
화의식이 있는지)·계층적 지위의식(해당 계층적 지위가 어떠한지)과
계층 구분의 근거(어떤 요소가 계층적 지위를 결정하는지) 등 세 가

---

203) Wright, E. O., 앞의 책.
204) 劉欣,「轉型期中國大陸城市居民的階層意識」,『社會學研究』(3), 2001.

지 측면의 의미를 포함한다.[205] 관련 연구에 의하면 주관적인 계층적 지위의식에 있어 사람들은 뚜렷한 계층화 추세를 보이고 있다. 객관적인 계층적 위치나 사회경제적 지위와 주관적인 계층적 지위 사이에는 매우 뚜렷한 관련이 있고, 전자는 후자에 중요한 영향을 미친다.[206]

[그림5-8]은 객관적인 계급적 지위와 주관적인 계층적 지위에 대한 분석 결과이다. 가로로 되어 있는 관성(inertia)의 비율이 97.2%에 달했기 때문에 두 변수의 대응관계는 횡적 거리에서 충분히 반영될 수 있다. 그림에서 제시하는 바와 같이 대고용자·소고용자·권위 높은 피고용자와 중하위 권위 피고용자 등 이 네 계급은 모두 중상층의 사회적 지위의식을 갖고 있으며, 높은 자율성을 갖는 피고용자와 현장감독은 중층의 사회적 지위의식을 갖는 경향이 있고, 자영업자와 중하급 자율성을 갖는 정신노동자는 중하층의 사회적 지위의식을 갖는 경향이 있다. 객관적인 계급적 지위가 비교적 낮고 높은 자율성을 갖는 육체노동자와 중하급 자율성을 갖는 육체노동자는 하층의 사회적 지위의식을 갖는 경향이 있다. 이 그림은 객관적인 계급적 지위의식과 주관적인 계급적 지위의식 간의 긴밀한 대응관계를 형상적으로 반영하고 있다.

---

205) 李路路·王宇,「當代中國中間階層的社會存在 : 社會生活狀況」, 『江蘇社會科學』 (1), 2009.
206) 劉精明·李路路,「階層化 : 居住空間,生活方式,社會交往與階層認同」, 『社會學研究』 (3), 2005.

[그림5-8] 권위계급 지위와 주관적인 계층적 지위의 대응분석도

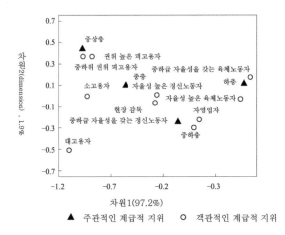

상관계수를 통해 양자 간의 관련성을 파악할 수 있다. [표5-10]의 첫 행에 제시한 데이터는 양자 간의 관련성이 비교적 강하다는 것을 보여주며 통계적으로 유의미하다. 이는 객관적인 계급적 지위가 개체의 주관적인 계급적 지위의식에 크게 영향을 주고 있음을 의미한다. 각 계급과 계층의 감마계수(Gamma)와 스피어만(Spearman) 등급 상관계수를 비교한 결과 다른 계급도식에 비해 직무수행 상황 계급과 주관적인 계층적 지위 두 변수 간의 상관계수는 대체적으로 중등에서 상위수준에 있음을 알 수 있다.

[표5-10] 각 계급도식과 주관적인 계층적 지위의 관련 정도

	Gamma	Spearman	Pearsonx^2	df	p 値
권위계급	0.28	0.23	300.9	27	0.000
신 베버주의(J.Goldthorpe)	0.23	0.21	290.0	15	0.000
신마르크스주의*(Erik Olin Wright)	0.28	0.23	486.3	33	0.000
10대 계층(루쉐이)	0.29	0.26	430.4	27	0.000
신 마르크스주의(린·우)	0.21	0.18	330.8	27	0.000
5대 계층(류신)	0.28	0.22	300.7	12	0.000

*린·우의 계급구조는 등급 순서에 따라 계급을 배열하지 않았고 상관계수를 계산할 때 원래의 뜻에 따라 각 계급 위치에 대해 높은 등급에서 낮은 등급으로 배열했다.

본 연구에서는 통계모형을 구축하여 독립변수의 계급적 위치가 주관적인 계층적 지위에 미친 영향을 살펴보았다. 일부 학자들은 계층의식이 연속변수(continuous variable)로 간주될 수 없다고 지적했다. 왜냐하면 선택 항목은 일반적으로 편향적이거나 불규칙적이기 때문이다. 정규분포(Normal distribution)에 가까워졌을 때 M.R.Jackman 등은 연속변수 형식으로 이 지표를 사용할 수 있다고 했다.[207] 본 장에서 취한 선택 항목이 양적으로 극히 적은 상층과 중상층을 합친 중상층·중층·중하층·하층의 분포는 정규분포에 가깝다. 이에 따라 본 연구에서는 종속변수인 주관적인 계층적 지위를 연속변수로 간주하고 일반선형모형(Generalized Linear Model, GLM)을 이용하여 분석을 수행할 것이다.

통계분석 결과([표5-11]을 참조)에 따르면 성별·연령·교육정도·당

207) 邊燕傑, 『市場轉型與社會分層美國社會學者分析中國』, 2002, 北京: 三聯書店, 523쪽.

원신분·조직의 유형 등 변수를 통제한 후에 계급변수를 추가하면 모형의 해석력을 상당히 높여줄 수 있다. 앞에서와 마찬가지로 본 연구에서는 이 결과를 다른 계급의 계층변수의 분석결과와 비교했다. 직무수행 상황계급이 향상시킨 모형의 해석력의 폭은 10대 계층변수 다음 순위이고, Erik Olin Wright의 신 마르크스주의 계급도식의 해석력과 비슷하며, 기타 계급도식에 비해 높았다. 이는 직무수행 상황계급이 객관적인 계급적 지위로서 구성원의 주관적인 사회적 지위의식에 비교적 강한 제약과 영향을 미치고 있음을 보여준다.

구체적으로 각 계급의 유형까지 살펴보았는데 대고용자의 주관적인 계층의식을 기준으로 할 때 다른 계급은 모두 비교적 낮은 계층적 지위의식을 갖는 것으로 나타났다. 피고용자 계급에서 권위가 낮아지면서 계층지위를 낮게 인식하여 양자는 뚜렷한 대응을 보였다. 한편 두 부류의 권위 있는 정신노동자의 계수는 마이너스이지만 통계적으로 유의미하지 않았다. 이는 권위를 가졌기에 비교적 높은 경제적 지위와 양호한 사회적 지위(교육 받은 시간이 길고, 명망 높은 직업이 있음)를 누리고 있는 것과 관련이 있을 수 있다.

[표5-11] 주관적인 계층적 지위에 대한 인정을 종속변수로 하여 수행한 일반선형모형

	기본 모형	분석 모형
남성[a]	-0.017 1	-0.034 1
연령	-0.001 80	-0.00322 **
교육 받은 시간	0.065 0***	0.0547***
중공당원 [b]	0.104**	-0.0186
조직의 유형[c]		
당정기관	0.212 **	0.169*
국유기업 또는 국유지분 우위기업	-0.193 ***	-0.151***
집체 또는 집체소유제기업	-0.0923 *	-0.053 5
사유기업, 홍콩·마카오·대만 지역의 외자기업	0.019 6	0.003 85
기타 조직	-0.088 2*	-0.155***
권위계급체계 [d]		
소고용자		-0.017 5*
자영업자		-0.375*
권위 높은 피고용자		-0.265
중하위 권위를 갖는 피고용자		-0.169
높은 자율성을 갖는 정신노동자		-0.341
중하급 자율성을 갖는 정신노동자		-0.452**
권위 있는 현장 감독		-0.347*
자율성 높은 육체노동자		-0.466**
중하급 자율성을 갖는 육체노동자		-0.563***
절편	1.503***	2.109***
샘플 수	4 988	4 977
조정 후의 R²	0.104	0.125

*P<0.05,**P<0.01,***P<0.001
주: 참고항: a=여성, b=비중공당원, c=비영리부문·사회단체 d=대고용자

2. 계급적 지위 및 사회정치 태도

앞에서 계급 연구가 그 해석력에 따라 확연히 다른 특징을 보이는 '강한 계급'과 '약소 계급'으로 구분할 수 있다고 한 바가 있다. '강한 계급' 이론에 의하면 계급은 계급구성원의 생활기회(물질적 이익)를 구속하는 요소일 뿐만 아니라 계급의식을 불러일으키고 계급행동을 유발하며 사회변혁과 역사변천의 원초적인 영향 요인이 된다. '약소 계급' 이론은 이러한 이론적 요구가 있다고 선언하지 않고, 유한한 범위 내에서 독립변수로서의 계급을 사용하는데, 계급이 더욱 깊은 사회적 결과와 관련된다 하더라도 '약소 계급' 이론은 이러한 관련은 개연적이며, 특정한 조건과 기회를 필요로 한다고 주장한다. 본 장에서 다루는 계급분석은 앞에서 거듭 논의된 바와 같이, '약소 계급'의 수준에서 계급의 개념을 사용할 것이고, 각 계급 간에는 필연적인 인과관계가 존재하지 않을 것이라고 주장한다. 그러나 시험적인 탐구로서 본 연구에서는 객관적인 계급적 지위와 구성원의 사회정치 의식/태도 간의 관련을 살펴보고자 한다. 중산층/계층의 사회정치적 기능에 대한 논의는 현재 학계의 이슈로 아직까지 폭 넓은 범위에서 합의가 이루어지지 않은 상황이다. 본 연구에서는 집단행동 경향과 사회갈등 인식의 두 지표를 통해 이에 대해 다루어 보고자 한다.

설문지에 "개인이나 조직이 특정 방식(공개집회·시위·파업·방문)을 이용하여 자신의 이익에 대한 의견을 표현하는 것에 찬성하는가?"라는 질문을 설정하여 계급구성원의 집단행동 경향을 평가했다. 사회갈등인식은 계급구성원들의 "여러 집단 간(빈자와 부자·노동자와 화이트칼라·간부와 관리자와 일반 피고용자·사장과 노동자·사회 상층과 하층) 갈등의 정도에 대한 판단'을 통해 평가했다([표 5-12]를 참조).

[표5-12] 집단행동경향과 갈등인식지수

집단행동	선택항과 점수 (오지선단)	갈등의 유형	선택항과 점수 (오지선단)
공개집회	매우 찬성(2)	빈자와 부자 간	매우 심각함(4)
시위	비교적 찬성(1)	노동자와 화이트칼라 간	비교적 심각함(3)
파업	그리 찬성하지 않음(-1)	간부와 민중 간	그리 심각하지 않음(1)
방문	매우 찬성하지 않음(-2)	관리자와 일반 피고용자 간	갈등이 없음(0)
	선택할 수 없음(0)	사장과 노동자 간	선택할 수 없음(부재)
		사회 상층과 사회 하층 간	

계급구성원의 네 가지 집단행동 형식에 대한 입장(찬성 또는 반대)은 [그림5-9]에서 제시한 바와 같이 계급적 지위가 다른 구성원들은 공개집회·시위·파업 등 집단행동에 대해 기본적으로 부정적인 입장(평균 점수는 0점 이하)을 보였고 방문에서 일부 찬성하는 입장(평균 점수는 0점 이상)을 보였다. 각 계급의 차이에 있어 전체적으로 보면 계급구성원 간의 득점 차이가 크지 않다. 권위가 없는 몇 부류의 피고용자·소고용자 및 자영업자의 집단행동 경향은 상대적으로 뚜렷하지만, 권위적인 위치에 있는 몇몇 부류의 피고용자 집단과 대고용자

집단의 행동 경향은 비교적 낮다. 이는 대고용자와 권위 높은 피고용자에게서 특히 뚜렷하게 나타나는데, 비교적 높은 위치(심지어 통치적 지위)에 있는 기득권자들이 현실을 바꾸고 싶지 않고 심지어 자신의 이익과 우위를 극력 보호하는 것과 관련이 있을 수 있다.

[그림5-9] 각 계급 유형의 집단행동경향 지수(계급구성원의 득점을 더한 것)

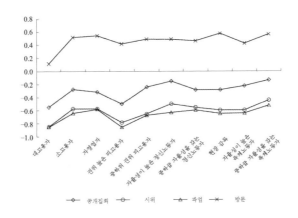

현대 사회갈등에 대한 판단에 있어서([그림5-10]을 참조), 각 계급 간의 차이는 전체적으로 뚜렷하지 않다. 관리 위치에 있는 계급구성원들은 점수가 높은 편인데 이들은 관리를 받는 계급에 비해 사회갈등이 심각하다고 보았다. 이는 후자가 사회 불평등·불공평 상황에 대한 인내력이 상대적으로 좋은 것과 관련이 있을 수 있다.

[그림5-10] 각 계급 유형의 사회갈등인식지수(6개 항목에 대한 득점을 더한 것)

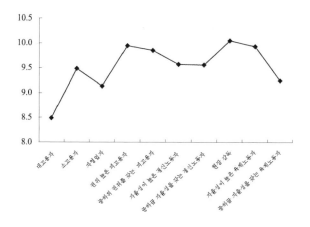

이어 통계모형을 구축하여 계급변수가 구성원의 집단행동 경향과 사회갈등인식지수의 차이를 얼마나 해석하는지에 대해 살펴보도록 하겠다. 데이터는 유감스럽다([표 5-13]을 참조). 계급독립변수를 추가한 이후 전체 모형의 해석력이 매우 제한적이다(R^2 이 모두 1% 정도임). 이는 직무수행 상황계급이 구성원의 집단행동경향과 사회갈등인식의 차이를 예측하고 해석하는 효과적인 독립변수가 아니고, 객관적인 계급적 지위와 주관적인 계급의식 사이에 여전히 적지 않은 거리가 있음을 보여준다. 물론 이 결과는 전체 사회구성원들이 비교적 유사한 사회정치 의식을 갖는 상황에서 얻어진 것이다. 중국정부는 이데올로기와 정치행동에 있어 높은 경각심을 유지해 왔다. 이는 집단행동과 계급의식의 자유로운 표현을 방해했고 이는 전체 사회구성원들이 계급의식과 행동의식에서 분화정도가 매우 낮은 중요한 원인이다. 물론 다른 계급도식의 표현도 이상적이지 않다. 모형을 추가한 이후 R^2 값은 모두 매우 낮고(1% 정도) 직무수행 상황 계급과 다름없기 때문에 본 장에서는 구체적인 데이터를 제시하지 않겠다.

[표5-13] 집단행동경향과 사회갈등인식을 종속변수로 한 선형회귀모형

	집단행동경향		사회갈등인식	
	기본 모형	추가 계급	기본 모형	추가 계급
남성 [a]	0.341**	0.387***	0.106	0.088 5
연령	-0.012 6*	-0.010 1*	0.019 6***	0.016 5**
교육 받은 시간	-0.031 5	-0.024 2	0.029 8	0.008 21
중공당원 [b]	-0.376*	-0.243	-0.240	-0.407*
조직의 유형 [c]				
당정기관	-0.508	-0.425	0.024 7	-0.019 9
국유기업 또는 국유지분 우위기업	0.722***	0.693***	0.158	0.235
집체 또는 집체소유제기업	0.293	0.290	0.097 4	0.149
사유기업, 홍콩·마카오 대만 지역의 외자기업	0.341***	0.387***	0.157	0.088 5
기타 조직	-0.012 6*	-0.010 1*	0.095 4	0.016 5**
권위계급체계 [d]				
소고용자		1.098		1.087
자영업자		1.376		0.754
권위 높은 피고용자		0.863		1.516
중하위 권위를 갖는 피고용자		1.418		1.388
높은 자율성을 갖는 정신노동자		1.632*		1.162
중하급 자율성을 갖는 정신노동자		1.470		1.092
권위 있는 현장 감독		1.300		1.477
자율성 높은 육체노동자		1.327		1.387

중하급 자율성을 갖는 육체노동자		1.668*		0.670
절편	-0.481	-2.195***	8.279***	7.571***
샘플 수	5 047	5 036	4 548	4 538
조정 후의 R^2	0.010	0.011	0.002	0.007

p<0.05,** p<0.01, *** p<0.001.
주: 참고항: a=여성, b=비중공당원, c=사업단체·사회단체, d=대고용자

3. 계급과 생활만족도

생활만족도는 개체가 일정기간 동안 자신의 생활상황과 삶의 질에 대한 주관적 인지 및 평가로 이는 개체의 계급적 지위나 사회경제 상황의 영향과 제약을 받는다. 이 부분에서는 계속해서 객관적인 계급의 위치와 구성원의 생활만족도[208] 간의 관계를 살펴보도록 하겠다. [그림5-11]은 양자의 대응관계를 제시한 것이다. 횡적 관성은 85.6% 이므로 양자 간의 대응관계는 기본적으로 횡적인 거리로 평가할 수 있다. 이를 통해 각 계급 간의 생활만족도에서의 차이성을 정확하게 확인할 수 있다. 비교적 높은 계급인 대고용자와 소고용자·권위 높은 피고용자·중하위 권위를 갖는 피고용자들은 모두 '매우 만족스럽다'고 답했으나, 자율성이 높은 정신노동자·중하급 자율성을 갖는 정신노동자·현장 감독과 자영업자는 '비교적 만족스럽다'고 답했고, 객관적인 계급적 지위가 낮은 자율성이 높은 육체노동자와 중하급 자율성을 갖는 육체노동자는 '별로 만족스럽지 않다'와 '매우 불만족 이다'를 선택하는 경우가 많았다.

---

208) 가정경제상황·가정관계·인간관계·건강상태·주택상황·거주하는 지역사회상황·직무수행상황 등을 포함한 전체적인 만족도를 지칭한다.

[표5-11] 객관적인 계급적 지위와 생활만족도의 대응분석도

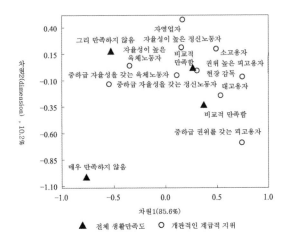

[표5-14]는 객관적인 계급적 지위와 생활만족도의 상관계수를 제시한 것이다. 권위계급과 전체적인 생활만족도 사이에는 일정한 상관관계가 있고 통계적으로 유의미하며 객관적인 계급의 지위가 구성원의 주관적인 생활만족도에 일정한 영향을 미친다는 것을 보여준다. 다른 계급도식에 비해 직무수행 상황 계급과 생활만족도 간의 상관계수는 대체적으로 중간 수준에 있다.

[표5-14] 각 계급도식과 전체 생활만족도의 관련 정도

	Gamma	Spearman	Pearsonx^2	df	p값
권위계급	0.18	0.14	143.5	27	0.000
신 베버주의(J.Goldthorpe)	0.15	0.12	96.4	15	0.000
신마르크스주의 (Erik Olin Wright)	0.21	0.15	214.1	33	0.000
10대 계층(루쉐이)	0.21	0.15	214.1	33	0.000
신 마르크스주의(린·우)	0.12	0.09	110.8	27	0.000
5대 계층(류신)	0.17	0.12	106.7	12	0.000

* 린·우의 중국판 신 마르크스주의 분류가 다른 계급 분류와 다른 점은 등급에 따라 계급을 배열하지 않았다는 것이다. 여기서 계산한 감마값은 기본적으로 그 뜻에 부합하도록 하는 것을 전제로 각 계급의 위치에 대해 높은 등급에서 차례로 배열한 결과이다.

제4절
계급과 생활방식

계층화 이론에서의 베버와 마르크스의 가장 큰 차이점은 베버는 객관적인 경제자원에 대한 계급 집단의 점유상황을 고찰했을 뿐만 아니라 지위·등급·신분·영예 등 계층화의 주관적인 측면에 대해 분석했다는 것이다. 베버는 '계급'은 물질의 생산과 획득의 상황에 따라 구분되고 '등급'은 물질소비의 원칙에 따라 구분되며, 이는 '생활방식'의 특정형식과 생활의 '풍격화'로 나타난다. 예를 들어 특정한 의류·요리에 대한 우선권 그리고 특정 문화예술 생산물의 향유권과 등급 내 혼인 등이 그것이다.[209] 현재 계급적 지위와 생활방식의 관련성에 대해 연구를 진행한 집대성자는 바로 P.Bourdieu라고 할 수 있다. 그는 생활방식·문화·소비·품위 등 문화적 요소의 구체적인 형태가 각 계급 집단마다 크게 다르고 문화 실천은 개체의 사회적 지위를 결정하는 데 경제적 자본 못지않은 역할을 한다고 주장한다. 예를들어 『구별짓기(La Distinction)』라는 책의 서언에서 그는 각종 품위(taste)가 '계급'의 여러 표지의 기능을 한다고 했다.[210] Gans도 계급

---

209) 韋伯, 앞의 책, 257, 260쪽.
210) Bourdier, Pierre, Distinction: A Social Critique of the Judgment of Taste, 1984, London: Rout
　　 ledge & Kegan Paul Ltd.

과 문화·생활방식 간의 관련성을 체계적으로 살펴보았다. 그는 계급에 기반하여 고급문화·중상층문화·중하위문화·하위문화·준민속하위문화 등 다섯 가지 품위문화를 제시했다.[211] 중국의 일부 경험적 연구(예를 들어 류징밍 등)는 객관적인 계층적 위치와 생활방식 사이에는(매우 뚜렷한 결과에 의해 드러나는 것은 아니지만) 일정한 관련이 있다고 한다.[212]

CGSS2006 설문지에서 생활방식에 대한 질문을 작성하여 응답자들이 쉬는 시간에 [표5-15]의 일들을 하는 빈도를 물어보았다. 설문지의 선택 사항은 '거의 매일 함', '일주일에 몇 번 함', '일주일에 한 번 함', '한 달에 몇 번 함', '한 달에 한 번 함', '1년에 몇 번 함', '전혀 하지 않음'의 7개였다. 조사결과에 따르면 마지막 선택항의 점수가 '-2'로 빈도가 매우 낮았고, 다섯 번째 선택항과 여섯 번째 선택항은 '-1'로 역시 빈도가 매우 낮았으며, 세 번째 선택항과 네 번째 선택항은 '1'로 빈도가 높았고 첫 번째 선택항과 두 번째 선택항은 '2'로 빈도가 매우 높았다. 이러한 변수에 대해 주성분 분석(principal component)과 직각회전(varimax rotation) 방식으로 요인분석(factor analysis)을 수행한 이후 아래의 다섯 개 요인을 얻었는데 다섯 개 요인의 분산 기여율(cumulative variance contribution rate)은 77.6%에 달했다([표5-15]를 참조).

다섯 개 요인에 대한 각 변수의 하중으로부터 각각의 요인이 뜻하

---

211) 周怡,「文化社會學的轉向：分層世界的一種語境」,『社會學研究』 (4), 2003.
212) 劉精明·李路路, 앞의 논문.

는 의미를 알 수 있다. 첫 번째 요인은 '인터넷 요인'으로 쉬는 시간에 인터넷 채팅·게임을 자주 한다는 뜻이다. 두 번째 요인은 '차·술 요인'으로 카페·술집·찻집에 자주 간다는 뜻이다. 세 번째 요인은 '레저·헬스 요인'으로 나들이, 음악·오페라 듣기, 헬스 및 체육단련 등을 포함한다. 네 번째 요인은 '독서 요인'으로 주로 신문과 사회과학 분야 서적을 읽는다는 뜻이다. 다섯 번째 요인은 '대중오락 요인'으로 마작·카드놀이 등으로 표현된다.

[표5-15] 생활방식 요인분석 결과

	인터넷 요인	차·술 요인	레저·헬스 요인	독서 요인	대중오락 요인
인터넷 검색	0.875	0.186	0.138	0.215	-0.051
인터넷채팅·게임	0.893	0.180	0.138	0.070	0.016
카페나 술집 가기	0.236	0.842	0.070	0.052	0.095
찻집에서 차 마시기	0.061	0.886	0.077	0.084	0.093
나들이	0.299	0.488	0.391	0.151	0.164
음악·오페라 듣기	0.407	0.058	0.632	0.065	0.063
헬스, 체육단련	0.015	0.119	0.863	0.162	-0.007
인문 읽기	0.133	0.084	0.125	0.936	0.049
문학·사회과학·과학기술 분야 책 읽기	0.457	0.184	0.363	0.519	-0.054
카드놀이·마작	-0.030	0.186	0.040	0.026	0.974

그리고 다섯 개 요인에 대한 각 계급구성원들의 득점 평균치를 계산하고 비교하여 생활방식의 차이를 살펴보았다. [표5-16]의 데이터는 각 계급구성원이 다섯 개 요인에서 득점 평균치 간의 차이는 모두 통계적 유의성(Statistical significance) 검정을 받았다. 구체적

으로 권위 높은 정신노동자와 중하위 권위를 갖는 정신노동자가 레
저·헬스 요인과 독서 요인에 대한 점수가 비교적 높았고, 자율성이
높은 정신노동자와 중하급 자율성을 갖는 정신노동자는 인터넷 요인
과 차·술 요인에 대한 점수가 비교적 높았으며, 권위 있는 현장 감독
의 각 요인에 대한 득점은 모두 중간 수준에 머물렀다. 이에 반해 자
율성이 높은 육체노동자와 중하급 자율성을 갖는 육체노동자는 대중
오락 요인에서만 일정한 규칙을 보였고 인터넷 요인, 차·술 요인, 레
저·헬스 요인과 독서 요인에서는 모두 마이너스 점수로 나타났다. 모
두어말하면 본 연구의 권위계급체계에서 계급구성원들의 생활방식에
존재하는 분화를 비교적 명확하게 확인할 수 있다.

[표5-16] 다섯 개 요인에서의 각 계급의 득점 평균치 비교

	인터넷 요인	차·술 요인	레저·헬스 요인	독서 요인	대중오락 요인
권위 높은 정신노동자	-0.014	0.048	0.275	0.706	-0.158
중하위 권위를 갖는 정신노동자	0.164	0.116	0.254	0.562	-0.035
자율성이 높은 정신노 동자	0.407	0.167	0.189	0.397	-0.039
중하급 자율성을 갖는 정신노동자	0.183	0.023	0.116	0.300	-0.073
권위 있는 현장 감독	-0.077	0.021	0.166	0.155	0.108
자율성이 높은 육체노 동자	-0.135	-0.074	-0.045	-0.106	0.013
중하급 자율성이 있는 육체노동자	-0.258	-0.089	-0.084	-0.180	0.051
F 값	38.8***	6.2***	13.2***	70.1***	4.8***

제5절
소결론 및 토론

　본 장은 2006년 중국종합사회조사(도시) 데이터를 바탕으로 여러
가지 통계방법을 종합적으로 운용하여 사회경제 상황, 고용상황, 주
관적인 인지 및 평가, 생활방식의 네 가지 측면에서 권위계급체계의
구인타당도를 검사했다. 사회경제 상황을 보면 각 계급이 연소득·교
육을 받은 시간·주택 시가 등에서 보이는 차이가 크다. 대체로 권위
있는 피고용자의 사회경제 상황이 무권위 피고용자에 비해 낫다는 것
이다. 그리고 권위의 크기와 직무자율성의 크고 적음에 따라 사회경
제 상황에 규칙적인 증감세를 보인다. 고용상황을 보면 근무 시간·
승진 기회·직업 보장성·임금결정·임금 안정성 등 5개 지표와 10개의
관련 변수에서 얻은 4개의 잠재집단으로 볼 때 권위 있는 피고용자가
고용상황이 가장 좋은 잠재집단에 분포한 비율은 무권위 피고용자에
비해 훨씬 높고, 무권위 피고용자가 고용상황이 못한 잠재집단에 분
포한 비율은 권위 있는 피고용자에 비해 훨씬 높다. 또한 계급적 지
위가 높고 낮음에 따라 고용조건은 점차 떨어진다.
　주관적 계층의식, 전체적인 생활만족도를 보면 계급적 위치가 높은
집단이 계층적 지위를 비교적 높게 인식하고 생활만족도도 높은 반
면, 계급적 위치가 낮은 집단은 이와 반대 된다. 한편 주관적 지위의

식·생활만족도와 사회정치 태도(사회갈등인식과 집단행동경향)에 대한 독립변수로서의 계급의 해석력은 약하다. 따라서 효과적인 해석변수라고 할 수 없다. 마지막으로 계급 위치가 다른 구성원들은 생활방식에 있어 비교적 뚜렷한 분화를 보이며, 이러한 분화는 나름의 규칙과 특징을 갖는다.

전체적으로 볼 때 권위 계급은 그 구성원의 객관적인 사회경제 상황과 생활기회에 대해 강력한 영향력을 행사하며 객관적 계급의식과 계층의식, 생활만족도, 생활방식 사이에는 일정한 대응관계를 갖는다. 그러나 객관적 계급의식이 이러한 주관적 평가 및 인지, 특히 사회정치의식에 대한 해석력은 강하지 않다.

즉, 계급적 지위와 사회정치 태도(또는 계급의식) 간의 관계는 '강한 계급' 의미에서의 결정하고 결정 받는 관계를 이루지 못하고 미약하거나 개연적이라고 하겠다. 데이터가 보여주는 바와 같이 앞에서 여러 번 강조했던 '약소 계급' 의미에서 계급 변수를 사용해야 한다. 적어도 본 연구에서 제시한 권위계급체계에서 출발한다면 지나치게 길고 복잡한 해석 과정은 피할 수 있다는 것이다. 우리가 예상한 바와 같이 권위계급은 사회구성원이 객관적인 사회경제와 고용상황 등 경험적 현상에 나타난 변이를 비교적 잘 해석할 수 있다. 이것으로 계급체계는 비교적 높은 경험 구인타당도를 얻었다고 할 수 있다.

이밖에 사회경제 상황·주관적 인지 및 평가 부분에서 권위계급체계를 국내외 계급도식의 경험 구인타당도와 비교했다. 소득의 분산 비례를 설명하는 데 있어 권위계급집계는 Erik Olin Wright의 계급도식과 10대 계급체계 다음 순위였다. 교육 받은 시간에 대한 해석력은 중간 수준에 머물렀으나 주택 시가에 대한 해석력은 Erik Olin Wright의 계급도식에 비해 못했다. 연소득 회귀 모형 향상에 대한 해석력에 있어 권위계급체계는 우수한 것으로 나타났다. 그 향상 폭은 Erik Olin Wright의 계급도식과 10대 계급체계에 다음 순위였고 다른 계급에 비해서는 훨씬 높았다. 주관적 계층의식과 전체적인 생활만족도에 대한 해석에 있어 중등상위 수준이었다.

한편 권위계급체계를 제외한 다른 계급과 계층의 분류 기준은 모두 다차원적인데 반해, 권위계급체계는 일차원적인 분류 기준을 고집하고 개체가 직장 조직의 권위관계에서 처한 지위(권위 자원의 많고 적음)를 계급 위치를 정하는 기준으로 삼았다. 실증적 분석 결과에 의하면 일차원적인 권위계급체계는 경험 구인타당도에 있어 다른 계급도식 못지않은 수준에 이르렀다는 사실이 확인되었다. 이는 이 체계가 현대 중국사회구조의 본질과 기초를 정확하게 파악했음을 보여준다. 권위관계나 권위구조는 중국 사회구조와 사회 불평등 상황을 인식하는 관건적인 열쇠이다.

권위계급체계는 사회생활의 많은 경험적 현상에 대해 비교적 강력한 해석력을 갖는다. 일차원적인 분류 기준이 파악할 수 있는 정보량은 다차원적인 분류 기준을 고집하는 계급도식과 대체적으로 비슷한 수준이며, '간략하면서도' '간단하지 않은' 이론적 목표를 달성했다고 할 수 있다. 현대중국사회에서 권위관계구조에서 처한 위치와 권위자원의 많고 적음은 개인의 사회경제적 지위를 결정하는 중요한 요

소로 이를 바탕으로 구축된 계급분류도식은 이론적으로 널리 응용
될 수 있다고 하겠다.

권위계급체계의 가치와 의의

제6장
권위계급체계의 가치와 의의

　제1장부터 지금까지 다룬 내용은 모두 계급 연구에 속한다. 즉 계층화와 계급 연구에서의 권력·권위 관련 이론과 연구 성과를 바탕으로 이루어진 재산소유권과 조직권위에 대한 실증적 조사에 기초하여 권위계급체계를 구축하고, 현대중국 도시의 사회권력 구조와 특징을 경험적으로 분석하고자 했다. 권위는 본 연구에서 계급체계를 정의하는 핵심 지표이다. 이제부터 재산소유권과 조직권위 두 차원에서 권위(권력) 지표를 사용할 것이다. 베버에 따르면 권위와 권력은 공통된 권력 기초를 갖는다. 이는 이 체계가 '권위계급체계'라고 불리는 원인이다.

　재산소유권은 권력관계의 일종의 구현으로 재산소유권을 갖는 여부에 의해 사회집단 간의 생활기회의 분화가 유발되고, 그에 따라 계급적 위치가 결정된다. 계급 분류에 대해 국내외에서 유행하는 계급도식의 계급적 위치를 구분하는 가장 우선적이고 기본적인 요소는 소유자(고용자)·자영업자와 피고용자이다. 방대한 피고용자 집단을 구분하는 근거는 조직권위의 지표이다. 피고용자의 직장조직에서의 권위관계에서 처한 위치나 권위 자원을 측정하고 이를 핵심 지표로 하여 피고용자 계급의 위치를 확정하는 것이 이 책의 가장 혁신적인 이론이라고 하겠다. 직장조직 내의 권위체계는 완전한 사회관계적 특징을 갖는 것으로 보인다. 분화된 권위관계의 서로 다른 위치에 있는 피고용자들은 뚜렷한 차이를 보이는 지배와 복종의 역할을 실천할 뿐만 아니라, 권위적인 지위와 역할에 수반되는 일련의 불균등한 생활기회를 누리고 있다. 권위적 지위의 분화와 자원 점유 간의 관계에 대해 본 연구에서는 신 제도주의 경제학, 특히 거래비용이론을 참고하여 완비된 해석시스템과 논리를 구축하고, 피고용자 집단의 계급적 위치가 왜 권위관계를 중심으로 구축되어야 하는지에 대해 해석했다. 조직권위 지표를 사용하면 권력의 분배와 권력구조 상황을 반영하는 계급도식을 그려낼 수 있고 이에 근거하여 구분한 계급적 위치는 일련의 결과적인 사회적 과제와 연결될 수 있다.

본 연구는 재산소유권과 조직권위를 핵심으로 하는 계급도식을 구축하여 계급분석의 틀로 삼아 계급분석과 사회계층화 연구 가운데 권력(권위) 연구의 새로운 발전을 이루고자 한다. 본 연구는 최근 몇 년 동안 국내의 학계에서 날로 커지는 "계급분석으로 복귀하자"는 목소리에 대한 대답이라고 하겠다. 여기에는 이러한 목소리에 대한 비판적인 반성과 함께 기존의 연구를 바탕으로 계급 연구를 전개하는 방법도 포함한다.

제1절
이론적 가치와 의의

1. 계층화와 계급 연구·계급 연구 내부의 여러 패러다임 간의 내적 관련에 대한 규명

    사회계층화와 사회 불평등 상황에 대한 연구는 다양한 측면에서 많이 이루어졌는데 계급은 그 중에서 비교적 독특하고 중요한 하나라고 하겠다. 계층화 연구 시각에 대한 분류는 연구 기준에 따라 다른데 비교적 대표적인 몇 가지 분류법은 연속적인 것과 유형적인 것, 등급적인 것과 관계적인 것, 명의적인 것과 실재적인 것, 집합적인 것과 그렇지 않은 것 등이다. 계층화 연구에서는 여러 가지 경쟁적인 시각이 있는데 서로 교차적이고 합쳐지는 연구가 있는가 하면, 구별되고 대립되는 연구들도 있다. 계급분석 연구 역시 마찬가지이다. 계급분석 연구의 특징은 관계에 의한 계층화라는 점이다. 즉 사회관계의 불평등이 가장 중요한 사회 불평등이라고 강조한다. 이러한 관계가 계급 쌍방(또는 각 측) 간의 생산관계·고용 관계·착취관계든 통치관계든 간에, 노동력시장에서 발생하든 조직 내부에서 발생하든 상관없다. SEI를 비롯한 등급론에서의 계층화는 사회집단의 사회자원 점유량에서의 차이에 더욱 관심을 갖는다. 계급분석은 기본 구조에서 볼 때 수직적으로 분포된 등급체계와 달리 일반적으로 한정적이고,

기본 성격에서 볼 때 단순한 양적 묘사가 아니라, 일반적으로 명확한 해석논리를 갖고 있다.

계급 연구 분야에서의 쟁점은 이론적 관점(기능론과 갈등론), 해석 강도나 이론적 지향('강한 계급'과 '약소 계급'), 해석논리(구조주의와 행동주의, 경제결정론과 문화적 결정주의) 등 측면에서 현저한 차이를 보인다. 관심을 갖는 핵심 과제 예를 들어, 자원 배분에서의 사회 구성원의 위치가 어떠한 방식으로 결정되었는지, 생활기회와 생활수준의 불평등을 어떻게 해석하는지, 계급구성원의 계급의식과 계급행동 그리고 역사변천에서의 역할은 어떠한지 등에 대한 각 유파의 해석은 다르거나 심지어 날카롭게 대립하는 경우도 있다.

계급 연구를 포함한 사회계층화와 불평등 연구의 다중 시각을 매우 복잡한 틀에서라도 통일시키려는 시도는 매우 어렵다. 이는 바로 계층화 분야의 각종 경쟁적 시각의 다양성과 복잡성을 보여준다. 앞에서 다양한 계층화에 대한 관점과 각 계급 연구모델에 대해 검토했는데, 그 목적은 모든 것을 두루 갖춘 분류 틀을 발전시키기 위한 것이 아니라, 계층화 분야의 연구 상황과 계층화 연구에서 계급의 위치에 대해 개괄적으로 이해하도록 하기 위함이다.

중국(특히 개혁개방 이후)의 계층화와 계급 연구에서 보이는 문제점이나 문제의 주요 근원은 계급과 계층화의 다양한 관점, 계급 연구 내부의 서로 다른 모델 간의 관계를 규명하지 못한 데 있다. 그것은 다음과 같은 몇 가지로 표현된다. 첫째, 국내 학계에서는 계급분석이 마르크스주의 분석과 같다고 생각하는 경우가 일반적이다. 그리고 계급 연구가 아닌 것은 베버주의로 간주하여 베버주의 계급 전통을 소홀히 한다는 것이다. '계급분석의 복귀'라는 구호는 사실 '마르크스주의 계급분석의 복귀'를 뜻한다. 그러나 '계급분석 복귀'의 방법은 매우 다양한 것으로 마르크스주의만을 포함하는 것이 아니다. 둘째, 국내 학계에서는 흔히 계급과 계층(계급이 아닌 계층화의 관점)은 둘 중 하나일 수밖에 없는 '선택적인' 관계로 간주한다. 최근 몇 년 동안 이른바 '개혁개방 초기의 계급분석에서 비계급 분석으로', '최근 몇 년 동안의 계층분석에서 계급분석으로' 등 패러다임의 전환은 실질적으로 양자를 대립시킨 것이다. 즉 양자를 대등한 사회계층화와 불평등 연구로 보지 않았다. 그러나 양자는 공존할 수 있는 것으로 반드시 양자택일인 것은 아니다. 셋째, 국내 학계의 이른바 연구 모델의 전환은 흔히 사회의 전환이나 사회 정세의 변천 여부(정태 또는 동태 사회)와 연결되어 있는데 이러한 관점은 토론의 여지가 있다.

2. 계급 연구의 '경제결정'에서 '권위 지배'의 이론적 전향

계급 연구에서의 이론적 전향은 경제적 요소를 중시하던 고전시기에서 조직권위적 요소를 중시하는 현대사회에 이르기까지 권위계급 체계 구축에 가장 원초적인 사상적 영감과 이론적 기반을 제공했다. 이러한 권위적 요소, 특히 조직권위적 요소에 대한 중시는 신 마르크스주의 전통에서 뿐만 아니라 신 베버주의 전통에서도 나타난다. 그리고 이러한 전환은 이론적 의미와 초점, 연구 차원/시각의 전환, 즉 일반적인 사회적 분석에서 조직적 분석으로의 전환에 의해 표현된다.

이와 함께 1970년대에 부상한 노동력시장 이론은 구조적 시각과 조직적 차원에서 사회 불평등문제에 대해 연구한 것은 본 연구에서 증명하고자 하는 이론적 전향에 증거와 시사점을 제공했다. 조직은 현대사회가 자원배분과 권력실천의 주요 장소로 사회구성원이 조직 내부의 권위관계에서의 위치나 갖고 있는 권위 자원의 양(직무수행 상황)은 그들의 생활기회와 물질적 이익 획득에 근본적인 영향을 미치고 사회 계급적 지위를 결정한다.

3. 피고용자의 계급적 지위는 왜 조직의 권위관계에 의해 정의되는지에 대한 이론적 해석

본 연구에서는 신 제도주의 경제학, 특히 거래비용이론을 바탕으로 "피고용자 집단의 계급적 지위가 왜 노동력시장과 직장조직에서의 권위관계(직무수행 상황)에 의해 정의되었는지, 또는 피고용자의 계급적 지위가 왜 권위관계를 둘러싸고 정의되어야 하는지"라는 권위계급 해석논리와 관련된 핵심에 대해 해석하고자 했다. 구체적으로 직무수행 상황(권위)과 자원 점유 간의 관계에 관한 체계적인 이론을 발전시켜 해석한 것이다.

우선 일종의 경험화로 존재하는 사회적 조직화는 피고용자의 계급적 지위를 결정하는 요소를 직장조직에서 찾아야 한다는 점에 대해서는 의심할 여지가 없다. 지금까지 널리 알려진 계급분석 구조는 노동력시장과 직장조직에서 계급과 관련된 구조적 위치를 찾는 것이 일반적이다. 그 다음으로 직장조직 내에 나타난 권위의 등급 분화는 고용자와 피고용자 간의 거래 속성(고용 인적자산의 조직전속성과 생산력 측정의 난이도)에 따른 조직 부권(또는 관리 구조 생성)의 결과로 이해할 수 있다. 조직에 전속해 있는 인적자산이 비교적 많고 생산력에 대한 측정이 쉽지 않은 피고용자에게 고용자나 조직이 채택하는 이성적 전략은 피고용자에게 가장 높은 권위(관리권과 전문적인 결정권)를 부여하는 것이다. 이와 반대의 경우, 즉 조직에 전속해 있는 인적자산이 없고 측정이 어려운 피고용자에게 고용자가 조직은 권위를 부여할 필요가 없다. 그러나 인적자산의 전속성과 측정의 난이도 중에 하나만 관련되는 경우 고용자나 조직은 전문 분야의 권위(즉 완전한 자율성 부여)를 부여하거나 권위를 부여하지 않는(부분적인 자율성만 부여) 두 가지 전략을 채택하게 된다. 조직 내 거래 속성과 권위의 분화, 즉 관리구조의 형성은 대응한다. 이러한 권위관계는 조직 내의 구조적 위치를 결정한다. 마지막으로 거래비용이론에서 관리구조와 노동보수 사이에 일대일 대응의 관계가 존재한다는 관점은 권위적 위치가 다른 피고용자들이 해당 노동보수와 어떠한 형태로 대응하는지를 설명할 수 있다. 이로써 「거래 속성—조직 부권—관리구조(권위관계)의 생성—노동보수의 분화」의 해석논리가 만들어진다. 즉 이론적 연역(演繹)의 측면에서 볼 때, 조직 내의 권위관계(분화)를 바탕으로 피고용자의 계급 유형을 구분하는 계급도식이 명확하게 그려질 수 있다고 하겠다.

4. 중국의 도시 데이터에 기반한 권위계급체계 구축과 이상적인 목표지 향타당도의 도출

2006년 중국 종합사회조사(도시) 데이터를 바탕으로 본 연구에서는 재산소유권 지표를 이용하여 고용자·자영업자와 피고용자라는 가장 중요하고 기본적인 계급의 위치를 확정하고, 피고용자 집단의 조직 권위를 직접 측정하여 계급도식에서의 위치를 확정함으로써 권위에 기초한 새로운 계급도식을 구축했다. 피고용자 집단의 계급적 위치는 다음과 같은 네 가지 조직권위를 가진 집단으로 이루어졌다. 첫째, 부하직원이 있고 조직의 인사·생산경영관리·상벌·재무 등 중대한 사항에 대해 일정한 결정권과 부하직원에 대한 관리·감독권을 가진 정신노동자는 이 권위체계의 상위에 있다. 둘째, 의사결정과 부하직원에 대한 관리·감독권이 없으나 일정한 직무자율성을 갖는 정신노동자는 두 번째 등급에 있다. 셋째, 결정권이 없으나 부하직원에 대한 감독권을 갖는 육체노동자는 세 번째 등급에 있다. 넷째, 부하직원에 대한 관리·감독권은 없지만 일정한 직무자율성을 갖는 육체노동자는 이 권위체계의 최하층에 있다. 이를 바탕으로 모든 권위 등급 내부에 대해 권위의 크기에 따라 최종적으로 피고용자 집단을 대상으로 하는 권위계급체계가 형성된다. 그리고 다른 두 위치에 있는 고용자(고용 규모에 따라 대고용자와 소고용자 두 계급으로 세분화할 수 있음)와 자영업자를 포함하여 사회경제활동 구성원을 대상으로 하는 완전한 계급분류체계가 최종적으로 형성된다.

이밖에 본 연구에서는 이 새로운 계급분류체계의 목표지향타당도를 살펴보았다. 준거타당도검사 결과에 따르면 조직의 권위에 의해 정의된 피고용자의 계급적 위치는 직업유형·교육정도와 조직의 유형 등 피고용자의 사회경제적 지위와 신분을 명확하게 표시하는 상용변수와 잘 대응한다. 비록 조직의 권위나 직무수행 상황은 특정한 구체적인 상용 지표로 간소화하거나 동일시하기 어렵지만, 직무수행 상황지표가 반영하는 정보는 상술한 변수의 조합에 대체적으로 대응할 수 있다. 즉, 직무수행 상황에 의해 확정된 다양한 유형의 피고용자는 대체로 대용변수의 조합에 의한 집단으로 외현화되거나 구체화될 수 있다. 한편, 직무수행 상황에 따른 등급 차이(즉 권위관계 분화에서 처한 위치)도 이 몇 가지 상용 계층화 지표가 조합되어 이루어진 순서에 잘 대응한다. 본질적으로 직업·교육정도·당원신분 등 신분 특징은 권위적 지위와 권위관계의 외재적 표지(proxy)로 볼 수 있고 권위야말로 배후에서 기초적인 결정적 작용을 하는 핵심 요소라고 하겠다. 구인타당도검사는 이 계급체계가 이론적으로 예상한 것처럼 경험적 현상의 변이를 얼마나 정확하게 해석하고 예측할 수 있는지를 고찰하는 데 목적을 둔다. 이를 위해 우리는 이론적 측면에서 계급 그리고 각 계급 간의 관계에 대해 체계적으로 소개한 네 가지 경험적 현상을 선정했다. 소득·교육을 받은 시간과 주택 상황을 포함한 사회경제 상황·고용상황·주관적인 인지 및 평가(주관적인 지위의식·사회정치 태도와 생활만족도)·생활방식이 그것이다. 연구에 의하면 이 체계 내의 계급구성원(특히 피고용자 집단)은 상술한 네 가지 경험적 현상, 특히 사회경제 상황과 고용상황에 있어 어느 정도의 차이와 분화를 보인다. 권위 있는 피고용자와 무 권위 피고용자 간의 차이는 특히 뚜렷하고 각각의 내부는 권위의 크기와 자율성의 정도에 따라 규칙적인 변화를 보인다.

물론 독립변수의 권위계급체계는 구성원의 사회경제 상황과 고용상황에서의 변이에 대해 비교적 정확하게 해석하는 반면에, 주관적인 지위의식과 사회정치 태도(집단행동경향과 사회갈등인식)에 대한 예측과 해석력이 떨어진다. '강한 계급'과 '약소 계급'이라는 화제로 돌아가면 주관적인 태도에 대한 평가보다 권위적 요소를 바탕으로 확정된 계급적 지위가 구성원의 생활기회와 물질적 이익에 대해 더욱 큰 영향을 미친다고 할 수 있다. 계급의식, 더 나아가 계급행동에 있어 권위계급체계는 결코 효과적인 예측 변수가 아닐 수도 있다. 계급적 지위와 계급의식·집단행동의 필연성을 한데 연결하는 방법은 바람직하지 않다. 왜냐하면 그 인과 모형의 성립은 더욱 구체적이고 특정한 사회 역사적 조건에 달려 있기 때문이다.

또한 목표지향타당도를 파악하기 위해 본 연구에서는 권위계급체계를 국내외에 널리 알려진 계급도식과 비교했다. 그 결과 '일차원적' 분류기준을 고집하는 권위계급체계는 '다차원적' 기준을 주장하는 계급도식 못지않았다. 권위계급체계가 비교적 높은 목표지향타당도가 있음을 나타내는 근거는 각종 경험적 현상에 대한 해석에 있어 권위계급체계가 보여주는 수치가 모든 계급도식의 최고치와 최저치 사이에 있고, 일부는 앞 순위를 차지했다는 것이다. 권위계급체계의 목표지향타당도는 높은 것으로 다른 계급도식과 경쟁할 만한 계급분류체계의 자격과 조건을 갖추었다고 할 수 있다. 정확한 이론적 기초와 목표지향타당도가 높은 권위계급체계는 중국사회에서 널리 응용될 수 있다고 하겠다.

제2절

권위계급체계의 특징

1. 관계적 관점

관계적 관점은 계급이 수많은 계층화 연구 가운데 독보적인 시각으로 각인된 관건적인 특징 중 하나로, 사회관계의 불평등이 가장 중요한 사회 불평등이라고 강조한다. 관계적 계급은 단순히 다른 계급에 상대적인 개념이 아니라, 다른 계급과의 사회적 관계를 가리킨다. 예를 들어 마르크스주의 계급 틀에서 자산계급과 노동자 간의 착취관계가 그것이다. 본 연구의 권위계급체계는 명확한 관계적 관점을 주장하며 각각의 계급은 근본적으로 권위관계에 의해 결정되는 틀에 놓여 있다고 본다. 고용자와 피고용자의 관계는 양자가 소유권에서의 위치에 의해 표현된다. 피고용자의 계급적 위치는 다른 피고용자와의 권위관계에 의해 정의되고 피고용자의 권위관계에서의 지위는 계급체계에서의 위치를 결정한다.

2. 구조적 위치

고전적 계급의 정의에 따르면 계급은 일련의 구조적 위치와 관련되는 것으로, 특정한 위치에 놓여 있는 사람들로 일종의 '비어 있는 공간이다.'[213] 이 책에서 제시한 권위계급체계에 대해 말하자면 노동력시장과 직장조직에서의 권위관계는 이러한 구조적 위치를 정의하고 그 위치는 계급구성원의 그 어떤 개인적 특징과 별도로 존재한다. 조직 내 권위관계에서의 구성원의 특정한 위치는 계급체계에서의 위치를 결정한다. 이른바 아무리 견고한 군영이라도 탈영하는 병사는 있게 마련인 것처럼, '군영'의 계급적 위치는 이 '군영'에 있는 '병사'의 성별·연령 등 일시적인 인구학적 특징과 관련이 없을 뿐만 아니라 직업·교육기능·당원신분 등 사회적 '꼬리표'와도 연결되지 않는다. Erik Olin Wright는 일찍이 권위의 위치와 관계를 측정하는 창의적인 개념 도구를 설계하여 계급도식 구축에 사용했다. 그러나 그는 조직자산과 기술/자격증 두 변수로 피고용자의 계급적 위치를 교차적으로 정의하는 것은 계급적 위치 이론에 위배된다고 보았다. 그는 기술/자격증 자산으로 착취체계에서의 전문기술인원의 위치를 설명했는데, 기술/자격증 자산은 특정 계급의 위치에 있는 개인의 특징에 속하며, 같은 기술/자격증을 가진 모든 사람이 같은 위치를 얻을 수 있는 것은 아니기 때문에 이는 위치이론에 위배된다고 하겠다.

3. 일차원적 분류 기준

본 연구에서 구축한 권위계급체계가 다른 계급도식과 차이를 보이는 점은 권위계급체계는 계급분류기준/근거상의 '일차원성'을 견지하고, 그 이론적 기초와 실천적 조작화에서 권위관계(구체적으로 재산

---

213) Sørensen, Aage B., 앞의 논문, 71~87쪽.

소유권과 조직 권위에서 표현됨)는 계급 구분의 유일한 기준이라는 것이다. 다른 각 계급과 계층 개념의 분류기준은 '다차원적'인 관점을 주장하는 것이 일반적이다. 예를 들어 Erik Olin Wright가 피고용자 집단을 구분할 때, 그 조직자산과 기술/자격증 자산을 종합적으로 고찰했고, J.Goldthorpe의 EGP도식은 조작화에 있어 계급구성원의 직업과 고용 지위를 고찰했다. 그리고 10대 계층체계는 사회구성원의 조직·경제·문화 등 세 가지 자원을 동시에 고찰했고, 린·우의 신 마르크스 계급도식은 호적·단위제도·간부신분·사유재산권 등 여러 가지 요소를 종합적으로 사용했으며, 5대 계층체계는 공권력·자산통제권과 기술자본의 세 가지 요소를 동시에 고찰했다. '다차원적' 분류기준의 계급도식과 비교할 때 권위계급체계의 장점은 필요로 하는 사회구성원의 정보와 자료가 비교적 적다는 것이고, 더욱 중요한 점은 이론적 논리의 기술에서 일치성과 간결성을 갖는다는 것이다.

4. 해석논리와 타당도 발휘의 잠재적 성격

피고용자 집단에 있어 직업·교육정도(기술자격)·정치적 신분 등 비교적 뚜렷한 신분과 지위 차이보다는 조직 내 권위의 분화로 인해 형성된 차이가 더 흔히 숨겨지고 잠재적이며 대중이 식별하거나 눈치 채기가 어렵다. 준거타당도검사를 통해 직업·교육 정도·당원신분 등 현저한 신분 특징은 본질적으로 권위적인 지위와 권위관계의 일종의 외재적인 표지이고, 권위야말로 배후에서 기초적인 결정적 작용을 하는 핵심 요소라고 대체적으로 생각할 수 있다. 한편, 구인타당도검사를 통해 알 수 있듯이 권위계급체계는 이론적으로 예상한 것처럼 구성원의 사회경제 상황 변이를 예측하고 해석할 수 있다. 심층적인 사회구조 기준으로서 권위계급체계는 현대중국 도시사회 불평등의 구조적 근원을 파악했다고 할 수 있다.

제3절

존재하는 문제

1. 피고용자 집단의 권위 분화에서의 조직적 차이성

전체적으로 말하자면 권위계급체계는 이론적 기초·해석논리와 조작화에 있어 모두 완비되고 체계적인 이론에 기반하고 있다. 이러한 이론은 기반이 튼튼하여 다양한 시련을 이겨낼 수 있다. 그러나 계급체계의 조작화 과정과 세부적인 부분에 아직도 일부 문제나 빈틈이 존재한다는 것을 인정해야 한다. 그 중에서 가장 뚜렷한 점은 피고용자 집단의 권위 분화에서의 조직적 차이성에 대한 분석이 좀 더 보완될 필요가 있다는 것이다. 위에서 제시한 바와 같이 이 문제는 Erik Olin Wright가 Ralf Dahrendorf 계급이론을 공격하는 핵심적인 근거이다. 즉, "권위 정의는 모든 조직을 개념적으로 등가로 보는 경향이 있다."[214] 본 연구의 계급체계는 Ralf Dahrendorf의 이론에 비해 발전했으나, 해결되어야 할 문제점은 여전히 남아있다. 본 연구에서 발전시킨 부분은 다음과 같다. 첫째, 우선 고용 지위를 구분(고용자·자영업자와 피고용자)한 다음 고용 집단에 대한 계급적 위치를 확정하는 기준으로 조직 권위라는 변수를 사용했다는 것이다. 이는 권위 계급을 두 개로 구분한 Ralf Dahrendorf의 관점과 다르다. 둘

---

214) Wright, E. O., 앞의 책, 13쪽.

째, 육체노동자와 정신노동자라는 기준을 추가하여, 해석논리와 시스템이 차이를 보이거나 전혀 다른 직무수행 상황에서 피고용자의 계급적 위치를 정의했다는 점이다. 이로써 모든 조직의 유형을 동일시하는 데서 생기는 오차를 없앴다. 셋째, 위에서 언급한 '관리 위치'·조직의 규모 등 변수를 사용하여 권위 있는 피고용자의 계급적 위치를 일정한 폭으로 조정했는데, 이는 조직적 차이성에 대한 또 하나의 대응 전략이라고 하겠다. 그럼에도 불구하고 조직 성격(소유제 성격·조직의 유형 등)·조직구조(수직 또는 편평)·각각의 조직유형의 조직 규모 차이 등 조직적 차이의 중요한 형태에 대해 비교적 이상적인 답을 얻지 못했기 때문에 권위관계(또는 권위적 지위나 권위 자원으로 조작화한 것)는 모든 조직의 유형에서 완전히 등가적이고 비교적(比較的)이라는 결론을 내리기 어렵다고 하겠다.

2. 권위계급체계의 보급과 응용에서의 문제점

우선, 현재 중국에서 이루어지는 몇 개의 비교적 큰 규모의 종합사회조사는 매우 적거나 또는 직무수행 상황, 조직의 권위와 관련된 변수를 설정하지 않고 있다. 비교적 흔히 사용되는 변수는 '관리 위치' 또는 '행정 등급'이지만, 이 두 변수는 조직의 권위를 완전히 대체할 수 없다. 그리고 전체 응답자 중에서 관리위치와 행정등급이 있는 사회구성원의 비율이 비교적 낮고, 관리직위와 행정등급이 없는 다수 피고용자의 계급적 위치에 대해서는 정의할 수가 없다. 따라서 직무수행 상황(조직 권위) 관련 지표의 부족은 이 계급체계의 보급과 응용에 있어 주요 난제라고 하겠다. 권위계급체계의 목표지향타당도가 높다는 점에서 본 연구에서는 앞으로 이루어지는 사회조사가 이러한 요소를 보다 중요시하고 관련 내용을 보다 폭 넓게 고찰할 것을 바란다.

둘째, 권위계급의 조작화 과정에서 관련되는 측정 지표와 변수가 비교적 많고 구축하는 과정과 절차가 여전히 복잡하다. 이는 이 계급체계가 광범위하게 보급되고 응용되는 것을 제약하는 요소이기도 하다. 따라서 어떻게 비교적 적은 몇 가지 지표로 직무수행 상황과 조직 권위를 평가하여 응답자의 계급적 지위를 효과적으로 확정하고, 조작화 과정을 간소화하여 고정된 조작 절차를 형성하느냐 등은 깊이 연구할 만한 주제라고 하겠다. 여기서 J.Goldthorpe가 EGP도식을 구축할 때 사용한 고용 지위라는 변수와 그 조작화 전략은 참고할 만한 방법이다. 즉 네댓 개의 간단한 주제(고용 상태·부하직원의 수량·조직 규모 등)를 설정하여 응답자의 고용 지위를 대고용자·소고용자·자영업자·대관리자·소관리자·감독자·일반피고용자 등 7가지로 구분했다. 물론 이러한 이론적 목표를 이루기 위해서는 다음과 같은 전제조건이 필요하다. 즉 지표의 정밀한 선택·문제에 대한 정교한 설계와 각종 대체적인 조작 방안에 대한 검증과 평가이다.

제 7 장

'특이한 부류' :

현대중국 성진(城鎭) 중산층에 대한
유형적 분석

제7장

'특이한 부류' : 현대중국 성진(城鎭)

중산층에 대한 유형적 분석[215]

　현대 중국사회제도 전환의 실제와 결합하여 '재분배→시장'의 이원적 분석 구조를 사용하고 '사회구조—계급의 경력—계급의 정체성—계급의 성격'의 논리에 근거하여 본 장은 현대중국의 중산층에 대해 '내원(內源)—외생(外生)'으로 유형화하고 CGSS2003 조사 데이터를 바탕으로 '세대 간 지속성', '정치의식'과 '소비의식'의 3가지 측면에서 두 중산층의 성격과 그 사회적 기능을 분석함으로써 현대중국 중산층의 분화를 분석하는 유형학적 모형을 제공했다.

---

215) 본 장의 주요 내용은 『사회과학연구』 2007년 6호에 실림.

제1절
이론적 배경

　잘 알려진 바와 같이 중산층은 서양자본주의 공업화 과정에서 생겨났고, 빠른 속도로 공업화를 이룬 많은 국가와 지역에서도 중산층이 나타나기 시작했다. 그 중에는 사회주의국가도 포함되어 있었다. 1980년대 이후 중국에서 나타난 체제개혁과 현대화의 고조에 따라 중산층(또는 중간층·중산층·중간등급·신 중간층 등) 문제는 갈수록 관심을 끌기 시작했다. 관심을 끌게 된 중요한 원인 중의 하나는 사람들은 중산층의 발전과 그 사회적 기능이 중국사회의 안정과 발전에 영향을 줄 것이라고 생각했기 때문이다.

　본 장은 '동서양의 비교(鏡像)'[216]를 통해 현대중국 중산층의 성격[217]과 그 사회적 기능에 대해 다루고자 한다. 체계화된 중산층 이론은 1940년대 후반에 형성되었다. 그 중에서 가장 대표적이고 영향력 있

---

216) '鏡像' 식 연구는 학계에서 흔히 거론되는 동서양 모델을 비교하는 것이다. 본 장에서 주로 자본주의체제와 사회주의체제의 비교, 즉 자본주의체제 아래의 중산층과의 비교를 통해 현대중국의 중산층을 분석한다.

217) 계급적 성격은 일종의 사회적 성격에 속하는데 이는 미국 사회학자 David Riesman에 의해 자세히 소개되었다. 그는 어떤 단체나 사회 계급이 갖는 성격 구조는 '집단적 경험의 산물'로 문화생활과 정치생활에서 발견되는 것으로 동일한 문화를 배경으로 하는 사람들에게 공통으로 인식되며 최종적으로 일종의 동기 정체성과 외부 행위로 나타난다. David Riesman 등은 미국의 중산층 성격에 대한 분석을 통해 계급의 성격은 사회환경(사회구조) 변화의 영향에 달려 있다고 주장했다([미국] 理斯曼·格拉澤·戴尼:『孤獨的人群美國人性格變動之研究』, 1989, 沈陽: 遼寧人民出版社).

는 이론은 Mills의 이론이다. 미국의 경제구조와 사회구조가 20세기 중반에 겪은 중대한 전환을 바탕으로 Mills는 미국의 중산층을 '구(舊) 신(新)' 두 유형으로 구분한 다음 신중산층, 즉 '화이트칼라'의 성격과 사회구조적 기능을 체계적으로 분석했다. 구식 중산층(19세기의 농장주와 상인)의 독립성과 강인성에 비해 Mills는 신 중산층(20세기 화이트칼라)의 업무적 의존성·사상적 보수성과 행동적 둔감성(遲鈍性)을 강조했다. 그는 화이트칼라를 정치적으로 냉담하고 확고하지 못하며, 쉽게 동요되고 명확한 정치의식이 없는 계급으로 묘사했다. 사회적 형태, 물질적 이익, 이데올로기의 차이로 인해 중산층은 정치운동의 현실적 기반이 형성되지 않았다고 보았다. 따라서 화이트칼라는 자본주의의 '정치 수비수'로 여겨져 자본가와 노동자 간의 완충지대의 역할을 한다고 했다.[218] 그 밖에 그들 업무상의 피동성으로 인해, 화이트칼라는 스스로 사회경제적 지위를 향상시키기 어려우며, 일상적인 생활 소비를 통해 자신의 차이를 나타낼 수 있을 뿐, "일상의 소비를 재산보다 중요하게 여기고" "모방"은 그들의 일상 소비생활의 중요한 수단이 되어, 자본주의의 '소비 하프 백'이 된다고 했다. 이러한 분석을 통해 알 수 있듯이 중산층의 출현과 확대는 자본주의 사회발전에 중요한 조절적 작용을 한다.

또한 다른 서양 학자들, 예를 들어 J.Goldthorpe, L. 코리(영문명 보충), D.Lockwood 등도 서양사회가 겪은 19세기 말부터 20세기 중엽까지의 경제개혁과 기술개혁을 배경으로 중산층에 대해 다루었는

---

218 [미국] 賴特·米爾斯, 『白領·美國的中産階級』, 1987, 杭州: 浙江人民出版社, 6쪽.

데, 학자들마다 관점이 다소 다르지만 중산층이 사회적 갈등을 완화하고 사회적 안정을 추진하는 사회적 기능을 갖는다는 관점을 지지하는 것이 일반적이다.[219] 1970년대에 이르러 Daniel Bell은 『탈산업사회의 도래(後工業社會的來臨)』라는 책에서 비슷한 관점을 내놓았다. 중산층은 관료주의와 평화민주의 중요한 힘이기 때문에 사회를 안정시키는 기능을 갖는다는 것이다.

중산층의 성격[220]과 사회적 기능에 대한 이러한 주장은 이후의 많은 이론에 대해 지도적 역할을 했다.

그러나 뒤늦게 부상한 경제의 외연적 확장을 특징으로 하는(外源式) 현대화 국가의 사회구조의 변화과정은 일찍이 형성된 내포적 성장을 특징으로 하는(內源型) 국가와 크게 달랐다. 이들 국가의 중산층 성격과 사회적 기능에 대해 많은 학자들이 기존과 다른 관점을 제시하여 중산층 이론에 대한 논쟁을 유발했다.

그중 대표적인 것이 바로 한국에 대한 연구이다. 한국은 후기의 현대화 국가이다. 한국의 중산층은 급격한 사회구조 변동과정에서 형성된 것으로 돌연성과 복잡성을 띤다. 따라서 성격과 사회적 기능에 있어 유럽과 미국 선진국의 중산층과 차이를 보인다. 특히 1980년

219) 周曉虹, 「再論中産階級 : 理論,曆史與類型學」 (5), 『社會』 , 2005.
220) Mills는 『화이트칼라·미국의 중산층(白領·美國的中産階級)』에서 신중산층의 정치 방향은 네 가지 가능성이 있다고 말했다. ⑴ 정치적으로 독립된 계급으로 발전하여 다른 계급을 대체하고 현대 사회의 운행을 추진하는 중추적 역할을 한다.⑵ 독립적인 계급으로 발전하지는 않았으나, 모든 계급이 균형적으로 존재하도록 조정하는 주요 역량이다. ⑶ 자산계급에 소속되어 보수적이고 반동적인 힘이 된다. ⑷ 고전적인 마르크스주의 모델에 따라 발전하고 노동자 계급과 하나가 되어 사회주의 정책을 받아들인다(미국(賴特·米爾斯, 앞의 책, 326~327쪽.)

대 이후 한국의 중산층은 전통문화를 기반으로 하는 생활방식의 특징이 더 짙어졌다. 정치적 참여에 있어서도 매우 큰 열정을 보이면서 '민주주의의 새로운 힘'으로 부상했고, 급진적이고 개혁적인 성격이 강해 정치적 민주를 이끄는 하프백이 되었다.[221] 이러한 성격은 중국 대만의 중산층에서도 발견할 수 있다.

사실 Mills가 중산층의 정치적 성격을 언급할 때, 제기한 중산층의 정치적 방향의 네 가능성은 한국과 중국 대만 중산층의 성격을 예언했다. 리유메이(李友梅)는 상하이의 중산층에 대해 분석한 다음 중산층의 사회적 기능과 집단행동 가능성은 많은 요소의 제약을 받는다고 했다. 즉 거시적 요소(사회구조·역사발전단계·문화전승·제도적 환경 등)와 관련이 있을 뿐만 아니라, 미시적 요소(사회심리상태·사회 감정(Social emotions) 등)와도 관련이 있다는 것이다.[222] 위에서 언급한 후발 공업화 국가 또는 지역의 중산층에 대한 분석은 중산층의 성격과 사회적 기능의 차이성을 밝히고, 특정 사회의 사회구조 특성과 중산층의 성격, 사회적 기능의 과정 의존성과 시공간적 특징을 예시했다.

이로부터 알 수 있듯이 위에서 논의한 중산층에 관한 이론은 모두 특정한 사회·역사를 배경으로 생겨난 것이다. 이러한 이론은 '혁명'

---

221) Lett, D.Potrzeba, In Pursuit of Status: the Making of Sorth Korea's "New" Urban Middle Class, 1998, Harvard University Asia Center and Harvard University Press. 蕭新煌, 『變遷中台灣社會的中産階級』, 1989, 台北: 巨流圖書公司. 王建平, 「中産階級研究：理論視角及其局限」, 『天府新論』(3), 2004. 周曉虹, 앞의 논문.
222) 李友梅, 「社會結構中的 '白領' 及其社會功能 以20 世紀90年代以來的上海爲例」, 『社會學研究』(6), 2005.

전의 혼란을 겪거나, 자본주의 상승시기의 번영과 자본주의가 끊임없이 성숙하는 과정을 함께 하거나, 후발 현대화 국가의 구조적 전환기를 경험했다. 이는 중산층의 성격과 사회적 기능을 연구하려면 일정한 사회구조 배경에서 중산층의 형성과정에 주목해야 함을 시사한다. 형성과정의 차이는 다양한 중산층의 성격과 그 사회적 기능을 결정하게 된다.

서양자본주의 체제가 끊임없이 성숙하는 과정에서 출현한 중산층의 이삼백 년 역사와 비교할 때, 현대중국의 중산층은 최근 20~30년 사이에 형성되고 발전했다고 할 수 있다.[223] 중국의 중산층은 급격한 사회구조 변동 속에서 '탄생된' 집단이다. 이러한 시공간을 배경으로 형성된 중산층은 서양자본주의 체제와 다른 성격을 띠고 다른 사회적 기능을 발휘할 수 있다. 따라서 본 장에서 주목하는 문제는 현대중국에서 재분배경제가 시장경제로 바뀐 이후, 중국 시장경제의 형성과 중산층의 성격, 사회적 기능에 어떠한 영향을 미칠 것인가 하는 것이다. 이는 본 장에서 다루게 되는 내용의 이론적 전제이다.

---

223) 물론 사회주의체제에서 중산층이 존재하느냐에 대해서는 논쟁이 많다. 사회주의사회 중산층에 대한 F.Parkin 분석(Parkin, Frank, "Class Stratification in Socialist Societies," The British Journal of Sociology(20), 1969), 저우샤오훙(周曉虹)과 리창(李强)의 「중산층에 대한 분석(關於 "類中産階級" 的分析)」(周曉虹, 앞의 논문. 李强, 「市場轉型與中國中間階層的代際更替」, 『戰略與管理』(3), 1999. [독일] 托馬斯·海貝勒, 諾拉·紹斯米特, 「西方公民社會觀適合中國?」, 『南開學報 (哲學社會科學版) 』(2), 2005)이 그것이다. 본 장에서는 이 문제와 관련하여 논의하지 않도록 한다. 본 장에서는 주로 전환적인 관점에서 현대 중국사회의 중산층을 분석할 것이다.

제2절

두 부류의 중산층:
이론과 연구의 가설

사회계층화의 관점에서 볼 때, 하나의 집단을 하나의 계급으로 간주하고 이를 사회구조에 넣은 다음, 고찰해야 할 핵심문제는 이 계급의 사회구조에서의 위치이다. 이러한 구조적 위치는 근본적으로 이 계급이 발휘하는 사회적 기능을 결정한다. 이러한 '구조→기능'의 분석 패러다임은 본 장의 연구에서 '사회구조→계급성격→사회기능'으로 구체화되었다. 즉, 본 연구가 중산층의 사회적 기능을 분석할 때 한편으로는 중산층을 일정한 사회구조에 넣어 분석해야 한다. 사회구조의 측면에서만이 중산층의 성격과 사회적 기능을 정확하게 파악할 수 있다. 이는 Mills가 말한 바와 같이 "어떻게 해야 그들의 문제를 파악할 수 있는지 알고 싶다면 화이트칼라는 움직이는 구조에서 그들이 흥미를 느끼는 문제와 그들의 이해관계에 관련되는 문제를 연결시켜 고려해야 한다."[224] 다른 한편으로, 중산층의 성격적 측면에서 중산층이 형성되는 과정과 이로 인해 형성된 정치·문화 특징에 주목하여 이를 바탕으로 중산층의 사회적 기능을 설명해야 한다.

본 연구에서는 두 가지 측면에서 '사회구조→계급성격'의 중산층에

---

224) [미국] 賴特·米爾斯, 앞의 책, 13쪽.

대해 분석할 것이다. 하나는 계급이 형성되는 문화이론에 대해 살펴보는 것이다. 이 이론은 사회구조에서 계급성격에 이르기까지 계급경험과 계급 정체성이라는 두 과정이 존재한다고 본다. 다른 하나는 중산층의 성격과 사회적 기능에 대한 분석은 유형화해야 한다고 본다. 여기에서 말하는 유형화는 서양자본주의 체제에서 '구—신' 중산층의 대체식(代替式) 구분이 아니라 중국사회구조의 전환이라는 관점에서의 유형화이다. 전자가 본 장의 기본적인 연구의 틀이라고 한다면, 후자는 이러한 틀을 분석하는 전략이라고 하겠다.

1. 계급형성의 문화 이론: 객관과 주관의 공통적 작용

본 장에서 사용하는 계급 개념은 이익의 일치성을 갖는 공동체를 가리킨다. 톰슨이 정의한 바와 같이 "공통된 경험의 결과(이러한 경험이 선배에게서 얻은 것이든, 직접 참여하여 얻은 것이든), 사회구성원이 서로 간에 다른(심지어 대립하는) 이익을 갖고 있다고 인식할 때 계급이 탄생한다."[225] 이 정의는 계급경험과 계급 정체성(계급의식)이라는 두 가지 관건적인 요소를 포함한다. 계급경험은 주로 객관적인 사회경제의 실제를 공동으로 경험하는 것을 가리키며, 일종의 경험의 연장이나 자주적인 형성을 강조한다. 한편 계급의 정체성은 주로 계급에 대한 인식을 뜻하며, 해당 계급의 이익에 대해 상대적으로 정확하고 본인의 이익과 일치한다고 생각하며, 이는 주로 특정계급

---

225) [미국] 湯普森, 『英國工人階級的形成』, 2000, 南京, 譯林出版社, 2쪽.

이 공통된 사회적 행위를 탄생시키는 데에서 표현된다.[226] 톰슨은 계급경험과 계급의식에 대해 비교하는 방법으로 분석했다. 그는 계급경험은 계급 정체성의 사회경제적 반영으로 이는 객관적인 세계와의 상호작용에서 생긴다고 강조했다. 한편 계급 정체성은 일종의 사회구조이고, 사람들의 적극적이고 능동적인 작용을 포함한 구체적인 역사발전의 산물이라고 강조했다.[227] 존 스멜이 지적한 바와 같이, 한 계급의 계급경험은 그 계급의 계급 정체성을 탄생시키고 이를 통해 사회구성원은 사회구조에서의 위치를 확립하고 계급은 점차 행위적 특징을 갖게 된다. 이러한 계급경험은 일정한 사회경제의 실제를 바탕으로 만들어지며, 계급 정체성을 통해 사회경제의 실제를 반영한다. 이를 바탕으로 존 스멜은 '계급형성에 관한 문화이론'[228]을 제기했다. 이이론은 계급형성 문제에서의 마르크스주의와 현대 계급이론의 모순을 해소하기 위한 목적에서 제기된 것이다. 마르크스주의는 객관적인 사회경제의 실제가 계급 자체를 탄생시킨다고 강조한다.[229] 반면에 현대 계급이론은 계급형성에 대한 문화의 역할을 강조한다.[230] 계급형성의 문화이론은 양자를 결합하여 객관적인 사회경제의 실제와 문화는 서로 관련되고 계급형성에 있어 공동으로 작용한다고 주장한다. 즉, "계급경험과 계급의식은 동일한 과정을 거쳐 탄생되고, 그 계급구성

226) [미국] 賴特, 『階級』, 2006, 北京, 高等敎育出版社, 244~246쪽.
227) [미국] 湯普森, 『英國工人階級的形成』(상하), 2000, 南京, 譯林出版社.
228) [미국] 約翰·斯梅爾, 『中産階級文化的起源』, 2006, 上海, 上海人民出版社.
229) [미국] 賴特, 『階級』, 2006, 北京: 高等敎育出版社.
230) [프랑스] 皮埃爾·布迪厄, 『實踐·反思』, 1998, 北京, 中央編譯出版社.

원은 해당 사회경제의 실제를 이해하게 된다."[231] 객관적인 요소와 주관적인 요소를 모두 감안한 계급분석이야말로 현실적 의미를 갖는다. 계급형성의 문화이론도 하나의 실천적 이론이다. 즉, 계급에 관한 문화이론이 탐구하는 문제는 "경험은 어떤 면에서 사람들에게 유리한 세상을 만들었는가? 이러한 세상은 어떻게 개개인의 행동에 영향을 미치는가? 개인의 이러한 행동은 계급경험을 갖게 한다."[232] 존 스멜은 계급형성을 문화형성의 일종으로 간주해야 하며 "계급이 문화로 간주될 때 비로소 계급에 대해 정확하게 이해할 수 있다. 이러한 문화 속에서 그들이 생산관계에서 차지하는 지위(어떤 문화 환경에 깊이 박힌 생산관계)를 자각적으로 인식함으로써 하나의 집단은 자신의 태도·습관과 자신의 세계에 대한 독특한 관념을 갖게 된다."[233] 이로써 계급분석의 중심은 한 집단이 자신의 경험에 입각하여 구축한 특정세계의 구조에 있다. 중산층이 이익을 인식하는 정도 역시 경제·정치와 사회분야에서 모두 체현된다.

객관적인 사회경제의 실제는 계급경험·계급의 정체성을 만들고 마찬가지로 계급경험·계급 정체성은 객관적인 사회경제에 영향을 미친다. 이러한 과정을 거쳐 계급의 문화와 성격이 점차 형성된다. 계급의 경제상황은 사회구조의 변화에 달려 있기 때문에 '사회구조→계급성격'의 틀은 '사회구조→계급경험→계급 정체성→계급성격(문화의 형

231) [미국] 約翰·斯梅爾, 앞의 책, 10쪽.
232) [미국] 約翰· 斯梅爾, 『中産階級文化的起源』 (서언), 2006, 上海, 上海人民出版社, 3쪽.
233) [미국] 約翰·斯梅爾, 『中産階級文化的起源』, 2006, 上海: 上海人民出版社, 262쪽.

성)'으로 구체화할 수 있다. 이러한 과정을 거쳐 계급마다 각자의 사회행위적 특징을 갖게 되고 나름의 사회적 기능을 발휘하게 된다. 이로부터 사회구조의 차이에 의해 특정 계급경험을 갖게 되고 따라서 계급의 성격과 사회적 기능의 다양성을 만든다고 할 수 있다.

위에서 소개한 중산층 이론과 계급형성의 문화이론으로부터 중산층의 성격과 그 사회적 기능은 근본적으로 사회구조의 특징에 달려 있고 일정한 과정을 거쳐 형성된다는 것을 알 수 있다. 특정 사회구조와 변천, 특정과정을 거쳐 중산층의 성격이 형성되고 나름의 사회적 기능을 발휘하게 된다. 미국·영국·프랑스·독일·한국 등 선진 자본주의 국가는 사회구조 배경이 다르기 때문에 중산층의 계급경험과 계급의식에 있어 차이를 보이고, 그 구체적인 성격과 사회적 기능에 있어 역시 크게 다르다.[234]

'사회구조→계급성격'에서의 차이는 국가 또는 지역 간에 나타날 뿐만 아니라 거대한 구조적 변화를 겪고 있는 사회(예를 들어 중국)에서도 중요한 분석적 의미를 갖는다. 중국의 사회구조에서 특수성과 거대한 변화로 인해 중국 중산층의 계급경험은 자본주의 체제에서의 중산층과 다를 뿐만 아니라, 상당히 특징적인 과정을 거쳐 나름의 성격과 사회적 기능을 갖게 되었다. 아래에서 우선 중산층에 대해 정의를 내리고 중국의 중산층에 대한 유형화분석을 바탕으로 위에서 제시한 논리적 구조에 따라 중산층의 성격을 분석할 것이다.

---

234) [일본] 石井晃弘等, 『みせかけの中流階級都市サラリマンの幸福幻想』, 1982, 東京: 有斐閣.

2. 중산층의 정의와 구성

말 그대로 중산층은 사회적 속성이나 사회적 자원에 있어 사회구조의 중간 위치에 놓여 있는 계급을 가리킨다. 그러나 사회적 속성이나 사회자원의 다양성[235]으로 인해 중산층의 경계에 대한 학계의 관점도 다양화의 특징을 보이고 있다. 다양한 기준에 따라 동일한 사회에서 여러 개의 중산층이 나올 수 있다. 이러한 다양성으로 인해 어떤 부류의 집단이 동질적인지 이질적인지, 즉 중산층이 하나냐 아니면 다양성을 갖는 여러 개냐에 대한 학계의 의견 차이는 상당히 크다.

사실 근대 이후 중산층이 출현하고 사회 이론가들의 관심을 끌기 시작하면서 중산층에 대한 유형학적 분석은 중산층 연구의 주요 과제였다. 이러한 분석에서 흔히 볼 수 있는 구분법은 중산층을 구(또는 구)중산층(oldmiddleclass)과 신중산층(newmiddleclass) 두 가지 유형으로 나누는 것이다. 논쟁의 중심은 신중산층의 속성과 사회적 기능에 집중되었다.[236] 동아시아 국가와 지역의 경우 한국·싱가포르·중국 홍콩과 중국 대만의 발전은 제2차 세계 대전 이후 기본적으로 유럽과 미국 자본주의의 200년 동안의 경험을 답습했으나, 중산층은 서양 세계와 다르다. 그중에서 가장 중요한 차이는 두 가지이다. 첫째, 동아시아 지역의 발전에서 국가나 지역정부는 계급구조의 형성

---

235) D.Grusky는 계층화 체계에 기초를 제공하는 자산·자원과 가치 있는 사물에 대해 7가지로 총화했는데 그것이 바로 경제적인 것·정치적인 것·문화적인 것·사회적인 것·명예적인 것·공민 소유와 개인 소유이다. 이로써 사회계층화 분석의 다차원적인 방법을 제시했다(미국) 格倫斯基, 『社會分層』(제2판), 2006, 北京, 華夏出版社, 3쪽).
236) [미국] 賴特·米爾斯, 앞의 책.

에 직접적으로 강력하게 관여하여 중요한 역할을 한다는 것이다. 둘째, 동아시아 지역에서 신 중산층이 끊임없이 증가하지만, 소 업주를 포함한 구 중산층이나 소자산계급의 규모도 감소하지 않고, 포디즘 (Post-fordism)이 안정적으로 발전하고 있다는 것이다. 결과적으로 네 개의 동아시아 사회는 신 중산층과 구 중산층의 동시 성장을 겪었다.[237] 현대적 의미에서 중국의 중산층은 19세기 말 20세기 초에 나타났고, 20세기 상반기에 어느 정도 발전을 가져왔다. 이 부류는 숫자적으로 많지 않지만, 새로운 사상과 문화가 중국으로 유입되는 과정에서 중요한 역할을 했고, 새로운 가치관과 생활방식을 선도했으며, 정치적으로 소극적이고 스스로를 지키는 특징을 갖는다.[238] 1949년 이후 사회주의의 계획경제체제는 중산층의 발전을 억제했다. 30년 동안 중국의 중산층은 화이트칼라와 유사한 일반 간부와 지식인으로 구성되었고, 국유기업의 직원도 포함되어 있었다.[239] 이때의 중산층은 정치적 지위와 사회적 명망이 천차만별이었으므로 계급 정체성과 계급 성격은 비교적 분산적이었다. 본 장에서 논의하는 중산층은 중국사회가 재분배 체제에서 시장체제로 전환하는 거대한 변화를 겪는 과정에서 점차적으로 형성된 것이다. 재분배 체제의 변혁과 시장체제의 부상으로 인해 중국의 사회계층구조에는 새로운 중산층이 끊임없이 생겨났다. 본 연구에서는 그들을 '중산층' 또는 '중간집단'이

---

237) 王曉燕,「韓國,新加坡,中國香港和台灣：中産階級正在起」,『揚州大學學報（人文社會科學版）』(2), 2005.
238) 周曉虹,『全球中産階級報告』, 2005, 北京, 社會科學文獻出版社.
239) 周曉虹,『中國中産階層調査』, 2005, 北京, 社會科學文獻出版社. 李强, 앞의 논문.

라고 지칭한다. 따라서 현대중국의 '중산층'은 강한 '돌발적인' 성격을
갖는다. 일부는 개혁 이전의 중국 사회에 존재했던 집단이고, 일부는
사회의 전환과 함께 신속하게 나타난 것이다.

(1) 유형화 분석: 재분배와 시장

사실 중산층의 형성과정을 놓고 보면 그 뒤에 이러한 논리가 숨어
있다. 그것은 바로 '재분배—시장'의 이원적 메커니즘이다. 즉, 현대중
국의 중산층은 이러한 이원적 메커니즘의 영향으로 형성된 것이다.
현대중국의 중산층 유형의 차이에 대해 중국의 일부 학자들은 다양
한 시각에서 해석하고 있다.

저우샤오홍은 현대중국의 중산층은 다음과 같은 6가지 사회구성원
을 포함해야 한다고 주장한다. 첫째, 1978년 이후 나타난 사영기업가
와 향진기업가로 이 부류의 중산층은 시장 자원과 유동적인 기회에
의해 형성된 것이다. 둘째, 1978년 이후 개인 기업주와 향진 기업가와
함께 나타난 소 기업주와 소상인 등 자영업자와 기타 형태의 개인 경
영 상공업자이다. 셋째, 당, 국가기구와 연대 관계를 갖는 당정간부와
지식인, 그리고 국영기업의 지도자이다. 이 부류는 계획경제체제의
'류중산층(類中産階層)'에서 분화된 것이다. 넷째, 외자유치로 인해 형
성된 '외국계 기업의 화이트칼라'이다. 외자기업에서 일하는 중국 측
관리 층과 고위급 직원을 포함한다. 다섯째, 대량의 기업과 사회조직
의 관리자이다. 여섯째, 첨단기술의 채택과 새로운 업계의 출현과 함

께 나타난 고소득층이다.[240]

리창은 '중산층의 네 집단'이라는 이론적 관점을 제기했다. 그는 현재 중국대륙의 중산층은 주로 다음과 같은 네 가지 중요한 집단으로 구성되었다고 본다. 첫째, 가장 대표적인 중산층으로 전통적인 간부와 지식인 계층을 포함한다. 둘째, '신중산층'이다. 이 부류는 주로 나이가 비교적 어리고 학력이 높으며 새로운 전문지식을 가진 금융·증권·정보 및 기타 첨단기술 분야에 종사하는 집단을 가리킨다. 셋째, 수익성이 비교적 좋은 국유기업, 주식회사와 그 밖의 직장에서 근무하는 직원이다. 넷째, 대량의 개인·사영 경영자·상공업 활동에 종사하는 중소상공업 업주·독립 경영자·중소기업 책임자 등이다.[241]

또한 학자들은 현대중국 중산층의 이질성을 지적했다. 중국 사회구조의 이중 전환의 제약과 영향으로 인해 중산층은 세 가지 경로 즉 권력의 수여관계에 의한 행정형 중산층, 시장교환관계에 의한 시장형 중산층, 사회관계적 자본에 의한 네트워크형 중산층이다. 삼자는 비교적 뚜렷한 문화적 이념과 가치관적 차이를 보인다. 각각 '관리사회 문화(官場文化)(관본위 사회적 이념과 가치관)', '업연 문화(業緣文化)(시장문화 이념과 가치관)', '친연 문화(親緣文化)(지인으로 이루어진 사회적 이념과 가치관)를 반영한다.[242]

혹자는 다원적 기준에서 중산층을 직업중산층·소득중산층·소비

---

240) 周曉虹,『中國中産階層調査』, 앞의 책, 5쪽.
241) 李强,『轉型時期中國社會分層』, 2004, 沈陽, 遼寧教育出版社, 312쪽.
242) 張宛麗·李煒·高鴿, 「現階段中國社會新中産階層的構成特征」,『江蘇社會科學』(6), 2004.

중산층과 주관적 정체성을 갖는 중산층으로 구분하기도 한다.[243]

이상의 논의를 통해 알 수 있듯이 현대중국 중산층의 구성은 복잡하다. 신속한 사회구조의 전환을 배경으로 '갑자기 출현한' 중산층은 '신(新)', '구(舊)' 대체의 과정을 거치지 않고 동시적으로 형성되었다. 이러한 중산층은 동질적인 집단이 아니다. 중산층마다 그 계급경험이 다르기 때문에 특정 성격을 갖게 된다.

위에서 여러 학자들이 연구한 성과를 바탕으로 본 장에서는 '재분배—시장' 전환의 분석구조에 기초하여 현대중국의 중산층에 대해 일목요연하게 유형화했다. 사회구조의 변천으로부터 볼 때, 중국 중산층의 형성은 한편으로는 개혁개방과 시장경제 도입의 결과이고, 다른 한편으로는 전통적인 계획체제의 흔적을 피할 수 없다. 즉, 중국 중산층의 탄생은 두 가지 과정을 겪었다. 하나는 '내원(內源)'이라는 과정을 겪었다. 이는 주로 재분배 체제의 특징을 이어가는 중산층을 가리킨다. 본 장에서는 이를 '내원 중산층'이라고 지칭한다. 그리고 '외생(外生)'이라고 하는 과정을 겪었다. 이는 주로 시장의 부상으로 인해 더욱 시장화 된 체제에서 발전하게 된 중산층이다. 본 장은 이를 '외생 중산층'이라고 지칭한다. 이 두 과정은 상당히 다르다. 본 연구에서는 위의 여러 학자들이 제시한 관점에 반대하지는 않으나, 본 장은 '사회구조→계급성격'의 분석 논리를 따르기 때문에, 중산층 형성에 미친 제도구조 변천의 영향에 더욱 주목할 것이며, 특정 제도의 배경이 특정 계급경험을 갖게 하고, 따라서 중산층 내의 다양한 계

---

243) 李春玲, 「中國當代中産階層的構成與比例」 (6), 『中國人口科學』, , 2003.

급성격을 낳게 된다고 본다. 중국의 사회 전환에 대한 제도적 분석과 과정의 분석은 이미 많이 이루어졌으므로, 본 연구에서는 더 이상 언급하지 않도록 하겠다. 기존의 연구가 관점상의 차이를 얼마나 보이든 간에, '재분배 체제'와 '시장체제'는 이들 연구의 가장 기본적인 분석 개념이 되겠다.

(2) 두 부류의 중산층의 성격 분석: 연구 가설

중국의 사회 전환의 제도적 특징에 따라 중산층의 계급경험을 '내원'과 '외생' 두 유형으로 구분한 후, 본 장은 특정 유형의 성격을 분석할 것이다. 본 장에서 다루는 중산층의 성격은 주로 사회적 기능으로 표현되는데, 본 장에서는 '세대 간 지속성(代際延續性)', '정치의식'과 '소비의식' 세 가지 지표를 통해 분석할 것이다. 우선, 중국의 두 부류의 중산층은 각각 계획경제체제에서 존재하던 집단과 시장경제체제에서 새로 형성된 집단이므로 계급 유동 메커니즘은 자연히 다르게 표현된다. 재분배 체제의 연장성은 '내원 중산층'으로 하여금 비교적 강한 세대 간 지속성을 보이게 한다. 그들의 직업적 경력과 사회적 관계는 이전 세대에서 계승된 것이다. 한편, 시장체제의 부상은 일부 사회구성원들에게 새로운 기회를 부여하여 '외생 중산층'으로 하여금 세대 간 단절성을 보이게 한다. 따라서 아래의 가설을 세울 수 있다.

가설1: '내원 중산층'의 세대 간 지속성은 '외생 중산층'에 비해 강하다.

그 다음으로 정치의식을 계급적 성격으로 하는 것은 매우 강한 사회기능적 의미를 갖는다. '내원 중산층'의 계급경험은 재분배 체제에 대한 의존 정도에 더 많이 나타난다. 이는 '내원 중산층'이 정치의식에서 보수적인 특징을 유지하게 할 수 있다. 한편, '외생 중산층'의 계급경험은 시장경쟁에서 형성된 것으로 '내원 중산층'에 비해 정치의식이 보다 급진적일 수 있다. 따라서 아래의 가설을 세울 수 있다.

가설2: 정치의식에 있어 '내원 중산층'은 상대적으로 보수적이고 '외생 중산층'은 상대적으로 급진적이다.

마지막으로 소비 모형과 생활방식은 점차적으로 신분의 표지가 되어 소비행위·문화품위를 사회계층 구분의 표지로 삼는 것은 계층 간 구분의 중요한 특징이 되었고 사람들이 자신의 계층적 지위를 인식하는 기호가 되었기 때문에, 이는 계급의 사회적 기능의 또 다른 현저한 지표가 되었다.[244] 특정 사회구조를 배경으로 형성된 중산층의 소비행위에는 반드시 차이를 보일 것이다. '내원 중산층'의 계급경험은 매우 강한 전통적인 성격을 보이므로 이 부류의 사람들은 비교적 전통적인 생활방식이나 더욱 전통적인 소비방식을 선호할 것이다. 한편, '외생 중산층'은 Mills가 말한 바와 같이, 생활방식·소비행위·문화품격 등에 있어 자신을 보여주려 하고 주변 사람들로부터 신분적으로 인정을 받으려고 한다.[245]

---

244) [미국] 保羅·福塞爾, 『格調 : 社會等級與生活品位』, 1998, 北京, 中國社會科學出版社. [프랑스] 皮埃爾·布迪厄, 『藝術的法則』, 2001, 北京, 中央編譯出版社.
245) [미국] 賴特·米爾斯, 앞의 책.

이를 바탕으로 아래의 가설을 세울 수 있다.

가설3: 소비의식에 있어 '내원 중산층'은 상대적으로 전통적이고 '외
생 중산층'은 상대적으로 개방적이다.

제3절

현대중국의 중산층 유형화에

대한 실증적 분석

이상에서 우리는 이론적으로 중국 중산층의 성격을 분석했고 '사회
구조→계급성격'의 논리적 구조에 따라 '재분배→시장'이라는 사회 전
환을 배경으로 중국 중산층을 유형화하여 본 장의 연구 가설을 세웠
다. 본 절에서는 2003년에 이루어진 중국종합사회조사(CGSS2003)의
자료(도시 부분)를 분석하여 위의 가설을 검증할 것이다.

1. 변수의 조작화

(1) 두 부류의 중산층에 대한 유형적 조작화

본 장에서 정의한 중산층은 주로 CGSS 조사에서 '관리자·기술자·
사무원 및 사영기업가(자영업자 포함)'를 가리킨다.[246]

한편, 두 부류의 중산층에 대한 유형화는 '재분배―시장'의 이원적
분석에 의한 것이므로 '국유부문―비국유부문'으로 구분한다. 그 이
유는 국유부문도 시장화를 겪었지만 재분배 체제의 흔적이 국유부
문에 더 남아있고, 시장체제는 주로 비국유부문에서 표현되기 때문
이다. 즉, '내원 중산층'은 국유부문의 관리·기술자와 사무원을 가리

---

246) 직업 유형에 대한 구분은 직업 분류표에 따라 응답자의 현재 직업을 분류한 것이다.

키고, '외생 중산층'은 비국유부문의 관리자·기술자와 사무원, 사영기업가를 가리킨다.

위의 유형화는 주로 제도적 개념에 의한 것이다. 이러한 유형화의 해석력은 다른 기준에 의해 유형화한 결과를 통해 검증할 수 있다. 그 목적은 한편으로는 다른 기준에 의한 유형화와의 차이점을 보다 정확하게 인식하기 위함이고, 다른 한편으로는 다른 기준에 의한 중산층의 분포 상황을 확인할 수 있다. [표7-1]은 두 부류의 중산층과 소득계층화·생활수준계층화와 계층귀속(종합사회경제에서의 가정의 지위)계층화 간의 교호작용 결과를 제시한 것이다.

위의 분석결과를 보면 소득계층화의 다섯 등급에서 '내원 중산층'의 고소득층 분포 비율이 비교적 높고 1등급, 2등급, 3등급은 각각 32.6%, 21.8%, 21.8%이다. 반면 '외생 중산층'은 소득계층화 분포가 상대적으로 평균적이며, 4등급과 5등급(20.1%, 21.9%) 분포비율이 2등급(14.7%)과 3등급(17.9%) 분포비율에 비해 높은 편이다. 생활수준계층화와 계층귀속계층화 분포에 있어 두 부류의 중산층은 큰 차이를 보이지 않는다. 기본적으로 중층과 중하층에 분포되어 있는 비율이 비교적 높고 전체적으로 중층에 많이 분포되어 있다(생활수준계층화에 있어 '내원 중산층'은 48.7%, '외생 중산층'은 43.0% 분포되고 계층귀속계층화에 있어 '내원 중산층'은 47.8%, '외생 중산층'은 41.2% 분포됨). 이로부터 본 장에서 정의한 중산층은 다른 기준에 의한 분포에 비해 중간층에 있는 비율이 높은 편이고, 중국의 중산층은 지표가 달라도 공통성을 갖는다는 사실을 알 수 있다.

[표7-1] 두 부류의 중산층과 소득계층화·생활수준계층화·계층귀속계층화의 교호작용 분석표

소득계층화						합계
두 부류의 중산층	1	2	3	4	5	
'내원'	32.6%	21.8%	21.8%	14.3%	9.5%	1 118 224
'외생'	25.4%	14.7%	17.9%	20.1%	21.9%	

생활수준계층화						
두 부류의 중산층	1	2	3	4	5	
'내원'	0.2%	7.7%	48.7%	31.4%	12.0%	1188 279
'외생'	1.1%	6.5%	43.0%	28.0%	21.5%	

계층귀속계층화						합계
두 부류의 중산층	1	2	3	4	5	
'내원'	0.4%	7.7%	47.8%	30.3%	13.9%	1 032 238
'외생'	0.4%	7.1%	41.2%	31.1%	20.2%	

주: 세 부류의 교호작용의 비율은 위에서 아래로 소득이 높은 데서 낮은 데로 다섯 등급으로, 생활수준이 높은 데서 낮은 데로 다섯 등급으로, 종합사회경제에서의 가정의 지위가 높은 데서 낮은 데로 다섯 등급으로 계층화되었음을 보여준다. 각 유형의 교호작용 데이터에서 위의 데이터는 '내원 중산층'의 교호작용 결과이고 아래의 데이터는 '외생 중산층'의 교호작용 결과이며, 비율은 행 비율이다.

(2) 중산층 성격의 조작화

두 부류의 중산층의 세대 간 유동 차이는 주로 응답자 부친과 본인 간의 직업 유동표를 통해 제시된다. 직업 간의 세대 관계를 통해 중국의 사회구조적 시각에서 그 성격을 명확하게 분석할 수 있다.

CGSS 설문지의 J9과 J2 문항은 정치적 태도와 소비행위 태도에 관한 척도를 제공했다. 이 두 척도는 각각 '정치적으로 보수적임→정치

적으로 급진적임', '전통적인 소비 → 개방적인 소비'에서 낮은 데서 높은 데로 점수를 매기고 그룹별로 처리함으로써 차이를 나타냈다. 그 밖에 연구와 분석의 필요에 의해 J6의 '사회적 참여'와 J3의 '명절' 두 개의 선택 사항도 분석범위에 포함시켰다.[247] 전자는 정치적 태도의 차이를 보여주고, 후자는 소비와 생활방식의 차이를 보여주기 때문이다.

2. 분석결과와 검증

(1) 세대 간 지속성

먼저 본 장에서 정의한 중산층의 개념적 차원에서 중산층의 지위 획득과 전역변수(Global variable), 기타 요소 간의 관계를 분석할 것이다. [표7-2]는 지역변수(Local variables) 직업적 지위 획득에 관한 논리적 분석이다. 표를 통해 전체적으로 현대중국 중산층의 지위 획득 모형을 확인할 수 있다.

---

247) J9의 정치적 태도에 대한 척도 처리: 세 가지 선택 사항에 따라 정치에 대한 민감도와 보수적인 정도에 따라 각각 1, -1, 0점을 부여하고 마지막에 더하면 낮은 점수에서 높은 점수로 다섯 그룹으로 나눈다. J2의 소비행위 태도에 대한 척도 처리: 다섯 가지 선택 사항에 따라 전통적인 소비와 개방적인 소비에 대해 각각 2, 1, 0, 1, 2점을 부여하고 마지막에 더하면 낮은 점수에서 높은 점수로 다섯 그룹으로 나눈다. J6에 대한 처리: 앞의 두 가지 선택 사항을 참여로 간주하고 뒤의 두 선택 사항을 비참여로 간주한다. J3에 대한 처리: 선택 사항 1, 3, 4, 5, 6, 7, 8, 12를 전통 명절로 간주하고 나머지는 비전통 명절로 간주한다.

[표7-2] 지역변수 직업적 지위 획득의 논리적 분석

독립변수	지역변수 지위(로그출현률prevalence) (자영업자와 개인 경영 상공업자를 참조대상으로 함)									
	관리자		기술자		사무원		농민		노동자	
Intercept	-4.106 [a]		-3.149 ***		-1.616***		-6.077 ***		0.179	
	(0.375) ^[b]		(0.342)		(0.313)		(1.252)		(0.228)	
전역변수 직업분류 — 관리자	1.360*** [a]	3.895c	0.991**	2.693	1.267***	3.550	1.698	5.463	0.869***	2.384
	(0.343)		(0.338)		(0.326)		(1.185)		(0.251)	
기술자	0.604	1.829	1.176***	3.243	1.224 ***	3.399	2.328 *	10.259	0.809 **	2.245
	(0.365)		(0.343)		(0.336)		(1.129)		(0.264)	
사무원	0.834*	2.302	0.584	1.793	1.268***	3.553	2.392 *	10.940	0.752 **	2.121
	(0.378)		(0.373)		(0.349)		(1.155)		(0.278)	
농민	0.174	1.190	0.448	1.565	0.027	1.028	2.919 **	18.515	0.168	1.183
	(0.298)		(0.293)		(0.289)		(1.027)		(0.202)	
노동자	0.776 *	2.173	0.794 **	2.212	1.189 ***	3.283	2.104 *	8.201	1.297***	3.657
	(0.307)		(0.300)		(0.288)		(1.056)		(0.210)	
지역변수 문화정도 (중학교)	1.291***	3.637	2.143 ^[***]	8.522	1.304 ^[***]	3.682	-1.338 ^[**]	0.262	0.156	1.169
	(0.171)		(0.179)		(0.153)		(0.443)		(0.118)	
지역변수 문화정도 (대학교)	3.550 ***	34.820	4.826 ***	124.696	2.742***	15.526	0.336	1.399	0.143	1.154
	(0.266)		(0.269)		(0.255)		(0.647)		(0.246)	

287

지역변수 성별(남성)	0.294 *	1.341	-0.800 ***	0.450	-0.531 ***	0.588	0.644 **	0.525	-0.084	0.919
	(0.147)		(0.138)		(0.130)		(0.236)		(0.102)	
지역변수 정치적 신분 (중국공산당 당원)	2.816 ***	16.704	1.412***	4.104	1.780***	5.932	-0.575	0.563	0.657**	1.928
	(0.235)		(0.241)		(0.237)		(0.564)		(0.224)	
소재지(동부)	0.044	1.045	0.107	1.112	0.090	1.095	0.334	1.396	0.275**	1.316
	(0.141)		(0.136)		(0.129)		(0.226)		(0.103)	

N	4 793
-2Log Likelihood	4 301.58
df	70
Chi-Square	2 898.03

주: 1. *p⟨0.05, **p⟨0.01, ***p⟨0.001
2. a 비표준화 계수, b표준편차, c 발생비율

주: 1. * p⟨0.05, **p⟨0.01, ***p⟨0.001
2. a 비표준화 계수, b표준편차, c 발생비율

위의 표에서 보이는 바와 같이, 중산층의 지위 획득은 전역변수 직업·자신의 문화정도·성별·당원신분과 밀접한 관련이 있다.

직업에 있어 전역변수는 관리자·기술자와 사무원이고, 관리자·기술자와 사무원이 되는 출현률(prevalence)이 비교적 높다. 즉, 중산층이 될 가능성이 높다는 것이다. 문화정도가 높은, 남성, 당원신분을 가진 사람도 중산층이 될 수 있다. 그러나 문제는 이러한 전체적인 분석은 중산층이 실질적으로 동일한 성격으로 표현될 수 있다는 것을 의미하는가 하는 것이다. 이 문제를 확인하기 위해 본 장에서 제시한 유형화 분석 전략에 따라 구체적으로 분석을 해야 한다.

먼저 두 부류의 중산층의 세대 간 지속성을 보자. [표7-3]은 지역 변수를 유형화한 중산층과 전역변수 직업 유형 간의 교호작용 분석 표이다.

[표7-3] 두 부류의 중산층과 지난 세대 직업 간의 교호작용 분석

		중산층 유형		합계
		내원	외생	
전역변수 직업 유형	관리자	15.7%(19.2%)	1.0%(5.4%)	16.7%
	기술자	12.1%(14.8%)	2.2%(2.0%)	14.3%
	농민	8.8%(10.8%)	1.7%(9.2%)	10.5%
	사무원	18.7%(22.9%)	7.3%(39.7%)	26.0%
	노동자	24.4%(29.9%)	4.3%(23.4%)	28.7%
	자영업자와 개인 경영 상공업자	1.9%(2.3%)	1.9%(10.3%)	3.8%
합계		81.6%(99.9%)	18.4%(100.0%)	100.0%

주: 분석에 포함된 샘플은 총 1 425개이고, 상관계수는 lambda =0.89 이고, 통계적 유의성 p(0.001 이다. 교호작용표의 숫자는 특정 유형의 인원수가 전체 샘플에서 차지하는 비율을 나타낸다. 그리고 괄호 안의 숫자는 열(列) 비율이다.

[표7-3]에서 제시한 바와 같이 '내원 중산층'의 전역변수는 여전히 '외생 중산층'에 비해 높다. '내원 중산층'의 전역변수 직업 유형에서 관리자·기술자·사무원의 비율은 각각 19.2%,[248] 14.8%, 10.8%를 차지했고, '외생 중산층'의 전역변수 직업 유형에서 상술한 직업 유형은 각각 5.4%, 12.0%, 9.2%에 불과했다. '자영업자와 개인 경영 상공업자'에

---

248) 열 비율은 이 유형이 전체 직업에서 차지하는 비율이다. 직업을 놓고 볼 때, 특정 직업 유형이 전체 직업 유형에서 차지하는 비율이다. 예를 들 '내원·관리자'의 비율은 15.7%/81.6%=19.2% 이다. 이하 특별한 설명이 없는 경우 이 계산방법을 따르고 얻은 비율은 이 유형에서 차지하는 열 비율이다.

서만 '외생 중산층'의 전역변수 비율(10.3%)이 '내원 중산층'(2.3%)에 비해 높았다. 이 결과는 가설 1의 성립조건이 된다. 즉 '내원 중산층'이 '외생 중산층'에 비해 비교적 강한 연속성을 갖는다.

(2) 정치의식

다음은 두 부류 중산층의 정치의식 특징에 관한 것이다. [표7-4]는 정치태도 득점, 당원신분과 사회적 참여의 세 가지와 두 부류 중산층의 교호작용표로, 두 부류 중산층이 정치의식에 있어서의 분포상황을 확인할 수 있다.

[표7-4] 두 부류 중산층과 정치의식의 교호작용 분석표

		중산층 유형		합계
		내원	외생	
정치태도 득점	그룹1	4.5%(5.6%)	0.3%(1.6%)	4.8%
	그룹2	25.9%(32.1%)	3.4%(17.7%)	29.3%
	그룹3	35.8%(44.3%)	8.1%(42.2%)	43.9%
	그룹4	13.1%(16.2%)	5.6%(29.2%)	18.7%
	그룹5	1.5%(1.9%)	1.8%(9.4%)	3.3%
당원	당원신분	26.0%(32.0%)	1.0%(5.3%)	27.0%
	비당원신분	55.2%(68.0%)	17.8%(94.7%)	73.0%
사회적 참여	참여	28.9%(35.5%)	10.8%(58.1%)	39.7%
	비참여	52.5%(64.5%)	7.8%(41.9%)	60.3%
합계		100.0%	100.0%	

주: 분석에 포함된 샘플은 총 1,425개이다. 중산층 유형과 정치태도 득점과의 상관계수는 lambda =0.25 , 통계적 유의성은 p<0.05 이고 당원신분과의 상관계수는 lambda =0.82 , 통계적 유의성은 p<0.001 이며 사회적 참여와의 상관계수는 lambda =0.33 , 통계적 유의성은 p<0.05 이다. 교호작용표의 숫자는 특정 유형의 인원수가 총 샘플에서 차지하는 비율이고 괄호 안의 숫자는 열 비율이다.

[표7-4]에서 정치태도에 대한 득점 그룹은 위에서 아래로 점수가 높아졌다. 즉, 위에서 아래로 보수적인 태도에서 급진적인 태도로 바뀌었다는 것이다. 분석 결과를 보면, '내원 중산층'과 '외생 중산층'이 정치의식에서의 특징이 다르다는 것을 알 수 있다. 당원의 경우, '내원 중산층'에서 당원의 비율(32.0%)은 '외생 중산층(5.3%)'보다 크게 높았다. 이는 정치태도 득점에 있어 '내원 중산층'이 상대적으로 낮고, '외생 중산층'이 상대적으로 높은 이유를 이해하기 어렵지 않다. 차이는 뚜렷하지 않으나, 두 부류 중산층의 차이를 대체적으로 파악할 수 있다. 예를 들어 '내원 중산층'에서 득점이 1, 2순위에 있는 그룹 비율(4.5%+25.9%)은 3, 4순위에 있는 그룹 비율(13.1%+1.5%)의 약 2배이다. 즉 '내원 중산층'은 상대적으로 보수적인 성격에 더 치우친다는 것이다. 그 밖에 '외생 중산층(58.1%)'이 '내원 중산층(35.5%)'에 비해 사회적 참여 의도가 더 강하다.

　그렇다면 이 두 부류의 중산층의 정치의식 분포에서의 차이는 통계적으로 의미가 있는지 즉 비율에서 보이는 차이는 통계적으로 유의미한지 좀 더 구체적으로 분석할 필요가 있다. [표7-5]는 두 부류 중산층의 정치의식 차이에 대한 분석을 제시한 것으로 두 부류 중산층 간의 차이를 보다 정확하게 보여주고 있다.

[표7-5] 두 부류 중산층의 정치의식의 분산 분석표

	제곱의 합	df	평균 제곱	F	Sig.
그룹 간	48.269	1	48.269	4.878	0.027
그룹 내	18 930.972	1 913	9.896		
합계	18 979.241	1 914			

분산 분석표에서 제시하는 바와 같이 두 부류 중산층의 정치태도 득점은 통계적으로 유의미하고($p=0.027 < 0.05$), 그룹 간의 차이는 두 부류 중산층의 비율 차이를 위해 통계학적 의미를 부여했다. 이러한 차이와 중산층의 유형화 간에는 상관성이 존재하고 유형화는 유의미하다. [표7-4]에서 제시하는 정치태도 득점이 '내원 중산층'과 '외생 중산층'의 비율이 다르다는 사실을 증명한다. '내원 중산층'은 득점이 낮은 그룹에, '외생 중산층'은 득점이 높은 그룹에 분포되어 있다. 이는 연구 가설2의 성립조건이 된다. 즉 정치태도에서 '내원 중산층'은 '외생 중산층'에 비해 보수적이다.

(3) 소비의식

마지막으로 두 부류 중산층의 소비의식 차이를 살펴보도록 하겠다. [표7-6]은 두 부류 중산층의 소비행위 득점과 '명절' 상황과의 교호작용분석이다.

[표7-6] 두 부류 중산층과 소비의식의 교호작용 분석표

		중산층 유형		합계
		내원	외생	
소비의식 득점	그룹1	25.5%(31.6%)	0.3%(1.6%)	25.8%
	그룹2	31.0%(38.4%)	1.4%(7.3%)	32.4%
	그룹3	14.8%(18.3%)	3.1%(16.1%)	17.9%
	그룹4	8.0%(9.9%)	5.6%(29.2%)	13.6%
	그룹5	1.4%(1.7%)	8.8%(45.8%)	10.2%
명절 상황	전통 명절	76.0%(93.6%)	7.0%(39.3%)	83.0%
	비전통 명절	5.2%(6.4%)	10.8%(60.7%)	16.0%
합계		100.0%	100.0%	

주: 분석에 포함된 샘플은 총 1,425이다. 중산층 유형과 소비의식 득점 간의 상관계수는 lambda =0.34, 통계적 유의미성은 p<0.05 이고 명절 상황과의 상관계수는 lambda =0.80 , 통계적 유의미성은 p<0.01 이다. 교호작용 분석표에서 숫자는 특정 유형의 인원수가 전체 샘플에서 차지하는 비율을 나타내고 괄호 안의 숫자는 열 비율이다.

[표7-6]에서 알 수 있듯이 소비의식 득점 그룹은 점수가 위에서 아래로 가면서 높아지고 있다. 즉 소비의식이 위에서 아래로 가면서 전통적인 데에서 개방적인 데로 바뀌고 있다는 것이다. 통계 데이터로부터 '내원 중산층'과 '외생 중산층'은 소비의식에서의 특징이 다르다는 것을 알 수 있다. 소비의식 득점 그룹을 놓고 볼 때, '내원 중산층'이 1, 2순위를 차지하는 비율(25.5%+31.0%)은 3, 4순위를 차지하는 비율(8.0%+1.4%)의 약 6배이다. 반면 '외생 중산층'이 1, 2순위를 차지하는 비율(0.3%+1.4%)은 3, 4순위를 차지하는 비율(5.6%+8.8%)의 1/8.5이다. '명절' 문제에 있어서 역시 '내원 중산층'이 '외생 중산층'에 비해 중국의 전통 명절을 더 선호한다.

마찬가지로 두 부류 중산층의 소비의식 차이에 대해 분산 분석을 통해 자세히 증명하도록 하겠다([표7-7]을 참조).

[표7-7] 두 부류 중산층 소비의식에 대한 분산 분석표

	제곱의 합	df	평균 제곱	F	Sig.
그룹 간	19,016	1	19,016	0.693	0.045
그룹 내	48,053,559	1 752	27,428		
합계	48,072,575	1 753			

　분산 분석표에서 제시하는 바와 같이, 두 부류 중산층의 소비의식 득점은 통계적으로 유의미하고(p=0.045〈0.05) 그룹 간 차이는 두 부류 중산층 비율의 차이에 통계적 의미를 부여했다. 정치태도 득점과 마찬가지로 두 부류 중산층은 소비의식에서 차이를 보이며, 이러한 차이는 중산층의 유형화와 상관성이 있고 유형화는 유의미하다. [표 7-6]에서 제시하는 소비의식 득점이 '내원 중산층'과 '외생 중산층'의 비율이 다르다는 사실을 증명한다. '내원 중산층'은 득점이 낮은 그룹에, '외생 중산층'은 득점이 높은 그룹에 분포되어 있다. 따라서 두 부류의 득점의 평균 제곱은 다르다.

　이상의 논의를 통해 알 수 있듯이, 두 부류 중산층은 소비의식에서 차이를 보이고 '내원 중산층'의 소비의식은 '외생 중산층'에 비해 전통적이다. 따라서 연구 가설3의 성립조건이 될 수 있다. 즉 두 부류 중산층은 소비행위에서 상당히 다르며, '내원 중산층'은 '외생 중산층'에 비해 전통적인 편이다.

　지금까지의 논의를 통해 현대중국에서 '내원 중산층'의 비율(81.6%)이 '외생 중산층(18.4%)'에 비해 상당히 높으나, '세대 간 지속성', '정치의식'과 '소비의식' 등 세 가지 측면에서 두 부류 중산층의 특징이 다

르다는 것을 알 수 있다. 이러한 특징은 중산층에 다양한 사회적 기능을 부여했고, 중국의 중산층은 통일된 집단이 아니라는 것을 암시한다.

제4절

소결론

지금까지 '사회구조→계급성격'의 논리적 구조와 중산층 유형화 분석 전략에 따라, 이론적·경험적 자료에 대한 분석을 통해 현대중국의 두 부류 중산층의 성격을 밝혔다. 즉, 특정 사회구조는 중산층의 성격을 결정하고 그 사회적 기능은 특정 시공간에서 분석해야 한다는 것이다.

본 연구에서는 연구대상이 되는 중산층을 '내─외' 두 부류로 유형화하여 분석했다. 이는 연구목적인 '구조→기능'을 기준으로 분류한 것으로 사회구조 변동에 따른 분석이다. 분석을 통해 중국의 중산층은 사실 통일된 집단이 아니라 구조적인 분화가 존재하는 집단이라는 사실을 알 수 있었다. 이러한 분화는 주로 중산층의 성격에서 드러난다. 중국의 중산층은 차별적인 집단이므로 일치된 사회적 행위를 형성하기 어렵다고 할 수 있다.

재분배 체제를 배경으로 탄생한 '내원 중산층'은 비교적 강한 세대 간 지속성을 보이고 정치의식과 소비의식에 있어 상대적으로 보수적이기 때문에 그들은 적어도 현 단계에서 급진적인 사회운동의 선두주자가 되기 어렵다. 한편, 시장체제를 배경으로 탄생한 '외생 중산층'은 시장경제체제의 특징을 띠므로 정치의식에서 비교적 급진적이고 소비의식에서도 비교적 개방적이다. 따라서 현대중국 중산층의 사회적 기능에 대한 논의는 다양한 유형학에 기초하여 이루어져야 한다. 또한 재분배 체제와의 관계와 사회 전환의 영향으로 중국의 중산층은 사실상 비동질적인 계급이고 그 사회적 기능은 다를 가능성이 높다. 본 장에서는 두 부류의 중산층을 제시하고 검증을 통해 그 성격적 특징과 사회적 기능을 밝혔다. 본 연구에서 중국 사회구조의 끊임없는 변동에 따라 '재분배'와 '시장' 두 역량의 우열 변화에 따라 이 두 부류의 중산층의 전망은 과연 어떠한지, 그 성격적 특징에는 변화를 가져오게 될지(예를 들어 서로 바뀌거나 다른 방향으로 바뀜), 사회적 기능은 서양 자본주의 체제 하의 기능으로 발전할 것인지 아니면 현재와 같이 다양한 사회적 기능을 발휘할 것인지 등의 문제를 탐구하고 분석할 때 사실은 중국의 사회경제의 분화, 사회구조 변천에 대해 답을 제시하게 된다. 개혁개방 이후 시장경제가 발전함에 따라 중국의 사회구조, 경제구조는 모두 거대한 분화가 일어났다. 본 장의 분석에 의하면 중산층이 현재 신속하게 증가하고 있지만, 중국 중산층의 발전은 사회발전 상황에 의존하는 특징을 보인다. 본 연구에서는 중국경제의 지속적인 성장과 사회구조의 변화에 따라 중산층의 사회적 기능도 바뀔 것이라고 본다. 본 장에서 구분한 두 부류의 중산층 간의 관계와 차이를 포함하여 모두 중대한 변화가 일어날 수 있다. 따라서 중국 사회경제 변화를 배경으로 중국사회 계급구조의 변동상황을 보다 정확하게 파악해야 한다. 본 장에서 사용한 데이터가 한정적이므로 이러한 문제에 대해 보다 깊이 있게 논의할 수 없었다.

이는 본 장의 한계점으로 이에 대한 연구는 오랜 기간의 역사적 분석이 필요하다고 하겠다.

중산층 사회:

정치적 기능에 대한 다차원적 분석의 틀

제8장

중산층 사회:

정치적 기능에 대한 다차원적 분석의 틀[249]

 현대중국의 사회전환 과정에서 중산층의 부상과 발전은 가장 주목되는 현상 가운데 하나로 중국사회의 발전에 반드시 커다란 영향을 미칠 것이다. 아래에서는 중국 중산층 문제의 새로운 의미와 분석구조 그리고 중산층의 정치의식과 사회·생활에 대해 분석할 것이다.

 중산층의 사회적 기능은 단일하거나 고정된 것이 아니라, 중산층의 기본적인 성격을 바탕으로 사회적 환경의 변화에 따라 다양하게 나타난다. 따라서 중산층의 사회적 기능문제에 대한 연구는 어떠한 사회적 환경에서 중산층이 특정한 기능적 특징을 충분히 보여줄 수 있는지에 대해 다루어야 한다.

 다수의 모든 공업화사회와 공업화를 겪고 있는 사회에서 전문 기

---

249) 본 장의 주요 내용은 『中國人民大學學報』(4), 2008에 게재됨.

술자와 관리자를 대표하는 중산층[250]의 형성과 발전은 사회구조 변혁 가운데 가장 주목받는 변화 중의 하나이다. 중국 중산층의 탄생과 성장은 현대중국에서 가장 주목 받는 구조적 변혁 가운데 하나가 되었다. 중산층의 정의·범위·수량·구성·사회적 성격·사회적 기능과 사회적 영향을 중심으로 많은 논란이 계속되고 있다.[251] 본 장에서 집중적으로 다루게 되는 것은 중산층의 사회적 기능[252]이다. 이는 중산층에 대한 분석을 하는데 있어서의 핵심문제이다.

일정한 의미에서 중국의 중산층은 신속하게 형성되는 과정에 있

---

250) 전자는 John Goldthorpe, "Onthe Service Class, its Information and Future," 앞의 논문. [미국] 賴特·米爾斯, 앞의 책, 제2장 참조 바람). 본 장에서 중산층에 대한 분석은 주로 신중산층을 가리킨다. 또한 중산층의 분석에서 '일원'과 '다원'의 불일치, 즉 중산층 내부의 동질성과 차이성이 존재한다(전자는 John Goldthorpe, "Onthe Service Class, its Information and Future, inAnthony Giddens, The Class Structure of the Advanced Societies(6), New York: Harper&Row, 1973. 전자는 John Goldthorpe, "Onthe Service Class, its Information and Future," 앞의 논문. [미국] 塞繆爾·P·亨廷頓, 『第三波 20世紀後期民主化浪潮』, 1998, 上海, 上海三聯書店.을 참조 바람). 많은 학자들이 후자와 같은 관점을 주장한다. 본 장에서 다루고자 하는 기본적인 문제를 기반으로 필자는 중간층을 하나의 전체로 간주하고 그 내부의 차이성을 잠시 무시할 것이다.

251) 중국 사회의 중산층에 대한 분석과 토론은 다음 자료들을 참조할 것. 張宛麗, 「對現階段中國社會中間階層的初步研究」, 『江蘇社會科學』 (4), 2002. 李春玲, 『斷裂與碎片 : 當代中國社會階層分化實證分析』, 2005, 北京: 社會科學文獻出版社. 제9장. 李正東, 「關於當前中產階層研究的幾個思考」, 『天府新論』 (1), 2004. 周曉虹, 『中國中產階層調查』, 앞의 책. 李友梅, 앞의 논문.

252) 본 장에서 지칭하는 이른바 '중산층의 사회적 기능'이라는 단어는 중산층의 행위와 취향·사회적 특징과 사회에 대한 영향 또는 사회적 작용을 가리킨다. '중산층의 사회적 기능'은 다양하다. 예를 들어 사회정치·문화·소비 등 차원에서 특징과 표현이 모두 다르다. 본 장은 중산층의 사회·정치적 기능에 집중하여 다룰 것이다.

다. 따라서 본 장은 일부 대표적인 국가(지역)의 사례[253]를 예로 중산층의 기본 성격과 사회적 환경과 조건 등 변수에 입각하여 '이상형(Idealtypus)'의 방법론으로 중산층의 사회적 기능에 대한 전망적인 분석적 틀을 구축하고자 한다. 필자는 중산층 문제를 둘러싼 이론적 논란과 복잡성을 충분히 알고 있다. 이러한 분석 방법과 구축된 개념 모형은 기본적인 변화를 파악하는 데 도움이 될 뿐만 아니라, 복잡한 현실이나 논란에 깊이 빠져 분석의 기본 단서를 잃는 것을 피할 수 있다.

---

253) 한국·중국 대만·브라질·인도 등 국가(지역)의 사례를 가리킨다. 필자는 이들 국가의 사례는 중산층의 사회적 기능을 분석함에 있어 대표적인 역할을 할 수 있다고 생각한다. 다른 나라의 사례가 이 국가(지역)들과 차이를 보이겠으나 신흥공업국(지역)으로서 이들은 상당히 대표적이라고 할 수 있다.

제1절
중산층의 사회적 기능

　중산층의 사회적 기능은 다양한 특징을 보인다.

　일부 연구에서는 중산층은 상대적으로 보수적인 계층이기 때문에 '안정제(穩定劑)'나 '완충기(緩衝器)'와 같은 사회적 기능을 갖는다고 주장한다. 가장 대표적인 것은 Mills의 이른바 '정치의 수비수'와 '소비의 하프 백'이다. 이밖에 많은 학자들은 Mills와 약간의 차이는 있으나, 중산층은 사회갈등을 완화하고 사회 안정을 촉진시키는 사회적 기능을 갖는다는 주장이 일반적이다. 서양의 신흥공업국에서 겪은 19세기 말부터 20세기 중엽까지의 구조적 변혁 과정에서 중산층의 이러한 보수적인 특징과 안정적인 기능을 발견할 수 있다.

　그러나 다른 일부 국가나 지역에서 중산층은 보수적이고 안정적인 것과는 전혀 다른 사회적 기능을 보인다. 즉, 그들은 급진적인 사회변혁의 중요한 역량이라는 것이다.[254] 특히 신흥공업국이나 지역에서 가

---

254) 중산층의 '급진적' 특징에 대해 좀 더 자세한 분석을 할 필요가 있다. 초기의 연구자들은 신흥공업국의 중산층은 '신사회 운동(新社會運動)'과 긴밀한 관련이 있다고 보았다. 따라서 중산층의 발전은 급진적인 특징을 띠게 될 것이라고 여겼다. 하지만 필자는 이러한 급진적인 특징은 주로 문화 이데올로기의 급진성이나 혁명에 의해 표현된다고 본다. 예를 들어 여권운동·평화운동·민권운동과 환경보호운동 등이 그것이다. 한편 신흥공업국에서 거론되는 중산층의 급진적인 특징은 사회정치 질서의 변혁과 관련된다. 본 장은 이러한 의미에서 '보수' 또는 '급진'의 개념을 사용하고자 한다.

장 적극적인 정치적 변혁의 역량은 중산층이다.[255] 사람들은 중산층의 이러한 급진적인 특징에 대해 일반적으로 두 가지로 해석한다. 문화와 이데올로기적인 해석이다. 예를 들어 중산층은 교육수준이 상대적으로 높기에 비교적 강한 자아의식과 자유의식을 보이고, 개인의 영역과 공민의 권리를 추구하며, 참여의식이 상대적으로 강하다. 다른 하나는 '시장의 해석'이라고 할 수 있다. 즉, 신흥공업국은 기본적으로 시장경제체제의 국가나 지역이다. 경제발전은 시장의 발전을 의미하고, 시장거래는 독립된 개인이나 집단의 권리를 바탕으로 하기 때문에 자유와 연결되어 있다. 이러한 과정에서 발전하는 중산층은 자유에 기초한 변혁을 적극적으로 추진하게 된다.[256] 그러나 앞에서 제시한 문화적인 해석이나 시장적인 해석은 중산층이 보이는 세 번째 사회적 기능, 즉 '종속성(依附性)'과 중산층의 사회적 기능의 전환을 합리적으로 해석할 수 없다.

'종속성'이란 사회구조적으로 중산층은 상대적으로 독립된 계층 또는 집단의 형태로 존재하지만, 상대적으로 독립된 역할과 계급행동을 갖고 있는 것은 아니라는 뜻이다. 중산층은 특정한 사회계층이나 이익집단, 특히 특정한 권위주의에 종속되어 있는 정치체제(政體)이다.[257]

---

255) 1980년대의 한국·중국대만과 브라질에서 중산층의 급진적인 특징을 발견할 수 있다.
256) [미국] 詹姆斯·布坎南, 『經濟自由與聯邦主義』(劉軍寧·王焱·賀衛方, 『經濟民主與經濟自由』, 1997, 上海, 上海三聯書店.을 참조).
257) 20세기 20~30년대 독일, 60년대 한국과 중국대만, 60년대 말부터 70년대 초까지 브라질과 같이 중산층은 권위주의 정권, 심지어 파시즘정권에 종속되어 있었다.

중산층의 사회적 기능에는 위에서 제시한 세 가지 특징 외에, 세 특징 사이에는 상호 전환될 수가 있다. 문화나 시장이 이미 형성된 상황에서 중산층의 사회적 기능은 큰 변화가 일어날 수 있다. 예를 들어 헌팅턴(亨廷頓)은 일찍이 처음으로 탄생한 중산층은 가장 혁명적이고 중산층의 발전에 따라 보수적으로 변할 것이라고 했다.[258]

중산층의 다양한 기능적 특징을 감안할 때, 중산층의 사회적 기능에 대한 분석은 단일한 차원의 분석이 아닌 다차원적인 분석이 필요하다. 즉, 어떤 사회적 환경과 조건에서 중산층이 특정 사회적 기능을 보이는지에 대해 연구해야 한다. 이러한 기본적인 사회적 환경은 적어도 다음과 같은 몇 가지 변수를 포함한다. 즉 경제발전·정치체제의 성격·질서화 정도 등이 그것이다. 이들 간의 관계가 중산층의 사회적 기능을 결정한다.

이러한 노력은 이미 이루어졌다. 예를 들어 Mills는 일찍이 『화이트칼라—미국의 중산층(白領—美國的中産階級)』이라는 저서에서 중산층의 정치적 방향에 관한 네 가지 가능성을 제시했다.[259] 헌팅턴은 1970년대부터 시작된 민주화의 물결에 대해 합법성·경제발전·종교적 영향과 외부세력 등 측면에서 해석했지만, 그의 분석은 특정한 정치운동에 집중하여 다루었기 때문에 특정계층에 대한 분석은 아니었다. 리유메이(李友梅)는 상하이의 화이트칼라에 대해 분석하였는데, 화이트칼라의 사회적 기능은 여러 요소의 제약을 받는다고 밝혔다. 그 요

---

258) [미국] 塞繆爾·P·亨廷頓, 앞의 책, 313~314쪽.
259) [미국] 賴特·米爾斯, 앞의 책, 326~327쪽.

소는 각종 거시적 요소(사회구조·역사발전단계·문화전승·제도적 환경 등)와 미시적 요소(사회심리상태·사회 상황 등)를 포함한다.[260] 라이징핑(賴靜萍)은 경제·계층·사회구조·정치적 현실과 국제적 요소 등 측면에서 싱가포르 중산층의 특징을 다루었다.[261] 그러나 이들의 분석 모형은 여러 요소 간의 관계에 대한 해석이 부족하다는 데에서 한계를 보인다. 본 장은 이들 연구에 이어진 노력이라고 하겠다.

260) 李友梅, 앞의 논문.
261) 賴靜萍, 「新加坡的威權政治及其歷史走向」, 『南京師大學報 (社會科學版)』 (3), 2007.

제2절

중산층의 기본 성격

중산층의 사회적 기능은 성격적으로 차이를 보이는 사회적 환경과 조건을 배경으로 한다. 따라서 중산층의 사회적 기능을 다루기에 앞서 중산층의 기본 성격을 파악해야 한다.

중산층의 기본 성격은 생산과정에서 결정된다. (신)중산층은 관료체제(科程制)에서의 관리적 기능과 자체의 전문기술지식으로 사회적으로 특수한 집단으로 발전했다. 말 그대로 중산층은 중간 위치에 있는 집단으로 그들의 사회구조적 위치는 대재산소유자를 비롯한 사회의 상층과 육체노동자를 비롯한 사회의 하층 사이에 있다. 중산층은 하나의 사회 위치적 개념으로 다양한 측면에서 정의할 수 있다. 예를 들어 소득(재산)·직업·생활방식이나 소비방식·주관적 의식·사회관계 등이 그것이다. 그러나 이러한 사회적 위치의 핵심은 중산층이 처한 사회관계적 구조이다. 중산층의 형성과 발전은 사회과학연구의 주요 화제, 사회 변천 과정의 중요한 특징이 되었고, 그 근본적인 원인은 사회구조의 중대한 변혁을 부각시켰기 때문이다.

사회관계적 구조의 시각에서 볼 때, 중산층의 사회적 위치는 두 가지 기본적인 특징을 보인다. 첫째, 생산과 서비스의 사회화·조직화, 그리고 생산과 서비스에서의 전문기술이 갖는 중요성으로 인해 해당 사회구조의 위치가 과거의 이분(二分)구조에서 분화되어 존재형태와 이익의 측면에서 상대적으로 독립적인 집단으로 발전했다. 계층적으로 폐쇄된 메커니즘, 이익의 대립성으로부터 볼 때, 이러한 위치와 이익의 상대적인 독립성은 사회적 등급구조에서 중산층을 구분하는 기초가 되었다. 둘째, 사회계층화의 측면에서 볼 때, 사회관계적 구조의 핵심 중 하나는 사회적 위계질서이다. 중산층의 상대적인 독립성은 과거의 이분적인 등급구조 속에 존재했으므로, 중산층과 상하층 간에는 관계상에서 다면적인 특징을 갖게 되었다. 중산층에 대한 연구에서 전혀 다른 이론적 관점이라도 중산층의 이러한 중간성과 이로 인해 보이는 다면적인 특징을 강조했다. 예를 들어 Erik Olin Wright는 '갈등계급의 위치'라는 개념으로 그들의 갈등을 묘사했고 J.Goldthorpe는 자주성과 의존성으로 그들의 양면성을 묘사했다. Nicos Poulantzas는 '신소자산계급'이라는 개념에서 출발하여 중산층은 전통적인 소자산계급과 마찬가지로 무산계급과 자산계급이 충돌하는 가운데에 처해 있다고 했다.[262] 중국과 중국 대만의 여러 학자들도 신흥공업국(지역) 중산층의 다양성에 대해 언급했다.[263] 중산층의 다양한 기능적 특징은 이와 같이 특정한 사회적 위치에 뿌리를

---

262) Wright, E.O., "The Biography of a Concept: Contradictory Class Locations," in John Holmwood, eds., Social Stratification, 1985, Volume III, London: Edward Elgar Publishing Limited, ,46~48쪽. Goldthorpe, J. H., "On the Service Class, Its Formation and Future," 앞의 책. [이집트] 尼克斯·普蘭查斯, 『當代資本主義的階級』, 1976(何建章 등, 『當代社會階級結構和社會分層問題』, 北京: 中國社會科學出版社, 1990을 참조).

263) 蕭新煌, 앞의 책. 何平立, 「現實與神話 : 東亞中産階級與政治轉型」, 『上海大學學報』, (3), 2006.

두고 있다. 보수성 불평등이 존재하는 사회에서 경제·사회·정치 또는 문화의 권력·자원과 기회는 모두 일종의 등급구조에서 배분된다. 이러한 사회적 위계질서에서 중산층의 위치 역시 사회적 위계질서의 분화에 따라 형성된 것이다. 비록 중산층은 주로 피고용자로 구성되었고 그 위에 통제·지배·착취의 주체인 상류층이 존재하지만, 다양한 이유 즉 예를 들면 일정한 조직적 관리나 전문기능의 수요로 인해 그들의 고용상황은 직무수행 상황·권력(권위)·소득과 사회적 명성 등 여러 측면에서 다른 피고용자에 비해 우월하다. 중산층의 특정한 이익 또한 이러한 위계질서에서 시작된다.

이 위치의 점유자는 종종 등급질서를 유지하려는 노력을 하게 되며 따라서 보수적이고 안정적인 특징을 보인다. 급진성 비록 중산층의 상대적으로 독립적인 위치는 주로 경제발전과 기술혁신에서 시작되지만, 사회적 등급구조는 본질적으로 이 사회에서 통치적인 위치에 있는 사회집단에 의해 구축된 것이므로 적어도 두 가지 가능성이 존재한다.

하나는 상류층에서 구축된 등급구조와 상대적으로 독립적인 중산층의 위치가 '조화롭다'는 것이다. 즉, 중산층은 상류층의 지배·통제 심지어 착취를 받지만, 그들이 얻은 '보상'은 상대적인 독립과 안정성이다. 그들의 특정한 이익은 독특한 보장이 있고 사회의 하층과 전혀 다르다. 이때 중산층의 보수적인 특징이 두드러지게 된다. J.Goldthorpe는 일찍이 '서비스 관계'와 '서비스 계급'의 개념은 중산

층의 보수적인 특징을 묘사하고 예상했다.[264]

다른 하나는 상류층이 구축한 위계질서가 중산층의 상대적인 독립성을 위협한다는 것이다. 중산층과 상류층은 위계질서의 서로 다른 위치에 있어 양자는 이익의 차이를 보인다. 따라서 중산층 역시 내재적으로 상류층과 멀리하는 특징을 보인다.

상류층이 주도하는 질서가 중산층의 위치와 이익에 피해를 주거나 위협하는 경우, 중산층의 이러한 특징은 '저항'의 급진적인 행동으로 바뀔 수 있다. '무산계급화이론', '신노동계급이론' 등에서는 모두 이러한 관계의 구조는 중산층이 '급진적인' 잠재적 특질을 갖도록 만들었음을 강조한다.[265]

종속성 '중산층'의 위치는 우선 사회구조의 위계질서에 상대적인 하층이 존재한다는 것을 보여준다. 따라서 중산층의 위치와 이익은 상류층과의 관계에 달려 있을 뿐만 아니라, 사회적 하층과의 관계에도 달려 있다. 사회적 위계질서는 우위를 차지하는 상류층이 주도하지만, 각 계층이 서로 싸우거나 타협한 결과이기도 하기 때문에, 사회적 하층 역시 위계질서의 구축에 중대한 영향을 미친다. 때로는 근본적인 영향을 미치기도 한다. 따라서 중산층과 사회적 하층의 관계 역시 두 가지 가능성이 존재한다.

하나는 '연합'의 관계이다. 즉 상류층에 있어 중산층과 사회적 하층

---

264) Goldthorpe, J. H., "On the Service Class, Its Formation and Future," 앞의 책.
265) Wright, E. O., "The Biography of a Concept: Contradictory Class Locations in John Holmwood," eds., 앞의 논문, 46~48, 80~81쪽.

은 동일한 위치에 있는 것으로 보이고, 따라서 이들은 이익의 일치가 존재한다. 따라서 중산층의 위치와 이익이 상류층으로부터 위협받을 경우 사회적 하층과 연합하여 자신의 이익을 지킬 수 있다.

다른 하나는, 이른바 '배척'의 관계이다. 즉, 상대적으로 독립된 위치와 이익이 사회적 하층으로부터 위협 받거나 손해를 입었을 때, 중산층은 기존의 위계질서를 유지하려고 노력할 뿐만 아니라, 필요한 경우 사회적 위계질서에서의 위치와 이익을 확보하기 위해 질서를 유지하려는 극단적인 방식을 받아들일 수도 있고, 자신의 상대적인 독립성을 잠시 포기하고 상류층에 의존할 수도 있다.

한편 중산층에 대한 기존의 많은 연구들에서는 중산층과 상류층 간의 관계에 보다 주목했고, 중산층과 사회적 하층 간의 관계를 소홀히 했다. 따라서 중산층의 종속성을 간과했을 뿐만 아니라, 보수성과 종속성을 혼동하는 결과를 낳았다. 중산층의 다차원적 기능적 특징은 복잡한 사회관계적 구조에서의 위치에서 비롯될 뿐만 아니라, 그 자체의 발전과정에서 비롯되기도 한다.

'발전과정'을 강조하는 것은 두 가지 의미를 포함한다. 첫째, 중산층의 힘이 약한 경우, 사회구조에서 중산층의 역할 발휘의 필요성이 덜하고, 그 자체 역시 상류층과 사회적 하층으로부터 오는 위협에 맞서기에 힘이 부족하므로 비교적 강한 종속성을 띠게 된다. 둘째, 범위가 확대되고 강해짐에 따라 중산층이 보여주는 특징도 바뀔 수 있다. 앞에서 논의한 중산층의 다차원적 성격과 특징에 대한 분석이 성립한다면, 계속해서 다루어야 할 점은 어떠한 사회적 환경과 조건에서 중산층이 특정한 기능적 특징을 보이는가 하는 것이다. 이는 아래에서 집중적으로 토론해야 할 문제이다.

제3절

사회 환경적 변수와 중산층의 사회적

기능의 다차원적 모형

본 장에서는 경제발전·정치체제의 성격과 질서화 정도가 중산층의 사회적 기능을 돋보이게 하는 사회 환경적 요소라고 본다. 또한 이러한 요소 간의 관계변화에 따라 중산층의 기능적 특징도 달라진다.

1. 경제발전

현대사회의 경제발전 과정은 공업화와 현대화의 과정이다. 이는 중산층의 사회적 기능에 영향을 미치는 가장 기본적인 변수이다. 경제발전과정은 중산층에 있어 아래의 세 가지 의미가 있다.

우선, 초창기의 공업국(지역)이든 신흥공업국(지역)이든 그들에게 경제—기술의 발전은 사회구조의 변화를 유발할 수 있다. 현대 사회의 경제발전은 전체 사회의 부의 증가와 더욱 다양화되고 복잡한 직업구조·권력구조와 사회구조를 의미한다. 경제발전과정의 교체에 따라 모든 사회 계층의 상대적인 위치와 상호 간의 관계는 이와 함께 바뀌고 심지어 근본적인 변화를 가져올 수도 있다. 예를 들어 벨(영문명 보충(貝爾))은 최초로 경제구조 변화를 배경으로 공업화 사회의 직업구조의 변화와 이러한 변화의 혁명적 의미를 체계적으로 제시했다.[266] Gould Na는 동일한 시기, 지식인을 주체로 하는 '신계급'의 굴기에 대해 다루었다.[267]

둘째, 경제발전은 중산층의 형성과 발전을 의미한다. 경제발전과 성장방식, 메커니즘의 변화로 인해 기존의 이분적인 구조는 나날이 '삼극화'의 구조로 바뀌었다. 이 과정에서 끊임없이 감소하는 사회적 하층에 반해, 경제발전과 함께 중산층은 규모가 작았던 탓에 약한 계층이었던 지위에서 규모가 크고 강한 계층으로 발전하여 현대사회에서 가장 빨리 성장하는 집단이 되었다. 중산층의 사회구조적 위치와 사회적 기능은 바로 경제발전과정에서 점차 드러나게 된다. 이러한 의미에서 중산층은 경제발전에 의존한다고 할 수 있다.

셋째, 이러한 이유로 경제발전의 지체나 '중단'은 중산층의 생존과 이익에 직접적인 영향을 미칠 것이다.

따라서 경제발전과정에서 중산층은 다양한 기능적 특징을 보일 수 있다고 하겠다.

만약 단순히 경제발전과정을 고려한다면, 중산층의 다양한 사회적 기능을 경제발전과 직접 연결시킬 수 있다.[268] 그러나 경제적 요인과 사회의 정치현상을 직접적으로 연결하는 것만큼 간단한 사회과학적 분석은 없다. 경제발전은 여러 국가(지역)의 중산층이 보이는 기능

---

266) [미국] 丹尼爾·貝爾, 『後工業社會的來臨—對社會預測的一項探索』, 1997, 北京, 新華出版社.
267) [미국] 艾爾文·古爾德納, 『知識分子的未來和新階級的興起』, 2002, 南京, 江蘇人民出版社.
268) 서양의 공업화 사회에서 중산층의 보수적인 특징, 한국과 중국 대만 등 동아시아 신흥공업국(지역)의 중산층의 급진적인 특징이 그 예이다.

적 특징[269]을 직접 설명할 수 없다. 한편 경제발전은 다양한 형태로, 다양한 제도적 환경을 배경으로 이루어질 수 있다.[270] 다른 한편으로 사회의 정치현상은 경제발전의 영향을 받는 외에 다른 여러 요소의 영향을 받는다. 중산층의 사회적 기능의 다차원적 특징도 마찬가지라고 하겠다. 따라서 경제적인 변수는 기초적인 배경적 변수가 될 수 있다. 중산층이 보이는 다양한 사회적 기능을 보다 효과적으로 제시하기 위해, 두 번째 사회의 환경적 변수를 도입할 필요가 있다. 경제발전의 측면에서 볼 때, 한 나라의 정치체제는 중산층의 사회적 기능에 중요한 영향을 미친다.

2. 정치체제

정치체제는 국가 정권의 조직형태이다. 국가마다 정치체제가 다양하다. 본 장의 분석 논리를 집중적으로 표현하기 위해 필자는 정치학자의 개념을 빌려 복잡한 정치체제의 형태를 '민주주의 정치체제'와

---

269) 브라질 등 일부 라틴아메리카 국가의 중산층이 보이는 종속적 특징과 경제발전수준의 차이가 비교적 큰 여러 국가(지역)의 중산층이 보이는 공통된 특징이 그 예이다([미국] 塞繆爾·P·亨廷頓, 앞의 책, 73~74쪽.

270) 서양의 현대 사회에서 사회경제발전은 민주 제도를 배경으로 이루어진 것이다. 인도는 후발국(後發展國家) 이지만 민주 제도를 배경으로 경제발전이 이루어졌고 한국·중국 대만 지역은 권위주의 체제를 배경으로 이루어졌으며, 라틴아메리카 일부 국가의 경제발전은 민주 제도와 권위주의 체제의 변화를 겪었다.

'권위주의 정치체제'로 유형화 했다.[271] 이로써 경제발전을 배경으로 두 정치체제의 영향이나 의미를 별도로 살펴볼 수 있다.

민주주의 정치체제는 하나의 제도적 배정이다.[272] 민주주의 정치체제에서 권력구조와 위계질서는 국민과 그 (이익) 조직의 공개적이고 합법적이며 질서 있는 경쟁을 통해 구축된 것이기 때문에, 정치체제는 사회구조와 긴밀히 대응한다. 즉, 정치체제는 사회상황의 변화에 따라 반응을 하게 되고 제도적 배정에 있어서 역시 변화를 가져오게 된다. 민주주의 정치체제에서 경제가 발달하지 않던 데에서 발달하게 되고, 비교적 발달한 국가에서 고도로 발달한 국가로 발전하게 되면 경제발전과 긴밀한 관계가 있는 중산층과 민주주의 정치체제의 권력구조 사이에는 근본적인 갈등이 적게 일어난다. 그 이유는 중산층이 해당 정치체제의 권력구조와 위계질서를 배경으로 형성되고 발전되었기 때문이다. 또한 이러한 제도적 배정 역시 중산층이 성장하여 자신의 상대적인 독립성과 이익을 보호하고 추구하는 기초가 되기 때문이다. 이러한 권력구조와 위계질서에서 중산층 위에는 상류층이 존재하지만, 그들의 상대적인 독립성은 해당되는 제도적 배정에서 보장

---

271) 린츠(林茨)는 '민주주의 정치체제', '권위주의 정치체제(authoritarianregime)' 와 '강권 정치체제(to-talitarianregime)' 의 세 가지 기본적인 정치체제에 대해 체계적으로 논의한 바가 있다 ("Totalitarianand Authoritarian Regimes, in FredI. Greenstein and Nelson W. Polsby, eds., in Handbook of Political Science, 1975, Reading, Mass: Addison-Wesley, 175쪽을 참조). 후세 사람들은 또 이를 바탕으로 여러 가지 하위 유형을 만들었다. 예를 들어 '소프트 권위주의 정치체제 (軟威權政體)', '탈권위주의 정치체제(後威權政體)' 등이 그것이다. 본 장은 헌팅턴의 방법을 참고하여 '권위주의 정치체제' 로 모든 '민주주의 정치체제' 에 대응하는 정치체제를 지칭하고자 한다(미국) 塞繆爾·P·亨廷頓, 앞의 책, 11쪽을 참조).

272) [미국] 約瑟夫·熊彼特, 『資本主義, 社會主義與民主』, 1999, 北京: 商務印書館, 395쪽.

이 있고, 특정한 이익 역시 예상 가능하며, 이러한 사회적 위치를 대대로 이어갈 수 있다. 경제성장의 둔화가 도래한다고 하더라도 기본적인 제도적 배정은 그대로 유지된다. 따라서 중산층은 Mills가 말한 '정치적 수비수'가 될 가능성이 높다. 이밖에 '안정제', '완충기' 등은 이러한 정치체제를 배경으로 하는 중산층의 사회 기능적 특징을 표현하는데 적절하다고 하겠다.

권위주의 정치체제에서 권력구조에는 경쟁이 덜하고 사회적으로 어느 정도는 자유로우나 국가의 강한 영향과 간섭을 받게 된다. 국가는 각종 사회조직·사회자원과 기회를 거의 통제하고 있다. 권위주의 정치체제에서도 경제발전을 이룰 수는 있다. 특히 후발국(지역)에 있어서 권위주의 정치체제는 경제적 전환과 고속성장을 추진하는 데 특별한 의미를 갖는다. 중산층 역시 경제발전과 함께 점차 형성되고 발전하며 강해질 수 있으나, 경제발전 과정은 중산층이 사회적 기능을 발휘하는 데 중요한 의미를 갖는다. 경제발전의 초기단계에서 경제의 성장과 함께 중산층은 경제발전 과정에 따라 점차 발전하고 성장하게 된다. 이때 중산층의 권위주의 정치체제에 대한 종속성을 발견할 수 있다. 그 이유는 주로 중산층의 발전·성장이 모두 권위주의 정치체제가 주도하는 경제발전과 성장과정에 의존하기 때문이다. 이 단계에서 중산층은 강한 제약을 받게 된다. 그러나 이러한 종속성은 경제발전과 함께 변화하게 된다.

경제가 일정한 수준까지 발전할 경우[273] 권위주의 정치체제와 중산층 간의 관계는 바뀔 수 있다. 그 이유는 경제발전 과정은 새롭고 보다 다양하고 복잡하며 서로 의존하는 경제적 체계를 의미하기 때문이고, 새로운 부와 권력의 원천이기 때문이며,[274] 중산층의 규모가 급격히 확대되기 때문이다. 따라서 중산층은 경제 발전 초기에 권위주의 정치체제에 의존하지만, 규모가 확대됨에 따라 상대적인 독립성과 이익이 날로 돋보이게 된다.

이러한 변화는 권위주의 정치체제와의 모순과 갈등으로 이어질 수 있다. 한편으로 권위주의 정치체제는 다양한 경제적 체계에 대해 점차 통제하기 어려워지게 된다. 다른 한편으로 권위주의 정치체제는 본질적으로 다모클리스 검(達摩克利斯劍)과 같이, 언제든지 중산층의 독립적인 지위와 이익을 위협할 수 있다. 이때 권위주의 정치체제의 성격은 중산층이 의존하는 상대에서 위협적인 힘으로 바뀌게 되는 가장 중요한 요소가 될 수 있다. 이와 함께 중산층의 '급진적인' 반체

---

273) 헌팅턴은 일찍이 경제발전 단계와 민주화의 관계에 대해 다루었다. 그의 자료에 따르면 1970년대 중반 1인당 GDP가 1000~3000달러가 되는 국가(지역)에서 민주화의 물결이 일어날 가능성이 더 높다. 그러나 두 가지 특히 유의해야 할 점이 있다. 첫째, 1인당 GDP의 수준은 절대적인 것이 아니다. 실제로 그 시기에 변혁을 겪은 국가(지역)에서 1인당 GDP는 약 300달러에서 3000달러 사이로 국가(지역) 간 차이가 매우 컸다. 둘째, 권위주의 정권의 타당성은 정권의 성격이 아니라, 사회 성격을 보여준다는 것이다(미국) 塞繆爾·P·亨廷頓, 앞의 책, 73~74쪽을 참조). 그러나 경제발전은 변혁의 토대가 된다. 경제발전의 절대적 수준은 무의미할 수 있다. 경제발전 과정과 그 과정에서 생기는 변화가 오히려 더욱 중요하다.
274) [미국] 塞繆爾·P·亨廷頓, 앞의 책, 4, 75쪽.

제적 특징과 그 사회적 기능은 뚜렷해지기 시작한다.[275] 권위주의 체제에서 경제성장의 둔화, 심지어 '중단'으로 이어지면 그 체제의 합법성은 크게 손해를 입을 수 있다. 따라서 권위주의 정치체제에서 경제발전은 중산층이 보이는 사회적 기능이 종속적인 데에서 급진적인 데로 바뀌는 과정을 겪게 한다.[276]

3. 질서(제도화)

'질서'를 사회행동 단위의 상호작용과 행위의 모형화 또는 공동가치와 규범 안에서의 사회적 상호작용 모형으로 이해할 수 있다. 일정한

---

275) 한국·중국 대만 지역에서 대표적인 변화를 발견할 수 있다. 한국은 박정희 대통령이 쿠데타를 통해 권위주의 정부를 세웠을 때, 1인당 국민총생산이 87.71달러에 불과했고 도시화율은 28%였다. 1962년부터 한국은 5년 연속 경제발전계획을 실시하여 세계적으로 유명한 '서울의 기적'을 만들었다. 1962년부터 1966년까지 국민총생산의 연평균 성장률은 8.3%였고 1966년부터 1971년까지 11.4%에 달했으며 1987년에는 13%에 달했다. 80년대에 이르러 이미 국제적으로 공인된 신흥공업국으로 발전했다. 1987년에 국민총생산은 1,180억 달러에 달했고 이는 1962년의 41배로 세계적으로 15위를 차지했으며 1인당 GDP는 3,360달러에 달했고 1980년에 도시화 수준은 57.3%에 달했다. 80년대 초에 한국 경제는 정부가 주도하는 거시적조절식 발전에서 '민간에서 주도하는' 경제체제로 바뀌기 시작했다. 70년대부터 반체제적 운동은 점차적으로 회복되었고 80년대에 끊임없이 고조되었으며, 1987년에 유명한 '평화 대행진'으로 결국 32년에 걸친 권위주의 정치체제가 해체되었다(曹中屛·張璉瑰等編著, 『當代韓國史 (1945~2000)』, 2005, 天津, 南開大學出版社, 제5장, 제6장. [한국] 金都姬, 「韓國解放50年政治簡史及其意義」, 『當代韓國』 (5), 1995. 黃俊堯·金基福, 「市民社會興起下的韓國政治變遷」, 『學術中國』, 2004년 7월 7일, http://www.gongfa.com/hanguoxianzheng.htm, 2008년 2월6일 검색.
276) 물론 경제가 발전하지 않는 상황에서 중산층이 '급진적인' 특징을 보이지 않는다는 것은 아니다. 사실이 보여주는 바와 같이, 경제발전의 그 어떤 과정에서는 중산층은 '급진적인' 특징을 갖게 된다. 그 이유는 중산층 내부는 다양한 부분으로 구성되었기 때문이다(예를 들면 지식인은 이데올로기의 영향을 쉽게 받는 편이다). 이밖에 다른 영향 요소도 존재한다. 일부 후발국(지역)이 경제적 도약을 이루었을 때, 심지어 그 이전에 이러한 사례를 많이 발견할 수 있다. 예를 들어 1950~60년대 한국과 중국 대만 지역의 민주화 운동이 그것이다. 그러나 한 계층의 보편적 특징으로서 사회적 전환에서 대체할 수 없는 영향을 발휘하기 때문에 경제발전의 비교적 높은 단계에 나타난다. 경제발전 수준의 저하는 독립적인 부와 권력의 원천 그리고 교육을 정도를 제한한다.

319

의미에서 사회질서는 제도로 표현된다. 즉 한 사회의 제도화 수준이 높을수록 그 사회는 질서 있게 돌아간다. 따라서 제도화는 사회질서 형성의 기본과정이라고 하겠다. 질서와 반대되는 것은 무정부 상태이다. 질서가 사회의 '안정'과 연결되어 있다면, 무정부 상태는 사회의 '혼란'과 연결되어 있다. 사회질서는 사회의 각 부분과 각 계층에서 표현된다. 사회계층화의 측면에서 볼 때 위계질서(계층화 질서 또는 계급 질서·계층 질서를 포함)는 사회질서의 기본 내용 중의 하나이다. 앞에서 제시한 바와 같이 중산층의 지위·특징과 기능은 바로 사회의 위계질서 위에 형성된 것이다. 위계질서는 중산층 지위의 기초이다. 본 장에서 주목하는 것은 질서의 형성과정이 아니라, 질서 또는 제도화 수준이다.

'질서'를 상대적 정치체제의 독립변수로 삼는 이유는 사회질서에 있어 정치체제는 질서에 영향을 주는 중요한 요소이지만, 가장 중요하거나 유일한 중요한 요소가 아니기 때문이다. 질서의 본질을 볼 때, 사회질서를 구축하는 가장 기본적인 메커니즘은 제도화 과정에 있고, 질서의 유지는 주로 국가의 능력에 달려 있다. 다시 말해서 권위주의 정치체제든 민주주의 정치체제든 질서 있는 사회와 혼란스러운 사회는 모두 가능하다는 것이다.

사회가 질서 있는 상태에서 중산층은 보수적이거나 급진적인 특징을 보일 수 있는데, 이는 주로 경제발전과 정치체제의 성격에 달려 있다는 점은 앞에서 이미 밝힌 바가 있다. 한편 경제적으로 발전한 권위주의 정치체제에서 중산층이 종속적인 데에서 급진적으로 전환하는 과정은 대규모 시위 등 현 질서에 대한 파괴와 함께 이루어진다. 그러나 중산층이 주도하는[277] 급진적 운동은 심각하지 않다. 성격적으로 그들은 사회질서를 철저히 무너뜨릴 정도의 사회적 운동을 일으키지 않게 되어 있다. 오히려 자신의 지위와 이익을 보다 잘 지킬 수 있는 권력구조를 구축하고자 한다. 따라서 이러한 급진적 운동은 위계질서의 전복이 아니라 정치체제의 개혁이나 권력구조의 변혁을 목적으로 한다. 이러한 '변혁'은 흔히 협력·타협·약한 폭력을 수반하게 된다.[278] 사회적 무질서는 그 사회의 위계질서와 경제성장 과정을 위협할 수 있다. 통치적 측면에서 볼 때 무질서는 국가통치의 쇠락을 의미하고, 경제적 측면에서 볼 때 의존성이 강한 현대사회의 경제는 혼란스러운 질서 속에서 오랜 성장을 기대할 수 없으며, 사회적 측면에서 볼 때 무질서는 사회적으로 공감하는 핵심가치관과 권위적인 행위규범이 형성되기 어렵다. 사회갈등이 생길 때 사회구성원과 여러 조직은 갈등을 해결하는 합법성과 권위성의 일치를 찾을 수 없고, 합법적인 정치와 법률제도, 권위적인 중재자도 찾을 수 없다. '혼란'은 위계질서를 포함한 모든 질서의 파괴를 의미한다.

무질서 상태가 사회의 위계질서와 경제발전을 위협하게 될 때, 중산층이 사회질서를 주도하기에 부족한 경우, 중산층은 '종속성'을 보이게 된다. 중산층은 자신의 이익과 지위를 보호하기 위해 질서를 회복하려는 노력을 애써 하게 되는데, 심지어 극단적인 권위주의 정치

---

277) 주도한다는 말은 이끈다는 뜻으로 중산층이 급진적 운동의 유일한 역량이라는 것은 아니다.
278) [미국] 塞繆爾·P·亨廷頓, 앞의 책, 233쪽.

체제에 의존하기도 한다. 권위주의 국가가 사회질서를 회복함으로써 경제발전과 자신의 발전을 이루게 된다. 이러한 종속성은 공업화나 현대화 전단계의 의존적 성장과 달리, 무질서 또는 제도화의 낮은 단계(민주주의 제도라 하더라도[279])에서 질서 있는 권위주의로 바뀌게 된다.[280] 이데올로기적 의미에서 민주주의 정치체제와 비교할 때, 이를 '반동'이라고 할 수 있다.

---

279) 민주주의 정치체제는 경쟁과 참여라는 두 가지 기본적인 개념과 관련된다. '제도화는 조직과 절차를 빌려 안정성과 중요성을 얻는 과정'이다. 경쟁과 참여가 제도화와 반비례한다면 그 사회는 정치적 불안정이나 무질서 상태에 처하게 된다([미국] 塞繆爾·P·亨廷頓, 앞의 책, 14, 60쪽을 참조).

280) 1960년대에서 70년대의 라틴아메리카 중산층에서 이러한 특징을 발견할 수 있다. 브라질은 그 중에서 가장 대표적이다. 1945년부터 1964년까지 브라질은 20년에 걸친 민주화시기를 겪었고 1950년부터 1964년까지 신속한 도시화와 공업화의 거대한 변혁을 겪었다. 1957부터 1961년까지 브라질의 국민총생산은 평균 매년 7%의 속도로 증가했고 국민총생산의 1인당 성장치는 라틴아메리카 다른 국가의 3배에 육박했다. 그러나 이러한 민주화 과정은 라틴아메리카 국가 자체의 국정·사회 구조와 역사를 바탕으로 특색을 띤 라틴아메리카 '포퓰리즘(populism)'을 형성했다. 즉, 여러 사회집단의 정치 참여가 급격히 증가하고 이익 경쟁과 투쟁에서 여러 정당이 승리하기 위해 민중을 직접 동원하여 국가 정치 활동에 적극적으로 참여하도록 함으로써 대규모의 노동자 운동과 농민 운동이 활발해 지고 그 영향은 점차 커졌다. 아울러 각종 사회적 역량은 갈등을 해결하는 합법성과 권위성에 대해 공통된 의견도 없고 정치제도와 권위 있는 합법적인 정치 지도자가 중재인의 역할을 할 수 없었다. 1963년에 경제발전이 어려움을 겪게 되고 사회적 운동이 급진적으로 발전하고 있을 때, 전체 사회와 국가는 최대한 많은 참여자를 동원하게 되었고 사회는 무질서한 상태에 빠지게 되었다. 이러한 무질서한 참여가 사회의 기본 구조와 중산층 생존의 기본 질서를 위협할 때, 특히 사회적 하층으로부터 오는 위험이 날로 뚜렷해질 때, 기존의 질서를 유지하거나 질서를 회복하려는 중산층의 욕망이 군인들이 군사 쿠데타를 일으키도록 지지하고 권위주의 정부를 세우고 고압 통치를 실시하여 질서를 회복하고 경제발전에 안정적인 사회적 기반을 제공하도록 하는 주도적 힘으로 바뀐다. 이로부터 유명한 "브라질 경제의 기적"이 탄생되었다. 1969년부터 1973년까지 브라질의 GNP는 연평균 11.2% 성장했고 1973년에는 13%에 달했다.([브라질] 博斯托, 『巴西簡明史』, 2006, 北京, 社會科學文獻出版社. 蘇振興主編, 『拉美國家現代化進程研究』, 2006, 北京, 社會科學文獻出版社를 참조). 1974년에 인도 총리 인디라 간디가 '긴급상태법'을 시행한 사실로부터 인도 중산층 역시 비슷한 특징을 보였음을 알 수 있다.

4. 중산층 사회적 기능의 다차원적 모형

이상은 중산층의 기본적인 성격에 대한 분석에서 출발하여 세 가지 사회 환경적 변수를 갖고 있는 중산층의 사회적 기능에 대한 영향과 중산층의 기능적 특징의 형태에 대해 논의했다. 본 연구의 기본적인 결론은 다음과 같다.

중산층의 특정 사회구조적 위치는 사회 기능적 특징의 다양한 가능성을 내포하고 있다.

경제발전은 기본적인 배경으로 경제발전이 없으면(신)중산층을 논할 필요가 없게 되는 것으로 경제발전이 중산층을 만든 것이다. 경제발전과 함께 성장한 중산층이 어떠한 사회적 기능을 발휘하느냐 하는 것은 경제발전이 배경으로 하는 정치체제의 성격과 사회의 질서화 정도에 달려 있다.

민주주의 정치체제에서 경제발전과 함께 성장한 중산층은 한편으로는 경제발전에서 이익을 얻고, 다른 한편으로 정치체제는 중산층이 생존하는 데 필요한 위계질서와 권력구조를 보장해 준다. 이러한 이유로 중산층은 보수적인 사회 기능적 특징을 뚜렷하게 보인다.

권위주의 정치체제에서 경제발전과 함께 성장한 중산층의 사회적 기능은 경제발전의 단계에 따라 변화할 것이다. 경제발전의 초기에는 의존적인 특징을 보이나 경제가 어느 정도 발전하게 되면 중산층이 점차 확대되어 권위주의 정치체제와 갈등이 생기고, 정치체제에 의존적이던 데에서 급진적으로 발전하게 된다. 즉 권위주의 정치체제를 바꾸려고 하게 된다.

중산층의 본질은 위계질서의 중간적인 위치에 있다는 것이다. 따라서 '질서', 특히 위계질서는 중산층에게 매우 중요하다. 만약 사회질서가 위협을 받거나 파괴되는 경우, 특히 사회 무질서가 중산층의 지위와 이익, 그리고 경제발전에 심각한 영향을 미칠 때, 민주주의 정치체제에서도 질서를 회복하고 이익을 보호하려는 강한 노력으로 인해 중산층은 권위주의 정치체제에 의존하게 될 것이다.

위에서 논의한 중산층의 사회 기능 모형은 [그림8-1]을 참고할 수 있다.

[그림8-1] 중산층의 사회 기능 모형

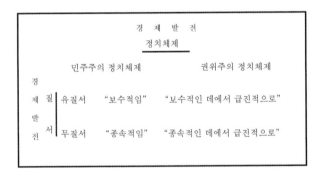

[그림8-1]은 본 장의 기본 관점을 보여준다. 즉, 중산층은 특정한 사회 구조적 위치를 바탕으로 다양한 사회적 환경과 조건에서 다양한 사회 기능적 특징을 보이고, 특정 조건에서 그 사회 기능적 특징에 변화가 생기기 때문에 사회구조와 사회 변천에서의 중산층의 의미는 다르게 나타난다.

제4절
구체적인 영향 변수

앞에서 논의한 바와 같이, 사회·경제와 정치 간의 관계는 매우 복잡한 관계구조로 위에서 제시한 모형은 '이상형' 방법론에 의한 모형일 뿐이다. 이 모형과 관련되는 세 가지 기본 변수는 중산층을 위해 다양한 생존환경과 사회적 공간을 제공한다. 중산층의 기능적 특징은 이로써 기본적으로 결정된다. 즉 그들은 이러한 사회 환경적 변수의 변화로 인해 다양한 기능을 보이게 되고, 중산층의 사회적 기능을 분석하는 기본모형을 구성하게 된다.

그러나 이 기본 모형은 두 가지 문제점이 따른다. 첫째, 세 기본 변수 간의 관계에 대해 정확하게 표현하기가 어렵다는 점이다. 예를 들어 권위주의 정치체제에서 경제발전 수준이 중산층에 미치는 영향이나 질서화 정도가 경제발전에 미치는 영향, 그리고 중산층에 미치는 영향 등과 같은 변수 간의 관계에 대해 정확하게 설명하기 어렵다는 것이다. 이는 본 장에서 끝내야 하는 임무가 아니다. 심지어 근본적으로 끝낼 수 없는 임무일 수도 있다. 왜냐하면 사회적 현상과 사회적 과정이 우리의 상상을 훨씬 초과할 정도로 복잡하기 때문에, 본 장에서는 기본적인 틀을 제시할 수밖에 없다. 둘째, 연구자가 중산층의 실제 행위에 대해 더 많이 알고 있다면, 상술한 기본 모형내부에서 중산층의 사회 기능적 특징에 대해 충분히 해석하지 못하는 경우가 많다는 사실을 발견하게 될 것이다. 예를 들어 정치체제의 성격과 질서화 제도는 기본적으로 같지만, 경제발전 수준이 비교적 크게 차이 나는 상황에서 중산층은 유사한 사회의 기능적 특징을 보일 수 있다. 이는 중산층의 사회적 기능이 다른 일부 변수의 영향을 받을 수도 있고, 심지어 더욱 직접적인 영향을 받을 수도 있다는 것을 의미한다.

이러한 상황으로부터 볼 때, 깊이 있는 논의와 분석이 필요하다고 하겠다. 필자는 이데올로기, 국제환경, 중산층의 동질성 등 세 개의 변수가 중산층의 사회적 기능에 중요한 영향을 미친다고 본다. 이데올로기 본 연구에서는 관념의 집합을 가리키는데, 관념·이상·신념·가치관·세계관·종교·정치철학·도덕관 등을 포함한다. 이는 사람들이 세계를 이해하고 해석하는 방식 또는 쉽게 말하면 사물과 세계를 관찰하는 방식이다. 이러한 이데올로기의 개념은 만햄(曼海姆)이 말한 '특정한 것'과 '전체적인 것'의 두 가지 기본 유형을 포함하므로[281] 넓은 의미의 이데올로기 개념이지, 정치적이고 선택적인 특수 이익집단을 위해 봉사하는 사상체계는 아니다.

위에서 제시한 기본 모형에서 중산층의 사회적 기능은 이데올로기의 영향을 보다 직접적으로 받게 된다. 즉 이데올로기의 영향으로 인해 중산층을 포함하여 사회구성원의 생존상황·사회적 환경·미래의 발전방향 더 나아가 이익과 요구 등에 있어 변화가 일어나게 될 것이

---

281) [독일] 卡爾·曼海姆, 『意識形態和烏托邦』, 2001, 北京, 華夏出版社, 73~85쪽.

다. 정치 이데올로기 뿐만 아니라 문화와 전통 이데올로기 역시 그 영향을 주는 요인이 될 수 있다. 이로 인해 중산층의 행동에 영향을 줄 수 있는 것이다. 정치 이데올로기는 특정 사회집단의 이익, 사회적 목표와 직접 관련되고, 흔히 서로 충돌하는 관계로 하나는 특정 정치 이데올로기에서 받아들여질 수 있는 질서이고, 다른 하나는 정치 이데올로기에서 받아들여질 수 없게 된다. 한편, 오랜 기간에 거쳐 형성되고 굳혀진 사회적 관념과 도덕적 이념은 사람들의 행위를 좌우하게 되고 선택과 판단에 영향을 주게 된다.[282]

국제환경 이 요소는 주로 외부영향의 측면에서 중산층의 사회적 기능을 고찰케 한다. 중산층의 기능적 특징은 단순히 한 국가나 사회

---

282) 예를 들어 한국·중국 대만 지역과 브라질의 경험으로부터 볼 때, 경제가 얼마나 발전하고 1인당 GDP가 어떤 수준에 도달해야 중산층의 민주화운동이 나타날 수 있다는 것은 단정할 수 없는 것으로(탄력적인 공간만 제시할 수 있고, 앞에서 제시한 경제발전 요인에 대한 논의를 참고할 수 있음), 이러한 국가(지역)의 중산층 민주화운동 역시 여러 차례에 걸쳐 성공한 것이 아니다. 그 과정에서 이데올로기가 중요한 역할을 했다. Joseph Alois Schumpeter의 이른바 '고전민주이론(미국] 約瑟夫·熊彼特, 앞의 책, 307쪽을 참조)' 에 따르면 민주도 일종의 이데올로기이다. 1970년대부터 시작된 제3차 민주화의 물결 속에서 민주주의는 일종의 이데올로기로서 한국·브라질과 중국 대만 지역에 커다란 영향을 미쳤다. 브라질은 20세기 중반에 민주주의 정치체제에서 권위주의 정치체제로 바뀌었는데, 이는 라틴아메리카의 독특한 '민중주의' 민주주의 체제와 밀접한 관련이 있다. 종교의 경우, 한국·브라질 등 국가의 전환에서 종교의 중요한 영향을 발견할 수 있다. 한국은 반권위주의의 정치로 바뀌기 전에 전국적으로 기독교를 믿는 인구가 전체 인구의 4분의 1을 차지했고, 주로 도시 청년·시민과 중산층으로 구성되었다. 서울의 명동대성당(明洞大聖堂)은 당시 유명한 이의(異議)를 가진 인사들의 모임장소가 되었다. 김수환 주교 등 종교계 지도자들은 1987년 개헌투쟁의 결정적인 순간에 반대파의 대통령 선거를 지지하기 위해 나섰다(王來法·黃俊堯·金基福,「市民社會興起下的韓國政治變遷」,『國際論壇』 (1), 2004를 참조). 이밖에 일부 연구자들은 한국의 현대사에서 권위주의 정치체제가 장기적으로 존재하는 원인은 현대화 과정에서 경제발전의 수요에 의한 것 외에 질서를 중시하고 등급을 중시하며 절대 복종을 요구하는 가부장제의 전통을 고집하는 한국의 정치와 문화는 권위주의 정부의 생존에 유리한 환경이라고 주장한다(王來法·黃俊堯·金基福, 위의 논문을 참조).

내부의 영향에 의해서 만들어진 것이 아니라는 점을 강조한다. 사실 공업화와 현대화 발전이 서유럽에서 시작된 이후, 전 세계는 날로 밀접하게 연결되어 서로 영향을 주고받는 글로벌화된 체계를 형성케 했다. 이른바 국제환경은 정치·경제·이데올로기와 역사 등 여러 가지 요소를 포함하는데, 이러한 요소가 국가나 지역에 영향을 미치는 방식은 일반적인 전파에서 직접적인 관여에 이르기까지 중요한 영향 요인으로 특정사회에 진입하여 그 사회의 중산층에 영향을 미치게 된다. 국제환경은 한 사회의 경제와 사회발전을 가속화하거나 방해할 수 있다. 한 사회가 일정한 수준에 도달했을 때, 국제환경은 중산층의 전환을 추진할 수 있다. 반대로 한 사회의 경제와 사회발전 수준이 일정한 수준에 이르지 않았을 때, 국제환경은 중산층이 노력을 하도록 도울 수 있다.[283] 가끔은 국제환경의 영향은 심지어 결정적일 수 있다. 예를 들어 특정 이데올로기가 한 사회에 전파되고 중산층의 어떤 부분에 의해 받아들여지면 이 부분 구성원의 행위에 직접적인 영향을 미치게 된다. 외부의 직접적인 정치나 경제적 개입도 특정 사회 내부의 변화를 초래할 수 있다. 국제환경의 영향이 직접적이지 않고 시범적 효과일지라도 중산층의 기능 전환을 유도하는 요소가 될 수

---

283) [미국] 塞繆爾·P·亨廷頓, 앞의 책, 97~112쪽.

있다.[284] 중산층의 동질성 이 변수는 중산층 자체의 특징과 관련된다. 위에서 제시한 분석모형에서 먼저 전체적인 중산층이라는 존재를 설정했다. 그러나 상류층과 사회적 하층과 비교할 때 중산층의 동질성 그리고 자아정체성은 더 중요한 영향 변수가 된다.

즉, 중산층의 갈등의 원인과 조직적 다양화는 그들이 강한 이질적 특성을 보이게 한다. 학자들이 강조하는 중산층의 문화 이데올로기의 특성은 이러한 이질적 특성에 대한 일부 반영이라고 하겠다.

본 장에서 제시한 바와 같이, 상술한 세 가지 좀 더 구체적인 영향 변수도 '이상형'의 방법론에 의한 논의일 뿐이다.

구체적인 사회나 과정에 가까워질수록 더 많은 영향요소를 발견할

---

284) 예를 들어 1960년대 브라질의 중산층이 권위주의 정치체제에 의존하는 것으로 바뀌었는데 이는 쿠바 혁명과 미국의 억제 전략의 영향을 크게 받은 것이다. 중산층이 쿠바에서 발생한 '사회적 하층' 혁명에 대한 두려움과 질서에 대한 우려는 그들이 권위주의 정치체제로 역행하는 중요한 요소 중 하나가 되었다. 한편, 1970년내부터 1980년대까지 많은 국가, 특히 한국과 같은 신흥공업국에서 발생한 반권위주의 운동은 경제 발전의 영향을 제외하고도 미국과 유럽 공동체, 특히 미국 정부의 글로벌 전략 전환과 관련이 있다. 즉, 미국 정부의 일련의 관련 외교 활동·경제와 정치 간섭·이데올로기 추진과 밀접한 관련이 있다([미국] 塞繆爾·P·亨廷頓, 앞의 책, 97~112쪽 참조). 또한 앞에서 언급한 바와 같이 한국·대만·브라질 등 국가(지역)에서 중산층은 경제발전의 초기에 이미 어떤 급진적인 특징을 보였다. 이러한 현상은 경제와 사회 발전의 수준으로 해석할 수 없는 것으로, 외부 요소와 이데올로기 요소의 영향을 많이 받는다고 하겠다.

수 있고 그들 간의 상호 관계도 더욱 복잡해진다.[285]

---

285) 예를 들어 중산층의 사회적 내원을 놓고 볼 때, 출신이 다양한 사회구성원은 자신의 신분적 특징을 그대로 갖고 중산층으로 가입하게 되고 이는 공업화 과정과 사회적 전환 과정의 영향을 받게 된다. 형성 과정에서의 차이를 놓고 볼 때, 오랜 기간에 걸쳐 형성된 중산층과 고속 성장한 중산층 중에 전자가 동질성이 강하고 후자는 이질적인 특성이 강하다고 하겠다. 한편 '이상적인' 모형에서 중산층의 사회적 기능을 분석할 때 간과할 수 없는 사례가 있는데 바로 싱가포르의 경우이다. 싱가포르는 권위주의 정치체제에서 경제의 고속 성장을 겪었고 중산층이 부상하고 있을 때 싱가포르에서는 급진 중산층 운동이 일어나지 않았다. 하여 위의 모형에 없는 예외적인 특례가 되었다. 일부 연구들에서는 싱가포르 사회의 일부 특수한 요소로 이러한 상황을 해석했다. 예를 들어 자연지리·인종·역사와 문화·경제발전·정치발전과 국제환경 등 특수한 요소의 영향에 의한 결과라는 것이다(賴靜萍, 앞의 논문을 참조). 필자는 이에 대해 보다 대중적인 이론적 해석을 제시할 수 없으므로 후속 연구에서 다루도록 하겠다.

제5절

현대 중국사회의 중산층의
사회적 기능에 영향을 주는 요인'

이상에서 몇 가지 대표적인 국가(지역)의 사례를 빌려 '이상형'의 방법론으로 중산층의 사회기능 모형을 구축했다. 필자가 강조하고자 하는 것은 분석의 시선을 현대 중국사회로 돌려 상술한 '이상형'에 의한 모형을 전환기 중국사회의 '신 중산층'의 사회적 기능을 분석하는 구체적인 연구에 활용할 때, 반드시 보다 구체적인 영향 요인을 고려해야 한다는 것이다. 본 장의 분석목표를 이루기 위해, 중국사회 중산층의 사회적 기능에 대해 깊이 있고 포괄적인 분석을 할 수는 없다. 따라서 앞에서 세운 분석모형에서 출발하여 같은 분석논리에 따라 간략하게 논의하도록 하겠다.

모두가 알다시피 현대중국사회는 경제가 고속성장하는 현대화 전환과정에 있을 뿐만 아니라 점진적인 제도적 전환을 겪고 있는 사회, 즉 중앙집권적인 계획경제체제에서 사회주의 시장경제체제로 전환하는 사회이기도 하다. 현대화 전환이 더욱 보편적인 특징을 갖는다고 한다면, 점진적인 제도적 전환은 특수한 영향을 가져올 것이다. 이러한 영향은 아래의 세 가지 측면에서 고려할 수 있다.

제도적 구조 고도로 집중된 '재분배 체제'는 사회적 전환의 출발점이다. 중앙집권적 계획경제체제를 핵심으로 하는 제도를 배경으로 중국사회의 구조적 특징은 중산층의 사회적 기능을 분석하는 데 특별한 의미를 갖는다. 첫째, 고도로 집중된 정치와 경제체제는 거의 모든 사회자원과 기회를 통제하고 있다. 국가 주로 중앙정부가 '재분배 체제'를 통해 이러한 자원과 기회를 개인이나 집단에게 배분한다. 둘째, 이에 상응하는 성진(城鎮) 사회의 대표적인 조직형태는 '단위체제'이다. 거의 모든 사회구성원들이 하나의 '단위'에 소속되어 있고 '단위'는 중국 성진사회의 기본적인 조직제도이다.[286] 셋째, 제도화된 신분의 '격리(隔離)'와 행정화의 보편화는 도시와 농촌의 구석구석을 뒤덮었고 이른바 '총체적 사회(總體性社會)'를 형성했다.[287] 사회주의 건설시기에 중산층과 유사한 직업을 가진 집단, 즉 전문기술자와 관리자집단[288]이 점차적으로 형성되었지만, 이러한 특정한 제도적 구조에서 그들이 생존하는 사회구조적 공간과 다른 집단과의 관계는 다른 유형의 사회와 전혀 다르다.

전환과정 중국의 제도적 전환과정은 점진적인 과정이다. 이 과정은 국가가 추진하고 주도하는 것으로, 단계별·분야별로 점차적으로 추

---

286) Ivan Szeleny, "Social Inequalities in State Socialist Redistributive Economies," International Journal of Comparative Sociology(19),1978, 1~2쪽. 路風,「單位 : 一種特殊的社會組織形式」,『中國社會科學』(1), 1989. 李路路·王奮宇,『現代化進程中的中國社會結構及其變革』, 1992, 杭州, 浙江人民出版社. 李漢林,「中國單位現象與城市社區的整合機制」,『社會學研究』(5), 1993.
287) 예를 들어 간부 '도시인' 과 농민의 격리, '정기합일(政企合一)' '정사합일(政社合一)' 제도 등이다.
288) F.Parkin의 분석을 참고할 수 있다. F.Parkin은 사회주의가 건설 시기에 접어들면서 경제와 기술발전의 수요로 인해 사회주의 사회에서 시장경제 사회와 유사한 중산층이 점차적으로 형성되었다고 했다(Parkin, Frank, "Class Stratification in Socialist Societies," The British Journal of Sociology(XX-4), 1969, 355~374쪽을 참조).

진하며, 제도적 전환과정에서 경제의 지속적인 고속성장을 이루었기 때문에 전통체제에 대한 과정적 의존성이 상대적으로 강하다. 비록 대량의 새로운 구조적 요소와 관계가 사회구조 체계에 개입하여 사회적으로 큰 변화를 가져왔지만, 기존의 체제적 요소는 여전히 상당히 중요한 위치를 차지하며 중요한 영향을 미친다.

현대화 과정 현대화 과정은 개혁개방과 함께 이루어졌고, 중국사회 경제의 신속한 성장이나 공업화·현대화 과정이다. 현대중국은 세계적으로 30년 가까이 경제의 고속성장을 유지한 유일한 국가이다. 체제개혁과 현대화 과정의 고속화와 함께 중국의 사회구조, 특히 직업구조에 커다란 변화가 생겼다. 중산층의 신속한 확대와 성장이 그 상징이라고 할 수 있다. 신속한 경제성장 과정은 한편으로 중산층의 발전을 촉진시켰고, 다른 한편으로 중산층의 이질적인 특성을 강화시켰다. 기존의 제도적 구조와 전환과정의 특수성, 그리고 신속한 공업화와 현대화 과정은 현대중국 중산층의 사회적 근원과 구성·형성·행위적 성향, 그리고 사회적 기능에 직접적인 영향을 미치고 중국 중산층 분석을 위한 기초를 마련했다.[289] 사회전환, 특히 전환 중인 중국 사회는 반드시 중산층 분석의 새로운 환경적 변수를 제공할 것이다.

이상에서 논의한 중산층의 사회적 기능에 대한 분석은 사실 세 개의 차원으로 나뉜다. 우선 이상형 방법론에 의한 모형을 세운 다음,

---

289) 周曉虹, 『全球中產階級報告』 앞의 책. 周曉虹主編, 『中國中產階層調查』, 앞의 책. 李強, 앞의 논문. 李強, 『農民工與中國社會分層』, 2004, 北京: 社會科學文獻出版社. 李路路李升, 「"殊途異類": 當代中國城鎮中產階級的類型化分析」, 『社會學研究』 (6), 2007.

이를 바탕으로 점차 구체적이고 복잡한 현실로 접근했다. 현실사회는 이처럼이 구체적이고 복잡하다. 따라서 그 어떤 모형이든 중국사회의 현실을 모두 담을 수 없는 것으로, 특정 측면에서의 현실사회에 대한 예측이다. 중산층에 대한 분석 역시 마찬가지이다. 본 장에서 다룬 내용이 보다 많은 관심과 논의를 불러일으킬 수 있다면, 연구의 목적을 달성했다고 생각한다. 앞에서 제시한 바와 같이 중산층과 관련된 어떠한 단일한 기능적 특징이든 간에 국내외 문헌에서 논의된 바가 있기 때문에 전환기 중국의 중산층을 다룰 때 분석의 핵심은 중국의 특정한 경제발전 수준과 제도적 구조, 그리고 전환과정에서 중국 중산층의 성격(사회구조적 위치 등)적 특수성, 중산층의 사회적 기능에 직간접으로 영향을 미치는 사회 환경적 변수라고 하겠다.

현대중국 중산층의 사회적 존재:

계층인식과 정치의식

제9장

현대중국 중산층의 사회적 존재:
계층인식과 정치의식[290]

본 장은 CGSS2003 데이터를 바탕으로 현대중국 중산층의 계층적 인식과 정치의식에 대해 살펴보는 것이 목적이다. 계층적 인식·정치의식 및 참여 그리고 이익분배 등 세 가지 측면에서 중산층의 계층적 인식과 정치의식에서의 특징을 밝힐 것이다.

중산층에 대한 분석은 두 가지 측면에서 수행할 수 있다. 우선 중산층의 형성과 특징에 대해 '확인'하고, 그 존재 상황에 대해 기본적으로 인식한다. 그 다음은 중산층의 사회적 기능, 특히 사회의 정치적 기능, 즉 중산층의 굴기와 형성이 사회에 미친 영향에 대해 '인식'하는 것이다. 두 가지 측면이 서로 연결되어 있으나, 중간층의 사회적 존재 상황은 그 사회　정치적 기능을 인식하는 기초이다. 따라서 중산층의 사회의 정치적 기능은 그 특징의 논리적 결과라고 하겠다.

---

290) 본 장의 주요 내용은 『社會科學戰線』 (10), 2008에 게재됨.

제1절

분석의 틀·분석 방법과

데이터에 기초한 해석

본 장의 '분석의 틀'과 분석방법은 두 가지 측면을 포함한다.

1. 계층분류의 구조

  이론적으로 중산층의 사회적 존재 상황에 대한 분석은 어느 측면
에서 이루어지든 그 기본적인 전제는 중산층의 상대적인 독립성을
확인하는 것이다. 즉 중산층은 자신만의 특징을 갖고 있기에 그것을
확인해야만 중산층에 대한 분석이 사회적 의미를 갖게 되고, 그 사
회적 기능을 해석할 수 있다. 이 목표를 이루기 위해 계급이론의 시
각에서 출발한다면 특정한 이론적 분석에 근거하여 중산층을 포함
한 계층분류 구조를 구축한 다음 이를 핵심으로 하여 사회 여러 분
야에서의 중산층 특징을 분석할 수 있다. 이 구조 내에는 적어도 중
산층 위의 상류층과 그 아래에 있는 사회적 하층, 그리고 자영업자가
존재해야 한다.[291] 그러나 개인 대상 설문조사를 통해 분석한다면, 사
실상 상류층으로 간주할 수 있는 조사대상이 상당히 적은데 이러한

---

291) 여기에서의 중산층은 '신 중산층' 을 가리킨다. 따라서 구 중산층인 자영업자와 구분해야 한다.

상황은 설문조사를 통한 연구에서는 흔한 현상이다.[292] 따라서 본 연구가 아래의 두 조건을 충족시킬 수 있다면 연구결과는 받아들여질 수 있을 것이다. 첫째, 정의된 중산층은 보편적으로 받아들여지고 인정받을 수 있는 중산층의 범주에 속한다. 둘째, 측정을 확인하기 위한 지표로 사용될 때 중산층은 다른 계층과 구분할 수 있다. 따라서 본 장의 기본적인 계층 분류 구조는 중산층·사회적 하층과 자영업자를 포함한다. 한편으로 중산층의 특징 다시 말하면 중산층과 다른 계층과의 차이를 더욱 명확하게 밝히기 위해, 다른 한편으로는 현대 중국 중산층의 형성과정과 중산층의 복잡성을 고려하여 본 장은 중산층을 다시 상층과 하층으로 구분하여 중산층의 존재적 특징을 보다 정확하게 확인하도록 했다.[293] 아래에서 세 계층을 바탕으로(그 중에서 자영업자는 사실 '구 중산층'임) 분석의 필요에 따라 4계층 구조에 넣을 것이다. 본 장에서 사용한 데이터는 중국인민대학 사회학과와 홍콩과학기술대학 사회조사센터가 실시한 2003년 중국종합사회조사(CGSS 2003)의 자료에서 나온 것으로 본 장의 분석 기준에 의해 유효표본 3,468개를 추출했고 구체적인 유형과 규모는[표9-1]에서 제시한 바와 같다.

---

292) Erikson, R. and Goldthorpe, J. H., 앞의 책, 28~63쪽.
293) 물론 사회적 하층 역시 복잡하고 이질적이다. 그러나 본 장의 핵심은 중산층의 존재적 특징을 분석하는 것이므로 사회적 하층의 이질성은 간과하고 이를 하나의 전체로 간주했다. 다만 분석의 필요에 따라 상술한 네 계층을 세분화하게 된다. 즉 사회적 하층에 있는 중산층을 중층 관리자와 전문기술인원을 일반 관리자, 일반 전문기술인원과 구분했고, 또한 이들을 상·하 중산층과 구분하기 위해 중상(中上)·중중(中中)·중하(中下) 중산층이라고 지칭할 것이다. 기존의 사회적 하층에서 감독과 기술공을 비기술공, 실업자와 구분하여 하상(下上) 사회적 하층·하중(下中) 사회적 하층·하하(下下) 사회적 하층 세 부류를 형성하게 된다.

[표9-1] 계층의 유형

계층 명칭	인원 구성	표본 수
상층 중산층	고층 관리자(행정)와 고급 전문기술자	120
하층 중산층	중하층 관리자(행정), 중·하급 전문기술자, 사무원	1,167
사회적 하층	감독, 기술공, 비기술공, 실업자	1,702
자영업자		479
합계		3,468

2. 분석 범위

계층관계구조에서 중산층의 객관적인 위치를 바탕으로 그 사회 존재적 상황은 다양한 측면에서 분석할 수 있다. 제목에서 제시하는 바와 같이 본 장의 초점은 계층의식과 정치의식에 있다. 이 분야는 중산층이 굴기하는 핵심이기 때문이다.

중산층의 계층의식과 정치의식에 대한 분석은 세 가지 측면에서 수행될 것이다. 즉, 계층적 인식·정치의식과 정치적 참여·이익배분이다. 이 세 가지 측면은 중산층의 계층의식과 정치의식의 전부는 아니지만, 중산층의 계층의식과 정치의식을 집중적으로 대표한다.[294]

본 장은 두 가지 상호적으로 연결되어 있는 부분을 포함한다. 첫째, 계급의식과 정치의식 가운데 계층화의 특징이 존재하는가? 바꾸어

---

294) 계층분석에서 객관적인 계층분석과 계층의식분석은 서로 연결되어 있는 차원이지만, 양자 간에는 큰 차이가 존재한다. 객관적인 계층적 지위에서 계층의식에 이르기까지 그 과정에는 사회·문화적 요소가 관여하게 되고 시·공간적 요소의 영향을 받게 되는 것으로 단순한 관계가 아니다. 따라서 양자는 간단하게 대체될 수 있는 관계가 아니다. 계층의식 분석을 통해 계층의 형성, 더 나아가서는 계층 행동의 주요 변수 중 하나를 밝히게 된다. 비록 본 장은 계층의식 분석에 집중하여 다루지만, 단순히 계층의식에 근거하여 객관적인 계층구조의 존재를 부정하는 것은 옳지 않다고 본다.

말하자면 중산층의 특징을 보이게 되는가? 둘째, 이러한 특징의 구체적인 표현은 무엇인가?

본 장에서는 주로 대응분석(correspondence analysis)의 방법을 적용하여 관련 데이터를 분석할 것이다.

제2절

계층인식

계층적 인식은 계층의식의 구성 부분이고 계층의식은 계층의 형성을 묘사하는 가장 중요한 특징 중 하나로 여겨진다.

계층의식에 대한 연구는 '자유계급(classinitself)'에서 '자위계급(classforitself)'으로의 전환을 다룬 마르크스의 관점으로 거슬러 올라갈 수 있다. 즉 '자유계급'에서 '자위계급'으로 전화하는 과정에서 계급 구성원들은 자신이 처한 계급적 위치, 계급이익과 계급관계를 인식하고 자신의 계급이익을 쟁취하기 위해 노력한다는 것이다. 마르크스의 관점에서 계급의식은 사실 '집단적 이념'으로 특정 집단의 객관적인 경제적 위치의 영향을 받는다는 것을 알 수 있다. 베버와 그후의 일부 학자들은 계급의식에 대한 연구는 계급적 위치가 다른 개인의 느낌이나 사상에 주목한다고 보았다. A.Giddens의 분석에서는 계급인식(class awareness)과 계급의식(class consciousness)을 구분했다. 즉 계급의식의 조작화에 의해 개체는 심리적으로 자신과 타인을 구분하게 된다는 것이다.[295] 류신(劉欣)은 계급의식과 계층의식 간의 차이를 구분하고 계층의식이라는 개념에 대해 조작적 정의(operational definition)를 내렸다. 즉 계급의식은 마르크스의 계급

---

295) 李煒, 「中國與韓國社會階級意識的比較研究」, 『社會學研究』 (5), 2004.

이론에서 언급한 계급의식과 유사하고 계층의식은 계급구성원의 감정·환상 등을 더욱 강조한다는 것이다. 그에 따르면 계층의식은 집단적 의식이 아니라 일정한 사회 계층적 지위에 있는 개인이 사회 불평등 상황과 그 자신이 처한 사회 경제적 지위에 대한 주관적인 의식·평가와 느낌을 뜻하며 개체의 심리와 의식상태를 강조한다. 또한 물질적·경제적 이익을 바탕으로 만들어진 것이 아니라, 각종 경제·권력·문화·기술과 자원의 불평등한 배분은 이러한 의식이 형성되는 요인이 될 수 있다. 본 장은 주로 계층구조에 대한 인지적 측면에서 분석하고자 한다.

계층의식에 대한 조작적 정의는 다음의 세 가지 측면을 포함한다. 첫째, 계층적 인식 여부, 즉 자신이 살고 있는 사회에 불평등한 계층구조가 존재한다는 것을 의식하고 있는가? 이에 의해 사회계층화에 대한 인지도를 측정한다. 둘째, 계층의 분화와 계층구조가 존재한다면 계층의식을 갖고 있는가? 즉 자신의 계층적 지위를 인지하고 있는가? 셋째, 사회계층화의 근거는 무엇인가? 즉 계층 구분의 주요 영향요인은 무엇인가? 이러한 질문을 가지고 본 장은 계층적 인식·계층적 지위에 대한 인식과 계층구분의 요인 등 세 개의 지표에 근거하여 여러 계층의 계층의식을 측정했다. 기존 연구들에서는 첫 번째, 두 번째 질문만 포함하는 것이 다수였는데, 측정의 완결성을 위해 본 장에서는 세 번째 질문을 추가했다.

1. 계층적 인식

현대 중국사회에 계층이 존재하느냐 하는 문제는 계층적 인식의 기본적인 문제이다. 조사 자료에 제시된 질문은 "일반 가정의 종합적인 사회경제적 지위에 따라 사회는 상층, 중상층, 중층, 중하층, 하층 등 몇 개의 계층으로 나눌 수 있다고 생각하십니까?"였다. 아래의 원형 차트에서 제시하는 바와 같이, 다수의 응답자는 중국사회에는 앞에서 제시한 5개의 계층이 존재한다고 생각했다(84.66%). 이 비율은 지난 몇 년 동안의 일부 조사[296]에 비해 높았고 "분명하지 않다"와 "사회적 계층이 존재하지 않는다"고 대답한 응답자는 6.63%와 8.71%에 불과했다([그림9-1]을 참조). 즉, 현재 중국사회는 여러 계층으로 분화되어 있는 사회라는 점에서 응답자의 객관적인 계층적 위치가 어떻든지 간에 그들 간에는 차이가 존재하지 않는다는 것이다. 이러한 인식은 현대 중국사회에 대한 사람들의 느낌과 일치한다고 할 수 있다.

---

296) 위의 논문. 우한시(武漢市)의 조사 결과에 따르면 주민의 76.8%가 다양한 사회 계층이 존재한다고 생각하는 것으로 나타났다.

[그림9-1] 계층적 인식의 기본 상황

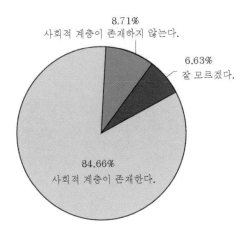

2. 계층적 지위에 대한 인식

　다수의 응답자가 중국의 성진사회에 계층의 분화가 존재한다고 생각한다면 그 다음 확인해야 할 것은 본 연구에서 구상한 계층 구성원들이 자신의 계층적 지위에 대한 인식 또는 귀속의식이다. 즉 같은 계층적 지위를 갖는 응답자가 자신의 계층적 지위에 대해 공통으로 인식하느냐 하는 것이다. 계층적 지위에 대한 인식은 계층적 인식의 성숙 여부를 보여준다.

　데이터 분석결과에 의하면 3계층 구조에서 계층 간 차이는 상당히 큰 것으로 나타났다. 사회적 하층은 자신을 '하층'으로 보는 경향이 있었고, 자영업자는 자신을 '상층'으로 보았다. 양자는 계층적 지위에 대한 인식에 있어 뚜렷한 계층적 특징을 보였으나, 중산층은 그렇지 않았다. 중산층을 상·하 네 부류로 세분화해도 뚜렷한 계층적 특징을 보이지 않았다.

계층구조를 좀 더 세분화하면, 중산층의 계층적 지위에 대한 인식이 뚜렷하고 명확해지며, 이러한 인식은 자신의 객관적인 계층적 지위와 상대적으로 일치한다. 이 결과는 중국 국내의 일부 조사결과와 다르다.[297] 구체적인 결과는 [그림 9-2]에서 제시한 바와 같다.

[그림9-2] 객관적인 계층적 지위와 계층에 대한 인식

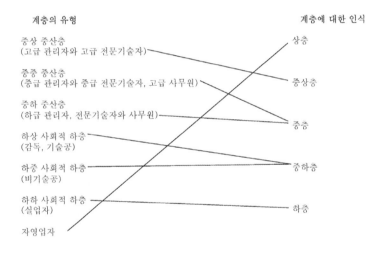

297) 李培林, 「研究中國當代社會衝突意識的七個發現」, 『理論參考』》(5), 2006. 李培林·張翼, 「中國中間階層的規模·認同和社會態度」, 『社會』(2), 2008. 자영업자의 상향 인식에 대해 본 장에서는 합리적인 해석을 내놓지 못했으나, 이 결과는 자영업자가 계층 구분 기준에 대한 인식에서 보이는 특징과 유사하다. 즉, 자영업자는 '유산(有産)과 무산(無産)' 의 구분을 선호하고 스스로 '유산자' 에 속한다고 생각한다는 것이다.

이상의 결과가 제시하는 바와 같이 사회적 하층과 자영업자는 자신의 명확한 사회적 지위로 인해 계층적 지위에 대한 인식이 명확히 형성되었다. 이에 반해 중산층은 계층적 차이를 보다 세분화했을 경우에 한해서만 계층적 지위에 대한 인식을 보이고 있다. 즉 지위에 대한 인식에 있어 중산층 내부의 이질성은 동질성에 비해 강하다는 것이다. 비록 다수의 응답자가 사회적 계층화를 인식하고 있으나 중산층은 급속히 전환하는 사회를 배경으로 굴기하고 있는 계층에 속하며, 계층내부에는 비교적 큰 차이가 존재하고 공동한 경험과 이익에 대한 인식이 부족하다. 따라서 이러한 결과는 예상했던 바이다. 따라서 계층적 지위에 대한 인식에 있어 대분류는 계층적 특징을 보여주기 어려우며, 세분화된 계층구조만이 계층화의 특징을 나타낼 수 있다고 하겠다.

3. 계층구분의 요인

상술한 결과가 보여주는 바와 같이, 사회적 계층화는 현대 중국사회에서 보편적으로 존재하는 현상으로 여겨지고 일정한 의미에서 계층적 정체성이 형성되었다고 하겠다. 그렇다면, 계층적 인식과 관련하여 좀 더 구체적으로 살펴보아야 할 문제는 계층구분에 영향을 미치는 요인은 무엇이고, 각각의 계층은 이러한 요인에 대해 어떻게 인식하고 있는가 하는 문제이다. 본 연구에서는 현재 중국사회에서 자주 언급되는 몇 가지 영향을 주는 요인에 따라 구체적인 질문을 만들었다. 즉 "사회적으로 흔히 사람들을 아래와 같이 유형화하고 있는데 당신은 자신이 어느 유형에 속한다고 생각하십니까?"이다. 이 질문은 사실 사회적 부(富)·신분·재산·권력·교육과 직업 등 다양한 기준과 관련된다. 대응분석을 적용한 통계에 따르면 결과는 [표9-2]에서 제시하는 바와 같다. 표에서 우측에 제시된 계층은 좌측의 구분 기준과의 상관관계를 의미한다.

[표9-2] 계층화의 기준과 계층에 대한 인식

계층화의 기준	측면	3계층 구조	4계층 구조
부자·빈자	부자	-	-
	빈자	사회적 하층	사회적 하층
	잘 모르겠음	중산층	하층 중산층
	관련 없음	자영업자	상층 중산층, 자영업자
간부·민중	간부	-	상층 중산층
	민중	사회적 하층, 자영업자	사회적 하층, 자영업자
	잘 모르겠음	중산층	하층 중산층
	관련 없음		
유산·무산	유산	-	-
	무산	사회적 하층	사회적 하층
	잘 모르겠음	-	-
	관련 없음	중산층, 자영업자	상층, 하층 중산층, 자영업자
관리·피관리	관리	중산층	상층 중산층
	피관리	사회적 하층	사회적 하층
	잘 모르겠음	자영업자	자영업자
	관련 없음		하층 중산층
고학력·저학력	고학력	-	상층 중산층
	저학력	사회적 하층, 자영업자	사회적 하층, 자영업자
	잘 모르겠음	중산층	하층 중산층
	관련 없음		

정신노동자 노동자	정신노동자	-	상층 중산층
	노동자	사회적 하층	사회적 하층
	잘 모르겠음	자영업자(관련이 적음)	자영업자
	관련 없음	중산층	하층 중산층

위에서 제시하는 결과에 의하면 다음의 몇 가지 사실을 발견할 수 있다.

첫째, 3계층 구조의 경우, 모든 측면에서 사회적 하층은 뚜렷한 계층적 인식을 보이고 있는 것으로 신구중산층과 확연히 다르다. 또한 모든 측면에서 자신이 열등적인 위치에 있다고 생각한다. 즉 어떠한 기준으로 구분하든지 그들은 사회적 하층에 속한다는 것이다.

둘째, 3계층 구조에서 중산층은 '관리자'에 대한 인식에서만 뚜렷한 계층적 특징을 보이고 있다. '관리'는 권력적 의미와 직업적 의미를 모두 갖는 것으로 이러한 특징은 기본적으로 중산층에 대한 일반적인 정의(정신노동자)에 부합하고, 이는 형성과정에서 중산층이 자신의 공통된 특징에 대한 인식이다. 한편 '부자·빈자', '간부·군중'과 '학력'과 같은 기준에서 역시 중산층은 뚜렷한 계층적 특징을 보인다. 다만 그들 자신은 이러한 기준이 계층구분을 하게 하는데 영향을 주는 요인으로 작용했는지의 여부에 대해서는 잘 모르고 있을 뿐이다. 가장 분산적인 것은 '유산(有産)·무산'과 '정신노동자·노동자'의 기준에서 나타난다. 이상의 결과는 사회 전환과정에서의 중국사회의 복잡한 현실을 잘 보여주고 있다. 여러 가지 요소가 중산층의 지위 획득에 큰 영향을 미친다. 그러나 다수의 중산층은 이러한 요소에 대해 잘 모르고 있거나 인식의 형태에 있어 큰 차이를 보이고 있다(분산적이다).

중산층에 대해 좀 더 세분화한다면, 계층구분에 대한 인식과 관련하여 자세한 정보를 얻을 수 있다.

상층 중산층은 '부자·빈자'와 '유산·무산' 등 물질적인 구분기준에 대해 인식하고 있지 않는 대신, '간부', '관리자', '정신노동자'와 같은 신분·권력·직업적 기준, '고학력'과 같은 인적자본 등에 대한 인식에서 뚜렷한 계층적 특징을 보이고 있다. 이에 반해 하층 중산층은 뚜렷한 특징을 보이지 않거나 '잘 모르겠음'을 선택하거나 분산적으로 선택한 것으로 나타났다. 즉 그들은 자신의 지위의 근원에 대해 명확하게 인식하고 있지 않다는 것이다. 그 이유는 그들이 사회적 하층과 가깝고 상호 간에 더 많은 유동이 있었기 때문일 수도 있다. 급속히 발전하고 전환하는 사회는 이러한 특징을 더욱 돋보이게 하고 이는 그들의 계층적 인식의 현 상태를 만들었다고 하겠다.

셋째, '구 중산층'으로 인식되는 자영업자는 신분과 인적자본의 측면에서 자신의 열등적인 위치에 대해 명확하게 인식하고 있으나, '부자·빈자'와 '유산·무산'의 측면에서는 분산적인 선택을 한 것으로 나타났다. 위의 데이터와 분석결과로부터 다수의 사회구성원들은 중국 사회가 이미 계층화되었다고 생각하지만, 사회적 하층의 계층화 의식과 사회적 위치에 대한 인식이 더욱 뚜렷하다는 사실을 확인할 수 있다. 이에 반해 중산층, 특히 하층 중산층은 계층화 기준에서 뚜렷한 계층적 특징을 보이지 않으며, 자신의 '뿌리'가 어디에 있는지 잘 모르고 있다. 상층 중산층은 상대적으로 높은 사회적 위치에 있기 때문에, 지위에 있어 다른 계층과 상대적으로 큰 차이를 보이며, 따라서 일부 계층화 기준에서 비교적 강한 계층적 특징을 보이고 있다.

계층구조, 계층적 지위, 그리고 계층구분에 대한 인식을 분석함으로써 이는 계층의식이 점차 심화되는 과정이라는 사실과 현실적으로 계층의식이 점차 '모호해지는' 과정을 확인할 수 있다.

이는 현대 중국사회의 복잡한 전환과정과 계층 형성과정의 진실한 모습일 수도 있다.

제3절
정치의식과 정치참여

모두가 아는 바와 같이 중산층을 주목하는 것은 중산층의 사회의 정치적 기능 때문이라고 할 수 있다. 전환기에 있는 중국사회에 있어 더욱 그러하다. 앞에서 논의한 계층적 인식에 대한 측정은 상대적으로 추상적인 측정이라고 하겠으나 정치의식과 정치적 참여라는 지표를 통해 계층화된 분석을 보다 깊이 있게 수행하도록 할 뿐만 아니라, 중산층의 형성과정을 확인하고 그 사회의 정치적 기능을 파악할 수 있는 중요한 부분이다. 본 연구에서는 서로 관련되어 있는 질문을 설계하여 중산층의 정치의식을 측정했다.

1. 민주주의 정치의식

민주주의 정치의식이나 이념은 현대의 정치의식 가운데 중요한 부분이다.

(1) 민주주의란 무엇인가?

먼저 민주주의가 무엇인지 특히 체제 전환을 겪은 중국사회에 있어 "민주주의가 무엇을 의미하는가?" 하는 문제는 가장 기본적인 정치적 이념이라고 할 수 있다. 조사 자료에는 "'민주주의는 정부가 인민에 대해 책임진다는 뜻이다'에 '동의하십니까?'"라는 형상적인 질문을 만들었다. 본 연구에서는 민주주의의 학술적 개념을 다루는 것이 아니라 이러한 통속적인 표현으로 계층별 민주주의 이념을 측정함으로써 중산층의 존재적 특징을 확인하고자 했다. 대응분석의 결과는 [그림9-3]에서 제시한 바와 같다.

[그림9-3] 민주주의의 개념과 계층적 지위

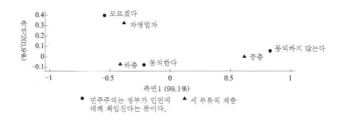

"민주주의는 정부가 인민에 대해 책임진다는 뜻이다"라는 해석에 대해 세 부류의 계층이 모두 다른 대답을 선택하여 뚜렷한 계층적 특징을 보였다. 사회적 하층은 동의하는 경향이 강했지만, 중산층은 동의하지 않았고, 자영업자는 명확한 태도를 보이지 않았다. 좀 더 세밀한 분석에 의하면 중산층 중에서 주로 하층 중산층이 동의하지 않은 반면에, 상층 중산층은 뚜렷한 특징을 보이지 않았다. "민주주의가 무엇인지"에 대한 다양한 견해는 중산층이 기본적인 정치적 이념에 있어 독특한 의식을 갖게 되었음을 보여준다. 그러나 뒷부분의 분석을 통해 이러한 정치의식은 복잡하고 다양하다는 것을 알 수 있다.

(2) 직접민주주의와 간접민주주의

민주주의에 관한 논의에서 직접민주주의와 간접민주주의(대표민주주의, representative democracy)는 두 개의 서로 다른 민주주의 권리에 대한 표현이념과 제도적 형태라고 할 수 있다. 전자는 권리의 직접적인 표현을 강조하고, 후자는 제도화된 절차를 강조한다. 현대 국가들이 많이 실행하는 것은 간접민주주의 제도형태이다.

이와 관련된 두 가지 선택사항은 다음과 같다. ① 인민들이 국가와 지방의 대사에 대해 직접적인 발언권이나 결정권을 가져야만 민주적이라고 할 수 있다. ② 인민들이 자신의 대표를 선출하여 국가와 지방의 대사를 토론할 권리가 있다면 민주적이라고 할 수 있다. 직접민주주의, 간접민주주의를 계층적 지위와 대응분석을 수행한 결과는 분산형 차트 [그림9-4]에서 제시한 바와 같다.

[그림9-4] 계층적 지위와 직접민주주의, 간접민주주의 간의 관련성

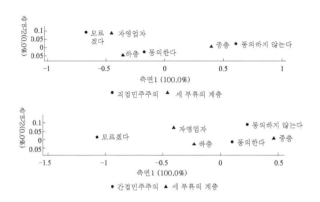

직접민주주의와 계층적 지위

3계층 구조에서 뚜렷한 계층적 차이를 발견할 수 있다. 사회적 하층과 자영업자는 직접민주주의에 동의한다는 주장과 관련이 있는 데 반해(뚜렷한 차이를 보이지 않음), 중산층은 직접민주주의에 동의하지 않는다는 대답과 뚜렷한 관련이 있다. 중산층에 대한 세밀한 분석에 따르면 특히 하층 중산층은 직접민주주의에 대해 부정적인 태도를 보이고 있다.

간접민주주의와 계층적 지위

계층별 대표민주주의에 대한 태도는 직접민주주의에 대한 태도와 크게 다르다. 세 부류의 계층 간에는 뚜렷한 차이를 보이지 않으며, 모두 대표민주주의에 동의하는 경향이 있다. 중산층에 대한 세밀한 분석에 의하면 간접민주주의와의 관련성에 있어 사회적 하층, 자영업

자는 하층 중산층에 비해 약하고 상층 중산층은 뚜렷한 계층적 특징을 보이지 않았다.

위의 두 결과를 비교해보면 상당히 흥미롭다. 사회적 하층과 자영업자는 학리적으로 큰 차이를 보이는 민주주의 제도에 대해 모두 동의하는 태도를 취하고 있는데 얼핏 이상한 듯하나 사실은 이해할 수 있다. 왜냐하면 그들은 양자의 차이에 대해 잘 알고 있지 못할 수 있다. 또한 그들 중 다수('개인 경영 상공업자')는 사회적 소외계층으로 어떠한 민주주의더라도 그들에게는 의미 있기 때문이다. 한편 중산층이 직접민주주의를 반대하는 이유는 그들의 '중간적 위치'로 인해 사회적 하층의 '위협' 가능성에 대해 자연스럽게 민감할 뿐만 아니라, 하층 중산층은 사회적 하층과 더 많은 접촉이 있기에 그들에 대해 특히 경각심을 높이고 있기 때문이라고 할 수 있다. 이에 반해 대표민주주의는 중산층 전체의 상대적 독립성을 유지하도록 보장을 제공한다.[298]

(3) 대중민주주의(mass democracy)와 민주적 엘리트주의(Democratic Elitism)

대중민주주의와 민주적 엘리트주의는 정치의식으로서 민주주의의 주요한 부분이다. 본 연구는 조사 자료에서 다음과 같은 내용적으로 반대되는 선택 사항을 만들었다. 하나는 "그 누구든 능력의 높고 낮

---

298) 李路路, 「中間階層的社會功能 : 新的問題取向和多維分析框架」, 『中國人民大學學報』 (4), 2008.

음과 상관없이 국가와 지방의 대사를 토론할 권리가 있다"이고, 다른 하나는 "국가와 지방의 대사를 토론하기 위해서는 지식과 능력을 어느 정도 갖추어야 하므로 지식 있고 능력 있는 자만 참여할 수 있다"이다. 대응분석 결과는 [표9-5]에서 제시하는 바와 같다.

대중민주주의와 계층적 지위

대응분석 분산형 차트에서 명확하게 확인할 수 있는 결과는 모든 계층이 대중민주주의를 찬성하나 차이점이라면 사회적 하층은 중산층에 비해 대중민주주의를 더 찬성하고 자영업자는 태도가 뚜렷하지 않다는 것이다.

민주적 엘리트주의

대중민주주의에 대해 보편적으로 찬성하는 것과는 반대로 특권집단의 권력문제에 있어 세 부류의 계층은 현저한 차이를 보인다. 사회적 하층과 자영업자는 민주적 엘리트주의와 뚜렷한 관련이 있는 반면에 민주적 엘리트주의를 반대하는 것은 중산층과 확실한 관련이 있음을 확인할 수 있다. 아래의 대응분석 분산형 차트에서 이러한 사실을 쉽게 확인할 수 있다.

[그림9-5] 계층적 지위와 대중민주주의, 민주적 엘리트주의 간의 관련성

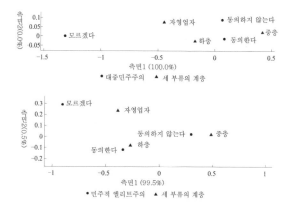

상술한 두 결과는 직접민주주의, 간접민주주의와 반대된다. 대중민주주의 문제에 있어서 큰 계층적 차이를 보이지 않으나 민주적 엘리트주의에 있어서는 확실한 계층적 차이를 보이고 있다. 또한 계층별 지향하는 바에서 비교적 큰 갈등을 보이고 있다. 이에 대해 본 연구에서는 다음과 같이 해석한다. 첫째, 사회적 하층과 자영업자는 학리적으로 상반되는 민주주의 이념과 제도에 대해 보편적으로 찬성하는 이유는 기본적으로 앞에서 논의한 바와 유사하므로 더 이상 언급하지 않겠다. 둘째, 중산층의 경우, '권리'와 '권력'은 크게 다른데, 특히 대중에게는 더욱 그러하다. 보편적인 권리는 공통된 인식을 전제로 하는데 그 중에는 중산층 자신도 포함된다. 그러나 사회적 하층에서 오는 권력에 대해서는 공통된 인식을 전제로 하지 말아야 한다. 그 이유는 위에서 논의된 바가 있다. 셋째, 중산층이 엘리트 민주주의에

357

대해 찬성하지 않는 사실은 일반적인 이해와 모순되는 것 같으나 사실은 합리적이다. 이는 기본적으로 '엘리트'라는 범주의 확정과 관련된다. 중산층은 자신의 독립성과 특수이익을 유지하기 위해 사회적 하층으로부터 오는 위협을 걱정할 뿐만 아니라 사회적 상층으로부터 오는 위협을 막아야 하기 때문이다.

(4) 결과적 합리성과 절차적 합리성

민주주의의 중요한 준칙 중 하나는 절차적 합리성을 결과적 합리성에 비해 더욱 높은 위치에 두는 것이다. 따라서 양자의 차이는 민주주의 의식을 측정하는 중요한 측면이 될 수 있다. 본 연구의 조사과정에서 이 문제와 관련된 것이 있었다. 첫째, 국가와 지방의 대사를 결정함에 있어서의 관건은 결과가 모두에게 유리한지 아닌지를 보는 것이다. 둘째, 국가와 지방의 대사를 결정함에 있어서의 관건은 결정을 내리는 방식이 적합한지에 있다.

전자는 결과적 합리성을 강조하고, 후자는 절차적 합리성을 강조한다. 대응분석은 계층별 태도와 견해를 검증하게 된다.

결과적 합리성에 대한 견해

3계층 구조에서 계층 간에 뚜렷한 차이를 보이지 않고 결과적 합리성을 찬성하는 경향이 강한 것으로 나타났다. 중산층을 상층 중산층과 하층 중산층으로 세분화하면 양자 간의 미세한 차이점을 발견할 수 있다. 즉 상층 중산층은 "동의하지 않는다"를 선택하는 경향이 있

고, 하층 중산층은 "동의한다"와 "동의하지 않는다" 사이에서 뚜렷한
특징을 보이지 않는다. 본 연구에서는 중산층과 사회적 하층을 세분
화하여 결과적 합리성에 대한 7계층 구조의 대응분석 분산형 차트를
도출했다([그림9-6]을 참조).

[그림9-6] 계층적 지위와 결과적 합리성에 대한 인식

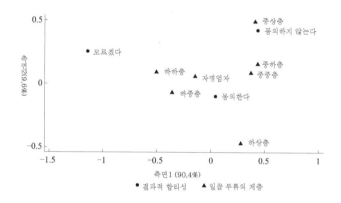

7계층 구조에서 중상층의 중산층은 "동의하지 않는다"와 비교적 강
한 관련성을 보이고 중중층 중산층과 중하층 중산층은 모두 "동의
한다"에 가까운 것으로 나타났다. 사회적 하층을 하층·하중·하상의
세 부류로 세분화한 이후 "동의한다"와의 관련성은 모두 떨어졌으나
세분화했음에도 불구하고 그들은 여전히 "동의한다"와 관련이 있는
것으로 나타났다. 즉 결과적 합리성에 있어 계층을 세분화한 다음
상대적으로 뚜렷한 계층적 특징을 보이는 것으로 나타났다. 사회적
하층과 자영업자는 "결과가 더 중요하다"고 생각하는 경향이 있고,

중상층 중산층은 "결과가 더 중요하다"는 데에 동의하지 않으며, 중하층 중산층의 태도는 뚜렷한 특징을 보이지 않았다. 결과적 합리성에 있어 중산층 내부는 이질적인 특징을 보인다는 것을 알 수 있다.

절차적 합리성에 대한 견해

절차적 합리성에 대한 평가에 있어 세 계층은 현저한 차이를 보였다. 사회적 하층은 절차적 합리성을 찬성하는 것과 뚜렷한 관련이 있는 것으로 나타났고, 절차적 합리성을 찬성하지 않는 것은 중산층과 뚜렷한 관련이 있는 것으로 나타났으며, 자영업자는 '모른다'고 대답하는 경향을 보였다([그림9-7]을 참조). 4계층 구조에서 상층 중산층과 하층 중산층은 찬성하지 않는 태도에 있어 여전히 약간의 차이를 보였는데, 절차적 합리성을 찬성하지 않는 것과 상층 중산층이 뚜렷한 관련이 있는 것으로 나타났고, 하층 중산층의 태도는 "동의한다"와 "동의하지 않는다" 사이에 있는 것으로 나타났다. 7계층 구조로 세분화한 이후에도 기본적인 상황은 바뀌지 않았다.

[그림9-7] 계층적 지위와 절차적 합리성에 대한 인식

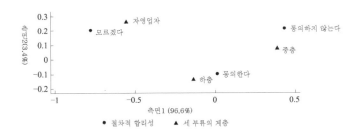

위의 두 견해를 네 가지로 정리할 수 있다. 첫째, 결과적 합리성에 대한 찬성과 관련하여 계층 간에 큰 차이를 보이지 않는다. 그러나 절차적 합리성에 대한 찬성과 관련하여 현저한 계층적 차이를 보인다. 둘째, 사회적 하층은 결과적 합리성이든 절차적 합리성이든 모두 찬성하는 태도를 보이나, 중산층은 결과적 합리성을 더 찬성하고 절차적 합리성에 대해 찬성하지 않는다. 셋째, 하층 중산층과 비교할 때, 상층 중산층은 결과적 합리성도 찬성하지 않고 절차적 합리성도 찬성하지 않는다. 하층 중산층은 결과적 합리성을 더 찬성하는 것으로 나타났다. 넷째, 자영업자는 결과적 합리성을 선호하지만, 절차적 합리성에 대해서는 어떻게 대답해야 할지 모르고 있다.

이상한 것은 중산층은 전체적으로 결과적 합리성을 찬성하고 절차적 합리성을 찬성하지 않는 것으로 확인되었다는 점이다. 그 이유는 중산층은 부상하고 형성과정에 있는 계층으로 미래가 불확실한 고속 전환 과정에서 '결과'는 실재적이므로 보다 중요하고 '절차'는 가장 불

안정하다고 여기기 때문이라고 본다.

　계층별 민주주의 정치의식에 관한 가장 뚜렷한 특징을 하나의 표로 정리하면 계층 간 차이점에 대해 보다 정확하게 확인할 수 있다. 즉 민주주의, 직접민주주의, 민주적 엘리트주의, 절차적 합리성에 있어 중산층은 상대적 독립성을 보이며 사회적 하층과 자영업자와 확연히 다르다. 그러나 중산층은 민주주의의 형태나 제도에 대해 찬성하지 않으며 특히 민주적 엘리트주의와 절차적 합리성에 대해 찬성하지 않는다. 그리고 간접민주주의, 대중민주주의, 결과적 합리성에 대해서도 찬성하지 않는다. 이는 중산층의 갈등적이고 실용적인 특징과 형성 과정에 있는 계층적 특징을 잘 보여주고 있다([표9-3]을 참조).

[표9-3] 민주주의 정치의식의 계층적 차이점

	계층적 차이	동의한다	동의하지 않는다	잘 모르겠다
민주주의는 정부가 인민에 대해 책임진다는 뜻이다	차이를 보임	사회적 하층	중산층	자영업자
직접민주주의	차이를 보임	사회적 하층, 자영업자	중산층(하층)	
간접민주주의	동일함	V		
대중민주주의	동일함	V		
민주적 엘리트주의	차이를 보임	사회적 하층, 자영업자	중산층	
결과적 합리성	동일함	V		
절차적 합리성	동일함	사회적 하층	중산층	자영업자

주: 표 중 'V'는 계층별 구성원이 해당 내용을 선택했음을 뜻함.

2. 정치적 참여

　지금까지 민주주의 의식에 대한 논의는 다양한 계층 특히 중산층의 정치의식에 대해 어느 정도 명시했다고 할 수 있다. 이는 중산층의 사회 정치적 기능을 분석하는 데 기초를 마련해 주었다. 그러나 위에서 지적한 바와 같이, 정치의식에 대한 분석결과는 응답자가 질문에 대해 얼마나 이해했느냐와 어느 정도 관련이 있다. 다양한 계층, 특히 중산층의 정치의식을 보다 정확하게 측정하기 위해 본 연구에서는 정치적 참여의 측면에서 정치의식에 대한 중산층의 인식 범주를 넓히고자 했다.

'정치적 참여'는 정치적 과정에 대한 '관심도', '참여도'와 '참여 성향'의 세 가지 측면으로 측정되었다. 설계된 문제는 다음과 같다. ① 당신이 거주하고 있는 지역사회 주민위원회가 어떻게 생겼는지 아십니까? ② 최근 투표하는 주민위원회의 선거에 참가하셨습니까? 주민위원회 선거를 예로 든 이유는 주민위원회 선거는 도시주민들이 가장 직접적으로 참여하고 자신과 가장 밀접하게 관련되어 있는 민주주의 정치활동이기 때문이다. ③ 당신의 회사가 임금이나 업무를 조정할 때, 당신을 포함한 많은 사람들이 심각하게 불공정한 대우를 받았다고 가정한다면, 이때 누군가가 당신을 동원하여 지도자를 찾아가 의견을 구하려고 한다면 어떻게 하시겠습니까? ②와 ③은 제목의 뜻과 진실성의 정도가 다를 뿐 기본적으로는 유사하다.

분석결과에 따르면 주민위원회 선거 같은 일에 관심이 있는지의 여부에 있어 계층별로 현저한 차이를 보였다. 중산층이 가장 관심을 보였고, 사회적 하층과 자영업자는 그다지 관심을 보이지 않았다. 투표하는 주민위원회의 선거에 참여했는지에 대해 세 계층 간의 차이는 크지 않았지만, 미약한 차이는 보였다. 자영업자는 상대적으로 더 많이 참여한 적이 있었고, 그 다음으로는 사회적 하층이었으며, 마지막이 중산층이었다. '참여 성향'에서 사회적 하층의 특징이 가장 뚜렷했고 '적극적으로 행동하는' 성향을 보인 반면에, 중산층과 자영업자는 명확한 관심을 보이지 않았다([그림9-8]을 참조). 좀 더 세밀한 분석을 수행해도 그 결과는 마찬가지였다. 중산층은 선거와 같은 문제에 관심을 보였으나 참여정도와 참여성향은 높지 않았고, 이에 반해 사회적 하층이나 자영업자는 비교적 높은 참여도를 보였고 적극적이었다. 이러한 결과 역시 현 단계 중산층의 정치의식에서의 특징을 보여주고 있다.

[그림9-8] 계층적 지위와 정치적 참여 성향

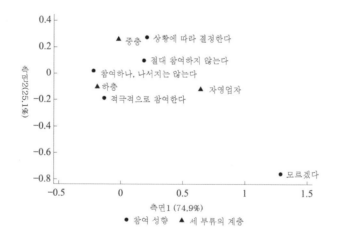

위에서 논의된 중산층의 정치의식과 참여에 대한 분석을 통해 알 수 있듯이, 기본적인 정치의식에 있어 중산층은 자신만의 특징을 갖추었으나 이러한 특징은 사회적 전환이라는 시대적 배경과 형성과정에 있는 중산층 자체의 특수성으로 인해 변화를 거듭하고 있다. 정치의식에 있어서 중산층의 복잡한 특징은 중국사회의 전환과정과 중산층 형성과정의 단계적 특징을 잘 보여주고 있다.

제4절

이익분배

　계층과 민주주의 정치에 대한 인식은 중산층의 계층과 정치의식을 비교적 직접적으로 보여준다. 분석 논리에 있어 계층과 정치의식은 계층적 지위와 이익구조의 반영이다. 중국사회의 구체적인 상황으로부터 볼 때, 30년 동안의 개혁은 사회적으로 커다란 변혁을 일으켰고 사회적 관심의 초점이 되었다. 본 연구의 가설에서 이러한 초점은 거의 모든 사회구성원의 기본적인 이익과 배분과 관련되기 때문에 계층과 정치의식은 이러한 분야에서 뚜렷하게 나타나야 할 뿐만 아니라, 적절한 해석을 할 수 있어야 한다. 이익분배는 중산층이 형성되는 중요한 메커니즘일 뿐만 아니라, 중국 성진(城鎭)의 사회적 계층화를 확인할 수 있는 중요한 요소이다. 본 장은 상대적 박탈감(Relative deprivation), 사회적 형평성(social equity) 기준, 기회균등(Equal opportunity)에 대한 평가 등 세 가지 계층관계와 관련되는 측면을 선택했고, 이익분배의 측면에서 중산층의 계층과 정치의식을 측정하고 분석했다.

1. 상대적 박탈감

　상대적 박탈감은 이익 득실의 상대적 비교를 강조한다. 본 연구에서는 가로와 세로 두 측면에서 선택사항을 설계했다. 첫 번째 문항은 "동년배에 비해 당신 본인의 사회경제적 지위는 ①비교적 높다 ②비슷하다 ③비교적 낮다 ④잘 모르겠다"이고, 두 번째 문항은 "3년 전과 비교했을 때 당신의 사회경제적 지위는 ①상승했다 ②비슷하다 ③하락했다 ④잘 모르겠다"였다.

(1) 동년배와 비교할 경우

세 부류의 계층은 비교적 큰 차이를 보였다. 중산층은 자신의 사회경제적 지위가 동년배와 "비슷하다"고 답했고, 사회적 하층은 "비교적 낮다"고 답하여 비교적 강한 박탈감을 느끼고 있는 것으로 확인되었다. 자영업자는 대답이 비교적 분산적이어서 뚜렷한 계층적 특징을 보이지 않았다([그림9-9]를 참조). 4계층 구조에서 상층 중산층이 다른 계층에 비해 "비교적 높다"라고 답한 응답자가 많았고, 하층 중산층은 "비슷하다"라고 답한 응답자가 많아 양자 간에 비교적 큰 차이를 보였다.

(2) 3년 전과 비교할 경우

세 부류의 계층은 역시 비교적 큰 차이를 보였다. 다수의 중산층은 자신의 사회경제적 지위가 상승했다고 답했으나, 사회적 하층과 자영업자는 뚜렷한 특징을 보이지 않았다. 4계층 구조에서 계층적 특징이 더욱 뚜렷하게 나타났다. 하층 중산층은 자신의 사회경제적 지위가 3년 전에 비해 상승했다고 답했고, 자영업자는 비슷하다고 답했으며, 사회적 하층은 뚜렷하게 하락했다고 답했고, 상층 중산층은 뚜렷한 계층적 특징을 보이지 않았다([그림9-9]를 참조).

[그림9-9] 계층적 지위과 상대적 지위의 변화

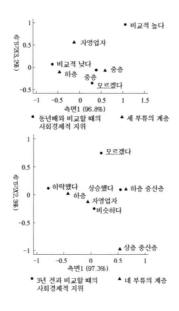

위의 분석 결과를 표로 정리하면 [표9-4]와 같다. 표에서 제시하는 바와 같이 동년배와 비교하나 3년 전과 비교하나 사회적 하층은 상대적 박탈감을 크게 느끼고 있는 데 반해, 중산층은 사회적 하층과 다르다. 세분화한 후에도 조금 차이를 보인다. 그러나 전체적으로 볼 때 상대적으로 우월의식을 보이고 있다. 필경 중산층은 사회적 하층과 비교할 때 경제발전과 체제적 전환과정에서 보다 우월한 경쟁력과 더 많은 이익을 얻었다고 하겠다.

[표9-4] 계층별 사회경제적 지위의 상대적 변화

사회경제적 지위의 변화	동년배와 비교할 경우		3년 전과 비교할 경우	
	세 부류의 계층구조	네 부류의 계층구조	세 부류의 계층구조	네 부류의 계층구조
비교적 높다·상승했다		상층 중산층	중산층	하층 중산층
비슷하다	중산층	하층 중산층	자영업자	자영업자
비교적 낮다·하락했다	사회적 하층	사회적 하층	사회적 하층	사회적 하층
모르겠다				

2. 사회적 형평성 기준

사회적 형평성은 현대중국사회에서 가장 주목받는 문제 중의 하나이다. 본 연구에서는 사람들이 보편적으로 주목하는 세 가지 선택 사항을 설정하여 측정했다. 문항은 "도시 이동 농민공은 도시주민과 같은 대우를 받아야 한다", "부자에게서 더 많은 세금을 징수하여 가난한 사람을 도와야 한다", "현재 일부는 돈을 많이 벌고, 일부는 돈을 적게 벌지만, 이것은 공평하다"로 구성되었고, 선택한 사항에 0점에서 6점까지 점수를 부여하여 응답자의 선택에 따라 점수를 매기는 식으로 문항을 만들었다. 점수가 높을수록 응답자의 사회적 형평성 기준이 높거나 형평성 증진을 요구함을 의미한다.

전체적인 주파수(Frequency) 분포를 통해 모든 계층 구성원의 사회적 형평성 기준을 확인할 수 있다. 전체적으로 볼 때, 사회구성원의 형평성 기준은 보편적으로 비교적 높고 최빈값(Mode)은 4점으로 전체의 38%를 차지했고 그 다음은 6점으로 전체의 29%를 차지했다. 대부분 사회구성원들의 형평성 기준은 4점, 5점, 6점(72%)에 집중되어 있었다. 그렇다면 본 장에서 주목하는 문제는 "계층별 사회적 형평성 기준은 뚜렷한 차이와 서로 다른 특징을 보이는가?"이다.

형평성 기준을 종속변수로 하고 응답자의 계층적 위치를 독립변수로 하여 방문자의 계층 위치를 변수로 하여 선형회귀분석(linear regression model)을 수행했다. 회귀계수(regression coefficient)를 처리하여[표9-5]의 MCA 계수를 얻었다. MCA계수는 회귀계수가 종속변수의 균일치에서 벗어나는 정도를 나타낸다. 계층 간 MCA계수 비교를 통해 계층별 사회적 형평성 기준 차이를 평가할 수 있다.

[표9-5]에서 제시하는 바와 같이 3계층 구조에서 계층 간 형평성 기준차이는 사실상 매우 뚜렷하다. 사회적 하층의 형평성 기준이 가장 높은 것으로 전체 응답 평균치를 초과했다. 그 다음은 자영업자로 전체 응답 평균치(−0.02)와 동일하다. 사회적 형평성 기준이 가장 낮은 계층은 중산층(−0.2)이다.

4계층 구조에서 제시하는 바와 같이, 계층적 위치가 높을수록 형평성 기준이 낮고, 계층적 위치가 낮을수록 사회적 형평성 기준이 높으며, 상층 중산층의 MCA 계수는 평균치보다 0.3 낮다. 7계층 구조에서 이러한 경향은 더욱 뚜렷하게 나타난다.

사회적 형평성 기준에 있어 사회적 하층과 중산층은 민주주의 정치의식에서의 그들의 태도와 기본적으로 일치했다(사회적 하층은 학리적으로 서로 다른 민주주의적 요구를 상대적으로 많이 보였으나, 중산층은 다방면적이고 참여 경향이 낮은 특징을 보였음). 즉 중산층은 사회적 하층에 비해 현재 중국사회에 나타난 계층분화를 보다 쉽게

받아들이고 있었다. 그 이유는 중산층이 바로 이러한 사회적 분화의
수혜자이기 때문인 것으로 보인다.

[표9-5] 계층별 MCA 계수

	MCA 계수(평균치에서 벗어난 수치)			
	3계층 구조	4계층 구조	7계층 구조	N
중상층		-0.3	-0.3	120
중중층	-0.2	-0.19	-0.16	568
중하층			-0.23	599
하상층			0.05	421
하중층	0.16	0.16	0.16	780
하하층			0.25	501
자영업자	-0.02	-0.02	-0.02	479
R^2	0.013	0.013	0.014	

3. 기회균등에 대한 평가

기회균등은 현 단계에서 더욱 선도하는 사회적 평등준칙 중의 하나
일지도 모른다. 설문지에서 두 개의 문항을 설계했는데 계층별 중국
사회의 현재 기회균등에 대한 평가를 측정하는 데 중심을 두었다. 문
항은 "(우리 사회에서) 아이가 노력하고 똑똑하면 똑같은 진학기회를
가질 수 있다", "우리 사회에서 노동자와 농민의 후손은 다른 사람의
후손과 마찬가지로 돈이 많고 지위가 있는 사람이 될 기회가 많다"이
다. 마찬가지로 선택한 사항에 0점에서 4점까지 점수를 부여하여 응
답자의 선택에 따라 점수를 매기는 식으로 문항을 만들었다. 점수가
높을수록 현재 중국사회의 기회균등 수준이 높음을 의미한다. 통계

분석 결과에 따르면 사회적 형평성 기준과 유사했다. 전체적으로 반수가 넘는 응답자(61.4%)가 현재 중국사회의 기회균등 수준에 대해 비교적 좋은 평가를 했지만, 비교적 높은 평가를 한 분포 주파수가 사회적 형평성 기준의 주파수(72%)에 비해 훨씬 낮다는 데에서 차이를 보였다. 비교적 높은 기준과 상대적으로 낮은 평가 사이에 뚜렷한 대응관계를 이루었다. 동일한 방법으로 계층별 MCA계수를 계산한 결과, 계층 간에 뚜렷한 차이와 특징을 보이지 않은 것으로 확인되었다. 설령 다른 계층구조 안에서라도 결과는 마찬가지였다.

제5절
소결론 및 토론

위의 세 영역에 대한 분석을 표로 정리하면 본 장의 시작부분에서 제시한 분석의 중점, 즉 계층적 차이와 계층적 성향을 다음과 같이 정리할 수 있다([표9-6]을 참조). 위의 표를 통해 아래의 네 가지 사실을 확인할 수 있다.

첫째, 간접민주주의, 대중민주주의, 결과적 합리성, 기층의 선거 투표 참여와 기회균등에 대한 평가 등(표의 회색 부분)에 있어 뚜렷한 계층적 차이를 보이지 않는다. 한편 이 모든 것은 주로 응답자의 정치의식과 정치적 참여에 집중되어 있다.

둘째, 계층적 지위에 대한 인식, 계층구분의 측면, 민주주의의 정의, 직접민주주의, 민주적 엘리트주의, 절차적 합리성, 기층의 선거에 대한 관심도, 권익수호운동 참여성향, 상대적 박탈감과 사회적 형평성에 있어 뚜렷한 계층적 차이를 보였다.

셋째, 계층의식, 정치적 참여와 이익분배에 있어 다수의 중산층은 사회적 하층, 자영업자와 뚜렷한 계층적 차이를 보이며, 상대적 독립성이라는 계층적 특징을 보인다. 중산층의 특징에 대해 좀 더 세밀한 분석을 하면, 계층적 지위에 대한 인식, 계층구분의 측면, 민주주의의 정의, 직접민주주의, 기층의 선거관심도 등에 있어 중산층은 일반

계층과 유사한 특징을 보인다는 사실을 발견할 수 있으며, 민주적 엘리트주의, 절차적 합리성 등 문제에 있어 중산층은 반대하는 입장을 취하며, 중산층은 형성과정에서의 사회적 지위구조의 영향을 받는다는 사실을 발견할 수 있다. 이익분배에 있어서의 특징은 중산층의 복잡한 정치의식과 정치적 참여 현황에 대해 어느 정도 해석을 제공하고 있다.

넷째, 뚜렷한 계층적 차이를 보이지 않는 부분은 제도적 전환기에 있는 중국의 현실과 성진사회의 중산층 형성과정에 있다는 사실을 보여준다. 중산층은 대중민주주의, 간접민주주의, 결과적 합리성을 보편적으로 찬성하고 기층의 선거 참여, 권익수호운동 참여성향 등에 있어 적극적이지 않은 것으로, 이는 중산층 자체의 발전현황을 잘 보여주고 있다.

지금까지의 분석을 통해, 중국의 성진사회에 있어서 비록 일부 영역과 측면에서 중산층의 계층화가 뚜렷하지는 않고, 중산층의 특징이 아직 명확하게 드러나지는 않았지만, 주요 흐름은 중산층이 계층화 과정을 겪고 있다는 것이다. 중산층은 상대적으로 독립된 계층으로서 중국 성진사회에서 형성되고 부상하고 있다. 중산층은 계층적으로 그리고 정치의식에서 다원적이고 사회적 전환을 배경으로 형성되는 과정에 있다. 이는 중산층의 사회정치적 기능을 이해하는 기초가 된다. 현대화 및 제도적 전환과 함께 중산층은 상대적으로 독립된 사회적 계층으로 점차 더 많은 확인을 받고 중국사회에 중요한 영향을 미칠 것이라고 믿는다.

[표9-6] 지위에 대한 인식·정치의식의 계층적 차이

측정 영역	계층적 차이와 성향	세밀한 분석
계층의식		
계층적 지위에 대한 인식	분산적임	7계층 구조에서 계층적 특징이 뚜렷함: 응답자의 인식은 그들의 객관적 계층적 지위와 일치함
계층 구분의 측면	사회적 하층: 약세 측면 중산층: 관리자	상층 중산층: 간부·관리자·고학력자 하층 중산층: 특징을 보이지 않음
민주주의 정치의식		
민주주의는 정부가 인민에 대해 책임진다는 뜻이다.	사회적 하층: 동의함 중산층: 동의하지 않음 자영업자: 모르겠음	
직접민주주의	사회적 하층: 동의함 중산층: 동의하지 않음	
간접민주주의	계층적 차이를 보이지 않음: 모두 동의함	
대중민주주의	계층적 차이를 보이지 않음: 모두 동의함	
민주적 엘리트주의	사회적 하층: 동의함 중산층: 동의하지 않음	
결과적 합리성	계층적 차이를 보이지 않음: 모두 동의함	
절차적 합리성	사회적 하층: 동의함 중산층: 동의하지 않음 자영업자: 모르겠음	
정치적 참여		
기층 선거	사회적 하층: 관심 없음 중산층: 관심 있음	
기층 선거 참여 성향	계층적 차이를 보이지 않음: 분산적임	
권익 수호 운동 참여 성향	사회적 하층: 적극적임 중산층: 특징을 보이지 않음	
이익분배		
상대적 박탈감: 동년배와 비교할 경우	사회적 하층: 비교적 낮음 중산층: 비슷함	상층 중산층: 비교적 높음 하층 중산층: 비슷함
상대적 박탈감: 3년 전과 비교할 경우	사회적 하층: 하락함 중산층: 상승함	상층 중산층: 특징을 보이지 않음 하층 중산층: 상승함

사회적 형평성 기준	사회적 하층: 비교적 높음 자영업자: 제2순위로 높음 중산층: 비교적 낮음	
기회균등에 대한 평가	계층적 차이를 보이지 않음: 분산 적임	

현대중국 중산층의 사회적 존재:

사회·생활 상황

제10장

현대중국 중산층의 사회적 존재:

사회·생활 상황[299]

9장에서 중산층의 계층적 인식과 정치의식의 측면에서 현대중국 중산층의 사회적 존재를 '확인'한 것이라면, 본 장 역시 CGSS 2003 데이터를 바탕으로 중산층의 주거모형, 사회적 교류, 혼인(婚姻匹配)과 생활방식 네 가지 측면에서 중산층의 사회·생활 상황을 분석하고자 한다. 중산층은 주거모형과 생활방식에 있어 아직까지 계층적 특징을 보이고 있지 않으나 사회적 교류와 결혼에 있어 이미 뚜렷한 계층적 특징을 보이고 있음을 확인할 것이다. 시장경제체제의 성격을 띠고 있는 지속적이고 급속한 사회적 전환기에 있는 중국의 현실이 그 중요한 이유라고 하겠다.

---

299) 본 장의 주요 내용은 『江蘇社會科學』 (1), 2009에 게재됨.

제1절

분석 방법·분석의 틀과

데이터에 기초한 해석

1. 분석의 차원과 주제

앞에서 지적한 바와 같이, 발달한 '중산층 사회'와 달리 현대중국의 중산층 문제는 특수한 의미를 갖는다. 그리고 중산층에 대한 연구는 서로 관련이 있으나 큰 차이를 보이는 두 개의 주제로 갈리는데, 즉 중산층에 대한 '확인'과 중산층의 사회적 기능에 대한 분석이 그것이다. 전자는 중산층의 존재상황과 특징에 주목하고, 후자는 사회구조와 사회적 변천에 미치는 중산층의 영향에 주목한다. 전자는 후자를 분석하는 기초라고 할 수 있다.[300] 본 장은 이러한 '확인'과 분석의 연속이다.

중산층의 사회적 존재 상황에 대한 '확인'은 두 부분으로 나누어 진행할 수 있다. 즉 '인구통계학적' 의미에서의 확인과 '사회문화적' 의미에서의 확인이다. 전자는 중산층의 수량(예를 들어 인구와 직업 등)에 주목하고 후자는 중산층의 계층의식, 정치의식, 사회문화적 특징과 형성 메커니즘에 주목한다. 앞에서 제도적 특징과 계층 간 정치의

---

300) 李路路·王宇, 「當代中國中間階層的社會存在：階層認知與政治意識」, 『社會科學戰線』(10), 2008.

식과 관련되는 중산층의 계층적 인식, 정치의식과 이익성향에서의 특
징을 제시한 바가 있다.[301] 본 장은 이러한 분석에 이어 사회·생활분
야에서 중산층의 사회적 존재현황을 분석하고자 한다.

(1) 주거모형

이미 많은 연구들에 의해 증명된 바와 같이 시장체제에서든 재분
배 체제에서든 주거(주택)는 사회경제 계층화의 중요한 지표이다. 주
거(주택)는 직업·권력·소득 및 기타 사회경제 변수에 의해 결정되
는 산물이기 때문에 주거(주택)환경의 차이는 계층적 차이를 보여주
는 중요한 부분이다.[302] 주거나 주택의 차이는 두 가지 측면에서 분석
할 수 있다. 하나는 주택 소유권·주택 품질과 주택 면적·가격 등 측
면에서 계층 간의 차이를 확인할 수 있다. 볜옌제(邊燕傑) 등 학자들
은 중국의 「제5차 전국인구조사」 데이터를 이용하여 중국도시의 사회
계층이 주택재산권·주거품질과 주택가치에 미치는 영향을 다루었다.
이 연구에서는 중국사회가 전환기에 있기에 사회계층화의 분배체제
가 여전히 지속되고 있으나 시장화 체제가 동시에 병행 성장하고 있
어 엘리트계층이 주택자원의 배분에서 현저한 우위를 차지한다고 보
았다.[303] 다른 한편으로는 '거주지 분화(residential segregation)'의
측면에서 분석할 수 있다. '거주지 분화'는 인문생태학의 관점에서 거

301) 李路路·李升, 앞의 논문.
302) 邊燕傑·劉勇利, 「社會分層,住房産權與居住質量──對中國 "五普" 數據的分析」 『社會學研
     究』 (3), 2005.
303) 邊燕傑·劉勇利, 앞의 논문.

주공간과 거주지에 반영된 사회계층의 특징을 다루고 있으며, 지역사회에서 사회계층에 따라 거주하는 공간이 지리적으로 서로 분리·분화 되는 현상에 주목한다.[304] 사회계층화나 사회경제적 지위에서의 차이는 거주지 분화의 중요한 메커니즘 중 하나이고 도시거주 공간형태의 특징은 도시 계층관계의 일종의 반영이다. 서로 다른 사회계층의 사회경제적 지위에서의 차이는 거주공간의 차이로 나타난다. 이른바 '택린이거(擇鄰而居)'는 거주지 분화의 통속적인 표현이다.[305] 거주지 분화는 계층분화의 산물일 뿐만 아니라 계층적 차이를 심화시키고 심지어 계층 재생산을 유지하는 메커니즘 중의 하나라고 할 수 있다.

(2) 사회적 교류

앞에서 사회적 교류대상에 대한 분석이 계층화 분석에서 갖는 의미에 대해 논의한 바가 있다.[306] 이 분석의 기초를 마련한 것 중의 하나가 Blau의 거시조직이론(macro organization theory)에서 다룬 '접근성 가설'이다.[307] 사회네트워크분석(network analysis)에서의 관계강도분석에 대한 논리적 출발점도 이 가설 위에 세워졌다. 사회자원·

---

304) 李志剛, 「中國城市的居住分異」, 『國際城市規劃』(4), 2008. 徐掬芬·張京祥, 「中國城市居住分異的制度成因其調控 — 基於住房供給的視角」, 『城市問題』(4), 2007.
305) 吳啓焰, 「城市社會空間分異的研究領域及其進展」, 『城市規劃彙刊』(3), 1999. 邱夢華, 「中國城市居住分異研」, 『城市問題』(3), 2007. 李志剛, 위의 논문.
306) 劉精明·李路路, 앞의 논문.
307) 사람들은 자신의 단체나 사회계층 중의 다른 구성원과 더 많이 교류한다. 같은 사회적 위치에 있는 사람들은 공통된 사회적 경험과 역할, 그리고 비슷한 속성과 태도를 갖게 된다. 이 모든 것은 그들 간의 교류, 예를 들어 결혼, 친구 등 성격의 교류관계를 추진할 것이다 ([미국] 布勞, 앞의 책, 57~59, 67쪽).

사회자본에 대한 연구에서 계층적 지위가 사회적 교류방식과 범위에 미치는 영향은 중요한 해석변수이다. 즉 개인과 가정의 사회자원은 피라미드식 사회계층화 구조에 분포되어 있고 이 계층구조는 각 계층 구성원 간의 사회적 교류를 제약하므로 사회자본의 변이성은 계급과 계층적 지위 측면에서 해석할 수 있다.[308] 사회적 교류대상에 대한 분석은 계층화 분석의 시각을 제공해주었다. 즉 특정한 계층적 위치에 있는 사람들의 교류대상은 같은 계층에 한정되어 있는 편이고, 이는 전체사회의 계층화 구조가 상당 수준의 구조화로 표현된다는 사실을 보여주고 있으며, 따라서 중산층의 형성과 존재상황을 '확인' 하는 중요한 부분이 되었다.

(3) 혼인(婚姻匹配)

배우자 선택이나 결혼은 사회·생활에서의 가장 중요한 부분이고 가장 기본적인 사회적 행동의 하나이다. 배우자 선택은 거주지·업무적 관련성·취미 등 여러 요소의 영향을 받는다.[309] 그러나 배우자 선택과 사회계층 관계에 관한 대량의 연구에 의하면 혼인 선택에 있어 '동질혼(homogamy)'이라는 모형이 존재하는 것으로 나타났다. 즉, 양측은 인종과 민족, 종교와 문화, 그리고 각자의 사회적 배경(교육수준, 사회경제적 지위, 가정배경 등) 등에서 유사성을 보여 가히 '동

---

308) 邊燕傑, 「城市居民社會資本的來源及作用 : 網絡觀點與調查發現」, 『中國社會科學』 (3), 2004. 林南·沃爾特·M·恩賽爾·約翰·C·沃恩, 「社會資源和關系的力量 : 職業地位獲得中的 結構性因素」, 「國外社會學」 (4), 1999.
309) 徐安琪, 앞의 논문.

질정합(同類匹配)'이라고 할 만하다는 것이다. 혼인 자체는 한 사회가 재구성되고 복제되고 재생산되는 과정이다.[310] 그 중에서 계층적 지위의 유사성은 중요한 의미를 갖는다. 일부 학자들은 (중국) 절대 다수의 결혼대상은 자신이 속한 계층이나 자신이 속한 계층과 등급이 가까운 계층에 있기 때문에, 남녀의 사회적 지위에서의 결합을 '계층내혼제(階層內婚制)'라고 할 수 있다고 주장한다. 이러한 계층내혼제는 중국역사에 존재할 뿐만 아니라, 개혁개방 이후 계층 내 혼인은 점차 많아지고 있었으며 앞으로 오랜 기간 계속 이어질 것이다.[311] 특히 젊은 세대와 교육수준이 높은 사람들은 배우자의 사회경제적 지위가 배우자 선택과 혼인에서 갈수록 중요하게 여긴다.[312] 따라서 중산층의 형성과 특징을 확인하기 위해 '혼인(婚姻匹配)'을 중요한 지표로 삼을 수 있다.

(4) 생활방식

생활방식과 사회계층화 간의 관계는 사회계층화 연구에서 매우 주목받는 문제 중의 하나이다. 베버는 생활방식과 사회적 명망을 신분이나 지위를 구분하는 기초[313]로 삼았고, P.Bourdieu, A.Giddens 등은 베버의 상술한 사상을 생활방식과 계급적 지위를 연결시켜 생활

---

310) 李煜·徐安琪, 「擇偶模式和性別偏好研究 ─ 西方理論和本土經驗資料的解釋」, 『青年研究』(10), 2004. 徐安琪, 위의 논문. 李煜·陸新超, 「擇偶配對的同質性與變遷 ─ 自致性與先賦性的匹配」, 『青年研究』(6), 2008.
311) 張翼, 「中國階層內婚制的延續」, 『中國人口科學』(4), 2003.
312) 徐安琪, 위의 논문.
313) [독일] 韋伯, 앞의 책, 253~260쪽.

방식도 계급구분의 기준이고 계급적 지위의 중요한 상징이라고 강조했다. P.Bourdieu의 이른바 '관습(habitus)'은 주로 특정 사회계급에 있는 사람들이 일상생활에서 사상·행동이 갖는 특정한 성향을 가리킨다. 따라서 관습의 발생과정은 바로 계급이 형성되는 과정이라고 했다.[314] 생산관계와 권력관계에서 중산층의 '모호한 위치'로 인해 Mills는 더더욱 생활방식을 중산층의 중요한 특징으로 간주했다.[315]

포스트모더니즘 이론가들은 생활방식은 '전통적인' 계급 개념에서 벗어나 현대사회의 신분 '상승(建構)'의 상징이 되었다고 여긴다. 객관적인 계급적 지위와 어떠한 관계에 있든 연구자들은 생황방식은 여전히 사회계층을 구분하는 중요한 지표이고, 사회구성원이 자신의 계급적 지위를 인식하는 기호로 간주한다.[316] 따라서 생활방식은 중산층의 형성과 그 특징을 확인하는 중요한 부분 중 하나가 될 것이다. Mills의 유명한 문구와 같이, 미국 중산층은 '정치 수비수', '소비 하프 백'의 특징을 보이며, 후자는 중산층의 중요한 표지이다.

3. 계층의 분류구조

본 장의 계층의 분류구조는 9장과 비슷하므로 생략하기로 한다.

---

314) Bourdieu, "What Makes Social Class? On the Theoretical and Practical Existence of Groups," Berkeley Journal of Sociology(2), 1987.
315) [미국] 賴特·米爾斯, 앞의 책.
316) [프랑스] 皮埃爾·布迪厄, 앞의 책.

제2절

사회·생활에서의 중산층

1. 주거모형

본 절의 연구목적 가운데 하나는 주거모형에 있어 중산층이 다른 계층과 분화되었는지에 대해 확인하는 것이다. 중국 도시의 두 가지 특징으로 인해 이 문제에 대한 분석이 약간 복잡해졌다. 첫째, 재분배 체제에서의 주택은 복지차원에서 국가가 분배한 것으로 그 가운데의 불평등은 '엘리트 대중'의 구조에 의해 표현되었다. 둘째, 중국도시 특유의 '단위제'로 인해 단위(單位) 내부의 주택분배에도 다양한 형식의 불평등이 존재하기는 하나 전체적으로 볼 때, 주로 단위사구(社區—도시의 가도(街道) 및 향촌지구에서 진(鎭)의 하급 행정구 단위의 구획(區划)으로 행정지위 상으로는 행정촌(行政村)과 동일하다. —역자 주) 내의 불평등으로 표현되었다. 왜냐하면 경제적 지위가 다른 사람들이 단위사구에서 함께 거주하고 있기 때문이다. 개혁개방 이후 특히 1998년 주택상품화 개혁(住房商品化改革) 이후 주택분배에서 시장화 메커니즘이 갈수록 큰 역할을 발휘하기 시작했다. 이는 사람들의 사회경제적 지위의 차이 또는 계층적 지위의 차이가 주택과 거주환경의 선택에 점차 중요한 영향을 미친다는 것을 의미한다.

거주지 분화현상은 중국을 포함한 전환기에 있는 국가나 지역에서 특히 대도시의 교외지역에서 급속히 발전하게 되었다는 연구결과가 있다.[317] 중국의 주택상품화는 두 가지 형태로 발전하게 되었다. 즉 시장화 구매와 복지차원의 판매이다. 단위제가 점차적으로 해체되고 있으나 역사적으로 형성된 단위사구는 지역적·공간적으로 여전히 존재하고 있다. 많은 단위사구는 역사적인 원인으로 인해 도시의 가장 좋은 위치를 차지하고 있으며, 주민들은 복지정책에 의해 주택의 재산권이나 거주권을 얻게 되었다. 거주하고 있는 주민 중에 대량의 중산층을 포함할 뿐만 아니라, 사회적 하층도 상당수 포함한다. 따라서 중국도시의 거주지 분화는 매우 복잡하며, 이에 대해 충분한 예견이 필요하다.

본 장은 사구의 성격과 위치 두 가지 핵심 요소에 따라 도시 사구를 다음과 같이 표로 유형화한 다음 두 측면에서 거주지 분화상황을 소개했다. 먼저 계층별 거주지 분포는[표10-1]에서 제시한 바와 같다. 즉 중산층과 사회적 하층 간에는 뚜렷한 계층적 차이를 보이지 않으며, 양자는 공통된 특징을 보인다. 다시 말하면, 두 계층 중 반정도의 구성원이 단순 또는 혼합 단위사구에 거주한다는 것이다. 자영업자는 자신만의 특징을 보이고 있는데, 약 1/4의 자영업자만 단위사구에 거주하는 것으로 나타났다. 계층 간 차이는 중산층에 비해 사회적 하층이 구시가지에 많이 거주하고 있으며, 일반 분양주택 사구에 거주하는 비율이 사회적 하층에 비해 중산층이 더 많다는 것이다. 그리고 자영업자는 특정한 주거모형을 보이지 않았다.

---

317) 李志剛, 앞의 논문.

[표10-1] 계층별 사구 분포 상황(%)

사구 유형	중산층	사회적 하층	자영업자
개조하지 않은 구시가지 (골목주택(街坊型社區))	10.96	24.09	25.47
단순 또는 혼합 단위사구	54.62	43.60	22.55
일반 분양주택 사구*	17.72	13.87	16.08
합병 사구**	16.71	18.45	35.91
합계	100.01	100.01	100.01

* 원래 데이터 중 '고급 주택구' 라는 유형이 있었는데 샘플이 적어 일반 분양주택 사구와 합쳤음.
** 이 부류에는 이민사구(移民社區), 최근 농촌사구가 바뀌어 형성된 도시사구를 포함.

둘째, 사구별 계층구조는 [표10−2]에서 제시한 바와 같다. 사구의 측면에서 계층과 유사한 결과를 발견할 수 있다. 즉 단위사구와 분양주택 사구의 주민은 다수가 중산층과 사회적 하층이고 양자의 비율은 비슷하다. 차이라고 한다면 개조하지 않은 구시가지에는 사회적 하층이 다수 거주하고 있으며, 거주환경이 못한 지역에서 사회적 하층이 차지하는 비율이 중산층과 자영업자에 비해 훨씬 높다는 것이다. 다시 말해서 사회적 하층이 양적으로 방대하기에 반수가 넘는 사회적 하층이 단위사구와 분양주택 사구에서 거주하고 있어도 개조하지 않은 구시가지와 '합병사구' 주민의 다수는 여전히 사회적 하층이다.

[표10-2] 사구별 계층 구성원의 분포(%)

사구 유형	중산층	사회적 하층	자영업자	합계
개조하지 않은 구시가지 (골목주택)	20.95	60.92	18.13	100.00
단순 또는 혼합 단위사구	45.27	47.78	6.95	100.00
일반 분양주택 사구*	42.14	43.62	14.23	99.99
합병사구**	30.67	44.79	24.54	100.00

* 원래 데이터 중 '고급 주택구'라는 유형이 있었는데 샘플이 적어 일반 분양주택 사구와 합쳤음.
** 이 부류에는 이민사구(移民社區), 최근 농촌사구가 바뀌어 형성된 도시사구를 포함.

위의 분석을 요약하면 거주지 분화 특히 중산층의 사구 모형은 뚜렷한 특징을 보이지 않는다. 다만 구시가지와 '합병사구'에는 다수의 사회적 하층과 자영업자가 거주하고 있으며 거주지 분화의 특징을 보이고 있다.

3계층 구조에서 뚜렷한 계층적 차이를 보이지 않았다면 좀 더 세밀한 분석을 통해 어떠한 상황에서 계층적 차이를 보이는지에 대해 밝힐 수 있을 것이다. 따라서 본 연구에서는 중산층을 중상층·중중층·중하층으로, 사회적 하층을 하상층·하중층·하하층으로 세분화할 것이다. 그리고 자영업자는 그대로 두기로 한다. 분석을 통해 아래의 특징을 발견했다(도표는 약함).

첫째, 사회적 하층(하상층·하중층·하하층 포함)은 단순 또는 혼합 단위사구, 개조하지 않은 구시가지에 많이 집중되어 있다. 그 중에서 하하층과 하상층은 비교적 뚜렷한 특징을 보이고 있었다. 즉 하하층은 개조하지 않은 구시가지와 밀접하게 관련되어 있으며 하상층은 단위사구에 집중되어 있다는 것이다.

둘째, 중산층(중상층·중중층·중하층)은 단위사구와 일반 분양주택 사구에 집중되어 있었다. 중상층이 단위사구와 밀접하게 관련되어 있는 것 외에, 중중층, 중하층은 분포적 특징을 보이지 않았다.

셋째, 자영업자는 다수가 합병사구에 집중되어 있었다.

2. 사회적 교류

사회적 교류대상에 대한 분석은 계층 구조화의 정도를 보여준다. 설문조사는 지난 반년 동안 응답자의 가장 중요한 교제 대상자 5명을 확인했다. 교제 대상에는 배우자·가족·친척·동료·동창·이웃·친구 등을 포함하는데, 본 장에서는 '친구'를 분석대상으로 한정했다. 왜냐하면 '친구'는 상대적으로 계층적 지위 유사성의 영향을 더 많이 받기 때문이다. 본 연구에서는 얻은 데이터에서 1,324명의 응답자가 본인이 가장 중요하게 여기는 교류대상(1위)으로 '친구'를 꼽았다.[318] 본 장은 이를 바탕으로 계층별 구성원의 교류대상 모형을 분석하도록 하겠다.

인구분포에 따라 경계주파수(spectral edge frequency)의 분포(구조적 요소)는 셀의 백분율에 영향을 미치게 된다. 따라서 [표10-3]의 괄호 안의 수치는 관찰된 주파수와 기대 주파수의 비율이다. 이 수치는 구조적 요소의 영향을 차단했으며, 계층구성원이 다양한 계층에 분포된 친구를 선택할 기회를 의미한다. 다음 표에서 제시하

---

318) 일부 응답자는 모든 교제대상을 친구라고 답했는데 1순위로 꼽은 친구는 응답자의 절친이라고 할 수 있다.

는 바와 같이, 각 계층구성원의 가장 친한 친구는 해당 계층 내부 (중산층과 사회적 하층은 1.5배, 자영업자는 3배에 달함)에 있는 비율이 높았다. 바꾸어 말하면 계층 밖의 친구는 내부에 비해 훨씬 적다는 것이다. 백분율 분포 역시 같은 결과를 보였다. 즉 중산층에서 3/4(73.86%)에 가까운 응답자는 가장 친한 친구가 동일한 계층에 있다고 답했고, 사회적 하층은 이 비율이 60%에 육박했으며, 자영업자 역시 최빈값을 보였다. 한마디로 사람들은 자신과 동일한 계층에 있거나 이웃계층의 친구를 선택하는 경향이 있다는 것이다.

[표10-3] 계층별(3계층 구조) 교제대상(가장 친한 친구)

응답자 계층적 지위	응답자의 계층적 지위			
	중산층	사회적 하층	자영업자	합계
중산층	73.86% (1.5)*	30.51% (0.6)	26.00% (0.5)	48.49%
사회적 하층	20.00% (0.5)	59.21% (1.5)	35.00% (0.9)	38.67%
자영업자	6.14% (0.5)	10.29% (0.8)	39.00% (3.0)	12.84%
합계	100.00%	100.01%	100.00%	100.00%

* 괄호 안의 수치는 관찰된 주파수와 기대 주파수의 비율임.

중산층을 상하 두 등급으로 구분할 경우 보다 뚜렷한 계층적 특징을 확인할 수 있다([표10-4]를 참조). 상층 중산층이 계층내부에서 선택하는 비율은 2.2배로 하층 중간층에서 선택하는 비율에 비해 높다(1.5배). 한편 하층 중간층이 한 단계 높은 계층에서 선택하는 비율은 계층내부에서 선택하는 비율에 가깝고(1.6:1.5), 하층 중산층은 상하 중산층과 분화가 뚜렷하지 않다. 다만 사회적 하층과 자영업자의 경우 이와는 확연히 다르다. 계층내부에서 선택하는 경우가 많은데 반해 다른 계층, 특히 상층에서 선택하는 경우는 매우 적다. 하층은 상층 중산층을 친구로 선택하는 비율이 0.03배이고, 자영업자도 0.5배 뿐이다. 위의 분석을 통해 다음의 두 가지 결과를 얻게 된다. 첫째, 사회적 교류에서 계층화가 심하다. 중산층, 사회적 하층과 자영업자는 계층 내부에서 교제 대상을 선택하는 경우가 많다. 둘째, 중산층과 사회적 하층내부의 차이는 뚜렷하지 않다.

3. 혼인(婚姻匹配)

혼인상황을 분석하기 위해서는 Blau의 지위획득론을 참고할 수 있다. 즉 혼인을 '성취지위(achieved statUs)'와 '귀속지위(ascribed status)'로 구분한다는 것이다. 전자는 혼인 쌍방의 사회경제적 지위의 유사성에 주목하고, 후자는 부부 쌍방 가정의 사회경제적 지위의 유사성에 주목한다.[319] 본 장은 자료의 부족으로 '성취지위' 측면에서의 혼인에 한하여 분석할 것이며, 계층적 지위의 유사성에 주목하여 혼인의 측면에서 중산층의 존재 상황과 특징을 제시할 것이다.

본 장은 혼인의 선택 모형에 대한 원인 분석이 아니라 기혼자의 혼인자료에 대한 특정 시점 조사를 바탕으로 계층별 혼인의 정도를 소개하고자 한다. 기혼자에는 이혼 후 재혼자와 혼인 후 배우자를 잃고 재혼한 자도 포함한다. 데이터의 한계로 결혼 시점의 혼인상황에

319) 李煜·陸新超, 앞의 논문.

대해 다루지는 못했다. [표10-5]에서 제시하는 바와 같이, 계층 내 결혼경향이 비교적 강한 것으로 계층 내 혼인율이 높은 편이다. 특히 사회적 하층과 중산층 간에는 뚜렷하다. 3/4의 사회적 하층이 계층 내 구성원과 결혼하는 것으로 나타났다.

[표10-5] 계층 간 혼인상황

응답자 계층적 지위	배우자 계층적 지위			
	중산층	사회적 하층	자영업자	합계
중산층	59.90%	35.78%	4.32%	100.00%
사회적 하층	20.85%	73.04%	6.11%	100.00%
자영업자	11.98%	38.54%	49.48%	100.00%
합계	34.20%	54.09%	11.71%	100.00%

4. 생활방식

생활방식은 중산층의 특징 가운데 하나로 간주되나 중국사회에서 중산층만의 생활방식이 형성되었는지에 대해서는 논란이 있다.[320] 본 장은 소비와 레저는 생활방식의 주요 형태라고 보며, 여기서 말하는 소비와 레저는 구체적인 유형을 의미할 뿐 그러한 능력이나 수준을 뜻하는 것은 아니다. 이러한 생활방식이 중산층의 특징을 보다 정확하게 보여줄 수 있다고 생각한다. 본 장에서는 소비와 레저와 관련하여 계층화 정도와 특징을 분석했다. 이를 위해 소비의 수준에 따라 '대중소비'와 '고소비'로, 레저의 유형에 따라 '대중레저'와 '개방적인

---

320) 張宛麗·李煒·高鴿, 「現階段中國社會新中産階層的構成特征」, 앞의 논문. 李春玲, 「中國當代中産階層的構成與比例」, 앞의 논문.

레저'로 소비와 레저를 세분화했다. 그 중 '고소비'는 소비수준이 높은 편임을 뜻하고 유행을 따른다는 의미도 있다. '개방적인 레저'는 '품위' 있고 '선택'의 다양성을 의미한다. 이밖에 응답자의 현실에 대한 느낌 (生活感受)에 대해서도 물었다.

[표10-6]은 소비수준과 레저의 유형, 현실에 대한 느낌, 그리고 계층관계에 대한 대응분석결과를 제시한 것이다. '그렇다'와 '그렇지 않다' 중에 하나를 선택하면, 그 계층은 그 선택사항과 밀접하게 관련되어 있고, 어느 것도 선택하지 않았다면 해당부분에서 뚜렷한 계층적 특징을 보이지 않는 것으로 보았다(대답은 분산적임). 표에서 제시하는 바와 같이 생활방식에서 역시 계층화의 특징이 복잡하고 이는 정치의식과 유사한 점이 있음을 알 수 있다.[321] 예를 들어 대중소비에 있어 중산층과 사회적 하층은 뚜렷한 계층적 차이를 보인다. 즉 사회적 하층과 자영업자는 항상 고소비와 거리가 있으나 중산층은 식당과 쇼핑장소 선택에서 다른 계층과 차이를 보일 뿐, 기타 선택사항에서는 뚜렷한 계층적 특징을 보이지 않았다. 레저의 경우 중산층은 두 가지 대중레저 형식과 밀접하게 관련되어 있지 않았고, 이는 사회적 하층과 자영업자의 전유물인 것으로 나타났다. 또한 사회적 하층과 자영업자는 개방적 레저와 뚜렷한 관련이 없는 것으로 나타났다. 중산층 역시 휴가의 방식에서만 뚜렷한 계층적 특징을 보였고, 기타에서는 계층적 특징을 보이지 않았다. 중산층을 상하 두 등급으로 세분화하면 하층 중산층은 헬스장에서 운동하는 것과 관련이 많고, 상

---

321) 李路路·王宇, 앞의 논문.

층 중산층은 가정 예술품 장식과 관련이 많다는 사실을 발견할 수 있다. 이는 중산층의 소득과 직무수행 상황과 관련이 있을 수 있다. 상술한 결과를 통해 중산층을 가장 잘 표현할 수 있는 생활방식에서 중산층은 부분적인 계층화 특징만 보이고, 많은 부분에서 자신만의 특징을 형성하지 못했다는 사실을 발견할 수 있다. 반면 사회적 하층과 자영업자는 생활방식의 모든 측면에서 뚜렷한 계층적 특징을 보였다. 이는 중산층은 형성과정에 있다는 사실이 확실함을 보여준다.

생활방식이 중산층 분석에서 주목을 받는 이유는 중산층의 객관적 지위에 비해 생활방식이 더 많은 사회구조적 특징을 보이기 때문이다. 그 특징이 지위구조(地位結構)든 문화적 가치의 '재구성'이든 상관없다. 본 장은 생활방식에 영향을 미치는 요소에 대해 분석하고자 했다. 거기에는 직업·교육 수준·소득 등이 포함되었으나 분석결과는 생활방식의 차이를 효과적으로 해석하지 못하고 있다. 그 이유는 한편으로 통계모형의 문제일 수 있고, 다른 한편으로는 중산층을 포함한 사회 전체가 급속히 변하는 과정에 있기에 아직 특정모형이 형성되지 않았을 수 있다. 분석결과가 보여주는 바에 의하면, 소득은 소비모형에 비교적 큰 영향을 미치고 있으며, 레저방식은 소득 외에 교육수준과 직업의 영향을 받을 수 있으나 뚜렷한 영향을 미치지 않고 있다. 일부 연구는 '소비 계층화'의 시각을 강조하거나, '소비 중산층'이라는 개념을 제시하기도 했다. 이러한 결론은 대부분 소비수준이나 소비능력에 대한 분석에서 나온 것이지, 소비모형과 소비행위(선호)에 대한 분석에서 나온 것은 아니다. 후자는 중산층의 주요 특징 중 하나로 간주되고 있다. 소비모형과 소비행위에 있어 계층의 분화는 아직 뚜렷하지 않다. 소비모형의 차이가 계층적 지위에서 오느냐 아니면 다른 요소에 달려 있느냐 하는 자체가 논란이 되는 분야이다.[322]

---

322) 李春玲, 「當代中國社會的聲望分層—職業聲望與社會經濟地位指數測量」, 『社會學研究』 (2), 2005.

[표10-6] 계층별 생활방식의 유형

생활방식의 유형	생활방식의 특징	계층화 특징	
		그렇다	그렇지 않다
대중 소비	1)필요하지 않으면, 우리 가족은 생활에 필요한 것 이외의 물건을 쉽게 사지 않는다.	사회적 하층 자영업자	중산층
고소비	2)우리 가족은 생일이나 중요한 명절 때 항상 식당에 가서 회식을 한다.	중산층	사회적 하층 자영업자
	5)나는 외출할 때 항상 택시나 자가용을 이용한다.		사회적 하층 자영업자
	6)우리 집의 내구성이 좋은 소비품은 대부분 명품과 고급품이다.		사회적 하층 자영업자
	3)나는 항상 비교적 유명한 상점에 가서 쇼핑을 한다.	중산층	사회적 하층 자영업자
대중 레저	11)집에서 쉬는 시간은 대부분 텔레비전을 보면서 보낸다.	사회적 하층 자영업자	중산층
	12)주말이나 시간이 있을 때, 늘 다른 사람과 함께 카드놀이를 하거나 마작을 한다.	사회적 하층 자영업자	중산층
개방적인 레저	13)전문적인 체육관이나 헬스클럽에 자주 가서 운동한다.		사회적 하층 자영업자
	7)많은 예술품, 예술화로 집을 장식했다.		사회적 하층 자영업자
	10)쉬는 시간에 항상 음악을 듣거나 예술 작품을 감상한다.	중산층	사회적 하층
현실에 대한 느낌	9)지금 매우 편안하고 안일하게 지내고 있다고 생각한다. 일상생활에서 나를 조급해하게 할 일이 별로 없다.	중산층	사회적 하층
	4)내가 하는 일이 항상 긴장된다.	중산층	사회적 하층 자영업자

제3절
소결론 및 토론

　중산층은 사회·생활에서도 정치의식과 마찬가지로 일부 측면에서 계층적 특징을 보일 뿐 자신만의 완전한 계층적 특징이 형성되지 않았다. 주거모형에서 중산층은 독특함을 보이지 않았으나, 거주지 분화는 주목할 만하다. 즉 사회적 하층과 비교할 때, 중산층은 비싸고 환경이 좋은 일반 분양주택 사구에 더 많이 살고 있었으나, 사회적 하층은 개조하지 않은 구시가지에 많이 살고 있었다. 생활방식에 있어 데이터에는 중등 소비수준 계층이 발견되었으나 소비모형과 소비행위에 있어 중산층 자신만의 모형이 형성되지 않았다. 바꾸어 말하면 다른 계층과 차이를 보이는 소비모형이 발견되지 않았다는 것이다. 위의 두 측면과 다른 점은 사회적 교류에 있어 계층화 추세가 매우 뚜렷하고 계층별 교류 대상이 계층내부에서 올 가능성이 외부에 비해 훨씬 높다는 것이다. 사람들의 사회적 교류는 계층내부에 더 많이 한정되어 있었다. 한편 혼인에 대한 분석은 '계층내혼제'의 존재를 증명했고, 중산층과 사회적 하층 사이에 뚜렷한 경계가 존재함을 확인할 수 있었다.

　이러한 차이는 사회적 전환기에 있는 중국사회의 특수성에 기인한다. 즉, 시장경제체제의 성격을 띠고 있으며, 이러한 전환은 지속적이고 신속하다는 것이다. 이른바 지속적이라는 것은 단열적인 변혁에 의한 전환이 아니라, 재분배 체제의 '유산'이 대부분 유지되는 연속적인 전환이라는 것이다. 주거모형 분석에서 이러한 재분배 체제의 흔적을 쉽게 발견할 수 있었다. 시장경제체제로 바뀌면서 '시장상황'과 '시장권력'(베버)이 사회적 교류와 혼인선택에서 더 많은 영향을 미치고 있었으며, 이로 인해 계층화가 이미 형성되었다. 계급과 계층적 관점에서 볼 때, 급속한 사회적 전환으로 인해 생활방식에서 계층적 지위에 의한 소비모형이 아직 보편화되지 않았고, 중산층의 모형이 아직 형성되지 않았으나 계층화는 이미 시작되었으며, 사회적 하층은 이미 계층적 특징을 보이는 생활방식을 형성했다고 할 수 있을 것이다.

"공평하지 못함을 불만스러워 하
고 공정하지 못함을 더욱 불만스
러워 한다."
- 전환기의 '공평감'과 '갈등감'

제11장

"공평하지 못함을 불만스러워 하고
공정하지 못함을 더욱 불만스러워 한다."
– 전환기의 '공평감'과 '갈등감'[323]

사회계층화 연구의 핵심은 사회 불평등이다. 개혁개방 이후 긴장감과 갈등으로 넘치는 중국의 현실이 국내외 각계의 관심을 갈수록 많이 받아왔다. 중국은 경제의 급속한 성장과 인민생활 수준의 대폭 향상이라는 역사적인 성과를 거두는 반면에 빈부격차가 확대되고 계층분화가 심해지며 사회갈등과 불안정 요소가 증가하게 되었다. 중국은 30여 년 동안 GDP가 10%에 가까운 연평균 성장속도를 유지하면서 사회의 빈부격차도 지속적으로 확대되고 있다. 도시와 농촌 간, 지역 간, 계층 간의 현저한 소득격차는 이미 논란의 여지가 없는 사실이다. 비록 2001년 이후 중국통계국은 더 이상 지니계수를 발표한 적이 없지만, 전문가와 세계은행을 포함한 일부 전문적인 권위기구의 측정에 따르면 현재 중국사회의 지니계수는 0.45 이상으로 0.49~0.51 사이를 유지하며 통상적으로 정의된 0.4의 소득분배 격차인 '경계선'을 크게 넘어섰다. 개혁개방 초기(1978년) 농촌 지니계수의 0.21과 도시의 0.16의 2~3배에 달한다. 그 결과는 일반 민중들이 끊임없이 상

---

323) 본 장의 주요 내용은 『中國人民大學學報』 (4), 2012에 게재됨.

승하는 사회 불평등과 불공평 현실에 대해 점점 불안해하고 있으며, 심지어 불만을 표현하고 있는 실정이다. 최근 몇 년 동안 사회적 저항과 사건이 빈번하게 일어날 뿐만 아니라, 상승추세를 보이고 있는 것이 바로 그 적신호라고 하겠다. 이는 사회조화와 정치안정에 적지 않은 위협이 된다.

사회 불평등에 대한 연구는 학계에서 주목하는 문제이고 뜨거운 화제이다. 상당한 연구 성과는 사회구조의 분화·유동기회(많음/적음)·사회의 개방정도(강화/약화), 빈부격차(확대/축소) 등 일련의 객관적인 사회현실에 대한 경험적 측정과 묘사분석에 집중되고 있다. 사회 불평등에 대한 민중의 '주관적' 인식과 평가 등에 대해서는 논의가 부족하다. 물론 지니계수를 비롯한 일부 경제지표는 사회적 부의 분배차이에 대한 객관적인 반영이고, 사회 불평등 상황을 이해·평가·예측하는데 중요한 사회적 의미와 정책적 시사점을 제공한다. 그러나 실질적으로 이 계수는 소득분배의 '균등(평균·평등)' 상황을 반영하는 지표로 대중이 느끼는 것이지 가치판단과는 관련이 없다. 이에 비해 소득분배의 '공평', '합리성'에 대한 인식과 평가는 소득/사회적 부를 어떻게 분배해야 하는지에 관한 문제로 윤리적 판단에 속한다. 또한 최종적인 의미에서 소득격차의 심각성 여부는 대중의 가치판단에 달려 있다.[324] 그 이유는 다음과 같다. 한편으로 불평등에 대한 민중의 느낌은 진실하고 구체적이며, 지역·경제 발전 등 거시적 구

---

324) Xiaogang Wu, "Income Inequality and Distributive Justice: A Comparative Analysis of Mainland China and Hong Kong," The China Quarterly 200, 2009, 1033~1052쪽.

조의 간섭을 받지 않는다. 다른 한편으로 '사회인'으로서 개체가 처한 사회와 역사적 환경·가치관과 해당상황 속에서의 인식과 평가는 최종적으로 민중의 심리적 감내력·사회적 선택과 행동모형을 결정한다. 즉 객관적 지위구조(地位結构)와 결과 사이에는 주관적인 판단, 공통된 인식과 선택의 과정이 있다. 이 과정을 간과하고 객관적인 사회적 지표에 의해 일련의 사회적 결과를 예측하고 평가한다면 독단적이고 실제와 부합하지 않는 결론을 내리기 쉽다. 이러한 의미에서 사회 불평등에 대한 주관적 측면에서의 분석과 연구를 수행하는 것은 그 사회와 정치적 결과를 예측하고 평가하는 데 더욱 가치가 있다고 하겠다. 사회 불평등의 주관적인 차원에서 주목하는 문제는 매우 포괄적이다. 사회구조, 특히 계층구조에 대한 공통된 인식과 계층 간의 관계에 대한 인식을 포함할 뿐만 아니라, 현재(소득)의 불평등 정도에 대한 인식, 사회 분배의 공평 여부와 어떻게 해야 더욱 공평할 수 있는지에 대한 견해, 평등과 공평을 추진하는 과정에서의 정부의 역할에 대해 어떻게 생각하는지, 일반인의 상향 이동과 공평한 대우를 받을 수 있는 기회에 대해 낙관적으로 생각하는지 등이 그것이다.[325] 특히 가정배경과 인맥을 통해 상향 이동의 목적을 이루는 것에 대한 견해와 평가, 계층의식·집단 간 대립과 갈등인식 등을 포함한다.

본 장은 민중의 사회 불평등 특히 소득 불평등에 대한 태도 '공평성'에 대한 평가와 현재 사회모순과 갈등에 대한 판단과 인식, 그리고 분배 공평과 갈등인식의 관련성에 대한 연구에 초점을 맞춘다. 한편

---

325) 懷默霆, 「中國民衆如何看待當前的社會不平等」, 『社會學研究』(1), 2009.

사회계층화 연구에서 '공평'은 자원과 생활기회의 '균등', '평균' 분배를 가리킬 뿐만 아니라 분배기회와 규칙의 '공정', '합리성'의 의미도 있다. '공정과 균등은 같은 것이 아니다. 공정은 균등하지 않을 수 있고 균등도 공정하지 않을 수 있다.'[326] 본 장은 후자 즉 '공정', '합리성'의 의미에서 '공평'이라는 단어를 사용하고자 한다. 본 연구는 사회 불평등의 주관적인 측면에 대한 탐구는 전체적인 개황에 대한 묘사일 뿐만 아니라, 계층/집단 간 차이와 역사적 변화에 대해 깊이 있는 비교 분석을 해야 한다고 생각한다.

중국인민대학 사회학과와 홍콩과학기술대학 사회조사센터가 공동으로 실시한 제1기 '중국종합사회조사(CGSS)'와 중국인민대학 중국사회조사와 데이터센터가 실시한 제2기 '중국종합사회조사'는 모두 사회 불평등과 관련된 주관적인 인식·평가에 관한 변수·지표를 설정했다. 그 중에서 2005년, 2006년, 2008년의 연간 조사에는 모두 '국제사회 조사 프로젝트(International Social Survey Program, ISSP)' 다국적 비교의 사회 불평등(소득 불평등)에 관한 연구를 참고한 문제를 설정했다. 또한 민중의 사회갈등과 사회갈등인식에 대한 측정은 2006년, 2008년, 2010년의 조사에도 포함되었다. 본 장은 주로 역대 CGSS 조사 데이터를 바탕으로 '소득 분배 공평'과 '사회갈등인식'의 측면에서 사회 전환기에 있는 중국민중의 사회 불평등에 대한 인식과 평가에 대해 초보적인 분석을 수행하고자 한다.

---

326) 李强, 「社會分層與社會空間領域的公平,公正」, 『中國人民大學學報』 (1), 2012.

제1절
소득 불평등: "균등하지 못함에 불만스러워 하고,
공정하지 못함에는 더욱 불만스러워 한다."

2005년, 2006년, 2008년 CGSS 설문지에 소득 불평등을 고찰하기 위한 지표가 설정되었다. 이 지표는 몇 개의 특정 직업군을 제시하고 응답자에게 '실제' 연소득이 얼마인지, 자신이 생각하는 이들의 연소득은 얼마인지 대답하도록 했다. 이러한 소득은 객관적이고 진실한 소득이 아니라 응답자가 주관적으로 추정한 것이다. 실제소득은 경험적 평가로 볼 수 있고, '추정소득'은 가치 평가를 포함하는 '도덕적 평가'로 볼 수 있다. 우샤오깡의 논의에 따르면 '실제소득'과 '추정소득' 으로 민중의 불평등에 대한 민중의 인식을 평가하는 것은 상당히 효과적이다.[327] 왜냐하면 이 척도는 사회적으로 공인된 몇몇 직업군의 소득 평가이기에 응답자가 가족의 규모·소득 원천·세율이나 복지 등 복잡한 문제로 인해 간섭 받을 필요가 없다. 또한 '실제소득'과 '추정 소득'을 비교함으로써 응답자에 의해 발생하는 편차를 최대한 줄일 수 있기 때문이다.

측정상의 장점을 제외하고 이 지표 자체로부터 불평등에 대한 공평

---

327) Xiaogang Wu&Donald J. Treiman, "The Household Registration System and Social Stratification in China: 1955-1996," Demography, 2004~2005, 1033~1052쪽.

성 평가에 관한 많은 정보를 얻을 수 있다. 첫째, '실제소득'과 '추정소득' 간의 차이는 이 직업군의 소득에 대한 응답자의 합리성, 공평성 판단을 보여줄 수 있다. 둘째, '실제소득'이 가장 높은 직업군의 소득과 가장 낮은 직업군의 소득 간 차이는 민중이 느끼는 소득 불평등 정도이고, '추정소득'이 가장 높은 직업군의 소득과 가장 낮은 직업군의 소득 간 차이는 민중이 인정하거나 수용할 수 있는 소득 불평등 정도이다. 셋째, 연간 '실제소득'과 '추정소득'의 차이는 불평등 정도의 변화추세를 보여준다.

'실제소득'과 '추정소득'이라는 지표에 대한 충분한 분석과 이해를 토대로 본 연구에서는 우샤오깡 교수의 '공평지수'[328]를 축소하여 이 부분에서 다루게 되는 사회계층과 집단의 불공평감 분석에 사용할 것이다. 또한 기타 사회 불평등에 대한 인식과 관련 변수 예를 들어 사회 불평등 정도에 대한 전체적인 판단·사회 불평등을 줄이는 과정에서의 정부의 책임과 역할에 대한 평가·귀속지위와 성취지위가 성공에 미치는 역할에 대한 인식 등에 대해서도 분석할 것이다.

1. 소득 분배 불공평: '실제소득'과 '추정소득'

(1) 기본상황

[표11-1]은 2005년과 2008년에 실시된 조사에서 응답자가 평가한 각종 직업군의 '실제소득'과 '추정소득' 간의 차이를 제시한 것이다. 평가대상으로 선정된 직업군은 '대표적인 직업군'이며, 그 중에 전국 대

---

328) Xiaogang Wu&Donald J. Treiman, 앞의 논문, 1033~1052쪽.

기업 사장이 대기업의 고급관리자를, 중앙부장(中央部長)이 고급공무
원을 대표했다. 소득은 평균값(average)과 중앙값(Median) 두 가지
방식으로 계산되었다. 괄호 안의 수치가 중앙값의 통계결과이다. 소
득수준 추정치(estimated value) 차이가 비교적 큰 경우, 소득의 중
앙값을 직업군 소득수준의 대푯값(Representative value)으로 처리
하는 것은 극값(Extreme value)의 방해와 영향을 배제할 수 있기
때문에 흔히 적절한 방법으로 간주된다. 데이터가 보여주는 바와 같
이, 평균값이든 중앙값이든 각 직업군의 '실제소득'과 '추정소득'은 모
두 대등하지 않다. 이는 민중들은 소득분배에 있어 불합리하고 불공
평한 현상이 존재한다고 생각한다는 것이다. 구체적으로 말하자면,
노동자라는 사회적 하층 직업군의 '실제소득'은 그들이 받아야 할 소
득에 비해 낮다고 여겼고, 의사·사장·판매원 그리고 중앙부장 등 직
업군의 소득은 그들이 받아야 할 소득에 비해 높다고 여겼다. 그 중
에서 특히 전국적인 대기업 사장의 소득 불공평성이 가장 높았는데,
그들의 '실제소득'은 '추정소득'의 1.7배나 높은 것으로 나타났다. 2005
년의 데이터 역시 각 직업군의 소득 불합리 현상을 보여주었다.
  '적음에는 불만스러워 하지 않으나 고르지 못함에는 불만스러워 한
다(不患寡, 而患不均)'라는 옛 교훈은 전통사회에서 사람들이 사회적 부
와자원 분배에 대한 사회적 심리를 보여준다. 신 중국 건립초기에 평
균주의도 한때 집권자와 일반 대중이 지향하는 이상적인 사회 분배
원칙이 되었었다.

[표11-1] 민중이 느끼는 직업군의 '실제소득' 과 '추정소득'

	2008년			2005년		
	실제소득	추정소득	실제소득/ 추정소득	실제소득	추정소득	실제소득/ 추정소득
일반 의사	6.3 (4)	5.2 (4)	1.2 (1)	-	-	-
전국 대기업 사장	51.1 (20)	30.1 (12)	1.7 (1.7)	28.0 (12)	24.5 (9.6)	1.1 (1.25)
판매보조	11.3 (7)	8.6 (5)	1.3 (1.4)	-	-	-
공장의 노동자	2.5 (2)	3.2 (2.5)	0.8 (0.8)	1.6 (1.2)	2.2 (1.5)	0.7 (0.8)
중앙부장	29.3 (20)	21.7 (10)	1.4 (2)	9.2 (6.5)	7.1 (5)	1.3 (1.3)

　30여 년의 시장화 개혁 이후, 사회적 부의 균등에 대한 요구가 점차 낮아지고, 빈부격차와 사회적 분화에 대해 상대적으로 용인하고 수용하는 태도로 바뀌게 되었다. 이는 [표11-1]에 제시되어 있는 각 직업군의 '추정소득'이 동일하지 않고, 차이가 많은 사실로부터 확인할 수 있다. 물론 소득격차에 대한 민중의 용인과 수용정도는 공평성과 합리성에 대한 판단과 밀접하게 연결되어 있다. [그림11-1]과 [그림11-2]는 최고 소득과 최저 소득 직업군 간의 소득격차를 제시한 것이다. '실제소득'에서의 격차는 민중이 느끼는 소득 불평등 정도를 보여주고 '추정소득'에서의 격차는 민중이 용인하고 받아들일 수 있는 불평등 정도로 볼 수 있다. 통계에 따르면, 2008년 민중들은 고소득층과 저소득층 간의 '실제소득' 격차가 49만 위안(연소득), 합리적인 '추정소득'의 최대 격차는 26.9만 위안에 달한다. '실제소득'의 최고치와 최저치는 이미 20배에 이르렀다. 그러나 민중들이 생각하는 합리적인

격차나 용인할 수 있는 '추정소득'의 격차는 9배 정도이다. 2005년의
데이터 역시 비교적 높은 소득격차를 보여주었다.

[그림11-1] 최고 소득 직업군과 최저 소득 직업군의 소득격차

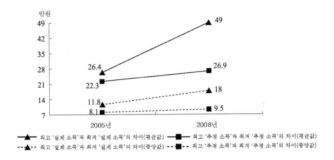

[그림11-2] 최고 소득 직업군과 최저 소득 직업군의 소득 비율

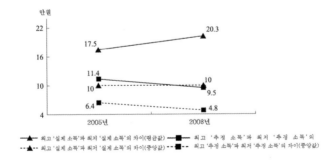

(2) 변화 추세

2005년과 2008년의 소득을 비교해 보면 알 수 있듯이, 민중들이 느끼는 '실제소득' 격차는 확대되고 있다. 2005년의 17.5배에서 2008년의 20.3배, 26.4만 위안의 절대 격차에서 49만 위안으로 확대되었고 용인할 수 있는 '추정소득' 격차의 경우, 상대비(relative ratio)가 2005년의 11.4배에서 9.5배로 하락했다. 즉, 민중의 소득격차에 대한 수용정도는 낮아졌지만 절댓값(absolute value)으로 보면 높아졌다. 2005년의 22만 3천원에서 2008년의 26.9만원으로 높아졌다. 이와 관련하여 적지 않은 학자들은 민중 소득격차의 수용 정도 변화 추세에 대한 판단을 상대비의 차이에 근거했다. 사실 이러한 방법은 의논의 여지가 있다. 이 부분에서 상대비와 절대치(absolute difference)는 일치하지 않는다. 종합적으로 볼 때, 민중의 수용정도가 실제적으로 상승했다고 하겠다. 왜냐하면 저소득층의 소득 기수(cardinal number)가 비교적 작기 때문에 성장속도가 고소득층에 비해 상대적으로 빠를 수 있지만, 양자 간의 절대치는 여전히 커지고 있다. 절대치는 상대비가 보여주는 데이터에 비해 보다 직관적이고 신뢰도가 높다.

(3) 계층적 차이

소득 불평등에 대한 평가와 인식에 있어 뚜렷한 계층적 차이를 보인다는 점은 대부분의 관련 연구에서 소홀히 다루는 중요한 내용이다. 전체적인 데이터에 대한 분석은 소득 불평등에 대한 민중의 보편적인 인식을 보여주고 있지만, 몇 개의 작은 집단을 대상으로 이루어진 비교연구는 보다 미시적인 정보를 얻을 수 있고, 특정 집단의 인식 양상을 파악할 수 있다. 이러한 분석은 어떤 집단이 소득 불공평감이 가장 큰지, 그 이유는 무엇인지 파악하는 데 도움이 된다.

[표11-2]는 6대 사회계층의 소득 불평등 인식에서의 차이를 제시한 것이다. 표에서 숫자는 각 계층이 평가한 다섯 부류 직업의 '실제소득'과 '추정소득'의 비례이다. 데이터에 따르면 각 직업의 소득 합리성 평가에 있어 노동자·농민과 상업 서비스 인원 등 3대 계층의 수치는 모두 비교적 높다(비 기술공의 소득에 대한 평가에서 노동자와 농민의 상대비는 매우 낮다. 이는 비 기술공의 소득이 '추정소득'에 비해 훨씬 낮다는 것을 의미한다). 그 중에서 특히 농민의 수치가 가장 높은데, 이는 그들의 소득 불공평감이 다른 계층에 비해 높다는 것을 의미한다.

[표11-2] 소득 불공평에 대한 사회계층별 인식의 차이(2008년)

	사회경제 관리자	전문기술자	사무원	상업 서비스 인원	노동자	농민
일반 의사	1.08	1.11	0.85	1.32	1.27	1.25
전국 대기업 사장	1.57	1.54	11.44	1.77	1.66	2.05
판매 보조	1.20	1.36	1.13	1.31	1.34	1.28
공장의 비기술공	0.84	0.80	0.81	0.86	0.76	0.79
중앙정부 부장	1.18	1.22	1.13	1.45	1.35	1.54

좀 더 구체적으로 각 사회계층이 느끼는 바와, 수용 가능한 최대한의 소득 불평등 상황을 비교했다. [표11-3]에 따르면 노동자·농민 등 사회적 하층이 평가한 소득격차가 가장 현격하다. 그들은 현재 사회

의 최고 소득과 최저 소득 집단군의 비례가 각각 23.8배와 22.6배에 달한다고 보았다. 상류층과 경제 관리자들도 비교적 높은 소득 불평등을 느끼고 있는 것으로 나타났다. 그들은 최고 소득과 최저 소득의 비율이 20배를 넘는 것으로 보았다. 다른 몇 개의 중산층에 있는 집단이 느끼는 소득 불평등은 상대적으로 약한 것으로 나타났다.

계층별 수용 가능한 최고 소득과 최저 소득격차에서 노동자와 사회경제 관리자의 수용 정도가 가장 높았고, 농민과 상업 서비스업 인원의 수용정도가 비교적 낮으며, 중산층의 위치에 있는 전문기술자와 사무원의 수용정도 또한 중간 수준에 머무른 것으로 나타났다.

[표11-3] 사회계층별 느끼고 수용 가능한 최대 소득격차(2008년)

	사회경제 관리자	전문기술자	사무원	상업 서비스 인원	노동자	농민
최고 '실제소득' 과 최저 '실제소득' 의 비율 (느끼는 불평등)	20.5	17.7	17.6	17.9	23.8	22.6
최고 '추정소득' 과 최저 '추정소득' 의 비율 (용인할 수 있는 불평등)	10.9	9.2	9.9	8.7	11.0	8.7

2006년 CGSS 데이터에 설정된 응답자들에게 '실제소득'과 '추정소득'을 평가하게 한 직업군의 유형이 비교적 많았으며, 사회적 하층에서 고위층까지의 각종 대표적인 직업군을 기본적으로 모두 포함했다. 따라서 응답자의 직업정보에 기초하여 여러 직업군이 자신의 소득 불평등 상황에 대해 어떻게 평가하고 인식하는지에 대해 연구할 수 있다. [표11-4]는 7개의 객관적인 사회집단이 자신의 '실제소득'과

'추정소득'에 대한 평가에 근거한 상대비 데이터와 총 표본에 대한 평가이다.[329]

데이터를 통해 다음의 의미 있는 사실을 발견할 수 있었다. 첫째, 농민과 노동자는 자신의 '실제소득'이 '추정소득'에 비해 훨씬 낮다고 생각하며, 그 폭이 민중들이 평가하는 격차에 비해 크다. 이는 사회적 하층이 비교적 강한 소득 불공평감을 느낀다는 사실을 보여준다. 둘째, 행정 사무원·대학 교수의 소득 불평등 상황에 대한 평가는 민중들의 평가와 동일한 것으로 '실제소득'과 '추정소득'이 기본적으로 일치하며, 그들의 소득은 비교적 합리적이고 공평하다고 생각한다. 셋째, 자영업자(私營業主)는 자신의 '실제소득'이 '추정소득'에 비해 높고(1.33) 민중들이 평가하는 비율에 비해 훨씬 높은 것으로 나타났다(1.17). 이러한 결과는 중앙정부의 부장(장관) 소득에 대한 가도·향진 이상 당정관계자(黨政負責人)들의 평가에서도 나타났다. 자신의 직업군 내부의 경제소득 상황에 대해 직업 종사자들은 보다 정확하게 파악하고 있으며, 경제적 엘리트 집단과 공무원의 자아평가를 통해 확인할 수 있듯이, 그들의 소득 불공평 상황은 민중들이 느끼는 정도에 비해 훨씬 심각하고 복잡하다. 넷째, 기업의 사장과 이사장이 자신의 소득에 대한 평가결과는 '공평하고 합리적이지만(1.00)' 민중들

---

329) 데이터에 구애되어 7개의 객관적인 계층과 소득 평가에 참여한 7개 직업군의 일대일 대응을 보장하지 못했다. 대체로 '대학교수'에 대응하는 객관적인 계층은 고위급 기술 직함(高級技術職稱 - 중국 대학의 교수직급 제도에 따른 직급으로 교수와 부교수를 통칭함. - 역자 주)을 가진 전문기술자, '중앙부장'의 소득 평가와 대응하는 집단은 가도·향진 이상의 당정관계자이고, '전국 대기업 사장·회장'의 소득 평가와 대응하는 집단은 사장과 이사장(董事長)이다.

은 그들의 '실제소득'이 '추정소득'에 비해 훨씬 높다고 생각한다. 이는 집단별 공평감에서의 심각한 차이를 보여준다.

[표11-4] 소득 불평등('실제소득' 과 '추정소득' 의 비율) 집단의 자아평가 결과(2006년)

평가 대기 직업 객관적인 계층	농민	노동자	행정 사무원	자영업자	대학교수	중앙 부장	대기업 사장
농민	0.50						
노동자		0.81					
행정 사무원			1.00				
자영업자				1.33			
고위급 직칭을 가진 전문기술자					1.00		
가도·향진 이상 당정관계자						1.29	
사장·이사장							1.00
전체	0.57	0.83	1.00	1.17	1.00	1.25	1.25

수준에서 비교적 가깝고 민중은 일반적으로 양자 간의 격차가 크지 않다고 보았다.

위의 데이터에 의하면 노동자·농민 등 사회적 하층은 사회적 부와 소득 분배에서 매우 불리한 상황에 처해 있으며, 실제소득은 추정소 득에 비해 훨씬 낮다. 이에 반해 국가 고위급 공무원·경제적 엘리트 집단은 합리적인 수준에 비해 훨씬 높은 사회적 부를 얻었으며, 소득 불평등에서 유리한 편이다.

이 밖에 아래의 별도로 얻은 데이터 역시 동일한 결과를 보여주고 있다. 2003년, 2005년, 2006년에 실시된 세 차례의 CGSS 조사에서 모 두 '최근 20년 동안 가장 많은 이익을 얻은 집단'을 확인하기 위한 문 항을 설정했다. [그림11-3]에 따르면 역대 조사에서 국가간부(공무원)

는 개혁개방 과정에서 가장 많은 이익을 얻은 집단인 것으로 확인되었다. 국유기업·집체기업 경영관리자는 2003년에 국가간부에 버금가는 이익을 얻는 집단으로 확인되었으나, 2005년과 2006년에 자산이 있는 사람들로 대체되었고 후자는 상승세가 빨라 점차 이익을 많이 얻는 집단으로 자리 잡게 되었다. 전문기술자와 고학력자는 줄곧 중간 수준에 머물러 있으나 흐름을 살펴보면 그들이 얻은 이익은 몇 년 전에 비해 많지 않은 것으로 확인되었다. 확실한 것은 노동자·농민·자영업자는 개혁개방 과정에서 이익을 가장 적게 얻은 집단 또는 손해 본 집단으로 확인되었으며, 사회적 부와 자원배분에서 심각한 약세에 처해 있다고 할 수 있다. 개혁개방은 확실히 중국을 크게 바꾸어 놓았다. 현재 정치·경제와 문화적 엘리트로 구성된 통치연맹(統治聯盟)의 출현은 개혁 전 통치집단과 노동자·농민 간의 친밀한 관계를 철저히 바꾸어 놓았다. 계층/집단적 지위관계의 급격한 조정은 일련의 구조적 갈등과 모순을 야기할 수 있으며, 양극화의 심화와 사회적 공평의 상실은 정치 안정을 위협하는 중요한 요인이 될 것이다.[330]

---

330) 康曉光, 「未來10年中國政治發展策略探討」, 『戰略與管理』 (1), 2003.

[그림11-3] 20여 년간 이익을 가장 많이 얻은 집단

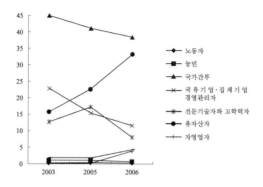

주: 2006년에 실시된 설문조사의 문항은 '10여 년간……' 이었다. 그리고 매년 설문조사의 집단 유형의 분류는 대체로 비슷하나 일치하지 않는 부분도 있었다. 본 연구에서는 비교의 가능성을 최대한 확보하기 위해 동일하거나 유사한 부분을 선정하여 일관성을 유지하고자 했음을 밝힌다.

2. 공평지수

이 부분에서는 위에서 논의한 '실제소득'과 '추정소득'의 지표에 기초하여 우샤오깡의 '공평지수'의 논리적 사고방식을 그대로 받아들이고, 개념을 참고하여 간략한 공평지수를 구축하도록 하겠다.[331] 공평지수의 기본적인 논리는 '실제소득'과 '추정소득'이 일치할 때 소득 분배가 가장 공평하고 합리적이며, 양자의 차이가 클수록 소득 분배가 불공평하다는 것이다. 공평지수는 이와 같이 공평한 상태와의 격차를 측

---

331) 국제 비교의 목적을 위해 우샤오깡은 지니계수로 소득 불평등에 대한 응답자의 평가를 귀납하고 정리했다. 그는 특 '실제소득'의 지니계수와 '추정소득'의 지니계수를 계산한 다음, 이 두 지니계수의 비율로 응답자가 추정한 소득 불평등 정도와 추정소득의 불평등 정도 간의 차이가 얼마나 큰지를 보여주었다. 이 비율이 바로 '공평지수'이다. 본 장은 우샤오깡의 논리적 사고방식과 개념을 그대로 받아들여, 연구목적의 필요에 따라 간략하게 축소했으며, 이를 여러 사회계층이나 집단의 공평감 분석에 적용했음을 밝힌다.

정하는 데 적용된다. 격차가 클수록 소득이 불합리하고 불공평하다고 간주된다. 본고에서 간략화한 공평지수의 계산 절차는 다음과 같다. 먼저 응답자가 평가한 특정 직업군의 '실제소득'과 '추정소득'의 상대비를 계산한다. 그 다음 이 상대비에서 1을 뺀 후에 절댓값을 취하면 이 개체의 특정 직업군 소득에 대한 공평성 평가점수가 얻어진다. 즉 공평지수 점수이다. 마지막으로 응답자가 평가한 이 다섯 직업군의 절대치를 더하면 이 응답자의 소득 공평지수 총점수가 얻어진다.

[표11-5]는 위에서 제시한 계산절차에 근거하여 2008년의 모든 응답자가 인식하는 다섯 직업군 소득에 대한 불평등 공평지수 득점(평균치)을 나열한 것이다. 표에서 제시하는 바와 같이, 전국 대기업 사장의 소득을 가장 불공평하고 불합리한 것으로 보았고, 그 소득수준은 민중이 생각하는 합리적인 수준에 비해 훨씬 높다. 중앙부장의 소득수준 역시 비교적 높은 불공평성을 보였다. 이에 반해 공장 노동자의 소득은 합리적 수준에서 비교적 가깝고 민중은 일반적으로 양자 간의 격차가 크지 않다고 보았다.

[표11-5] 다섯 직업군 소득에 대한 민중의 불평등 인식 공평지수 득점표

일반 의사	전국 대기업 사장	판매 보조	공장 노동자	중앙부장
0.59	1.92	0.77	0.37	1.25

다섯 직업군 소득에 대한 공평감지수를 더하면 총 공평지수가 얻어지는데 계층이나 집단을 비교할 경우 비교적 뚜렷한 차이를 보인다. [표11-6]에서 제시하는 바와 같이 농민·노동자와 상업 서비스 인원

은 중하층으로서 공평지수가 가장 높다. 이는 중하층이 현재 심각한 소득분배의 불공평 현상이 존재한다고 생각함을 보여준다. 이에 반해 사무원과 고위층 사회경제관리자는 그렇게 큰 불 공평감을 느끼지 못한다는 사실을 보여준다.

[표11-6] 공평지수의 집단적 차이

	평균값	표준편차
사회경제관리자	3.0	4.2
전문기술자	4.1	8.4
사무원	2.7	3.4
상업 서비스 인원	4.7	8.3
노동자	4.8	8.1
농민	4.9	7.7
합계	4.5	7.8

3. 사회불평등에 대한 태도와 인식

[표11-7]은 중국의 사회 불평등과 정부 책임에 대한 각 계층의 태도와 인식을 제시한 것이다. 표의 숫자는 응답자가 선택 사항 중('동의하지 않음', '동의함') '동의함'을 선택한 비율이다. 이러한 결과는 심각한 소득격차, 빈부격차를 줄이고 실업자에게 기본적인 보장을 제공하는 것은 정부임이라는 데 대한 사회적 공통인식, 교육기회의 균등실현은 사회적으로 공감하는 부분이라는 각계의 태도를 보여준다.

[표11-7] 계층별 빈부격차와 정부책임에 대한 평가(2008년)

	사회경제 관리자	전문 기술자	사무원	상업 서비스 인원	노동자	농민
중국의 소득격차가 지나치게 크다.	95.7	90.0	95.7	91.0	92.3	90.6
소득격차를 줄이는 것은 정부의 책임이다.	81.5	82.4	87.1	81.1	84.0	78.9
정부는 실업자를 위해 그럴듯한 생활 기준을 마련해야 한다.	92.6	88.9	81.4	89.8	87.4	86.1
정부는 가난한 사람들의 복지비용을 줄여야 한다.	46.6	50.4	50.7	51.1	53.3	56.2
사람마다 모두 같은 대학교육을 받을 기회가 있다.	78.5	73.0	80.0	74.6	75.5	73.1

[표11-8]은 기회 평등의 측면에서 사람들의 사회 불평등 상황에 대한 인식을 제시한 것이다. 귀속지위·성취지위 그리고 인맥이 개인의 발전과 성공에서의 영향에 대한 인식은 사회 불평등과 관련된 주관적 차원에 대한 연구의 중요한 내용이라고 하겠다. 조사결과는 노동자·농민 등 사회적 하층 중 가정이 부유하거나 성별 등 귀속지위가 개인의 성공과 발전에 있어 더욱 중요하다고 생각하는 비율이 가장 높고, 중상층은 인적자본이나 열심히 일하는 등 성취지위를 더욱 중요시하는 것으로 나타났다. 정치적 인맥에 대해서는 사회적 하층이 중요하다고 생각하는 비율이 비교적 높았다. 이러한 결과는 사회적 하층은 이 사회가 공평하고 기회가 균등한 사회가 아니라 가정출신·인맥 등이 더욱 중요한 작용을 한다고 생각한다는 사실을 보여준다.

[표11-8] 계층마다 아래의 요소가 개인의 발전/성공에 있어서 '중요하다' 고 생각하는 비율(2008년)

	사회경제 관리자	전문 기술자	사무원	상업 서비스 인원	노동자	농민
가정이 부유함	62.3	66.2	68.6	69.1	74.9	73.0
부모가 양호한 교육을 받음	82.2	82.1	82.6	80.7	81.9	80.9
본인이 양호한 교육을 받음	89.6	91.1	88.6	87.5	87.8	87.8
열심히 일함	90.2	86.9	81.4	88.0	86.3	81.6
정치적 인맥이 있음	53.5	53.3	48.6	51.8	58.9	56.9
뇌물 제공	25.8	25.6	29.0	28.4	25.3	28.1
성별	19.7	22.5	22.7	23.7	22.4	28.7

제2절

사회갈등인식: 상황과 추세

계층/집단 간의 상호관계 특히 이익의 대립·모순과 갈등관계에 대한 판단은 사회불평등에 대한 주관적 차원의 중요한 시각과 논제이다. 유명한 「국제사회 조사 프로젝트」에서 역시 '집단 간 분열과 갈등'에 대해 줄곧 다루고 있다. 2006년, 2008년, 2010년에 이루어진 「중국종합사회조사」에서도 이 문제에 대해 다루고 있다. 이러한 조사를 통해 집단 간 갈등에 대한 민중의 진실한 느낌을 확인할 수 있고, 집단 간 차이와 시계열 분석에서 보다 풍부하고 세밀한 정보를 얻을 수 있다.

1. 전체적인 상황

이 세 차례의 조사는 응답자들에게 네 집단 간의 갈등상황에 대해 평가하도록 했다. [그림11-4]는 2008년 조사한 결과를 제시한 것이다. 네 쌍의 집단 간 갈등에서 빈자와 부자, 상류층과 사회적 하층 간의 갈등은 비교적 심각한 것으로 나타났다. 각각 65.5%와 61.8%의 응답자가 이 두 쌍의 집단 간 갈등이 심각하거나 매우 심각하다고 보았으며, 그 정도는 다른 두 쌍의 집단 간의 갈등에 비해 훨씬 높았다. 민중의 보편적인 느낌에 대해 말하자면, 상류층과 사회적 하층, 특히 재산배분에 의해 갈라진 부자와 빈자 간의 격차의 심화는 갈수록 각 계의 불만을 불러일으키고 있다. 양자 간의 이익충돌, 심지어 대립은 매우 심각한 수준에 이르렀다고 하겠다. 이에 반해 사회적 하층과 중층, 중층 내 각 집단 간의 관계는 상대적으로 긴장하지 않아 보인다.

[그림11-4] 사회집단 간 갈등의 심각성에 대한 평가(2008년)

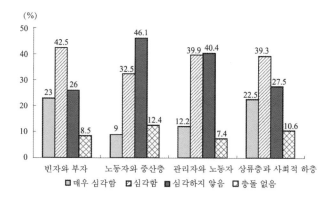

2. 계층적 차이

[그림11-5]는 다섯 개의 주관적으로 공통된 인식을 갖고 있는 계층이 네 쌍의 집단 간 갈등의 심각성에 대한 견해를 제시한 것이다. 비례 숫자는 갈등이 '매우 심각함'과 '비교적 심각함'의 비율의 합을 의미한다. 그림이 보여주는 기본적인 추세는 그 어떤 집단 갈등이든 계층적 지위가 낮을수록 갈등이 심하다는 것이다. 물론 중상층은 예외이다. 앞에서 제시한 바와 같이 사회적 하층은 개혁에서 이익을 가

장 얻지 못한 계층이고 소득 불공평 감을 가장 강하게 느끼므로 점차 격렬한 갈등인식과 행동으로 발전할 가능성이 있으며, 심지어 사회 불안정을 유발하는 잠재적 요인이 될 수 있다.

[그림11-5] 계층별 집단 간 갈등이 심각하다고 생각하는 비율(2010년)

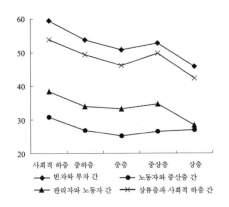

이어 갈등의 심각도 등급에 대해 점수를 매겨 민중의 사회갈등 인식을 보여주는 지수를 도출했다. "갈등이 전혀 없다"는 0점, "심각하지 않다"는 1점, "보통이다"는 2점, "비교적 심각하다"는 3점, "매우 심각하다"는 4점이다. 위의 네 쌍의 집단 갈등관계에 대한 응답자의 점수를 합치면 응답자의 집단 간 갈등상황에 대한 전체적인 인식을 얻을 수 있다. [표11-9]는 계층별 사회갈등지수의 점수를 제시한 것이다. 이는 앞에서 얻은 결과와 일치한다. 사회적 하층이 예상한 대로 가장 높은 사회갈등인식을 갖고 있었으며, 사회경제적 지위가 높을수록 사회갈등인식이 낮은 것으로 나타났다.

[표11-9] 계층별 사회갈등지수의 점수(2010년)

사회적 하층	9.5
중하층	9.0
중층	8.7
중상층	8.9
상류층	8.3
합계	9.0

분산분석 결과 역시 공평감 인지가 다른 응답자 집단 간 사회갈등 인식의 점수가 뚜렷한 차이를 보이는 것으로 나타났다.

3. 시간에 따른 추세: 2006—2008—2010

본 연구에서는 5년에 걸쳐 실시된 세 차례의 조사 결과에 대한 고찰을 통해, 집단 간 사회갈등 심각성의 변화 추세를 발견했다. 물론 이 결과는 응답자 집단의 주관적인 판단에서 나온 것이다. [그림 11-6]은 네 쌍의 집단 간 갈등 심각성의 변화추세를 제시한 것이다. 숫자는 매년 민중들이 갈등이 심각하다고 생각하는 비율('매우 심각하다'와 '비교적 심각하다')을 의미한다. 네 쌍의 집단 간에는 갈등인식이 점차적으로 상승하는 추세를 보였고, 일부 집단 간에는 갈등인식이 큰 폭으로 상승하는 경우도 발견되었다. 이는 지난 몇 년 간 민중의 사회갈등 인식이나 불만·정서 불안이 점차 심해지고 있었음을 보여준다. 이러한 상황은 사회 불안정의 잠재적인 요인이 되었으며, 사태가 발전하도록 내버려 둔다면 심지어 비교적 심각한 사회정치적 결과를 가져올 수 있기 때문에 각계에서 충분히 관심을 기울여야 한다고 하겠다.

[그림11-6] 집단 간 갈등의 심각성과 추세

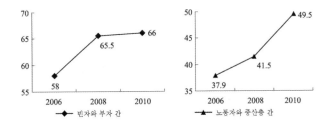

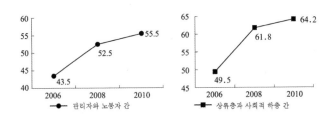

주: 2006년과 2008년에 실시된 조사에서 각 집단 간 갈등 관련 문항에 대한 대답은 '매우 심각하다' , '심각하다' , '심각하지 않다' , '갈등이 없다' 등 네 가지였고, 2010년에 실시된 조사에서는 '매우 심각하다' , '비교적 심각하다' , '보통이다' , '별로 심각하지 않다' , '갈등이 없다' 등 다섯 가지였다. 그리고 '보통이다' 가 상당한 비율을 차지했다. 본 연구에서는 비교의 가능성을 확보하기 위해, 대답 '보통이다' 의 반은 '매우 심각하다' 로 취급했고 나머지 반은 '심각하지 않다' 로 취급했다. 이는 엄밀하지 않은 처리임에도 불구하고 연구의 필요에서 비롯된 것이고 또한 이러한 처리가 어느 정도 합리적이라고 생각했기 때문이다.

제3절

양자의 관련성: 분배의 불공평이
갈등을 유발시킬 수 있나?

사람들의 사회갈등 인식에 영향을 주는 요소는 여러 가지가 있다. 객관적인 지위에 의해 결정되는 계층 간·집단 간 사회경제적 차이나 이익충돌로 인해 발생할 수도 있고 주관적인 상대수익/박탈감으로 인해 발생할 수도 있다. 본 절에서는 개인의 공평성 인지와 그 사회갈 등 인식 간의 관련성에 대해 살펴볼 것이다. 공평성 인지는 소득분배 에 대한 공평성 판단과 전체사회의 공평성 판단 두 가지 측면에서 이 루어진다. 전자를 통해 사회갈등의 물질적 요소의 영향을 받는 정도 를 확인할 수 있고, 후자를 통해 사회갈등의 가치적 요소의 영향을 받는 정도를 확인할 수 있다.[332]

1. 기본상황

2010년에 실시된 CGSS 설문지에는 "현재 개인소득이 공평한가(자신 의 교육 배경·업무 능력·경력 등 여러 가지 요소를 고려하여)"와 "'현 재 사회가 공평한가"라는 두 개의 사회 불평등에 대한 공평성 인지평 가를 위한 제목을 설정했다. 사회갈등 인식에 대한 평가에 있어서 앞

---

332) 李培林,「現代性與中國經驗」,『社會』(3), 2003.

에서 논의된 바와 마찬가지로 응답자가 네 쌍의 집단 간 갈등의 심각성에 대해 매긴 점수를 더하고, 점수가 높을수록 갈등인식이 강하다는 것을 의미한다. [표11-10]에 따르면 소득의 공평성이든 사회의 공평성 판단에서든 공평감과 사회갈등 인식의 관계에서 "공평감이 높을수록 갈등인식이 낮다"는 경향을 보였다. 공평감이 가장 높은 응답자 집단과 가장 낮은 응답자 집단 간에 사회갈등지수는 1/3에 가까운 차이를 보였다. 분산분석 결과 역시 공평감 인지가 다른 응답자 집단 간 사회갈등 인식의 점수가 뚜렷한 차이를 보이는 것으로 나타났다.

[[표11-10] 공평감 인지가 다른 응답자 집단의 사회갈등인식에서 점수(2010년)

개인 소득이 공평한가	사회갈등지수	N	현재 사회가 공평한가	사회갈등지수	N
불공평함	10.31	1 854	전혀 공평하지 않음	10.58	1 005
별로 공평하지 않음	9.41	2 338	비교적 공평함	9.67	3 176
보통임	8.87	3 451	중간임	8.92	2 814
비교적 공평함	8.24	2 098	비교적 공평함	8.26	3 781
공평함	7.81	1 212	매우 공평함	7.72	593
F=137.11***			F=147.52***		

2. 통계모형 분석

앞의 논의에 이어 통계모형에서 '공평감'과 '갈등감'의 관계에 대해 검증했다. 2010년에 실시된 CGSS 조사 데이터에 기초하여 사회갈등 인식점수를 종속변수로 하는 회귀모형에서 사용한 통제변수는 성별·연령·교육 정도·계층적 지위 등이고, 해석변수인 소득 공평감과 사회

공평감은 모두 등간변수로 포함시켰다(1~5 사이의 수치를 취하고 수치가 높을수록 공평감이 높음). 또한 두 모형에 소득 공평감·사회 공평감과 계층적 지위의 교호작용 항을 포함시켰다. 왜냐하면 공평감과 계층적 지위 사이에 일정한 관련이 있기 때문이다.

[표11-11]에서 제시하는 바와 같이 성별·연령 두 변수는 갈등인식 점수에 큰 영향을 미치지 않고 교육정도의 영향이 뚜렷하다. 문화수준이 높을수록 갈등인식 점수가 높다는 것이다. 이는 리춘링(李春玲)이 중산층의 사회갈등인식을 연구할 때 얻은 연구결과와 기본적으로 일치한다.[333] 기타 변수를 통제한 다음 계층적 지위는 두 모형에서 모두 통계적으로 유의미했고, 상류층과 비교할 때 계층적 지위가 낮은 집단이 더욱 높은 갈등인식을 갖는 것으로 확인되었다.

소득 공평지수와 사회 공평지수는 모두 통계적으로 유의미했다. 개인소득 공평감이 높을수록 사회적 갈등인식 점수가 낮고, 마찬가지로 사회 공평감이 높을수록 사회적 갈등인식 점수도 낮아지는 것으로 나타났다. 즉 사회구성원들이 공평하고 합리적이라고 느낄수록 사회에 대한 불만과 갈등인식이 적어지고, 반대로 사회구성원들이 불공평하고 불합리하다고 느낄수록 사회는 갈등이 심하고 원망이 가득하며 '화약 냄새'가 짙은 위태로운 사회가 된다는 것이다. 리페이린 등은 2002년에 실시한 전국조사데이터를 이용하여 소득분배의 공평성 평가와 재산점유의 공평성 평가 두 가지 독립변수가 사회갈등 인

---

333) 李春玲, 「尋求變革還是安於現狀─中産階級社會政治態度測量」, 『社會』(2), 2011.

식에 미치는 영향을 검증했는데 그 결론도 이와 일치한다.[334] 그러나 그들은 공평성 인지와 계층적 지위 간의 상호작용효과(交互效應)를 고려하지 않았다. 통계모형에 교호작용 항을 포함시킨다면, 양자의 종속변수로서의 자세하고 복잡한 정보 및 현실적 시사점을 얻을 수 있다. 계층적 지위와 공평지수(소득/사회 전체)의 교호작용 항으로부터 볼 때, 상류층에 비해 중하층과 공평지수의 교호작용 항 계수는 모두 마이너스이고, 중상층과 공평지수의 상호작용·사회적 하층과 공평지수의 상호작용 두 계수는 모두 통계적으로 유의미하다. 이는 상류층에 비해 중하층은 공평감이 높아짐에 따라 사회갈등인식이 확연히 낮아진다는 사실을 보여준다. 즉 중하층은 소득분배와 사회적 공평성에 대해 비교적 민감하다는 것이다. 자원 배분과 기회 획득에 있어 그들에게 더 많은 공평성과 합리성을 부여한다면, 상류층에 비해 그들의 사회갈등 가능성은 현저하게 떨어질 것이다.

---

334) 李培林等, 『社會沖突與階級意識』, 2005, 北京, 社會科學文獻出版社, 115~118쪽.

[표11-11] 사회갈등인식 점수를 종속변수로 하는 일반선형회귀 분석결과

	모형1 소득 공평과 갈등인식	모형2 사회 공평과 갈등인식
남성	-0.094 9	-0.075 9
나이	-0.005 07*	-0.003 18
교육 정도(중학교 이하 기준)		
고등학교 또는 중등전문학교	0.466***	0.442***
전문대학 이상	0.839***	0.754***
계층적 지위(상류층)		
중상층	1.590**	1.522*
중층	1.144*	1.755**
중하층	1.271*	1.382*
하층	2.355***	2.081**
소득 공평 지수	-0.305*	
교호작용항: 계층 소득 공평지수		
중상층 x 소득 공평지수	-0.319+	
중층 x 소득 공평지수	-0.238	
중하층 x 소득 공평지수	-0.2	
하층 x 소득 공평지수	-0.492***	
사회 공평지수		-0.354*
교호작용항: 계층 사회 공평지수		
중상층 x 사회 공평지수		-0.308
중층 x 사회 공평지수		-0.424*
중하층 x 사회 공평지수		-0.225
하층 x 사회 공평지수		-0.322+
절편	9.261***	9.343***
총 표본	10 918	11 332
조정된 R^2	0.059	0.059

유의수준: +p<0.1, *p<0.05, **p<0.01, ***p<0.001

제4절
소결론 및 토론

우선, 본 장은 '실제소득'/'추정소득'이라는 지표를 사용하여 응답자들이 소득 불평등 상황에 대한 느낌과 공평성 인식에 대해 평가했다. 응답자들이 느끼는 소득분배 상황에 근거하든, 그들이 합리적이라고 생각하는 소득분배 상황에 근거하든, 다음과 같은 결론을 도출할 수 있었다. 민중들은 '평균주의'의 '이상적인' 분배를 바라는 것이 아니라, 사회적 부에서의 분배차이를 인정하고 받아들이되, 이러한 격차는 공평하고 합리적임을 전제로 해야 한다는 것이다. '적음에 근심하지 않고, 고르지 못함을 근심한다'라는 사회적 부의 분배에 대한 심리상태를 묘사한 고훈(古訓)은 사회 전환기에 있는 오늘날, "고르지 못함에 불만스러워 하고, 공정하지 못함에는 더욱 불만스러워 한다"로 바꿔 적절하게 표현해야 할 것이다.

그 다음으로 민중들의 다수가 현재의 소득불평등이 지속적으로 커지고 있으며, 소득분배에 있어 공평성과 합리성이 부족하다고 생각했다. 첫째, 응답자 집단으로부터 볼 때, 고급 공무원과 경제적 엘리트는 개혁에서 가장 많은 이익을 얻었으며, 소득수준이 '추정소득'에 비해 훨씬 높았다. 이에 반해 하층 노동자·농민은 소득수준이 "추정소득'에 비해 훨씬 낮았다. 소득불평등과 소득분배에 대한 불만은 소득격차의 확대로 인한 것 외에 소득에 있어서의 '상대적인 불공평 감"에서 비롯된다. 즉 사람들은 '실제소득'과 '추정소득' 간의 격차도 커지고 있다고 생각한다는 것인데, 후자는 '공평성', '합리성'과 보다 밀접한 관련이 있다. 둘째, 민중들이 느끼는 실제 빈부격차는 그들이 받아들이고 수용 가능한 수준에 비해 훨씬 높았고, 그 중에서도 사회적 하층의 소득 불평등에 대한 수용정도는 다른 집단에 비해 상대적으로 낮은 것으로 나타났는데, 이는 주목할 만한 위험 신호라고 하겠다. 셋째, 시계열 분석에 의하면 상류층과 사회적 하층 간의 소득격차가 지속적으로 확대되고 있는 것으로 나타났다. 비록 격차에 대한 민중의 수용 상한선이 높아지고 있으나 민중의 수용정도 증가폭은 실제 격차의 증가폭에 비해 훨씬 작다. 넷째, 계층이나 집단 간 차이에 있어 사회적 하층이 소득분배에 대한 불공평 감, 상대적인 박탈감이 더욱 강한 것으로 나타났다.

세 번째로는, 일부 집단 간의 모순과 갈등은 비교적 심각한 정도에 이르렀다고 여겨지고 있으며, 지속적으로 악화되는 추세를 보이고 있었다. 한편으로, 빈자와 부자 간, 상류층과 사회적 하층 간의 갈등 심각성은 다른 계층이나 집단 간의 갈등에 비해 훨씬 높았다. 이는 개혁에서 이익을 가장 많이 얻은 측과 이익을 적게 얻거나 손해 입은 측의 차별화된 사회적 위치에 기인한다. 다른 한편으로, 집단 간의 갈등 심각성은 지난 몇 년 동안 지속적으로 상승세를 보이고 있었다. 비록 사회갈등 상황에 대한 평가와 실제 갈등인식 사이에 등호를 그릴 정도는 아니고, 사회구성원의 인식·의식과 실제 사회정치적 행동 간에 필연적인 관련성은 없으나 집단 간 관계가 일촉즉발의 상황에 놓여 있고, 이익충돌이 끊이지 않고 있으며, 전체 사회는 비교적 위태로운 시점에 와 있다. 사회갈등인식이 하늘 모르고 치솟는 상황에서 그 배후의 원인과 터질 사회정치적 결과 등에 대해 주목하고 깊이 생각할 필요가 있다고 하겠다.

네 번째로는 사회적 부와 자원배분에 대한 공평성 인지와 사회갈등인식 사이에는 밀접한 관련이 있음이 확인되었다. 불공평감이 높을수록 사회갈등 인식이 높아지고, 사회갈등 인식이 낮아진다는 것이다. 사회 불평등의 지속적인 증가, 분배과정과 결과의 불공평성은 사회에 대한 원한 축적과 갈등인식 상승을 유발하고 이는 잠재적인 사회 불안정 요인이 되며, 이에 대해 소홀히 여기거나 적절한 조치를 취하지 않는다면 심각한 사회정치적 결과를 야기할 것이다. 또한 데이터에 의하면 중하층의 경우, 공평감이 상승함에 따라 사회갈등 인식이 뚜렷하게 낮아졌으며, 이 감소폭은 상류층의 경우에 비해 높은 것으로 나타났다. 이로부터 얻은 정책·현실적 함의는 사회의 공평과 정의를 수호하고 특히 중하층의 권익과 이익을 보호하며 그들이 공평하게 사회 경쟁에 참여할 기회를 얻고 자원 배분에서 합리적인 몫을 얻도록 보장해주며, 사회정책을 적당히 '하향조정'하여 사회갈등을 줄이고 사회의 조화를 증진시키는 것은 매우 중요한 전략적 의미를 갖는다고 하겠다.

마지막으로, 사회불평등의 주관적인 차원에 대한 연구가 더욱 중시되어야 한다는 것이다. 지니계수·사회 유동률을 비롯한 사회 불평등

경험을 객관적으로 보여주는 지표에 비해, 사회 불평등의 주관적인 차원에 대한 연구는 "공평하고 합리적인가?", "어떻게 해야 하는가?" 등 일련의 규범적 가치평가와 관련된 부분에 주목한다. 객관적인 지표에서 출발한다면, 민중의 주관적인 인지와 평가를 정확하게 예측할 수가 없다. 주관적인 평가지표가 보여주는 정보는 보다 진실하고 구체적이며, 일련의 사회정치적 결과지표와 연결될 수 있다. 사회경험을 예측하고 평가하는 유일한 지표가 되지는 못하더라도, 시각의 전환, 해석과 논증 등 측면에서 예측과 평가에 유익한 보완적 의미가 있다고 하겠다.

분배에 대한 공평관(公平觀) :

국제비교의 시각

제12장
분배에 대한 공평관(公平觀) : 국제비교의 시각

2005년, 2006년, 2008년에 실시한 CGSS 연간 조사에서 모두「국제 사회 조사 프로젝트」다국적 비교 부분의 사회불평등(소득 불평등)에 관한 연구를 참고한 문항을 설정했다. ISSP 2009의「국제사회 불평등 조사」부분의 데이터는 '공평관' 국제 비교의 조건을 제시했다. 본 장은 ISSP 2009「국제사회 불평등 조사」부분에서 제시한 데이터를 바탕으로 공평관 국제비교를 수행하고자 한다.

제1절

소득격차에 대한 인식

경제적 소득격차에 대한 민중의 주관적인 인식을 볼 때, 35개 조사 대상국(지역)의 (미국과 러시아는 1999년 조사 데이터를 참고했음) 민중의 다수는 자기 나라의 소득격차가 지나치게 크다고 대답했다([표 12-1]을 참조).

[표12-1] 당신은 자국의 소득격차가 크다는 사실에 동의하십니까?(2009년)(%)

국가나 지역	매우 동의함	동의함	모르겠음	동의하지 않음	전혀 동의하지 않음	합계
아르헨티나	37.8	54.1	4.1	3.4	0.6	100.00
오스트레일리아	28.8	45.2	15.7	9.1	1.2	100.00
오스트리아	46.3	42.0	7.8	3.3	0.6	100.00
벨기에	25.0	49.7	14.6	8.2	2.5	100.00
불가리아	57.6	36.7	4.4	0.9	0.4	100.00
칠레	37.8	49.5	7.0	4.4	1.1	100.00
중국	38.5	52.9	5.4	2.9	0.3	100.00
중국 대만	44.9	46.2	2.6	5.3	1.0	100.00
크로아티아	59.2	33.2	3.5	3.5	0.6	100.00
세프루스	26.3	40.7	17.6	10.6	4.8	100.00
체코	51.4	33.0	9.3	4.8	1.5	100.00
덴마크	28.1	34.3	15.1	14.2	8.3	100.00
에스토니아	67.3	25.9	3.2	2.5	1.1	100.00
핀란드	31.4	40.1	15.2	11.7	1.6	100.00
프랑스	68.9	22.1	5.9	2.3	0.8	100.00
헝가리	77.5	19.6	2.4	0.3	0.2	100.00
이스라엘	53.5	30.4	12.0	3.6	0.5	100.00

일본	43.2	34.7	14.9	4.5	2.7	100.00
한국	46.5	43.7	6.3	2.5	1.0	100.00
라트비아	58.1	36.8	4.2	0.8	0.1	100.00
뉴질랜드	21.1	43.8	20.3	12.7	2.1	100.00
노르웨이	12.0	48.7	21.0	16.1	2.2	100.00
필리핀	21.0	30.4	15.3	21.5	11.8	100.00
폴란드	53.3	35.1	6.6	4.0	1.0	100.00
포르투갈	60.3	35.1	3.3	1.2	0.1	100.00
슬로바키아	62.1	29.9	6.5	1.1	0.4	100.00
슬로베니아	58.2	37.1	2.7	1.7	0.3	100.00
남아프리카	45.3	47.9	3.9	2.2	0.7	100.00
스페인	32.1	59.1	4.8	3.8	0.2	100.00
스웨덴	32.2	48.5	7.1	5.1	0.4	100.00
스위스	38.9	48.5	7.1	5.1	0.4	100.00
우크라이나	75.2	20.9	3.2	0.5	0.2	100.00
영국	29.3	47.9	14.9	6.5	1.4	100.00
미국ᵃ	25.0	41.2	21.5	9.2	3.1	100.00
러시아ᵃ	79.5	16.0	2.2	1.2	1.1	100.00

출처: ISSP 2009 ('ᵃ' 로 표기되어 있는 것은 ISSP 1999를 참조).

[표12-1]의 데이터를 보면, 중국 민중의 91.4%가 "소득격차가 지나치게 크다"를 선택했으나, "매우 동의한다"를 선택한 민중의 비율은 상대적으로 높지 않은 38.5%로 중간 수준이다. "매우 동의한다"를 선택한 국가 중 헝가리, 러시아(1999년), 우크라이나가 차지하는 비율이 75%를 넘어 상당히 높은 것으로 나타났다. 노르웨이가 12%로 가장 낮고 필리핀과 뉴질랜드가 21% 안팎이다. 전체적으로 볼 때, 필리핀 민중은 자국의 소득 공평성에 대해 가장 만족하고 우크라이나·러시아 및 동유럽 일부 국가 민중들은 소득 분배의 공평성에 대해

가장 불만스러워하고 있다. 중국 민중의 소득격차에 대한 태도는 서방 선진국에 비해 전반적으로 찬성 비율이 높으나(예를 들어 영국은 77.2%, 미국은 66.2%) 프랑스·포르투갈에 비해 낮고 스페인과는 비슷하다.

자국의 소득격차가 지나치게 큰지에 대한 민중의 인식은 사실 개괄적인 인식에 지나지 않는다. 이 문제에 대한 대답은 사실상 민중의 사회심리 상태를 보여준다고 하겠다. 본 연구에서 "매우 동의한다"를 선택한 비율을 강조하는 이유는 이 비율이 높을수록 소득 공평에 대한 민중의 태도가 급진적이거나 격렬하다는 사실을 보여주기 때문이다. 높은 비율은 한 나라 소득격차의 객관적인 상황을 보여주겠으나, 극단적인 선택의 비율이 높다는 것은 보다 많은 사람들이 극단적인 태도를 가지고 있다는 것을 의미한다. 이로부터 볼 때, 중국민중의 극단적인 태도는 중간 상태로 한국과 일본에 비해 낮고 영국·미국에 비해 높으며 스위스·칠레·아르헨티나와 비슷하다.

소득과 사회적 부에 대한 분배격차의 객관적인 상황으로부터 볼 때, 21세기에 접어들면서 중국의 소득격차와 사회적 부의 지나친 집중화는 부인할 수 없다. 하지만 중국사회는 누군가가 말한 바와 같이 과연 그러할까? 즉 "국제적으로 흔히 지니계수 0.4는 경계선으로 여겨지나, 이 선을 넘으면 재산이 소수에게 과도하게 집중되어 전 사회가 동란이 일어날 수 있는 '위태로운' 상태에 처해 있음을 의미한다. 중국의 지니계수는 개혁개방 초기의 0.28에서 2007년의 0.48로 상승했으며, 최근 2년 동안 계속 상승했고, 실제로는 0.5를 넘어섰다. 이는 매우 심각한 신호이다"[335] 사실 이러한 관점은 어떤 의미에서 보면 사회의 불공평함을 구축하는 것이다. 왜냐하면 그들은 객관적인 상황을 지나치게 강조하고 민중의 주관적인 느낌과 태도를 간과했기 때문이다. 물론 객관적인 사회공평을 추구하고 실현하는 것은 어느 사회든 노력해야 할 방향이고 이상적인 목표이겠으나, 소득과 사회적 부의 격차가 일정한 수준으로 상승하면 필수적으로 사회동란을 일으킬 수 있다는 것은 좀 과장된 것 같다. 사회 안정과 선순환의 조건과 메커니즘은 보다 종합적인 요소를 고려해야 할 것이다.

---

335) 從亞平·李長久,「中國基尼系數實已超0.5財富兩极分化」,『經濟參考報』, 2010년 5월 21일.

제2절
사회 불평등의 요인

민중의 사회 불평등에 대한 이유 역시 그들의 주관적인 태도를 보여줄 수 있다. 비록 개인에 있어 자국의 사회 불평등이나 사회적 차이가 발생하는 이유에 대해 정확하게 인식하기 위해서는 스스로의 느낌에 근거해야 하겠으나, 다수인의 주관적인 느낌은 한 사회 민중의 심리상태나 사회 불평등에 대한 신념을 반영할 수 있다. ISSP 2009의 「국제사회 불평등 조사」 부분에서 불평등의 원인에 관한 문항을 여러 개 설정한 바가 있다. 본 연구에서는 그 중 세 가지 비교적 중요한 원인을 선정했다. 첫째는 가정배경으로 사회 불평등을 보여주는 세대 간 전승(傳承)을 보여준다. 둘째는 개인의 교육으로 이는 개인자본의 불평등에서 오는 영향을 보여준다. 셋째는 관건적인 인물을 알고 있느냐 하는 것인데, 이는 인간관계나 사회자본이 불평등에서의 영향을 보여준다. 구체적인 조사결과는 [표12-2]를 참고할 수 있다.

[표12-2] 당신은 자국에서 우월한 위치를 얻기 위해 무엇이 중요하다고 생각하십니까? (2009년)

국가나 지역	부유한 가정에서 태어나는 것이 얼마나 중요한가?		양호한 교육을 받는 것이 얼마나 중요한가?		관건적인 인물을 알고 있는 것이 얼마나 중요한가?	
	중요함	중요하지 않음	중요함	중요하지 않음	중요함	중요하지 않음
아르헨티나	21.6	57.6	69.2	4.9	65.3	8.6
오스트레일리아	21.6	46.6	80.7	2.4	38.9	19.8
오스트리아	31.0	28.0	78.6	2.8	60.4	8.6
벨기에	14.4	47.1	72.9	3.4	51.4	9.0
불가리아	45.9	23.0	80.1	4.2	71.8	7.7
칠레	37.6	39.8	79.6	4.1	55.9	15.9
중국	70.8	13.1	88.4	1.8	79.1	4.8
중국 대만	33.5	41.4	66.5	13.3	78.9	6.4
크로아티아	46.9	24.1	74.9	6.1	69.4	8.8
세프루스	35.2	35.2	82.3	5.4	49.4	22.5
체코	24.2	49.3	48.1	20.9	56.3	13.9
덴마크	8.6	60.1	58.9	5.2	34.6	22.1
에스토니아	26.6	32.8	78.5	3.0	54.8	12.2
핀란드	6.4	68.8	53.5	8.5	29.8	26.5
프랑스	10.2	61.1	65.9	4.4	22.6	38.9
헝가리	42.5	25.1	53.8	13.9	55.1	14.7
이스라엘	34.8	31.5	71.6	8.6	68.1	8.0
일본	12.3	47.6	36.7	16.1	14.6	45.8
한국	45.8	19.1	67.7	11.3	78.0	3.1
라트비아	40.0	28.3	73.8	2.8	51.4	13.4
뉴질랜드	9.1	62.6	72.0	2.8	26.5	30.1
노르웨이	11.1	53.8	50.0	7.5	36.2	20.9
필리핀	34.2	39.0	89.9	2.4	43.0	26.6
폴란드	49.8	21.2	91.7	1.3	73.4	5.9
포르투갈	35.4	27.2	58.0	10.6	45.0	13.8
슬로바키아	35.4	33.1	70.9	6.0	70.0	5.3
슬로베니아	31.4	33.2	70.2	6.1	67.3	6.1
남아프리카	56.3	27.0	94.0	1.6	65.9	12.3
스페인	32.4	38.2	69.5	5.8	52.4	12.2
스웨덴	13.5	52.7	64.2	4.1	40.0	17.3
스위스	12.6	60.0	75.8	2.9	50.1	12.2

우크라이나	44.8	27.1	71.2	6.0	60.9	8.6
영국	15.0	59.4	74.9	3.3	34.1	22.2
미국[a]	19.0	47.0	/	/	44.4	13.6
러시아[a]	41.4	27.2	/	/	59.5	9.8

출처: ISSP 2009("[a]" 로 표기되어 있는 것은 ISSP 1999를 참조).

[표12-2]의 데이터를 보면 중국의 민중들은 사회 불평등의 원인에 대해 매우 뚜렷한 특징을 보인다. 즉 가정배경의 중요성을 강조하는 것이다. 개인이 사회에서 차지하는 지위의 차이에 가정배경이 중요한 영향을 미친다고 생각하는 것이다. 가정배경을 선택한 중국민중의 비율은 70.8%이고, 그 다음은 남아프리카로 56.3%이며, 가장 낮은 것은 핀란드로 6.4%이다. 다수 국가에서는 50%에 불과한 사람들이 가정배경이 지위의 차이에 중요한 영향을 미친다고 생각하지만, 중국에서는 2/3가 넘는 사람들이 가정배경이 중요하다고 생각한다. 중국의 현실을 보여주는 것이기도 하고, 이는 중국인들의 불평등 관념에 관한 중요한 특징이기도 하다. 중국인들이 부유한 가정에서 태어나는 것이 우월한 사회적 지위의 획득에 중요한 의미가 있다고 생각하는 이유는 객관적으로는, 현행 사회계층화 체제와 제도가 불평등한 세대 간 전승이 유지되도록 보호하기 때문이다. 주관적으로는 이러한 관념과 인식은 실제로 사회 불평등에 대한 중국인들의 숙명론적인 태도를 내포하고 있다. 이러한 태도는 사람들로 하여금 불평등 현실에 대해 스스로 위로할 수 있도록 할 수 있기 때문에, 사회 불평등에 대한 수용정도를 높여준다. 왜냐하면 보다 많은 사람들이 자신의 열세를 본인의 가정배경으로 돌리기 때문이고, 이는 중국인의 일반 관

념에서 합리적인 것으로 간주된다.

양호한 교육을 받은 여부가 우월한 사회적 위치를 얻는 과정에서 얼마나 중요한지에 대해, 남아프리카 사람들은 교육을 가장 중시하는 것으로 나타났다. 94.0%가 양호한 교육을 받은 것이 높은 사회적 지위를 얻는 데 중요하다고 생각했고 그 다음은 폴란드(91.7%)와 필리핀(89.9%)이다. 그리고 중국이었는데 88.4%의 사람들이 교육이 사회계층화에서 매우 중요하다고 생각했다. 일본인(36.7%)과 체코인(48.1%)만 양호한 교육이 높은 지위를 얻는 데 대한 중요성을 별로 중시하지 않는 것 같다. 국제비교 측면에서 볼 때, 중국 민중들은 양호한 교육이 우월한 사회적 위치를 얻는 데 대한 중요성을 중시한다고 할 수 있다. 그러나 이상하게도 일본인들은 이와 반대이다. 그들의 대다수 사람들은 양호한 교육이 비교적 높은 사회적 지위를 얻는 데 중요한 영향을 미친다고 생각하지 않는다는 것이다. 중국인들이 사회 불평등의 원인을 교육에서 기인한다는 특징은 현재 중국사회의 계층화 메커니즘의 객관적인 특징, 즉 교육정도가 사회의 격차에 중요한 영향을 미친다는 사실을 보여준다. 또한 중국민중들은 현재의 사회 불평등이 '정의적 불평등'이라고 여기고 있다. 불평등은 개인의 교육정도의 차이로 인한 것, 즉 개인의 능력차이로 인한 것이기 때문에 '정의적'이라는 것이다. 이밖에 현재 중국은 고입 시험·대학 입학시험·석사과정 입학시험·박사과정 입학시험 등 비교적 엄격한 시험제도를 실시하고 있기에 양호한 교육을 받을 수 있는 기회가 상대적으로 공평하며, 개인은 자신의 능력과 노력을 통해서만 이러한 교육기회를 얻을 수 있게 되어 있다.

관건적인 인물을 알고 있는 것이 우월한 사회적 위치를 얻는 데 얼마나 중요한지에 대해 중국민중은 79.1%가 중요하다고 생각했고, 4.8%만이 중요하지 않다고 생각했다. 이는 중국 민중은 사회 불평등의 원인을 각종 관계나 인맥에서 기인하는 경향이 강하다는 사실을 보여준다. 즉 높은 지위를 획득한 사람들은 관건적인 인물을 알고 있기 때문이라고 생각한다는 것이다. 이밖에 중국 대만(78.9%), 한국(78.0%), 폴란드(73.4%), 불가리아(71.8%), 슬로바키아(70.0%) 등 국가와 지역에서 역시 관건적인 인물을 인식하는 것이 높은 사회적 위치를 얻는 데 중요하다고 생각하는 비율이 높다. 한국의 경우 중요하지 않다고 생각하는 민중의 비율이 가장 낮다(3.1%). 이에 반해 일본의 경우, 절반 가까이가 관건적인 인물을 인식하는 것이 중요하지 않다고 명확하게 답했고(45.8%) 중요하지 않다고 답한 비율은 14.6%로 35개 국가(지역) 가운데 가장 낮다.

인맥의 영향에 대한 태도는 민중이 사회계층화 메커니즘이나 불평등 형성시스템을 보여준다. 조사 결과로부터 볼 때, 중국의 문화와 전통이 남아있는 국가와 지역, 예를 들어 중국, 중국 대만과 한국의 민중은 중요한 영향을 미친다고 생각한다. 폴란드, 불가리아 등 동유럽 국가가 그 다음 순위이다. 그 다음은 남미와 아프리카 국가이고 이어서 미국과 서북 유럽국가이며 마지막이 일본이다. 중국(대만 지역 포함)과 한국인들이 관건적인 인물을 알고 있는 것이 비교적 높은 사회적 위치를 얻는 데 중요하다고 생각하는 이유는 현실적으로 인맥이 개인의 지위를 얻는 데 확실히 중요하기 때문이다. 인맥이 왜 개인의 지위를 얻는 데 중요한 역할을 하는지, 또는 관계자본이 왜 사회계층화의 중요한 메커니즘이 되었는지 중국과 한국을 비교할 경우, 문화의 영향이 보다 뚜렷하다는 사실을 발견할 수 있다. 중국과 한국은 제도적으로 다르지만, 유사한 계층화시스템을 보이는데, 아마도 양국 민중이 갖고 있는 유사한 문화전통과 밀접한 관련이 있다고 본다.

현재 중국의 사회 심리 상태를 볼 때, 사회 불평등이 인맥자본과 가정배경에서 기인한다는 비율이 유사하고, 이 두 영향을 주는 요소는 공통으로 사회 불평등을 만들고 있다. 민중들은 사회 불평등을 숙명론적으로 받아들이고 있으며, 이러한 태도는 불평등에 대한 수용 정도를 높여주었을 것이다. 그 이유는 현실의 불평등을 '운명'으로 여기기 때문에 불만을 어느 정도 해소할 수 있는 것이라고 본다.

제3절

분배에 대한 공평관

"공평하지 못함에 불만스러워 하고, 공정하지 못함은 더욱 불만스러워 한다"는 것은 가장 소박한 분배공정성(Distributive Justice)의 원칙을 보여주고 있다. 한 사회에서 개개인에게 분배되는 소득과 재산은 완전히 일치할 수는 없는 것으로 분배상의 차이는 피할 수 없지만, 분배의 불공평함은 피할 수 있다. 그러나 민중이 분배의 공평성을 느끼는지의 여부는 한편으로는 분배체제의 공평성에 달려 있고, 다른 한편으로는 민중의 주관적인 인식과 어느 정도 연결된다.

분배가 공평한지에 대한 민중의 인식을 파악하기 위해 흔히 개인의 '실제소득'과 '추정소득'을 비교한다. 개인이 자신의 '실제소득'과 '추정소득'이 일치한다고 생각하면, 그들은 분배공정성 원칙이 지켜졌다고 생각한다. 이와 반대로 개인이 자신의 '실제소득'이 '추정소득'에 비해 적다고 생각하면 그들은 현행 분배제도가 불공평하다고 생각한다. 개인이 자신의 '실제소득'이 '추정소득'에 비해 많다고 생각하면 분배공정성 원칙에 대해 긍정적인 태도를 갖는다고 할 수 있다. [표12-3]은 분배공정성에 대한 국제비교로 35개 국가나 지역의 민중의 분배에 대한 주관적인 평가를 제시했다.

[표12-3] 분배공정성에 대한 인식(2009년)

국가나 지역	당신은 본인의 소득에 대해 어떻게 생각하십니까?					합계
	실제소득보다 매우 적음	실제소득보다 적음	추정소득과 비슷함	추정소득보다 많음	추정소득보다 매우 높음	
아르헨티나	29.9	43.8	25.0	0.9	0.4	100.00
오스트레일리아	13.1	38.1	45.9	2.5	0.4	100.00
오스트리아	9.4	34.4	54.7	1.2	0.3	100.00
벨기에	7.3	32.7	56.7	2.8	0.5	100.00
불가리아	25.0	44.0	29.8	1.1	0.1	100.00
칠레	31.2	39.2	26.4	2.2	1.0	100.00
중국	11.9	48.0	37.1	2.6	0.4	100.00
중국 대만	13.0	25.8	56.4	4.4	0.4	100.00
크로아티아	20.8	47.0	29.7	2.1	0.4	100.00
세프루스	12.5	35.6	47.7	4.0	0.2	100.00
체코	26.6	34.0	35.6	2.6	1.2	100.00
덴마크	7.6	38.7	52.3	1.3	0.1	100.00
에스토니아	25.7	32.8	39.5	1.7	0.3	100.00
핀란드	12.1	48.7	35.8	2.7	0.7	100.00
프랑스	14.8	43.9	38.9	1.6	0.8	100.00
헝가리	26.6	49.2	23.3	0.8	0.1	100.00
이스라엘	15.9	38.3	41.9	3.2	0.7	100.00
일본	20.5	39.6	34.4	4.9	0.6	100.00
한국	10.1	39.6	44.7	4.7	0.9	100.00
라트비아	20.8	51.7	27.0	0.4	0.1	100.00
뉴질랜드	9.6	40.5	46.8	2.8	0.3	100.00
노르웨이	6.6	45.0	45.1	3.2	0.1	100.00
필리핀	20.9	27.6	47.1	2.2	2.2	100.00
폴란드	31.8	36.2	28.6	2.7	0.7	100.00
포르투갈	17.5	48.0	29.0	4.6	0.9	100.00
슬로바키아	25.4	46.0	29.0	4.6	0.9	100.00
슬로베니아	15.6	48.6	32.8	2.6	0.4	100.00
남아프리카	16.9	43.6	35.4	2.9	1.2	100.00

스페인	10.6	50.1	34.1	4.6	0.6	100.00
스웨덴	14.1	52.4	31.3	2.2	0	100.00
스위스	6.1	30.8	59.3	3.6	0.2	100.00
우크라이나	36.5	44.8	18.1	0.5	0.1	100.00
영국	12.8	40.9	44.9	1.3	0.1	100.00
미국[a]	17.0	42.7	36.9	3.1	0.4	100.00
러시아[a]	55.6	25.6	18.1	0.4	0.3	100.00

출처: ISSP 2009("ᵃ" 로 표기되어 있는 것은 ISSP 1999를 참조).

[표12-3]으로부터 볼 때, 중국민중의 분배공정성은 중간 상태에 있다. 현재 소득이 추정소득에 비해 훨씬 적다고 생각하는 사람은 11.9%이고, 48.0%는 자신의 소득이 추정소득에 비해 적은 것으로 둘을 합치면 59.9%이다. 현재 수입이 추정소득과 비슷하다고 생각하는 비율은 37.1%인데 이는 미국 민중(1999년 조사 데이터)과 비교적 가깝다. 미국의 59.7%는 자신의 소득이 추정소득에 비해 적다고 생각하고, 현재의 소득과 추정소득이 비슷하다고 생각하는 비율은 36.9%이다. 이에 반해, 러시아(1999년), 우크라이나, 폴란드 등 동유럽 국가와 아르헨티나와 칠레 등 남미 국가의 민중들은 자국의 소득 분배정의성에 불만이 많은 것으로 보인다. 러시아(1999년)는 55.6%에 달하는 사람들이 자신의 소득이 추정소득에 비해 훨씬 적다고 생각했고, 25.6%는 추정소득에 비해 적다고 생각했다. 둘을 합치면 81.2%에 달한 것으로 18.1%만이 소득이 추정소득과 비슷하다고 생각했다. 우크라이나의 상황은 러시아와 매우 비슷하다. 남미의 아르헨티나와 칠레에서도 70%가 넘는 국민들이 자신의 수입이 추정소득에 비해 적다고 생각하고, 단지 1/4 정도만이 추정소득과 비슷하다고 생각했다.

분배공정성에 있어 스위스, 벨기에, 덴마크, 중국 대만 지역과 오스트리아의 민중들은 비교적 긍정적으로 생각하는 것으로 나타났다. 이러한 국가와 지역은 50%가 넘는 민중들이 자신의 소득이 추정소득과 비슷하다고 생각하고 있으며, 추정소득에 비해 훨씬 적다고 생각하는 비율이 상대적으로 낮았다.

민중의 분배공정성에 대한 태도에서 사실은 두 가지 문제를 찾을 수 있다. 하나는 사회 분배의 객관적인 현실이고, 다른 하나는 민중의 가치관과 사회적 기대이다. 다수의 민중이 자신이 얻은 성과가 추정소득에 비해 적거나 훨씬 적다고 생각할 때, 매우 중요한 원인은 많은 민중이 실제로 얻은 소득 분배가 너무 적기 때문이다. 즉 소득 수준이 비교적 낮다는 것이다. 또 하나의 중요한 원인은 민중의 기대치가 너무 높다는 것이다. 즉, 민중이 '추정소득' 수준을 높일수록 '실제소득'과 '추정소득'의 격차가 자연스럽게 확대된다. 민중이 '추정소득'을 높이는 이유는 흔히 상대적 박탈감과 관련이 있다. 상대적 박탈감이란 사람들이 자신의 소득과 재산상황을 타인이나 다른 기준과 비교할 때 형성되는 "빼앗긴 듯한 느낌"이다. 즉, 자신과 타인 간의 차이가 어떤 '빼앗김'에 의한 것이라고 생각하는 것이다. 이러한 이유로 민중이 사회 불평등에 대해 평가할 때 평가기준이 매우 중요하다. 비교적 낮은 기준을 참조하면 만족감을 느낄 수 있고, 높은 기준을 참조하면 자연스럽게 상대적인 박탈감이 생길 것이다. 이러한 의미에서 여론의 방향은 민중의 소득분배가 공평성 관념에 크게 영향을 준다고 하겠다.

결론에 대신하여
사회구조의 계층화와 이익관계의 시장화
– 중국 사회 관리에서 직면하게 된 중국의 새로운 도전[336]

사회건설은 중국의 발전과 전환이 관건적인 단계에 진입한 이후 직면한 중대한 역사적 임무로, 민생건설(사회사업 건설 포함)과 사회 관리(社會管理) 두 가지 측면의 기본 내용을 포함한다.

본 연구에서는 사회 관리의 핵심은 각종 사회집단 간의 이익충돌과 갈등을 조율하고 사회 질서를 유지하는 것이라고 본다. 급속한 발전과 급격한 전환을 겪고 있는 중국사회에 있어서 사회 관리의 혁신은 새로운 변화와 도전에 직면하여 사회질서를 재구성하는 것이라고 할 수 있다. 중국의 사회 관리를 다루기 위해서는 두 가지 문제와 배경에 대해 유의할 필요가 있다.

첫째, 중국은 사회모순과 갈등이 부각되는 시점에 와 있다. 최근 30여 년 동안 중국은 경제의 고속성장으로 유명해졌다. 제2차 세계대전이 끝난 후 세계에서 중국은 거의 유일하게 30여 년 동안 1인당 GDP가 연평균 9.8%의 성장속도를 유지한 국가이다. 경제의 고속성장과 함께 사회적 부가 대폭 늘어났고, 이로 인해 중국의 경제 총생산량은 전 세계 2위를 차지하게 되었다. 30여 년의 경제성장을 거쳐 저소득

---

336) 본 장의 주요 내용은 「社會學硏究」 (2), 2012에 게재됨.

국가에서 중등소득 국가 대열에 들어섰고, 기본적인 소강사회(小康社會)에서 전면적인 소강사회로 나아가기 시작한 것은 세계가 주목하는 성과이다. 한편 경제의 고속성장과 함께 사회모순과 갈등의 심화, 특히 중요한 것은 집단적 사건이 증가하고 있다는 사실도 반드시 염두에 두어야 한다.[337] 바로 1990년대 후반부터 중국경제가 새로운 고속성장기에 접어들면서 각종 집단적인 사건이 경제성장 속도의 배가 넘는 속도로 성장하고 있다. 이른바 '발전함정' 또는 '라틴아메리카 함정'이라는 개념을 이용하여 중국사회가 직면한 문제를 표현하는 경우도 있는데, "사회모순과 갈등이 부각되는 시기 또는 빈번히 발생하는 시기"라는 표현은 현재 중국사회의 기본적인 특징을 보여주고 있다.

둘째, 중국사회는 전환기에 있다. 사회모순과 갈등은 어느 사회에나 존재하고 경제발전(또는 성장)을 겪은 국가(사회)에서도 유사한 특징을 보인다. 중국사회의 문제를 다룰 때 반드시 강조해야 할 것은 30여 년 동안 중국사회는 고도로 집중된 중앙의 계획경제체제에서 사회주의 시장경제체제로 전환하는 과정을 겪었다는 사실이다. 중국의 경제성장은 거대한 체제 전환 과정에서 이루어진 것이고, 중국사회의 모순과 갈등의 부각도 거대한 체제 전환 과정에서 축적된 것이다. 사회모순과 갈등의 부각은 경제성장뿐만 아니라 체제 전환이 가

---

337) 관련 연구보고서에 따르면, 집단적 사건은 1994년 이후 끊임없이 증가하는 추세를 보이기 시작했고, 1995년부터 1996년까지 성장 속도는 10%정도였으며, 1997년부터 2004년 사이에 연평균 성장 속도는 25.5%에 달했다(劉科「群體性事件敲響警鍾民主化解過激情緖」, 『共産黨員』(6), 2009). 『2005년 중국사회 정세 분석과 예측』에 따르면 1993년부터 2003년 사이에 집단적 사건의 수는 만 건에서 6만 건으로 증가했고, 참여자도 약 73만 명에서 약 307만 명으로 증가했다(汝信 등, 『2005年: 中國社會形勢分析與預測』, 2005, 北京, 社會科學文獻出版社, 235쪽).

져온 문제이기도 하다. 중국사회가 현재 직면하고 있는 모순과 갈등을 30여 년 동안 중국사회가 겪은 배경 속에서 다루어야만 현재 중국사회의 모순과 갈등, 사회 관리가 직면한 도전과 역사적인 새로운 임무로서의 사회 관리 혁신을 더욱 깊이 이해할 수 있다.

현재 중국사회의 모순과 갈등을 이해하는 데 가장 중요한 것은 사회모순과 갈등의 사회적 기초와 관계, 즉 사회의 구조적 특징과 이익관계의 성격을 밝히는 것이다. 사회 관리의 혁신은 변혁이 가져온 문제에 직면하고, 모순과 갈등의 조화는 사회변혁에 대한 '해석'에 달려 있다. 거대한 사회변혁 과정에서 중국의 사회구조와 이익관계는 30여 년 전의 전통사회주의 사회에 비해 이미 중대한 변화가 일어났다. 이러한 변화는 여러 가지 측면에서 나타나지만 가장 두드러진 특징은 두 가지 개념으로 요약할 수 있는데, 그것은 바로 사회구조의 계층화, 이익관계의 시장화이다. 아래에서 이 두 개념과 그 의미에 대해 각각 논의하고자 한다.

2. 사회구조의 계층화

특정 사회구조와 구성은 그 사회의 기본적인 특징을 보여준다. 다양한 측면에서 사회구조를 분석할 수 있는데 그 중 보편적인 것은 계층구조를 분석하는 것이다. 계층구조는 사회의 가장 기본적인 구조 중 하나로 간주될 뿐만 아니라 사회모순과 갈등의 가장 중요한 기초로 간주된다.

(1) 전통 사회주의의 사회구조

각종 조건이 부족하고 이론적 기초가 다르기에 개혁개방 이전 중국 전통사회주의 사회의 사회구조적 특징에 대해서는 이론적으로 관점이 다양하다.

마오쩌둥은 일찍이 중국의 전통사회주의 사회의 구조에 대해 가장 포괄적인 정의를 내렸다. 그는 『인민 내부의 모순을 정확히 처리하는 문제에 대해(關於正確處理人民內部矛盾的問題)』라는 글에서 '인민'과 '인민의 적'을 구분하고, 사회주의를 옹호하고, 공산당을 옹호하는 사람은 인민의 범주에 속하고, 반당·반사회주의를 옹호하는 사람은 인민의 적(지[地], 부[富], 반[反], 악[壞], 우[右])에 속한다고 지적했다. 또한 뒷부분에서 인민은 인구의 95%를 차지하고 적은 인구의 5%를 차지한다고 밝혔다. 초기의 사회주의 문헌에서 보다 고전적인 계층구조는 사회주의 사회에서 생산 자료의 개인 점유 제도를 없앤 후에 사회주의는 공산주의 사회의 초급단계에 들어서기 때문에, 사회주의 사회에 노동자·농민과 지식인 세 부류의 계급이 존재한다는 것이다. 앞에서 논의한 계층구조와의 차이는 사회주의 공유제의 공유화 정도에서의 차이이다. 지식인 계층은 직접적인 생산과정에 참여하지 않기 때문에 독립된 계급이 아니라 다른 계급에 의존하는 계층이다. 지식인 사회주의 개조가 깊어지면서 지식인은 노동자계급의 일부가 될 것이다. 이후 '두 개의 계급, 하나의 계층'이라는 고전이론이 점차적으로 변화하기 시작했다. 예를 들어 마오쩌둥의 "무산계급 독재 하에서 계속 혁명하자"라는 이론에서는 전체 사회주의 단계에서 계급과 계급투쟁이 모두 존재하는데, 하나의 집중적인 표현은 당내에서 점차적으로 자본주의의 길을 걷는 실권파, 이른바 '당내 자산계급'이 형성된 것이다. 따라서 무산계급과 당내 자산계급, 사회의 적대세력 간의 계급투쟁은 사회주의 사회의 주요 모순이라고 지적했다.[338]

학계에서 역시 전통사회주의 사회의 사회구조에 대해 두 가지 다른 관점이 존재한다. 하나는 생산 자료의 개인 점유 제도와 시장경제를 없앴기 때문에, 사회주의 사회에는 더 이상 계급이 존재하지 않고, 두 부류의 계층 즉 '엘리트 집단'과 '원자화 대중(原子化大衆)'으로 구분된다고 주장한다.[339] 다른 하나는 사회주의 사회가 혁명에서 현대화 건설로 바뀌면서 무계급의 사회주의 사회에는 점차적으로 계급분화가 나타날 것이다. 예를 들어 '중산층'이 형성되고 노동자 계급·중산층·권력적 엘리트 간의 분화가 점차 뚜렷해질 것이다. 물론 이러한 계급화 과정은 자본주의 사회의 계급구조와 큰 차이가 있다.[340]

이밖에도 상당히 많은 관점이 있다. 그 중에는 개혁개방 이전에 중국사회에서 중국 특색을 띤 '신분사회' 또는 '신분체제'의 사회구조가 형성되었다고 주장하는 학자들도 있다. 즉 거의 모든 사회구성원들이 '성향호적제도(城鄕戶籍制度)', '간부신분제도(幹部身份制度)', '소유제신분제도(所有制身份制度)'와 '단위체제(單位體制)' 등에 따라 다양하게 구분

---

338) 毛澤東, 『關於正確處理人民內部矛盾的問題』, 1976, 北京, 人民出版社.

339) Goldthorpe, J. H., "Social Stratification in Industrial Society," in Paul Halmos, ed., The Socilogical Review Monograph(8): The Development of Industrial Societies, Keele: University of Keele, 1964, 97~122쪽.

340) Parkin, Frank, "Class Stratification in Socialist Societies," 앞의 논문, 355~374.

되었고, 해당 권리와 사회적 기회를 누린다는 것이다.

위의 관점들은 이론적으로 차이를 보이지만, 공통점이 있다. 사회적으로 다양한 사회단체나 사회집단이 존재하고 서로 다른 자원배분 권리와 사회적 기회를 누리기 때문에 여러 가지 사회 불평등이 존재하며, 또한 사회단체나 사회집단이 추구하는 이익 역시 다르다. 그러나 사회주의 사회는 본질적으로 자본주의 사회와 차이를 보인다. 우선 사회주의 공유제는 절대적으로 주도적인 위치를 차지하고, 고도의 중앙집권적인 계획경제체제는 대부분의 사회자원과 생활기회의 분배를 통제하고 있다. 그 다음으로, 이러한 기본제도를 바탕으로 상당히 많은 사회적 차이는 사회주의 공유제 내부의 차이에 속한다. 예를 들어 '신분분할 체제(身份分割體制)'는 국가의 집중계획 체제를 바탕으로 국가의 발전목표에 따라 사회자원과 사회기회를 차별적으로 분배하는 2차 체제이기 때문에, 이는 국가의 집중 재분배를 바탕으로 형성된 신분분할체계이다.[341]

(2) 계층화와 관련 이론

30여 년 전부터 시작된 개혁개방은 중국사회를 크게 바꾸어 놓았다. 다양한 측면에서(예를 들어 경제성장과 현대화, 가난한 사회에서 소강사회로, 계획경제에서 시장경제로, 집중 체제에서 분산체제로, 일원에서 다원, 고정에서 유동, 폐쇄에서 개방 등) 그동안의 변천을 소개할 수 있다. 사회적 측면에서(경제·정치나 문화가 아니라) 30

---

341) Ivan Szelenyi, 앞의 논문, 63~87쪽.

여 년의 사회변천의 특징을 표현한다면, 사회학의 한 개념인 '사회계층화'는 이러한 특징을 가장 집중적으로 보여준다고 할 수 있다.[342]

개혁개방 이후 중국의 사회구조는 전통사회주의 사회에 없었던 뚜렷한 분화가 나타나기 시작했다. 그 중에서 가장 중요한 분화과정 중 하나는 바로 계층화의 과정이다. 계층적 지위가 점차 명확해지고 계층적 경계가 점차 분명해지며 계층적 이익이 점차 드러나고 있다.

'사회계층화'는 논란이 많은 주제라는 사실을 우선 받아들여야 한다. 그 이유는 다음과 같다. 첫째, 중국사회는 계급투쟁 시대를 겪었고, '문화대혁명'은 중국사회에 커다란 재난을 안겨주었다. 둘째, 30여 년 전에 시작된 개혁개방의 핵심은 "계급투쟁을 중심으로 하는 시대"와 작별하고 "경제건설을 중심으로 하는 사회"로 전환하는 것이다. 이로써 30여 년 동안 경제의 고속성장과 국민 생활수준의 향상을 이룰 수 있었다. 셋째, 계급과 계층은 모두 사회적 혁명과 관련이 있다고 보는 것이 일반적이다. 중국사회가 중요한 전환기에 접어든 현재, 계층개념을 다시 제기하는 것은 어떠한 의미를 갖는가?

이 질문에 대답하려면 좀 복잡하지만 불가능한 것은 아니다. 과거처럼 기본적으로 잘못된 계급이론과 구분하기 위해서라도 명확한 설명을 해야 한다.

---

342) 중국의 사회학자들은 1990년대 대규모 시장화 개혁이 시작되었을 때 '사회계층화'의 개념을 사용하여 중국 사회구조 변화의 기본 특징을 제시한 바가 있다. 사회구조의 분화는 사회 변천 과정에서 구조적 요소가 새로운 차이를 일으키는 과정을 가리키는데, 사회의 이질성과 사회 불평등의 증가를 포함한다(孫立平 등, 「改革以來中國社會結構的變遷」, 『中國社會科學』 (2), 1994).

계층분석의 이론적 의의

우선 학리적으로 '계층'은 다음과 같이 해석하는 경우가 일반적이다. 수량적 특징에 기초한 사회계층화와 비교할 때, 계층은 특정 사회관계의 분화를 바탕으로 형성된 사회적 지위(계급적 지위 또는 계층적 지위라고 일컬을 수 있음)와 해당 이익집단(계급 또는 계층이라고 일컬을 수 있음)을 가리킨다. 그리고 각종 사회적 차이와 이익집단 간의 관계와 비교할 때, 계층적 지위는 가장 기본적인 사회적 지위이고, 계층관계는 가장 기본적인 사회관계이며, 계층이익은 가장 기본적인 이익이고, 계층갈등은 가장 기본적인 사회갈등이다. 계층은 근본적으로 사회관계의 분화는 한 사회에서 가장 중요시되어야 할 사회분화라는 점을 강조한다. 사회관계의 분화가 초래한 사회 불평등이나 모순과 갈등은 한 사회에서 가장 중요시되어야 하는 불평등이나 모순과 갈등이다. 그러므로 '계층'은 사회모순과 갈등을 분석하는 가장 중요한 개념 도구 중의 하나라고 하겠다.

그 다음으로 계층 역시 의미가 다원화된 개념으로 역사적으로 다양한 이론을 포함한다. 주목하는 사회관계는 착취관계뿐만 아니라, 통치와 지배적 관계도 포함하고, 주목하는 모순과 갈등은 정치·혁명과 계급행동에 의한 것과 경제·개량·조화와 생활기회의 분배 등에 의한 것도 포함한다. 서로 다른 이론적 모형은 계급과 계층이론의 역사에서 특히 사회학에서의 계급과 계층이론의 역사에서 뚜렷한 성과를 거두었다. 따라서 관건적인 문제는 우리가 계급분석 도구를 잘못 사용한 적이 있는가 하는 문제가 아니라, 현재 중국사회의 분화와 그에 따른 모순과 갈등을 정확하게 인식하기 위해 어떠한 보다 적절한 개념도구를 선택해야 하는가이다.

마지막으로 사회 불평등·사회모순과 갈등 등 분석대상과 비교할 때, 계층의 개념은 여러 경쟁적 분석개념 중의 하나이다. 이밖에도 소득(사회적 부)격차, 신분차이 등 시각을 충분히 사용할 수 있다. 다양한 이론적 시각은 사회의 서로 다른 측면을 보여줄 수 있다.

계층화 과정

일부 학자들은 계층분석 모형을 이용하여 현재 중국 사회구조의 계층화 과정과 법칙을 제시하려고 한다. 이와 관련하여 대체로 아래의 몇 가지 관점이 있다.

첫째, 현대화 관점이다. 주요 내용은 다음과 같다. 중국사회가 현대화 건설을 중심으로 전환함에 따라 현대화와 기술의 발전으로 인해 직업적 지위는 과거의 정치적 지위, '신분' 등을 어느 정도 대체했고 이는 사회적 지위의 핵심, 자원과 기회분배의 기초가 되었다. 직업적 지위가 갖는 다양한 조직·문화 자원과 경제자원은 직업적 지위의 높고 낮음을 결정하고, 이로 인해 중국사회에는 직업적 지위를 바탕으로 하는 계층구조가 형성되었다. 즉, 국가와 사회 관리자, 관리자, 사영기업 사장, 전문기술자, 사무원, 개체 공상업자, 상업 서비스 인원, 산업 노동자, 농업 노동자, 도시와 농촌의 무직업/실업/반실업자가 그것이다.[343]

---

343) 陸學藝, 앞의 책.

이론적으로 직업계층은 현대화의 특징과 노동분업론에 근거하여 해석할 수 있을 뿐만 아니라 사회관계적 측면에서도 해석할 수 있다. 즉 직업군은 노동력시장의 권력과 이익투쟁에서 대외적으로는 폐쇄적이고 배타적이며, 대내적으로는 동질화된 사회집단으로 탈공업화 사회에서 계급과 계층의 형성을 위해 실질적인 기초를 마련했다.[344]

둘째, 제도적 관점이다. 주요 내용은 다음과 같다. 계층은 사회의 제도적 체계 속에서 형성되는데 학자들마다 강조하는 제도적 체계가 다르다. 일부 학자들은 재산권 제도와 국가 권력을 특히 강조한다. 그리고 현재 중국사회에 두 가지 기본 재산권(국유 재산권과 개인 재산권)과 그에 대응하는 세 가지 권력(국가 공권력, 국유 재산권 통제 권력, 개인 재산권 또는 시장통제권)이 존재하고, 이들은 다른 요소와 함께 다음과 같은 계층화를 만들었다고 주장한다. 그 계층구조는 기술이 있는 권력 엘리트, 기술이 없는 권력 엘리트, 국유기업 사장과 관리자, 사영기업 사장, 고급 전문기술자, 하급 전문기술자, 직원, 사무원, 자영업자, 기술공, 비 기술공 등이다.[345] 이와 달리 일부 학자들은 현대중국사회에서 자원과 기회분배에 가장 큰 영향을 미치는 요소는 호적제도, 간부신분제도, 소유제도, 단위제도라고 주장하며, 이에 기초하여 계층구조를 국가간부, 국영기업 근로자, 사영 기업주 계층, 신 중산층('화이트칼라'), 비 기술공, 자영업자, 그룹단위 간

344) Grusky, David B., and Jesper B. Sorensen,, 앞의 논문, 1187~1234쪽.
345) 劉欣, 「當前中國社會階層分化的制度基礎」, 앞의 논문.

부, 그룹기업 노동자, 농촌간부, 농민으로 구분하기도 한다.[346]

셋째, 권력의 관점이다. 주요 내용은 다음과 같다. 사회계층의 분화는 권력의 형태와 권위 구조를 토대로 한다. 권력과 권위의 형태와 유형에 따라 현대중국사회는 권력우위계층, 관리자, 전문기술자, 노동자, 농민, 자영업자의 계층구조가 형성되었다. 권력 관점의 시각에서 볼 때, 전통사회주의 사회에는 권력분화 논리에 따른 계층화 과정이 점차적으로 나타났고, 체제개혁과 시장화의 도입으로 이러한 분화는 신 동력 메커니즘의 구조적 특징을 띠게 되었다.[347]

이와 같이 학자마다 주장하는 이론이 다르고, 중국사회의 계층구조에 대해 역시 다른 관점을 갖고 있다. 그러나 중요한 것은 모든 학자들은 중국사회가 계층화 과정을 겪고 있음을 강조했으며, 중국 사회구조의 계층화 특징을 밝히려고 한다는 것이다.

구조와 행동

사회구조의 계층화를 논의할 때 반드시 대답해야 할 문제는 계층이 존재한다면 계층을 바탕으로 하는 집단행동이 일어날 것인가 하는 것이다. 이른바 통상적으로 말하는 '구조와 행동'의 문제이다. 우선 계급과 계층을 바탕으로 하는 집단행동 문제를 둘러싸고 1980년대부터 1990년대까지 이어진 '계급의 죽음'의 논쟁에서 각각의 계급과

---

346) 林宗弘·吳曉剛,「中國的制度變遷階級結構轉型和收入不平等: 1976-2005」, 『社會』(6), 2010.
347) 李路路,「制度轉型與階層化機制的變遷―從 "間接再生産" 到 "間接與直接再生産" 並存」, 『社會學研究』(5), 2003. Parkin, Frank, "Class Stratification in Socialist Societies," 앞의 논문, 355~374쪽.

계층 이론 모형은 다양한 답을 제시했다. 연구자들은 "계급과 계층의 위치가 생활기회를 결정한다"는 관점으로 계급의 죽음 논쟁에 대응했다.[348] 그 다음으로, 계급과 계층의 위치와 집단행동 간에 관련이 있다고 보는 연구자들 중에 사회의 변천에 주목하는 유파와 이익투쟁에 주목하는 유파가 형성되었다.[349] 이에 근거하여 '구조와 행동'의 문제에 대해 대답한다면 사실은 마르크스가 말한 '자유계급'에서 '자위계급'으로 전환하는 문제이다. 이 전환과정에서 계층의식의 형성은 핵심 내용 중의 하나이다. 계층화 이론이 제시한 해석은 다음과 같다. 첫째, 중국사회가 급격한 변화를 겪고 있기 때문에 사람들의 사회적 지위, 직무수행 상황과 생활상황, 가치관, 정책의 핵심과 사회 이슈도 모두 급격히 변하고 있다. 이는 계층의식의 형성에 큰 영향을 줄 것이다.[350] 둘째, 시장경제체제로의 전환이 안정기에 들어서면서 사회의식의 '계층화' 특징이 나타나기 시작했다. 예를 들어 경제이익에 있어 사회의식의 계층화 특징이 상대적으로 뚜렷한데 그 중에서도 상류층의 계층화 의식은 다른 계층에 비해 더욱 돋보인다.[351] 계층의식 문제에 있어, 분석의 논리적 출발점은 계층은 사회관계 분화의 산물이고 객관적인 사회관계를 바탕으로 형성된 사회적 지위이다. 계층의 형성은 계층의식이라는 중간과정을 거쳐야 하지만, 역방향의 추

---

348) Goldthorpe, J. H. and Marshall, G., "The Promising Future of Class Analysis: a Response to Recent Critiques," 앞의 논문, 381~400쪽.
349) Grusky, David B., and Jesper B. Sorensen, 앞의 논문, 1187~1234쪽.
350) 李培林等, 앞의 책.
351) 李春玲, 앞의 책.

론은 성립되지 않는다. 일정 기간 계층의식이 형성되지 않았다고 해서 계층의 존재를 부인해서는 안 된다는 것이다.

종합하면 30여 년의 개혁개방을 거친 후 중국사회에서 사회구성원 간의 사회 차이와 사회 불평등의 구조적 기초에 중대한 변화가 생겼다. 국가는 여전히 주도적인 위치에 있지만, 권력과 제도의 분화를 바탕으로 하는 계층이 중국사회의 구조적 기반을 이루고 있다고 하겠다.

(3) 사회구조 계층화의 의의

계층화된 사회구조(또는 사회구조가 하나의 계층화된 분화과정을 겪고 있음)는 새로운 시기의 사회건설과 사회 관리가 새로운 도전에 직면하고 있음을 의미한다.

계층의 통합

나날이 분화되는 구조적 요소(새로운 계층과 사회집단을 포함)를 어떻게 통합시킬 것인가 하는 것은 사회구조의 변천에서 피할 수 없는 도전이다.

전통사회주의 사회에서 다양한(신분) 집단, 심지어 이익집단이 존재하지만, 사회주의 공유제를 바탕으로 고도로 집중된 중앙의 계획경제체제에서 사람들의 지위·권리와 상호관계는 국가가 통일적으로 구축한 하향식 구조이다. 이들 집단 간의 상호관계는 상대적으로 독립된 집단이라기보다는 국가가 확정한 사회의 차이라고 할 수 있다. 전환기에 있는 사회에서 계층은 소득이나 사회적 부의 격차로 표현될 뿐만 아니라, 사회관계를 바탕으로 하는 분화로 표현된다. 계층 간 지위·권력·이익은 점차 상대적으로 독립되고 그 상호간에 항상 긴장감이 넘친다. 따라서 계층화를 바탕으로 하는 사회통합은 전통사회주의 사회와 다르다. 중국은 개혁개방 초기부터 재통합 문제에 직면했었다. 예를 들어 사회의 초점이 되었던 '체제 내'와 '체제 외'의 통합문제는 결국 대규모의 시장화개혁을 통해 실현되었다. 현재 직면한 문제는 약화되고 있는 체제 내외의 차이보다는 사회계층의 분화가 갈수록 뚜렷해지고 있다는 점이다. 사회건설과 사회관리의 측면에서 중국사회의 통합은 점차 체제내외의 통합에서 다양한 계층의 재통합으로 바뀌었다.

주요 사회모순과 갈등

중국사회가 직면한 모순과 갈등은 다발적일 뿐만 아니라 형태도 다양하다. 예를 들어 현재 주목받는 소득과 사회적 부의 분배격차문제, 민생문제, 부패문제, 간부와 대중의 관계문제, 이익집단문제 등이 모두 그 구체적인 형태이다. 계층분석은 이러한 갈등의 중요성과 긴박함을 부인하지 않는다. 계층화 패러다임은 계층 간 모순과 갈등은 이미 중국사회에서 가장 중요한 모순과 갈등 가운데 하나가 되었다고 주장한다. 다수 사람들에게 소득격차나 부패문제에 대한 '인식'은 종종 간접적이다. 그러나 사회관계와 관련된 분화는 예를 들어 노사관계와 갈등, 간부와 대중의 관계와 갈등은 거의 모든 사회구성원들이 느낄 수 있는 분화이다. 계층분석이 직면해야 할 문제는 수많은 복잡한 사회갈등 중에 어떤 것에 더욱 관심을 가져야 하는가, 계층 간 모순과 갈등은 다른 모순·갈등과 어떠한 관계가 있는가? 이러한 질문에 대해 계층분석은 다른 분석시각과 다른 개념 도구를 제공했다.

계층 간 모순과 갈등

계층 간 모순과 갈등의 사회적 기초와 성격은 여타 모순·갈등과 다르다. 계층 역시 이익에 의해 형성된 사회집단이지만 계층분석 모형에서 볼 때, 사회관계의 분화에 의한 계층 간 이익충돌은 보다 안정적이고 지속적이다. 이러한 모순과 갈등은 종종 대립적이며, 때로는 심지어 대항적이다. 계층이익의 집중과 표현이 더욱 체계적이어서 사회에 미치는 영향이 더욱 깊을 수 있다. 현재 중국사회에 보편적으로 존재하는 노동관계의 분화와 모순·갈등은 이미 이러한 특징을 보이고 있다.

3. 이익관계의 시장화

계층화는 중국의 사회구조가 겪은 중대한 전환이다. 이러한 변화와 수반되는 것은 이익관계의 중대한 변화이다. 개혁개방 전후의 사회구조적 특징에 대해 어떠한 관점을 갖든 사회구조의 계층화 관점을 받아들이든 안 받아들이든 중앙의 계획경제체제가 시장경제체제로 전환하는 과정에서 중국사회의 이익관계에 중대한 변화가 생겼다는 사실을 인정해야 한다.

'이익'은 물질적인 것과 비물질적인 것을 포함하여 추구할 만한 모든 것으로 정의할 수 있다. 본 연구는 물질적 이익관계의 변화를 집중적으로 다루었다. 이익관계의 변화에 대한 분석 역시 전환기에 있는 사회적 배경 속에서 이루어져야 한다.

(1) 국가 재분배에 기초한 이익관계

중국의 전통사회주의 사회는 중앙의 계획경제체제가 절대적인 주도적인 위치를 차지하는 사회로 진정한 의미의 시장경제가 존재하지 않는다. 거의 모든 중요한 경제활동의 결과물은 '제품'으로 간주된다. 이러한 제품은 주로 매매교환을 위한 것이 아니라, 국가(예를 들어 중앙정부)가 국가 발전목표·발전전략과 이데올로기에 따라 전 사회 범위 내에서 분배하기 위한 것이다. 각종 조건의 제한으로 인해 국가는 사회자원과 사회기회를 평등하게 분배할 수 없기에 반드시 우선순위에 따라 자원과 기회를 차별적으로 분배해야 한다. 따라서 사회구성원들 사이에 '신분체제'를 특징으로 하는 각종 구조적 차이가 형성되었다. 이러한 사회에서 사회의 차이·사회의 불평등은 객관적으로 존재하는 것이므로 이익의 차이, 모순과 갈등 역시 존재하게 된다. 따라서 전통사회주의 사회에서 사회 불평등과 이익충돌·갈등을 없다고 생각하는 것은 옳지 않다고 하겠다. 고도로 집중되고 통일된 계획경제체제와 정치체제는 사회의 이익관계가 국가 재분배 성격을 띠게 한다. 즉 국가가 하향식으로 모든 사회집단·사회구성원의 사회적 지위와 사회적 권리 그리고 자원과 기회를 결정한다는 것이다. 이러한 지위와 권리, 자원과 기회는 차별적으로 분배되고 이로 인해 이익충돌과 갈등을 유발할 수 있다. 그러나 이러한 이익충돌과 갈등은 국가분배의 결과이자 국가가 조율하거나 조절하게 된다. 요약하면 이러한 사회의 이익충돌과 갈등은 국가에서 결정하고 국가에서 분배하며, 국가가 조율한 결과라고 하겠다. 이러한 이익관계를 하향식 '결정적' 관계 또는 '명령적' 관계라고도 할 수 있다. 이로 인해 형성된 모순과 갈등도 국가의 '결정적 관계' 하에서의 모순과 갈등인 것이다.[352]

널리 영향을 미치고 있는 '인민 내부의 모순'이란 개념이 이러한 이익관계의 성격을 적절하게 보여주었다. 즉 인민 내부의 모순이라는 것은 인민의 이익 일치를 바탕으로 하는 모순이라는 것이다. 그 기본 논리는 '인민' 사이에 차이와 불평등이 존재하나 모든 자원과 기회는 인민(국가가 대표함)에 속하기 때문에, 인민은 국가의 주인이고, 따라서 인민의 근본적인 이익은 일치한다는 것이다.

(2) 시장경제 배경에서의 이익충돌

개혁개방은 중국경제의 고속성장과 사회구조의 커다란 변화를 가져오게 했을 뿐만 아니라, 이익성향과 이익구조의 큰 변화도 가져오게 했다. 이익성향과 이익구조의 변화는 다양한 형태로 나타나는데 그중에서 가장 기본적인 변화는 시장경제가 가져온 변화이다.

중국사회가 중앙의 계획경제체제에서 시장경제체제로 바뀌면서 시

---

352) Ivan Szelenyi, 앞의 논문, 63~87쪽.

장 메커니즘은 사회자원과 기회분배의 주요 메커니즘이 되었고 상품 생산과 상품교환은 갈수록 사회구성원들이 사회자원과 기회를 얻는 주요 수단이 되었다. 시장화의 발전은 두 가지 결과를 가져왔다. 첫째, 사람들의 '시장지위'는 점차 '정치적 지위'와 '신분적 지위'를 대체했고 경제자원, 문화자원도 사람들의 사회적 지위를 결정하는 주요 요소가 되었다. 둘째, 사회구성원 간의 지위분화와 그에 따른 이익차이와 이익충돌은 점차 국가에서 분배하고 결정하는 하향식 구조에 의한 결과가 아니라, 시장관계에 의한 결과이고 시장의 교환활동에서 서로 다른 지위와 상황이 경쟁한 결과이다. 시장관계는 비교적 큰 범위 내에서 국가 재분배 관계를 대체했다고 할 수 있다. 전환기에 있는 사회에서 국가권력이 여전히 자원과 기회분배에서 중요한 영향을 미치겠으나, 시장 메커니즘은 갈수록 중요한 역할을 발휘하고 있다.

상술한 변화는 현재 중국사회에 사는 모든 사람들에게 익숙한 사실이다. 거의 누구나 중국이 시장경제 체제로의 전환과 시장체제의 영향을 깊이 느낄 수 있다. 사람들의 이익이 갈수록 시장경제 체제에 의해 형성된다면 시장경제 배경에서의 이익관계는 전통적인 이익관계와 비교할 때, 근본적인 변화가 생겼다고 해야 한다. 시장 메커니즘은 결코 단순한 경제조율 메커니즘이나 자원과 기회분배 방식이 아니며, 시장경제로의 전환도 결코 단순한 경제의 전환이 아니다. 경제학에서의 정의에 따르면 "시장경제는 주로 개인과 개인기업이 생산과 소비를 결정하는 경제제도이다."[353] 사람들은 경제형태의 측면에서 시장

---

353) [미국] 保羅·薩繆爾森, 威廉·諾德豪斯, 『經濟學』(제18판), 2008, 北京: 人民郵電出版社, 7쪽.

거래의 조건과 추세를 분석하는 것이 일반적이다. 그러나 사회와 정치의 측면에서 볼 때, 시장관계나 시장제도는 결코 단순한 경제관계와 경제제도인 것이 아니다. 시장제도는 일종의 사회제도이고 시장관계는 일종의 사회관계이다. 시장경제로의 전환은 경제 조율 메커니즘의 전환을 의미할 뿐만 아니라, 사회관계는 이익관계의 전환을 포함한다. 레닌은 일찍이 마르크스의 정치경제학 이론을 이렇게 평가했다. "자산계급 경제학자들이 사물과 사물 간의 관계(상품으로 상품을 교환함)를 발견한 곳에서 마르크스는 사람과 사람 간의 관계를 보여주었다."[354] 마르크스는 시장경제의 사회관계적 의미를 깊이 있게 분석했다. 상품배물교(商品拜物敎)를 비판하면서 "상품은 사람들 앞에서 사람들 자신의 노동의 사회적 성격을 노동제품 자체의 사물의 성격으로 보이게 하고, 이러한 사물의 천연적인 사회적 속성(상품형태와 가치관계)이 사람들 자신의 일정한 사회관계로 보이게 한다. 상품은 사물과 사물의 관계인 가공된 형태일 뿐이다'라며 "이는 사물의 껍데기에 가려진 관계"라고 했다.[355] 그는 자산계급 정치경제가의 관점을 빌려 "자본은 사물이 아니라 사물을 매개로 하는 사람과 사람 간의 사회관계이다"라고 밝혔다.[356] 현재 중국사회는 시장경제를 바탕으로 사회건설과 사회 관리를 혁신하기 때문에 시장관계의 사회적 의미에 대해 좀 더 구체적인 분석을 하고 사회관계의 측면에서 '해독'할

354) 『列寧選集』 제3판 제2집, 1995, 北京: 人民出版社. 312쪽.
355) [독일] 馬克思, 『資本論』 (중문 제2판, 제1집), 2004, 北京: 人民出版社, 89~90, 91쪽.
356) 위의 책, 877~878쪽.

필요가 있다. 시장관계는 두 가지 기본적인 특징, 즉 거래성과 대항성을 갖는다고 보는데, 이 두 가지 특징은 현재의 사회모순과 갈등에 심각한 영향을 미친다.

우선 거래성이다. 시장관계가 거래성이나 교환성을 띤다는 사실은 자명하다. 왜냐하면 시장자체가 상품의 거래나 교환형태이기 때문이다. 시장교환의 실질은 이익교환이다. 시장에서 거래되는 것은 상품이지만, 실제로 거래되는 것은 상품 소유자의 이익이다. 시장거래가 순조롭게 진행되려면 반드시 다음과 같은 몇 가지 특징을 갖춰야 한다. 첫째, 거래의 양측은 상대적인 독립성을 가져야 한다. 그들은 상대적으로 독립된 이익주체로 자신이 얻고 싶은 이익을 교환하기 위해 시장에 와서 다른 사람과 교환한다. 상대적으로 독립된 주체가 아니라면 거래의 방식을 통해 이익을 교환할 필요가 없고, 폭력이나 강제적인 수단을 통해 자신이 필요로 하는 이익을 더 쉽게 얻을 수 있다. 따라서 마르크스는 상품교환을 가능하게 하기 위해 교환관계에 있는 쌍방은 "묵묵히 서로 양도할 수 있는 사물의 사유자로 생각하고 서로 독립된 사람으로 대립하면 된다"[357]고 했다. 둘째, 거래주체의 상대적인 독립성은 교환물에 대한 배타적 점유 권리 위에 세워졌기에 소유자에 속하는 물건만 소유자에 의해 교환될 수 있다. 즉 재산소유권을 핵심으로 하는 재산권이다. 마르크스가 말한 바와 같이 상품교환 쌍방은 "양측의 공통된 의지와 행동을 통해서만이 자신의 상품을 양도하고 상대방의 상품을 점유할 수 있다. 이와 같이 양측은 반드시

---

357) 위의 책, 107쪽.

상대방이 사유자라는 것을 인정해야 한다."[358] 사람들은 자신에게 속하지 않는 물건으로 정상적인 시장에서 거래할 수도 없다. 배타적 재산권의 제한으로 사람들은 교환해야 한다. 셋째, 시장거래 관계는 경쟁적인 관계이기 때문에 대체할 수 있는 관계이기도 하다. 양측이 바라는 것은 수익의 최대화이다. 거래 쌍방은 항상 작은 원가로 가능한 한 큰 수익을 얻으려고 노력한다. 이러한 노력에는 자신에게 가장 유리한 거래 대상을 찾는 것도 포함한다. 재산권 권리와 경쟁은 시장거래 관계가 대체성을 갖게 만든다. 넷째, 시장은 경쟁적인 거래제도로서 지속가능한 수익 최대화를 추구하기 위한 것이다. 거래 쌍방은 거래의 연속성과 수익 최대화의 지속성을 유지하기 위해 일반적으로 "계약 형태의(이러한 계약이 법적으로 규정되었든 안 되었든) 법적 관계"를 맺는다.[359] 이성적인 방식(예를 들어 계약, 협상 등)을 통해 거래 관계를 규범화하고 거래과정을 예측할 수 있다.

시장관계는 형식적으로 '평등'과 '자유'의 특징을 갖는다. '평등'은 거래 쌍방의 지위와 권리가 형식적으로 평등하다는 것을 가리키며, 그들의 신분은 모두 거래주체일 뿐이다. '자유'라는 것은 거래는 각 측이 원해서 이루어진다는 것이다. 거래는 대체적이고 경쟁적이며 시장거래 과정은 이성적인 선택의 과정이다. 시장관계의 이 특징은 현재 결코 깊이 이해되지 못했다.

그 다음은 대항성이다. 시장관계는 형식적으로는 평등성과 자유성

---

358) 위의 책, 103쪽.
359) 위의 책.

을 갖지만, 실질적으로는 권력관계나 권력구조로 나타난다. 그 이유
는 다음과 같다. 첫째, 형식적인 평등과는 달리 실제 시장거래 관계
에서 쌍방은 흔히 자원요소의 천성이 불평등하기 때문에 그 관계는
사실상 불평등하다. 둘째, 다른 제한이 없다면, 이익 최대화의 목표
를 이루기 위해, 거래 쌍방 특히 자원요소의 천성에서 우위를 차지하
는 측은 각종 부당한 경쟁수단을 취하고 심지어 각종 장애(예를 들어
각종 제한과 폐쇄 전략)를 설정함으로써 경쟁 상대를 배척하고 타격
을 주며 시장경쟁과 거래에서의 우세적 지위를 구축하고 거래대상의
이익을 침해한다. 특히 그 대표적인 형태는 독점이다. 독점은 결국 시
장의 평등한 경쟁을 파괴할 것이다. 가장 발달한 시장경제 사회에는
모두 완벽한 반독점제도가 있다는 사실은 시장관계의 이 실질적인
특징을 잘 보여준다.

예를 들어 고용자와 노동자가 노동관계를 맺을 때, 고용자는 물질
적 자원이나 생산 자료를 점유하고 있기 때문에 노동자와의 거래에서
우세한 위치를 차지한다. 거래관계에서 자원요소의 천성이 약세인 집
단은 평등하거나 자유로워 보이는 거래에서 사실상 약세적이다. Blau
가 권력의 원천을 분석할 때 지적한 바와 같이, 거래의 어느 한 측이
어떤 수요가 있는데 교환할 수 있는 상품이 없고, 다른 상품으로도
대체 불가할 경우, 복종으로 교환할 수밖에 없다.[360] 거래의 한 측(예
를 들어 노동자)이 살아있는 노동만 가지고 있는 상황에서, 고용자
가 점유하고 있는 생산자료와 합쳐야 만이 생산을 할 수 있을 경우,

---

360) [미국] 彼德·布勞, 『社會生活中的交換與權力』, 1998, 北京, 華夏出版社, 138~142쪽.

노동자는 자신의 노동을 고용자와 교환할 수밖에 없고, 거래의 다른 한 측(고용자)은 이로 인해 일정 기간 노동력을 지배할 권리를 얻게 된다. 이와 같이 시장교환 관계에서 거래 쌍방은 모두 추상적인 사람이 아니라, 각종 사회적 특징을 갖는, 다양한 자원과 기회를 점유하고 있는 현실적인 사람이다.

따라서 시장관계는 사실 권력구조와 구조화된 경제관계 시스템으로 나타난다.[361] 내재적으로 대항성을 갖는 것이 일반적이다. 사람들은 착취·통치·지배·불평등 등 개념을 사용하여 다양한 측면에서 이 특징을 보여주었다. 시장관계의 대항성과 불평등성에 대해 사람들은 일반적으로 이를 일종의 사회적 결과로 간주한다. 그러나 이는 결과가 아니라 내재적인 특징이라고 본다.[362]

시장관계는 바로 이러한 양면성을 갖는 존재이다. 형식적인 평등과 실질적인 대항(불평등)은 시장관계에서 없어서는 안 될 두 가지 특징이다. 다만 일부 사람들은 시장관계의 '긍정적' 특징을 분석할 때 평등하고 자유로운 사회관계적 차원에서 해석하고, 시장관계의 '단점이나 결함'을 분석할 때 기술적 차원의 경제분석을 선호한다. 예를 들어 시장관계의 불균형·맹목성·자발성 등이 그것이다. 거래성이든 대

---

361) Giddens, A., 앞의 책, 99~117쪽.
362) 예를 들어 사무엘슨(영문명 보충)은 '자유주의의 경쟁은 심각한 불평등을 가져올 수 있다.……소득과 사회적 부의 불평등이 대대로 전해진다.……부자는 점점 부유해지고 가난한 사람은 점점 가난해진다.(시장에서) 자유주의 경제가 소득과 재산을 공평하게 분배할 수 있도록 하는 보이지 않는 손은 존재하지 않는다'고 했다. "어떤 사람들에게는 무 단속 경쟁이 가져온 수입의 분배가 정글의 동물들이 폭력에 의존해 먹이를 잡는 다윈식 분배처럼 임의적이다." ([미국] 保羅·薩繆爾森, 威廉·諾德豪斯, 앞의 책, 209, 279쪽.)

항성이든 시장관계는 국가 재분배 관계와 다르고 시장관계에서의 이익관계도 국가 재분배를 바탕으로 하는 '결정적인' 하양식 이익관계와 전혀 다르다. 시장경제 배경에서의 이익관계는 평등성(자유성)과 대항성(불평등성)이라는 두 가지 특징을 동시에 갖는다.

(3) 이익관계 시장화가 가져온 도전

이익관계의 시장화가 가져온 도전은 이중적이다.

시장관계의 평등성이나 자유성의 핵심은 법률이나 제도적 보장 차원의 권리[363]를 바탕으로 한다. 이러한 권리가 보장되거나 파괴되지 않으면, 시장거래가 순조롭게 이루어지지 못하고 시장이 순조롭게 운행되지 못한다. 현재 사람들이 보고 있는 것은 이러한 시장관계의 기초가 끊임없이 흔들리고 있는 현실이다. '권익 유지'는 모순과 갈등을 묘사할 때 가장 자주 등장하는 단어가 되었다.

첫째, 거래적 시장관계에서 국가 행정권력을 '남용'함으로써 거래대상의 권리를 침해하고 거래관계를 파괴한 경우이다. 국가권력과 시장교환은 두 가지 전혀 다른 운영 메커니즘으로 전자는 강제적(명령적)이고 후자는 거래적이다. 다수인의 이익을 국가가 결정하고 국가가 분배하며 모순이 발생할 경우 국가가 조절할 때, 이러한 체제에서는 상대적으로 독립된 이익주체가 존재하지 않고 시장교환과 관련되는 이익 관계자가 존재하지 않는다. 한편 시장거래 관계가 실제로 아무리 불평등하다고 해도 거래 쌍방은 형식적으로는 평등하고 상대적

---

363) 본 장은 주로 법률과 제도적 보장과 관련되는 이익의 의미에서 권리 개념을 사용한다.

으로 독립된 권리와 이익을 가진 주체이다. 강제적인 행정권력이 단속이 부족하다고 판단하여 시장거래에 개입할 때, 그 결과는 시장거래 관계를 파괴하고 시장거래 대상의 이익을 침해하게 된다. 사람들의 이익이 갈수록 시장경제체제에서 올 경우, 시장관계에서 행정권력의 '남용'은 시장관계 배경에서의 권리와 이익이 갈수록 침해를 받는다는 것을 의미한다. 의심할 여지없이 갈수록 더 많은 이른바 '권력과 권리'의 갈등을 일으킬 것이다.

개혁개방의 특징 가운데 하나가 시장경제체제로 전환하는 것인데, 시장경제체제를 파괴하는 현상이 왜 생길까? 그 이유 중 하나는 시장경제가 중국사회에 있어 새로운 제도라는 것이다. 개혁개방은 30여 년에 불과하고, 대규모의 하향식 시장화 개혁은 겨우 20년에 불과한 것으로 이는 한 세대도 가지 않은 시간이다. 국가 행정권력을 장악한 다수인에게 보다 익숙한 것은 계획경제체제에서 '전능국가(全能國家)'의 '명령권력'이다. 중국의 시장경제는 바로 이러한 '전능국가'가 추진하고 발전시킨 것이기에 '명령권력'은 새로운 상황에 직면할 때 가장 쉽게 사용되는 도구가 된다. 새로운 시장관계와 전환기라는 특수한 과정에 의존하는 현실은 모순과 갈등을 만들었다고 하겠다.

둘째, 대항적인 시장관계에서 재산권을 방임함으로써, 거래대상의 권리를 침해하거나 위협하게 되는 경우이다. 이러한 상황은 흔히 시장관계의 평등성 더욱이는 대항성에 대한 이해가 부족한 데서 비롯된다. 시장경제가 단속이 부족할 경우, 자원요소의 천성이 우위를 차지하는 측은 이익(또는 이윤)의 최대화 메커니즘에 따라 얻을 수 있는 모든 이익을 미친 듯이 수탈할 것이다.[364] 이러한 '수탈'이 어느 정도에 이르면 약세 거래대상의 생존권을 위협하거나 침해할 수도 있기에 약세 거래대상과의 격렬한 모순과 갈등이 발생할 수 있다. 상당히 많은 '노사갈등' 그리고 갈수록 많아지는 업주와 개발상의 갈등, 소비자의 권익보호운동 등이 이 부류의 갈등에 속한다. 갈등의 원인을 분석해보면 단속을 별로 받지 않은 재산권을 발견할 수 있게 되는데, 최악의 상황은 국가 행정권력의 남용과 재산권의 방임현상이 결탁한 경우이다.

본 장은 시장경제체제를 배경으로 이러한 도전을 다루어야 한다고 본다. 왜냐하면 해당하는(또는 가능한) 모순과 갈등은 시장경제 체계 속에 존재하기 때문이다. 시장관계 차원에서 볼 때, 시장거래에서 기존에 재산권을 많이 점유한 측에 대해 단속하지 않으면 시장관계를 파괴할 뿐만 아니라, 사회의 전반 질서에 영향을 줄 수 있다. 마찬가지로 시장경제체제에서 국가 행정권력과 재산권이 문제를 일으키는 메커니즘이 다르다. 전자는 주로 전환기라는 과정에 의존하는 데에서 비롯되고, 후자는 유치한 '시장숭배증(市場崇拜症)'에서 비롯된다고 할 수 있다. 후자는 시장경제가 가장 효과적이고 가장 공평한 자원배분 메커니즘이라고 생각하지만, 사실은 그렇지 않다.

셋째, 시장경제체제로의 전환과 관련이 있는 경우인데, 시장관계의 '범람'을 방치하여 공중영역의 공평이나 공정을 파괴하는 경우이다. 일반적으로 공중영역은 전체 사회구성원의 보편적인 이익을 바탕

---

364) 마르크스의 『資本論』 제1집의 "자본의 이윤 추구"에 대한 주석을 참고했음.

으로 하고 보편적인 공평 또는 공정을 특징으로 한다. 사람들은 흔히 시장관계는 평등성을 가지며, 시장 메커니즘이 효율적이라고 생각하기 때문에, 공중영역에서 시장관계를 도입하는 것은 효율적일 뿐만 아니라 공평하다고 생각한다. 그러나 이러한 인식들은 시장관계의 실질적인 불평등성을 간과하고 있다. 시장관계가 공중영역에서 '범람하면' 공중영역의 일반적인 특징을 파괴하고 사회 불평등의 심화와 사회모순과 갈등의 확대를 초래하게 된다. 특히 구조적 불평등이 중국사회의 기본적인 특징이 되었을 때 더욱 그러하다. 예를 들어 시장화 의료체제개혁, 갈수록 오르는 학교의 '점갱비(占坑費-일부 영어권 나라에 유학하는 경우, 입학통지서를 받고 납부하는 돈-역자 주)', 집값의 폭등과 기본주택 보장이 어려운 현실 등은 모두 사회 불만과 갈등을 일으키는 중요한 요인이 되었다.

4. 사회 관리의 혁신

현재 중국의 사회건설이 직면한 도전의 실질은 경제발전과 체제 전환이 어느 정도 이루어진 상태에서 사회구조와 이익관계에 각각 계층화, 시장화라는 중대한 변화가 일어났다는 점이다. 사회 관리의 혁신은 기본적으로 다음의 두 가지 문제를 해결하는 데 역점을 두어야 한다. 계층화와 시장화의 배경에서 어떻게 해야만 날로 분화되는 계층구조를 통합시키고 계층과 집단 간의 날로 시장화 되어 가는 이익충돌과 갈등을 해결할 수 있는가? 어떻게 해야만 이익이나 자원배분과 관련된 권리(와 권력)구조를 재구성하여 이익충돌과 갈등을 조율하는 새로운 사회 체제를 만들 수 있는가?

본 장은 상술한 모순과 갈등에 특히 주목할 것이다. 그 이유는 이러한 모순과 갈등이 어느 사회에서나 보편적으로 존재하는 것이 아니라, 급격한 전환기에 있는 중국사회에 있어 새로운 사회가 던진 새로운 도전이기 때문이다.

이러한 모순과 갈등을 없앨 수 없는 것으로, 그것에 직면하고 사회관리체제를 혁신하여 모순과 갈등 속에서 사회의 발전을 추진할 수밖에 없다.

사회적 전환이라는 배경에서 중국사회의 모순과 갈등을 인식해야 하는 것처럼, 새로운 시기의 사회모순과 갈등을 조율하는 것 또한 사회적 전환이라는 배경에서 생각해야 한다. 그 과정에서 반드시 다음의 두 가지를 특히 강조할 필요가 있다. 첫째, 중국은 개발도상국이다. 이는 역사적인 판단이다. 일부 경제총량지표에서 중국은 이미 세계 상위권에 올랐지만, 여전히 공업화·도시화를 겪고 있으며, 자기성장과 자기혁신을 향해 발돋움하는 사회이다. 둘째, 중국은 체제전환을 겪고 있는 국가이다. 이러한 전환은 중앙의 계획경제체제에서 사회주의 시장경제체제로의 전환일 뿐만 아니라, 정치·문화와 다른 사회체제의 전환도 포함한다. 개발도상국의 '늦은 발전'은 어쩔 수 없이 국가가 전체 사회의 현대화를 가동하고 추진하는 과정에서 주도적인 위치에 있게 되고,[365] 경제·정치·문화와 사회 체제의 전환은 중국사회가 현재와 미래의 개혁과 혁신과정에서 그 어떤 선택을 하든지 기

---

365) [미국] 格申克龍, 『經濟落後的曆史透視』, 2009, 北京, 商務印書館.

존 체제의 영향을 받는다고 하겠다. 따라서 중국사회 관리의 혁신은 점진적이고 국가가 사회 관리 혁신에서 주도적인 역할을 한다.

이러한 사회 관리 체제의 혁신은 아래의 세 가지 개념 또는 방향에 집중될 것이다.

우선, '공개(公開)'이다. '공개'라는 것은 주로 공공사무와 공공이익 분배와 관련될 때, 국가 행정권력의 결정과 실시에 대한 공개, 이른바 '정무공개(政務公開)'를 가리킨다. 이는 새로운 개념이 아니다. 사람들은 흔히 청렴한 정치를 강조하기 위한 것으로 이해하며, 이는 사회 관리 체제의 혁신에 속하지 않는다고 생각한다. 사람들은 '공개'라는 의미를 충분히 인식하지 못했기 때문에 이와 같은 생각을 하게 된다. 국가가 주도하는 방식은 중국의 현대화와 체제 전환을 추진하는 주요 형태이지만, 그것과 사회의 분화, 시장화 사이에는 긴장감이 넘치고 있다. 이러한 측면에서 '공개'라는 것은 국가권력에 대한 사회와 시장의 감독을 의미하고, 감독은 제약을 뜻한다고 하겠다. 물론 이는 기본적인 제약에 지나지 않는다.

국가가 주도하는 날로 분화되고 시장화 되어 가는 사회에서, 국가 행정권력이 합리적이고 효과적인 제약을 받지 않는다면, 반드시 다른 권리 주체에 대한 침해(손해)를 초래할 것이다. 정무공개는 이러한 배경에서 국가 행정권력의 결정과 운용을 구속하는 효과적인 제도 중 하나이다. 따라서 정무공개는 혁신적인 의미를 갖는다. 국가와 지방 정부는 정무공개에 대해 많은 탐구를 해 왔으나, 사회분화와 시장화의 발전에 비해, 특히 서로 다른 집단 그리고 이해관계에 있는 사람들의 이익과 관련될 때, 정무공개 제도는 감독과 구속의 기능을 발휘하지 못하고, 그 제도화와 혁신수준은 새로운 사회·이익 분화 조율의 수요를 충족시키지 못하고 있다. 현재 일정에 넣은 '관원재산공개(官員財産公開)'는 여전히 논의 중에 있고, '3공경비공개(三公經費公開)'와 정부의 정보공개가 막 시작되었으나 '촌무공개(村務公開)'는 정부의 정무공개 범주에 속하지 않는다. 이와 같이 국가나 각급 정부의 공공사무와 공공자원배분의 결정과 실시의 공개는 아직까지 제도화되지 않았다. '공개'라는 것은 아직 사회 관리 체제 혁신의 전략적 선택이 되지 못했다는 것이다. 그 다음은 '참여'이다. '참여'는 국가의 주도하에 각 사회 계층, 사회집단, 이익관계가 있는 사람들이 여러 가지 방식으로 공공사무, 공공이익 분배와 관련된 정부 결정과 실시과정에 동참함으로써 사회 관리에 참여하는 것을 의미한다. '참여'는 이론적으로도 새로운 개념이 아니지만, 사회적 전환기(사회 분화와 시장화)를 배경으로 하는 중국의 사회모순과 갈등을 조율하는 데 있어서 혁신적인 의미를 갖는다. '공개'에 비해 '참여'는 더욱 직접적이고 효과적인 제약시스템이고 이익표현 형태일 뿐만 아니라, 날로 분화되는 사회에 있어 중요한 사회 통합적 기능도 있다고 하겠다.

여기서 말하는 '참여'는 다양한 참여주체와 참여형식을 포함하는 참여체계를 가리킨다. 현대중국사회에 있어 두 가지 주체의 참여는 혁신적인 사회 관리체제에서 보다 많은 관심을 받아야 한다. 첫째, 중국의 현대화와 체제전환에 따라 성장한 새로운 사회계층, 특히 민영기업가와 중산층이다. 기업가는 중국의 현대화 과정에서 갈수록 중요하고 전략적인 선도 역할을 발휘하고 있다. 중산층은 현대사회의 가장 중요한 사회역량으로 발전하며 무시할 수 없는 사회정치적 기능을 발휘할 것이다.[366] 둘째, 사회적으로 약세적인 사회계층이나 집단이다. 예를 들어 실업자·노동자·농민·소생산자 등은 약세적인 위치에 있지만, 이들은 그 어떤 사회질서의 안정과 변혁에 있어서든 거대한 힘을 갖고 있으며, 현대 중국사회에 있어서 더욱 그러하다. 중국은 공업화를 겪고 있는 국가일 뿐만 아니라, 예견할 수 있는 미래에도 방대한 농촌인구를 보유한 국가가 될 것이다. 참여형태 역시 '선거'에 한하는 것이 아니라 다양한 차원의 다양한 형태를 포함해야 한다.

마지막은 '균형'이다. '균형'은 '평균'이 아니다. 날로 계층화되고 시장화 되어 가는 사회인 이상 더더욱 평균에 도달할 수 없다. 분화된 각각의 사회집단이 자신의 권익을 수호하기 위한 능력(권력)에 있어 상대적 균형을 이루게 되어, 전체 사회의 기본권리와 이익의 질서를 유지한다는 것을 뜻한다. 그 이유는 현실적으로 자원요소 천성의 차이와 여러 요인으로 인해 사회 권력은 불평등하게 분포되기 때문이다. 즉 일부 집단이나 조직은 우세한 권력지위를 갖게 되나, 다른 집단이나 조직은 약세적 위치에 있게 된다. 앞에서 제시한 바와 같이, 지나친 불균형은 반드시 사회모순과 갈등을 격화시키고, 결국 사회질서를 파괴하게 된다. 상대적인 균형이 유지되어야 일정한 질서가 지켜지고 상대적인 안정을 유지할 수 있다. 상대적인 균형을 이루었을 때, 두 가지 요소가 매우 중요하다. 첫째, 약세적 집단이 자신의 권익을

---

366) 제8장을 참고하기 바람.

수호하기 위한 능력, 그리고 권익을 표현하는 능력이다. 이러한 능력은 흔히 집단적 힘에서 나오게 된다. 예를 들어 '임금집단협상(工資集體談判)'은 질서정연하게 이익을 표현하고 갈등을 해소하는 효과적인 방법일 뿐만 아니라, 직원들의 권익을 수호하는 효과적인 형태이기도 하다. 둘째는 국가의 역할이다. 사회 전환기의 모순과 갈등은 상대적으로 독립적이고 심지어 대립되는 이익과 권리를 바탕으로 한다. 따라서 국가는 제3자로서 모순과 갈등의 조화에 개입해야 하며, 이해관계자가 아닌, 사회 각계의 상층에서 상대적인 균형을 유지하도록 하는 중요한 요소가 된다. 이미 날로 계층화되고 시장화 되어 가는 사회에서 보다 중요하거나 기초적인 균형은 직접 이해관계자나 권력 관계 주체 간의 상대적인 균형이다. 국가는 시장관계에 의한 모순과 갈등에 직접 개입해서는 안 된다. 그러나 이러한 모순과 갈등이 전반 사회의 이익을 해치고 사회질서를 파괴할 수 있을 경우, 국가의 개입과 조율은 매우 중요하다고 하겠다.

중국사회는 이미 중대하고 급격한 변혁을 겪었으며 이러한 변혁은 앞으로도 지속될 것이다. 상대적으로 안정된 사회에서도 모순과 갈등은 존재한다. 사회가 할 수 있는 것은 모순과 갈등을 조율하는 것이다. 또한 변화된 모순과 갈등에 직면하여 사회는 새로운 조화체제와 제도를 구축할 수 있다. 사회질서를 유지하는 가장 좋은 방법은 변화와 함께 사회질서를 재구성하는 것이다. 중국사회의 기층에서 이미 대량의 사회 관리체제가 출범했고 혁신을 일구고 있다. 이러한 혁신은 전체 사회 관리제도의 기초이고 원천이라 할 수 있다.

참고문헌

참고문헌

中文文献

1. 边燕杰. 城市居民社会资本的来源及作用:网络观点与调查发现. 中国社会科学, 2004 （3）.

2. 边燕杰, 刘勇利. 社会分层、住房产权与居住质量———对中国 "五普" 数据的分析. 社会学研究, 2005 （3）.

3. 边燕杰, 罗根. 市场转型与权力的维续:中国城市分层体系之分析//边燕杰编. 市场转型与社会分层. 北京:三联书店, 2002.

4. 边燕杰, 吴晓刚, 李路路编. 社会分层与流动———国外学者对中国研究的新进展. 北京:中国人民大学出版社, 2008.

5. 边燕杰编. 市场转型与社会分层———美国社会学者分析中国. 北京:三联书店, 2002.

6. 蔡禾, 赵钊卿. 社会分层研究:职业声望与职业价值. 管理世界, 1995 （4）.

7. 蔡蠡. 马克思阶级分析理论及其当代价值. 合肥:安徽大学博士学位论文, 2010.

8. 陈顺强. 探析新时期凉山彝族社会分层现状及特征. 西南民族大学学报(人文社会科学版), 2010 （8）.

9. 陈艳丽. 论汤普森的阶级史观. 长春:东北师范大学硕士学位论文, 2007.

10. 仇立平. 回到马克思:对中国社会分层研究的反思. 社会, 2006 （4）.

11. 仇立平. 阶级分层:对当代中国社会分层的另一种解读———基于学理层面思考的中国阶级分层. 上海大学学报, 2007 （2）.

12. 仇立平, 顾辉. 社会结构与阶级的生产:结构紧张与分层研究的阶级转向. 社会, 2007 （2）.

13. 崔树义. 当代英国社会阶级结构研究. 济南:山东大学博士学位论文, 2005.

14. 戴建中. 中国私营经济的社会状况与 "市场过渡". 战略与管理, 1995 （4）.

15. 邓晓臻. 社会分层论. 北京:中国人民大学博士学位论文, 2006.

16. 董运生. 网络阶层:一个社会分层新视野的实证分析. 吉林大学社会科学学报, 2006 （2）.

17. 杜德斌等. 论住宅需求、居住选址与居住分异. 经济地理, 1996 （1）.

18. 樊志宏, 张卫东. 交易费用经济学:对于正式组织内部特征研究的最新进展. 企业导报, 1999 （10）.

19. 方晓玲, 仓木拉. 西藏社会分层研究. 西藏研究, 2009 （5）.

20. 费孝通. 江村经济. 北京:商务印书馆, 2007.

21. 冯仕政. 重返阶级分析?———论中国社会不平等研究的范式转换. 社会学研究, 2008 （5）.

22. 国家人口和计划生育委员会流动人口服务管理司编. 中国流动人口发展报告2011. 北京:中国人口出版社, 2011.

23. 韩建伟. 伊斯兰革命后伊朗社会分层结构探析. 西北大学学报(哲学社会科学版), 2010 （4）.

24. 何建章. 当代社会阶级结构和社会分层问题. 北京:中国社会科学出版社, 1990.

25. 何平立. 现实与神话:东亚中产阶级与政治转型. 上海大学学报, 2006 (3).

26. 洪岩璧. 族群与教育不平等——我国西部少数民族教育获得的一项实证研究. 社会, 2010 (2).

27. 怀默霆. 中国民众如何看待当前的社会不平等. 社会学研究, 2009 (1).

28. 康晓光. 未来10年中国政治发展策略探讨. 战略与管理, 2003 (1).

29. 赖静萍. 新加坡的威权政治及其历史走向. 南京师大学报(社会科学版), 2007 (3).

30. 李斌, 王凯. 中国社会分层研究的新视角—城市住房权利的转移. 探索与争鸣, 2010 (4).

31. 李春玲. 当代中国社会的声望分层——职业声望与社会经济地位指数测量. 社会学研究, 2005 (2).

32. 李春玲. 断裂与碎片:当代中国社会阶层分化实证研究. 社会科学文献出版社, 2005.

33. 李春玲. 高等教育扩张与教育机会不平等. 社会学研究, 2010 (3).

34. 李春玲. 寻求变革还是安于现状———中产阶级社会政治态度测量. 社会, 2011(2).

35. 李春玲. 中国当代中产阶层的构成与比例. 中国人口科学, 2003 (6).

36. 李春玲, 吕鹏. 社会分层理论. 北京:中国社会科学出版社, 2008.

37. 李春玲编. 比较视野下的中产阶级形成过程、影响以及社会经济后果. 北京:社会科学文献出版社, 2009.

38. 李汉林. 中国单位现象与城市社区的整合机制. 社会学研究, 1993 (5).

39. 李路路. 当代中国社会分层的制度化结构. 教学与研究, 1996 (3).

40. 李路路. 阶层化:居住空间、生活方式、社会交往与社会认同. 社会学研究, 2005 (3).

41. 李路路. 社会分层结构:机制变革与阶层相互关系. 江苏社会科学, 2004(1).

42. 李路路. 社会分层结构的变革:从"决定性"到"交易性". 社会, 2008(3).

43. 李路路. 社会结构变迁中的私营企业主:论"体制资本"与私营企业的发展. 社会学研究, 1996 (2).

44. 李路路. 再生产的延续———制度转型与城市社会分层结构. 北京:中国人民大学出版社, 2002.

45. 李路路. 制度转型与分层结构的变迁———阶层相对关系模式的"双重再生产". 中国社会科学, 2002 (6).

46. 李路路. 制度转型与阶层化机制的变迁———从"间接再生产"到"间接与直接再生产"并存. 社会学研究, 2003 (5).

47. 李路路. 中国非均衡的结构转型//袁方等. 社会学家的眼光———中国社会结构转型. 北京:中国社会出版社, 1998.

48. 李路路. 中间阶层的社会功能:新的问题取向和多维分析框架. 中国人民大学学报, 2008 (4).

49. 李路路. 转型社会中的私营企业主:社会来源与企业发展. 北京:中国人民大学出版社, 1998.

50. 李路路, 孙志祥编. 透视不平等———国外社会阶层理论. 北京:社会科学文献出版社, 2002.

51. 李路路, 王奋宇. 现代化进程中的中国社会结构及其变革. 杭州:浙江人民出版社, 1992.

52. 李路路, 王宇. 当代中国中间阶层的社会存在:阶层认知与政治意识. 社会科学战线, 2008 (10).

53. 李路路, 陈建伟, 秦广强. 当代社会学中的阶级分析:理论视角和分析范式. 社会, 2012 (5).

54. 李路路, 李汉林. 单位组织中的资源获得. 中国社会科学, 1999 (6).

55. 李路路, 李升. "殊途异类":当代中国城镇中产阶级的类型化分析. 社会学研究, 2007 (6).

56. 李路路, 苗大雷, 王修晓. 市场转型与"单位"变迁—再论"单位"研究. 社会, 2009 （4）.

57. 李路路, 秦广强, 陈建伟. 权威阶层体系的构建：基于工作状况与组织权威的分析. 社会学研究, 2012 （6）.

58. 李路路, 王修晓, 苗大雷. "新传统主义"及其后—"单位制"的视角与分析. 吉林大学社会科学学报, 2009 （6）.

59. 李路路, 王宇. 当代中国中间阶层的社会存在：社会生活状况. 江苏社会科学, 2009 （1）.

60. 李淼, 王岩. 城乡二元结构下的社会分层与教育公平的相互影响. 理论与改革, 2010 （4）.

61. 李培林. 现代性与中国经验. 社会, 2008 （3）.

62. 李培林. 研究中国当代社会冲突意识的七个发现. 理论参考, 2006 （5）.

63. 李培林. 中国社会结构转型对资源配置方式的影响. 中国社会科学, 1995(1).

64. 李培林, 张翼. 中国中间阶层的规模、认同和社会态度. 社会, 2008 （2）.

65. 李培林, 李强, 孙立平等. 中国社会分层. 北京：社会科学文献出版社, 2004.

66. 李培林, 田丰. 中国劳动力市场人力资本对社会经济地位的影响. 社会, 2010(1).

67. 李培林等. 社会冲突与阶级意识. 北京：社会科学文献出版社, 2005.

68. 李强. "丁字型"社会结构与"结构紧张". 社会学研究, 2005 （2）.

69. 李强. 当代中国社会分层：测量与分析. 北京：北京师范大学出版社, 2010.

70. 李强. 当代中国社会分层与流动. 北京：中国经济出版社, 1993.

71. 李强. 关于中产阶级和中间阶层. 中国人民大学学报, 2001 （2）.

72. 李强. 农民工与中国社会分层. 北京：社会科学文献出版社, 2004.

73. 李强. 社会分层十讲. 北京：社会科学文献出版社, 2008.

74. 李强. 市场转型与中国中间阶层的代际更替. 战略与管理, 1999 （3）.

75. 李强. 试分析国家政策影响社会分层结构的具体机制. 社会, 2008 （3）.

76. 李强. 试析社会分层的十种标准. 学海, 2006 （4）.

77. 李强. 现代化与中国社会分层结构之变迁//中国社会学年鉴：1992—1995. 北京：中国大百科全书出版社, 1996.

78. 李强. 政治分层与经济分层. 社会学研究, 1997 （4）.

79. 李强. 中国社会分层结构的新变化//李培林等. 中国社会分层. 北京：社会科学文献出版社, 2004.

80. 李强. 转型时期的中国社会分层结构. 哈尔滨：黑龙江人民出版社, 2002.

81. 李强. 转型时期中国社会分层. 沈阳：辽宁教育出版社, 2004.

82. 李强, 李洋. 居住分异与社会距离. 北京社会科学, 2010 （1）.

83. 李强. 社会分层与社会空间领域的公平、公正. 中国人民大学学报, 2012(1).

84. 李炜. 中国与韩国社会阶级意识的比较研究. 社会学研究, 2004 （5）.

85. 李友梅. 社会结构中的"白领"及其社会功能———以20世纪90年代以来的上海为例. 社会学研究, 2005 （6）.

86. 李友梅, 孙立平, 沈原编. 当代中国社会分层：理论与实证. 北京：社会科学文献出版社, 2006.

87. 李煜, 陆新超. 择偶配对的同质性与变迁———自致性与先赋性的匹配. 青年研究, 2008 （6）.

88. 李煜, 徐安琪. 择偶模式和性别偏好研究—西方理论和本土经验资料的解释. 青年研究, 2004(10).

89. 李志刚. 中国城市的居住分异. 国际城市规划, 2008 （4）.

90. 林南, 沃尔特·M·恩赛尔, 约翰·C·沃恩. 社会资源和关系的力量：职业地位获得中的结构性因素. 国外社会学, 1999 （4）.

91. 林宗弘, 吴晓刚. 中国的制度变迁阶级结构转型和收入不平等：1978-2005. 社会, 2010 （6）.

92. 刘骥. 阶级分化与代际分裂——欧洲福利国家养老金政治的比较分析. 北京：北京大学出版社, 2008.

93. 刘精明. 高等教育扩展与入学机会差异1978-2003. 社会, 2006 （3）.

94. 刘精明, 李路路. 阶层化：居住空间、生活方式、社会交往与阶层认同. 社会学研究, 2005 （3）.

95. 刘科. 群体性事件敲响警钟民主化解过激情绪. 共产党员, 2009 （6）.

96. 刘欣. 当前中国社会阶层分化的制度基础. 社会学研究, 2005 （5）.

97. 刘欣. 市场转型与社会分层：理论争辩的焦点和有待研究的问题. 中国社会科学, 2003 （5）.

98. 刘欣. 中国城市的阶层结构与中产阶层的定位. 社会学研究, 2007 （6）.

99. 刘欣. 转型期中国大陆城市居民的阶层意识. 社会学研究, 2001 （3）.

100. 刘祖云. 生活资源与社会分层一项对中国中部城市的社会分层研究. 江苏社会科学, 2005 （1）.

101. 刘祖云, 戴洁. 再论社会分层的依据. 中南民族大学学报(人文社会科学版), 2006 （6）.

102. 刘祖云, 胡蓉. 城市住房的阶层分化：基于CGSS2006调查数据的分析. 社会, 2010 （5）.

103. 陆学艺编. 当代中国社会阶层研究报告. 北京：社会科学文献出版社, 2002.

104. 陆学艺编. 当代中国社会流动. 北京：社会科学文献出版社, 2004.

105. 陆益龙. 户籍制度：控制与社会差别. 北京：商务印书馆, 2003.

106. 路风. 单位：一种特殊的社会组织形式. 中国社会科学, 1989 （1）.

107. 马戎. 2007年西方社会学重要刊物发表论文综述. 社会, 2009 （2）.

108. 马戎, 梁茂春, 马雪峰, 祖力亚提, 阳妙艳, 赵蕊. 2008年国外社会学研究的前沿选题及其进展综述. 社会, 2010 （4）.

109. 毛泽东. 关于正确处理人民内部矛盾的问题. 北京：人民出版社, 1976.

110. 倪志伟. 一个市场社会的崛起∥边燕杰编. 市场转型与社会分层. 北京：三联书店, 2002.

111. 潘毅, 陈敬慈. 阶级话语的消逝. 开放时代, 2008 （5）.

112. 秦广强. 新韦伯主义阶级框架：起源与演变, 操作与理论. 国外社会科学, 2011 （6）.

113. 秦广强, 李路路. 组织权威分化与雇员群体的阶级定位———论权威阶级体系的中间机制问题. 社会科学战线, 2013 （11）.

114. 秦广强, 李路路. 从"经济决定"到"权威支配"：阶级研究的理论转向及内在逻辑. 中国人民大学学报, 2013 （6）.

115. 邱梦华. 中国城市居住分异研究. 城市问题, 2007 （3）.

116. 人民日报, 红旗杂志和解放军报编辑部社论. 沿着十月社会主义革命开辟的道路前进———纪念伟大的十月社会主义革命50周年. 人民日报, 1967 11 06.

117. 汝信等编. 2005年：中国社会形势分析与预测. 北京：社会科学文献出版社, 2005.

118. 邵书龙. 国家、教育分层与农民工子女社会流动：contain机制下的阶层再生产. 青年研究, 2010 （3）.

119. 邵书龙. 社会分层与农民工子女教育:"两为主"政策博弈的教育社会学分析. 教育发展研究, 2010 (11).

120. 沈原. 社会转型与工人阶级的再形成. 社会学研究, 2006 (2).

121. 沈原. 市场、阶级与社会———转型社会学的关键议题. 北京:社会科学文献出版社, 2007.

122. 宋时歌. 权力转换的延迟效应:对社会主义国家向市场转变过程中的精英再生产与循环的一种解释. 社会学研究, 1998 (3).

123. 苏阳, 冯仕政, 韩春平编. 中国社会转型中的阶级. 北京:社会科学文献出版社, 2010.

124. 孙立平. 警惕上层寡头化、下层民粹化. 中国与世界观察, 2006 (3).

125. 孙立平. 利益关系形成与社会结构变迁. 社会, 2008 (3).

126. 孙立平. 实践社会学与市场转型过程分析. 中国社会科学, 2002 (5).

127. 孙立平. 我们在开始面对一个断裂的社会?. 战略与管理, 2002 (2).

128. 孙立平. 中国社会结构的变迁及其分析模式的转换. 南京社会科学, 2009(5).

129. 孙立平, 王汉生, 王思斌, 林彬, 杨善华. 改革以来中国社会结构的变迁. 中国社会科学, 1994 (2).

130. 孙远太. 消费社会的分层逻辑:一种研究取向. 北方论丛, 2009 (4).

131. 涂肇庆, 林益民编. 改革开放与中国社会———西方社会学文献书评. 香港:牛津大学出版社, 1999.

132. 王朝明, 曾传亮. 转型期我国居民收入差距与利益协调———基于社会分层的视角. 社会科学研究, 2007 (1).

133. 王建平. 中产阶级研究:理论视角及其局限. 天府新论, 2004 (3).

134. 王来法, 黄俊尧, 金基福. 市民社会兴起下的韩国政治变迁. 国际论坛, 2004(1).

135. 王天夫, 赖扬恩, 李博柏. 城市性别收入差异及其演变:1995-2003. 社会学研究, 2008 (2).

136. 王天夫, 李博柏. 平等主义国家理想与区隔主义官僚体系:一个社会分层结构的新模型. 社会, 2008 (5).

137. 魏昂德. 职业流动与政治秩序//边燕杰编. 市场转型与社会分层. 北京:三联书店, 2002.

138. 吴波现. 现阶段中国社会阶级阶层分析. 北京:中国社会科学院研究生院博士学位论文, 2000.

139. 吴启焰. 城市社会空间分异的研究领域及其进展. 城市规划汇刊, 1999(3).

140. 吴清军. 从学理层面重新审视阶级的概念与理论. 社会, 2008 (4).

141. 吴晓刚. 1990-2000 年中国的经济转型:学校扩招和教育不平等. 社会, 2009 (5).

142. 吴愈晓, 吴晓刚. 城镇的职业性别隔离与收入分层. 社会学研究, 2009(4).

143. 吴忠民. 从阶级分析到当代社会分层研究. 学术界, 2004 (1).

144. 吴忠民, 林聚任. 城市居民的社会流动——来自山东省五城市的调查. 中国社会科学, 1998 (2).

145. 萧新煌. 变迁中台湾社会的中产阶级. 台北:巨流图书公司, 1989.

146. 谢宇. 认识中国的不平等. 社会, 2010 (3).

147. 徐安琪. 择偶标准:五十年变迁及其原因分析. 社会学研究, 2000 (6).

148. 徐㑍芬, 张京祥. 中国城市居住分异的制度成因及其调控———基于住房供给的视角. 城市问题, 2007 (4).

149. 许嘉猷. 社会阶层化与社会流动. 台北:三民书局, 1992.

150. 许欣欣. 当代中国社会结构变迁与流动. 北京:社会科学文献出版社, 2000.

151. 叶南客. 南京市民对职业声望的评价. 社会, 1997 (1).

152. 袁方. 社会研究方法教程. 北京:北京大学出版社, 2004.

153. 张乐, 张翼. 从结论看方法:社会学研究的现实性维度思考关于美国社会学者对中国社会分层研究的讨论. 社会, 2008 (1).

154. 张乐天. 国家话语的接受与消解—公社视野中的"阶级"与"阶级斗争". 社会学研究, 2001 (6).

155. 张宛丽. 对现阶段中国社会中间阶层的初步研究. 江苏社会科学, 2002 (4).

156. 张宛丽. 非制度因素与地位获得———兼论现阶段中国社会分层结构. 社会学研究, 1996 (1).

157. 张宛丽. 近期我国社会阶级、阶层研究综述. 中国社会科学, 1990 (5).

158. 张宛丽, 李炜, 高鸽. 现阶段中国社会新中间阶层构成特征研究. 北京工业大学学报(社会科学版), 2007 (2).

159. 张宛丽, 李炜, 高鸽. 现阶段中国社会新中产阶层的构成特征. 江苏社会科学, 2004 (6).

160. 张翼. 中国阶层内婚制的延续. 中国人口科学, 2003 (4).

161. 折晓叶, 陈婴婴. 中国农村"职业—身份"声望研究. 中国社会科学, 1995(6).

162. 郑杭生, 李路路等. 当代中国城市社会结构:现状与趋势. 北京:中国人民大学出版社, 2004.

163. 郑杭生编. 当代中国农村社会转型的实证研究. 北京:中国人民大学出版社, 1996.

164. 郑杭生等. 当代中国社会和社会关系研究. 北京:首都师范大学出版社, 1997.

165. 郑杭生. 根本观点与具体论断:从前沿思潮看马克思主义. 中国党政干部论坛, 2002 (4).

166. 郑路. 改革的阶段性效应与跨体制职业流动. 社会学研究, 1999 (6).

167. 中共中央编译局国际共运研究室编. 德国社会民主党关于伯恩斯坦问题的争论. 北京:三联书店, 1981.

168. 中国人民大学中国调查与数据中心, 中国综合社会调查(CGSS)项目. 中国综合社会调查报告(2003-2008). 北京:中国社会出版社, 2009.

169. 中国社会科学院"当代中国人民内部矛盾研究"课题组. 城市人口的阶层认同现状及影响因素. 中国人口科学, 2004 (5).

170. 钟云华, 沈红. 社会分层对高等教育公平影响的实证研究. 复旦教育论坛, 2009 (5).

171. 周晓虹. 全球中产阶级报告. 北京:社会科学文献出版社, 2005.

172. 周晓虹. 再论中产阶级:理论、历史与类型学. 社会, 2005 (5).

173. 周晓虹. 中产阶级:何以可能与何以可为?. 江苏社会科学, 2002 (6).

174. 周晓虹编. 中国中产阶层调查. 北京:社会科学文献出版社, 2005.

175. 周雪光, 侯立仁. "文革"的孩子们———当代中国的国家与生命历程//中国社会科学院社会学研究所编. 中国社会学. 第1卷. 上海:上海人民出版社, 2002.

176. 周怡. 文化社会学的转向:分层世界的另一种语境. 社会学研究, 2003 (4).

177. 朱旭峰. 政策决策转型与精英优势. 社会学研究, 2008 (2).

178. 〔德〕卡尔·曼海姆. 意识形态与乌托邦. 北京:华夏出版社, 2001.

179. 〔德〕马克思. 资本论. 中文1版. 第1卷. 北京:人民出版社, 2004.

180. 〔德〕托马斯·海贝勒, 诺拉·绍斯米卡特. 西方公民社会观适合中国吗?. 南开学报(哲学社会科学版), 2005（2）.

181. 〔德〕韦伯. 经济与社会. 北京：商务印书馆, 1997.

182. 〔俄〕列宁. 列宁全集. 中文2版. 第37卷. 北京：人民出版社, 1986.

183. 〔俄〕列宁. 列宁选集. 3版. 北京：人民出版社, 1995.

184. 〔法〕阿隆. 阶级斗争———工业社会新讲. 南京：译林出版社, 2003.

185. 〔法〕布迪厄. 实践与反思———反思社会学导引. 北京：中央编译出版社, 1988.

186. 〔法〕皮埃尔·布迪厄. 实践与反思. 北京：中央编译出版社, 1998.

187. 〔法〕皮埃尔·布迪厄. 艺术的法则. 北京：中央编译出版社, 2001.

188. 〔加〕伊莎白·柯鲁克, 大卫·柯鲁克. 十里店：中国一个村庄的群众运动. 上海：上海人民出版社, 2007.

189. 〔美〕艾尔·巴比. 社会研究方法. 10版. 北京：华夏出版社, 2005.

190. 〔美〕艾尔文·古尔德纳. 知识分子的未来和新阶级的兴起. 南京：江苏人民出版社, 2002.

191. 〔美〕保罗·福塞尔. 格调：社会等级与生活品位. 北京：中国社会科学出版社, 1998.

192. 〔美〕保罗·萨缪尔森, 威廉·诺德豪斯. 经济学. 18版. 北京：人民邮电出版社, 2008.

193. 〔美〕波普尔. 历史决定论的贫困. 上海：上海人民出版社, 2009.

194. 〔美〕布劳. 社会生活中的交换与权力. 北京：华夏出版社, 1998.

195. 〔美〕布劳. 不平等和异质性. 北京：中国社会科学出版社, 1991.

196. 〔美〕丹尼尔·鲍威斯, 谢宇. 分类数据分析的统计方法. 北京：社会科学文献出版社, 2009.

197. 〔美〕丹尼尔·贝尔. 后工业社会的来临———对社会预测的一项探索. 北京：新华出版社, 1997.

198. 〔美〕格伦斯基编. 社会分层. 北京：华夏出版社, 2005.

199. 〔美〕格申克龙. 经济落后的历史透视. 北京：商务印书馆, 2009.

200. 〔美〕赫斯特洛姆. 解析社会：分析社会学原理. 南京：南京大学出版社, 2010.

201. 〔美〕赖特· 米尔斯. 白领———美国的中产阶级. 杭州：浙江人民出版社, 1987.

202. 〔美〕赖特. 后工业社会中的阶级. 沈阳：辽宁教育出版社, 2004.

203. 〔美〕赖特. 阶级. 北京：高等教育出版社, 2006.

204. 〔美〕赖特. 阶级分析方法. 上海：复旦大学出版社, 2011.

205. 〔美〕李普塞特. 一致与冲突. 上海：上海人民出版社, 1995.

206. 〔美〕 伦斯基. 权力与特权： 社会分层的理论. 杭州： 浙江人民出版社, 1988.

207. 〔美〕塞缪尔·P·亨廷顿. 第三波——20世纪后期民主化浪潮. 上海：三联书店, 1998.

208. 〔美〕塞缪尔·P·亨廷顿. 变化社会中的政治秩序. 上海：上海译文出版社, 1989.

209. 〔美〕舒尔茨. 改造传统农业. 北京：商务印书馆, 2006.

210. 〔英〕汤普森. 英国工人阶级的形成. 南京：译林出版社, 2000.

211. 〔美〕托马斯·库恩. 科学革命的结构. 北京：北京大学出版社, 2003.

212. 〔美〕威廉姆森. 资本主义经济制度. 北京：商务印书馆, 2010.

213. 〔澳〕沃特斯. 现代社会学理论. 北京：华夏出版社, 2000.

214. 〔美〕约翰·斯梅尔. 中产阶级文化的起源. 上海：上海人民出版社, 2006.

215. 〔美〕约瑟夫·熊彼特. 资本主义、社会主义与民主. 北京：商务印书馆, 1999.

216. 〔美〕詹姆斯·布坎南. 经济自由与联邦主义∥刘军宁, 王焱, 贺卫方编. 经济民主与经济自由. 上海：三联书店, 1997.

217. 〔匈〕卢卡奇. 历史与阶级意识. 北京：商务印书馆, 2004.

218. 〔英〕波普尔. 历史决定论的贫困. 上海：上海人民出版社, 2009.

219. 〔英〕布鲁斯. 社会学的意识. 南京：译林出版社, 2010.

220. 〔英〕戴维·李, 特纳. 关于阶级的冲突——晚期工业主义不平等之辩论. 重庆：重庆出版社, 2005.

221. 〔英〕斐欧娜·戴维恩. 美国和英国的社会阶级. 重庆：重庆出版社, 2010.

222. 〔英〕戈兰·瑟伯恩. 从马克思主义到后马克思主义?. 北京：社会科学文献出版社, 2011.

223. 〔英〕克朗普顿. 阶级与分层. 上海：复旦大学出版社, 2011.

224. 〔英〕拉卡托斯. 科学研究纲领方法论. 上海：上海译文出版社, 1986.

225. 〔英〕理查德·斯凯思. 阶级. 长春：吉林人民出版社, 2005.

226. 〔英〕特里·伊格尔顿. 马克思为什么是对的. 北京：新星出版社, 2011.

外文文獻

1.Aron, R.La Lutte des classes. Paris: Gallimard,1964.

2.Baron, J. N. & Bielby, W. T. Bringing the firms back in: Stratification, segmentation, and the organization of work. American Sociological Review, 1980,45:737-765.

3.Blau, P. M.& Duncan, O. D.The American Occupational Structure. New York: Free Press,1967.

4.Bourdieu, P. Distinction: A Social Critique of the Judgement of Taste. London: Routledge & Kegan Paul Ltd,1984.

5.Bourdieu, P. What Makes a Social Class? On the Theoretical and Practical Existence of Groups. Berkeley Journal of Sociology, 1987(2).

6.Braverman, H. Labor and Monopoly Capital: The Degradation of Work in the 20th Century. New York: Monthly Review Press,1974.

7.Breen, R.& Rottman, D. Class Analysis and Class Theory. Sociology,1995,29:453-73.

8.Breen, R.& Rottma, D. Class Stratification. Hemel Hempstead: Harvester Wheatsheaf,1995.

9.Chan,T.W. &.Goldthorpe, J.H. Class and Status:The Conceptual Distinction and its Empirical Relevance. American Sociological Review,2007,72.

10.Clark,T.N. & Lipset, S.M. Are Social Classes Dying? International Sociology, 1991(4):397-410.

11.Dahrendorf, R. Class and Class Conflict in Industrial Society. Stanford: Stanford University Press,1959.

12.Dahrendorf. R. Life Chances:Approaches to Social and Political Theroy. Chicago: University of Chicago Press,1979.

13.Devine, F. Class Analysis and the Stability of Class Relations. Sociology, 1998,32(1).

14.Doeringer,P.B. & Piore,M. Internal Labor Markets and Manpower Analysis. Lexington, Mass: D.C. Heath,1971.

15.Edlund, J. The Influence of the Class Situations of Husbands and Wives on Class Identity, Party Preference and Attitudes towards Redistribution: Sweden, Germany and the United States. Acta Sociologic, 2003,46(3): 195-214.

16.Erikson,R.,Goldthorpe,J.H.,Portocarero,L. Intergenerational Class Mobility in Three Western European Societies: England, France, and Sweden. The British Journal of Sociology, 1979, 30:415 - 441.

17.Erikson,R. & Goldthorpe,J.H. The Constant Flux. A Study of Class Mobility in Industrial Societies. Oxford: Clarendon Press,1992.

18.Evans,G. Testing the validity of the Goldthorpe class schema. European Sociological Review, 1992(3):211-232.

19.Evans,G., Mills.C. Identifying Class Structure: A Latent Class Analysis of the Criterion-Related and Construct Validity of the Goldthorpe Class Schema. European Sociological Review, 1998(1):87-106.

20.Featherman, J. & Hauser. Assumptions of social mobilty research in the U.S.: the case of occupational status. Social Science Research, 1975(4): 329-360.

21.Felson, M. & Knoke, D. Social status and the married woman. Journal of Marriage and the Family, 1974, 36(3): 516-521.

22.Gamsey, E. Women's work and theories of class stratification. Sociology, 1978. 12(2): 223-243.

23.Ganzeboom, H.B., Graaf, P. M. De & Treiman, D. J. A Standard International Socio-economic Index of Occupational Status. Social Science Research, 1992(1):1-56.

24.Ganzeboom, H.B., Luijkx,R. & Treiman, D.J. Intergenerational Class Mobility in Comparative Perspective. Research in Social Stratification and Mobility, 1989,8:3-79.

25.Gerth,H. & Mills, C. W. From Max Weber, London: Routledge,1948.

26.Giddens, A. The Class Structure of the Advanced Societies, London: Hutchinson,1973.

27.Goldthorpe, J.H. On Sociology Volume One:Critique and Program. Stanford, California: Stanford University Press,2007.

28.Goldthorpe, J.H. On Sociology Volume Two:Illustration and Retrospect. Stanford, California: Stanford University Press,2007.

29.Goldthorpe, J. H.Social Mobility and Class Formation: On the Renewal of A Tradition in Sociological Inquiry. Casmin Working Paper, Mannheim/Amsterdam,1983.

30.Goldthorpe, J. H. Occupational Sociology, Yes, Class Analysis, No: A Comment on Grusky andWeeden' s Research Agenda. Acta Sociologica, 2002,3:211 - 217.

31.Goldthorpe,J. H.and Marshall, G. The Promising Future of Class Analysis: a Response to Recent Critiques. Sociology, 1992,3:381-400.

32.Goldthorpe, J.H., Llewellyn C., Payne, C. Social mobility and class structure in modern Britain. Oxford: Clarendon Press,1987.

33.Goldthorpe,J. H. Class Analysis and the Reorientation of Class Theory: The Case of Persisting Differentials in Educational Attainment. The British Journal of Sociology, 1996. 3:481-505.

34.Goldthorpe, J.H. Rent, Class Conflict, and Class Structure: A Commentary on S ø rensen. American Journal of Sociology, 2000(6):1572-1582.

35.Goldthorpe,J.H. On the Service Class, Its Formation and Future. In Giddens,A. and MacKenzie,G.(Eds), Social Class and the Division of Labour: Essays in Honour of Ilya Neustadt. Cambridge: Cambridge University Press,1982.

36.Goldthorpe, J.H. Social Stratification in Industrial Society, in Paul Halmos, ed., The Sociological Review Monograph No. 8: The Development of Industrial Societies. Keele:University of Keele,1964.

37.Goldthorpe, J.H. & Llewellyn,C. Class Mobility in Modern Britain: Three Theses Examined. Sociology, 1977,2:257 - 287.

38.Goldthorpe, J.H. & McKnight, A. The Economic Basis of Social Class. In Morgan,S. L.,Grusky,D.B.& Fields,G.S.(Eds), Mobility and Inequality. Stanford University Press,2006.

39.Goldthorpe, J. H. & Lockwood, D. The Affluent Worker in the Class Structure. Cambridge: Oxford University Press,1969.

40.Grusky,D. B. & Sorensen, J.B. Can Class Analysis Be Salvaged? American Journal of Sociology, 1998,103:1 187-1 234.

41.Grusky,D. B. & Weeden, K.A. Class Analysis and the Heavy Weight of Convention. Acta Sociologica,2002,45(3):229-36.

42.Grusky,D. B. & Weeden, K.A. Decomposition without Death: A Research Agenda for the New Class Analysis. Acta Sociologica,2001. 44(3):203-18.

43.Grusky,D. B., Weeden, K.A., Sorensen, J.B. The Case for Realism in Class Analysis. Political Power and Social Theory, 2000,14:291-305.

44.Halaby,C.N. & Weakliem, D.L. Ownership and Authority in the Earnings Function: Nonnested Tests of Alternative Specifications. American Sociological Review, 1993,58: 16-30.

45.Hollingshead, A. Two Factor Index of Social Position. New Haven: Connecticut (mimeo),1957.

46.Hollingshead, A. & Frederick.R. Social Class and Mental Illness. New York:Wiley,1958.

47.Holton,R. & Turner,B. Debate and Pseudo-Debate in Class Analysis: Some Unpromising Aspects of Goldthorpe and Marshall s Defence. Sociology, 1994,3:799-804.

48.IvanSzelenyi. Social Inequalities in State Socialist Redistributive Economies. International Journal of Comparative Sociology,1978, 19(1).

49.Jackman, M. R. & Jackman, W. An Interpretation of the Relation Between Objective and

Subjective Social Status. American Sociological Review, 1973,38:569-82.

50.Janet L.B. & William B.L. Job Values, Rewards, and Work Conditions as Factors in Job Satisfaction among Men and Women. The Sociological Quarterly, 1987,2:189-204.

51.Kalleberg, A. L. & S ø rensen, A. B. The Sociology of Labor Markets. American Sociology Review, 1979,5:351-379.

52.Kalleberg, A.L. Work Values and Job Rewards: A Theory of Job Satisfaction. American Sociology Review,1977 (1):124-43.

53.Kirby.M. An Interview with Erik Olin Wright. Social Science Teacher, 2001.

54.Lee,D.J. Class as a Social Fact. Sociology, 1994.2:397-415.

55.Lett, D. P. In Pursuit of Status:the Making of South Korea' s "New" Urban Middle Class. Harvard University Asia Center and Harvard University Press,1998.

56.Lin, Nan, K. C. & Burt, R. Social Capital: Theory and Research. Aldine De Gruyter,2001.

57.Lippit, V. & Selden, M. The Transition to Socialism in China. Armonk, New York: M.E. Sharpe,1982.

58.Lipset, S.M. Whatever Happened to the Proletariat?Encounter,1981,56:18-34.

59.Lockwood,D. & Goldthorpe, J.H. Affluence and the British Class Structure. Sociological Review. 1963,11(2):133-63.

60.Lockwood,D, Goldthorpe,J.H, Bechhofer,F and Platt,J. The Affluent Worker and the thesis of embourgeoisement. Sociology,1967,8(3):11-31.

61.Lockwood,D. The black coated worker. London: Allenand Unwin,1958.

62.Lockwood,D. Solidarity and Schism, Oxford: Clarendon Press,1992.

63.Logan, J. R.& Moloch,D. Urban Fortunes: Political Economy of Place. Berkeley: University of California Press,1987.

64.Lucas,S.R. Effectively Maintained Inequality: Education Transitions,Track Mobility,and Social Background Effects. The American Journal of Sociology, 2001,6:1642-1690.

65.Marshall,G.In Defence of Class Analysis: A Comment on R.E.Paul. International Journal of Urban and Regional Research, 1991,1:114-118.

66.Marshall,G. John Goldthorpe and class analysis. ed. Clark,J. Phil,D. John Goldthorpe: Consensus and Controversy. The Falmer Press,1990.

67.Michelson, E. Climbing the Dispute Pagoda: Grievances and Appeals to the Official Justice System in Rural China. American Sociological Review,2007, 72.

68.Moser, C.A& Hall, J.R. The Social Grading of Occupations, in Glass, D.V(ed),Social Mobility in Britain. London:Routledge and Kegan Paul,1954.

69.Nee, V. Social Inequalities in Reforming State Socialism: between Review and Markets in

China. American Sociological Review,1991,56:267-282.

70.O' Brien, K. & LiLianjia. Rightful Resistance in Rural China. Cambridge University Press,2006.

71.Ossowski. Images and Concepts of Class // Giddens,A. The Class Structure of the AdvancedSocieties,1973.

72.Pahl,R.E. Does class analysis without class theory have a promising future?:a reply to Goldthorpe and Marshall. Sociology, 1993,27:253-8.

73.Pahl,R.E. Is the Emperor Naked? Some Questions on the Adequacy of Sociological Theory in Urban and Regional Research. International Journal of Urban and Regional Research. 1989,4: 711-720.

74.Pakulski,Jan.,Waters,Malcolm. The Reshaping and Dissolution of Social Class in Advanced Societ.Theory and Society,1996,25(5).

75.Pakulski,J. & Waters,M. The Death of Calss. London: Sage,1996.

76.Parkin, F. Class Inequality and Political Order. New York: Praeger,1971.

77.Parkin, F. Class Stratification in Socialist Societies. The British Journal of Sociology. 1969,20:355-374.

78.Parkin,F. Strategies of Social Closure in Class Formation//The Social Analysis of Class Structure. London: Tavistock Publication,1974.

79.Parkin,F. Marxism and Class Theory: A Bourgeois Critique. New York: Columbia University Press,1979.

80.Piore,M.J. On-the-job training in the dual labor market. In A. R. Weber, F. Cassell, W. L. Ginsberg, Public-Private Man-power Policies. Madison, Wisconsin University Press,1969.

81.Portes, A. The Resilient Importance of Class: A Nominalist Interpretation. Political Power and Social Theory .2000,14:249-84.

82.Poulantzas, N. Classes in Contemporary Capitalism. London: Verso,1974.

83.Raftery.A.E. & Hout.M. Maximally Maintained Inequality: Expansion, Reform and Opportunityin Irish Education 1921 - 1975. Sociology of Education,1993,66(1):41-62.

84.Renner, K.The service class. In Bottomore, Tom and Patrick Goode (eds.) Austro-Marxism. Oxford: Clarendon Press,1978.

85.Robinson, R. V. & Jonathan, K. Class as Conceived by Marx and Dahrendorf: Effects on Income Inequality and Politics in the United States and Britain. American Sociological Review, 1979, 44:38-57.

86.Rose, D.& O' Reilly. Constructing Classes. Towards a New Social Classification for the UK. Swindon: ONS / ESRC,1997.

87.Rose,D. & Harrison,E. Social Class in Europe: An Introduction to the European Socio-
economic Classification. London: Routledge,2007.

88.Rose,D. & Pevalin, D.J. A Researcher s Guide to the National Statistics Socio-economic
Classification. London: Sage,2003.

89.Scott,J. Class analysis: Back to The Future. Sociology, 1994,4:933-942.

90.Simpson,H., Stark,D. and Jackson, R.A. Class Identification Process of Married, Working
Men and Women. American Sociological Review. 1988. 53(2): 284-293.

91.Smith, A. R. Race, Income, and Authority at Work: A Cross-Temporal Analysis of Black
and WhiteMen(1972-1994). Social Problems, 1997,1:19-37.

92.Sobel, M. E., Graaf, N.D., Heath,A. and Ying Zou. Men Matter More: the Social Class
Identity of Married British Women,1985-1991.Journal of the Royal Statistical Society,
2004,167(1): 37-52.

93.S ø rensen, A. B. On the Usefulness of Class Analysis in Research on Social Mobility and
Socioeconomic Inequality. Acta Sociologica, 1991,2:71-87.

94.S ø rensen, A. B. Toward a Sounder Basis for Class Analysis. American Journal of
Sociology, 2000,6: 1523-1558.

95.S ø rensen, A. B.The Structural Basis of Social Inequality.American Journal of Sociology,
1996,5: 1333 - 1365.

96.Szelenyi, I. Urban Inequalities Under State Socialism. New York: Oxford University
Press,1983.

97.Tahlin,M. Class Clues. European Sociological Review, 2007, 5:557-572.

98.Treiman,D.J. Occupational Prestige in Comparative Perspective. New York: Academic
Press,1977.

99.Velsor, V.E & Leonard, B. The Process of Class Identification among Employed Married
Women: A Replication and Reanalysis. Journal of Marriage and Family, 1979,41(4): 771-
778.

100.Vermunt. J.K. LEM: A general program for the analysis of categorical data(Study
Manual),1997.

101.Weakliem, D. Class Consciousness and Political Change: Voting and Political Attitudes
in the British Working Class, 1964 to 1970. American Sociological Review,1993,58.

102.Weber, M. The Theory of Social and Economic Organization. London: Oxford University
Press,1947.

103.Weeden, K. A. Why Do Some Occupations Pay More than Others? Social Closure and
Earnings Inequality in the United States. American Journal of Sociology, 2002,1:55 - 101.

104.Weeden, K. A. & Grusky, D.B. The Case for a New Class Map. American Journal of Sociology, 2005,1:141-212.

105.Weeden, K. A. & Grusky,D.B. Are There Any Social Classes at All? The Shape of Social Inequality: Stratification and Ethnicity in Comparative Perspective, edited by David Bills. Volume 22, Research in Social Stratification and Mobility. Amsterdam: Elsevier,2005.

106.Weininger, E. B. Foundations of Pierre Bourdieu s Class Analysis//Approaches to Class Analysis, edited by Wright, E.O. Cambrige: Cambridge University Press,1997.

107.Whyte, M.K. & William P. Urban Life in Contemporary China. Chicago: University of Chicago Press,1984.

108.Sewell, W.H. A Theory of Structure: Duality, Agency, and Transformation. The American Journal of Sociology,1992, 98:1-29.

109.Williamson,O.E. The Economics of Organization: The Transaction Cost Approach. American Journal of Sociology, 1981,3:548 - 577.

110.Wright, E.O.Class Structure and Income Determination. New York: Academic Press,1979.

111.Wright, E. O. & Luca P. Marxist Class Categories and Income Inequality. American Sociological Review,1977, 4(1).

112.Wright,E.O. A General Framework for the Analysis of Class Structure//Uwe Becker, Johnanna Brenner, etc. The Dabate on Classes. London: Verson,1989.

113.Wright,E.O. The Biography of a Concept: Contradictory Class Locations//Holmwood,J. eds. Social Stratification. volume Ⅲ. London: Edward Elgar Publishing Limited,1985.

114.Wright, E.O. The Continuing Relevance of Class Analysis. Theory and Society, 1996, 25: 697-716.

115.Wright, E.O. The Shadow of Exploitation in Weber' s Class Analysis. American Sociological Review, 2002,6: 832 - 853.

116.Wright, E.O. Class and Occupation. Theory and Society, 1980,1:177-214.

117.Wright, E.O. The Continuing Relevance of Class Analysis. Theory and Society,1996,25:697-716.

118.Wright, E.O. Class, Exploitation, and Economic Rents: Reflections on Sorenson s "Sounder Basis" . American Journal of Sociology, 2000,6:1 559-1 571.

119.Wright, E.O. The Shadow of Exploitation in Weber' s Class Analysis .American Sociological Review, 2002,6: 832 - 853.

120.Wright,E.O. Approaches to Class Analysis. Cambridge: Cambridge University Press,2005.

121.Wright,E.O. Understanding Class: Towards an Integrated Analytical Approach. New Left

Review, 2009, 60:101-116.

122. Xiaogang Wu & Donald J. Treiman. The Household Registration System and Social Stratification in China: 1955—1996.Demography,2004,5.

123. ZhouXueguang, Economic Transformation and Income Inequality in Urban China: Evidence from Panel Data. The American Journal of Sociology,2000, 105(4):1 135-1 174.

124. 石井晃弘,等.みせかけの中流階級——都市サラリマンの幸福幻想.日本:有斐閣,1982.